刀水歴史全書 83

Jean-Claude Schmitt

LE CORPS DES IMAGES

Essais sur la culture visuelle au Moyen Âge

■

中世の
聖なるイメージと身体

キリスト教における信仰と実践

ジャン=クロード・シュミット

小池寿子訳

刀水書房

Le corps des images
by
Jean-Claude Schmitt

刀水歴史全書88　中世の聖なるイメージと身体　キリスト教における信仰と実践　目　次

《装丁 的井 圭》

中世の聖なるイメージと身体——キリスト教における信仰と実践

序

画像、広くイメージは、長い間美術史家の専有物とされてきたが、今日では文字史料に代表される他の資料と同様に、社会科学的観察や歴史家の言説において注目すべき対象として捉えられている。美的価値やオリジナリティを欠くように見えるものも含め、否むしろそうしたイメージがとりわけ歴史家の興味をひく。というのも、最もありふれたイメージこそがおそらくある時代の文化の深層にある傾向、その造形概念、そしてそのような「もの」を創り出し眺める方法を最もよく表しているからである。いずれにしてもすべてのイメージには存在理由がある。それらは意味を表現し、伝達し、象徴的価値を担い、宗教的、政治的、思想的な機能を果たし、教育や典礼さらには呪術的な用途に応じている。つまりイメージは、完全に現在と過去における社会的機能と再生産に関わっているのだ。こうしてあらゆる点において、「イメージ」は歴史家の「獲物」となるにふさわしい。

あらゆるイメージが氾濫している今日、我々は確かに「イメージの文明期」を迎えていると言えよう。

だがそれは、西欧文化が古代文明、さらに、おそらく中世キリスト教世界では神を人形《ひとがた》として表象することに対する古くからの愛着により、非常に長い間、イメージを思考や行動の在り方の中心に置いてきたことをいささか性急に忘れさせてしまうのではあるまいか。しかしより短い時代に限ってみるならば、静止画像（写真）や動画（映画、テレビ映像）を記録し伝達する近代技術の出現とその飛躍的な発展が、我々の時代の視覚環境や文化的源泉を一変させたことは事実である(1)。それは、商業的な広告メッセージや政治運動のプロパガンダが占める位置を引き合いに出しさえすれば容易に納得できるであろう。より近年では、情報工学により生み出され、保存され、即座に地球の裏側まで伝達される虚像の飛躍的な進歩は文化的社会的にまさに激動の体をなしているが、我々は未だ、そのあらゆる影響を把握しきれていない。いったい歴史家たるもの、どうしてこのような急激な変化に目をつぶり、より長期的視野においてこの変化を位置づけようと試みずにいられようか。

このように「画像《イメージ》（image）」という語の受容は拡張され、また多様性に富んでいる。テレビの束の間の映像と中世末期の祭壇画の場面を思い浮かべる時、我々は同質のものについて話題にしているのであろうか。それらの類縁性は最も一般的なレヴェルにおいては否定できない。すなわち、「イメージ」という言葉によって、我々はいかなる場合でも都市、人物、天使、神のようなひとつの事象や現実、あるいは架空の存在の視覚的表象を示しうるからである。その媒体は写真、絵画、彫刻、テレビ画面などきわめて多岐にわたっている。一方、「イメージ」という語は、同様に非物質的な領域、より正確には想像力《イマジネーション》の領域とも関わっている。ある都市を想像するのにその物質的表象を見る必要は全くない。それらはひとたび名付けられさえすれば、想像力によって形を与えられ、何らかのイメージとして記憶に残る。また実際に知っていようがいまいが、実在のものであろうが想像上の産物であろうが、その都市を夢想することができよう。必要に応じて、それが言葉の隠喩であったり、記憶の中のイメージ、あるいは夢の中の幻想しか意味しないことを明確にしなければならないとしても、あるひとつの都市の「イメージ」について言いよどむことはないだろう。

同一の言葉における意味上のこの多様性について、我々は今日容易に経験することができる。歴史家あるいは民族学者たちは、言葉というものが異なる文化や言語体系においても同様でありうるのか疑問を呈している。中世の西欧文化においては、我々の時代の「イメージ」の語源であるラテン語の「イマーゴ(imago)」は豊かで多様な価値観を呈していた。しかし、多くの場合そうであるように、発音上や語源の類似性ゆえに、誤用されるがままになすべきではない。中世の語が、それを引き継いでいる我々の時代の言葉に似ているように見えれば見えるほど、あらかじめ用心しなければならない(2)。

本質的な違いは、中世における「イマーゴ」の概念が、我々とはかなり異なる文化的思想的コンテクストの中に含まれていることにある。今日の我々にとって、「画像《イメージ》」や「イメージの文明」の重要性がいかなるものであったとしても、それは中世文明における「イマーゴ」の重要性とは同様でないように思われる。実際「イマーゴ」とはキリスト教人類学の根本原理である。聖書の第一章において、人類がはじめて名付けられた時、それは早くも似姿《イメージ》と呼ばれている。「創世記」(1章26)の記述に従えば、人類を創造しながら神は言われた。「我々にかたどり、我々に似せて、人を造ろう(Faciamus hominem ad imaginem et similitudinem nostram)」。このようにして初めから「イメージ」の問題は、「堕罪」(つまり人間と神との「類似性(similitudo)」の喪失)、神の子イエスの「受肉」と「贖罪」、そして最終的に訪れる死者の復活と「最後の審判」によって句読点を刻まれる人類の歴史に組み入れられたのである。聖書に依拠する紀年法「ad(anno domini 主の時代)」は、喪失された神との「類似性」の復元の計画として、人類のために、この歴史が予め定められていることを示している。この類似性は、堕落によって神から離れた「非類似的」状態においてはその痕跡（vestigium）しか留めていない(3)。キリスト教的概念では、あらゆる歴史の根幹をなすこのドラマにおいて、人類は移ろいゆくものを具現化する一方、神は不変的存在である。一二世紀初めにノジャンのギベルトゥス（ギベール・ド・ノジャン）は、創造主というのは「よき像《イメージ》の造り手」(4)であり、あらゆる被造物は、彼が造り、そこに自らを映し出す像であると言っている。つまり被造物とは世界の像、すなわちイマーゴ・ムンディ（imago mundi）なのである。あらゆる被造物は、「よき像の造り手」のもつ全能性の証を保持している。世界、自然、人間社会、そして精神世界も、反映像として大きな鏡によって映し出された鏡像であると考えられていたことは、中世の多くの著作の題名に明らかであり、その筆頭には著名なボーヴェのウィンケンティウスの「百科全書」的著作を挙げることができよう(5)。

人類が「堕罪」以来身を沈めている「非類似性の領域」とは、人間の業のすべてが生み出される場所であり、それらの中に画像《イメージ》がある。何世紀もの間、画像の大部分はキリスト教の物語そのものを形象化するという目的をもつに他ならなかった。例えば、写本の中で、彫刻されたティンパヌム上で、あるいは聖堂のステンドグラスにおいて、「天地創造」、「堕罪」、「楽園追放」、「キリストの受難」、「再臨」、そして「最後の審判」といった定型化された画像、いわゆるキリスト教図像が繰り返し登場している。これらの役割は、終末論的なドラマを物語り、その諸段階を示すことにある。「ヒストリア（historia）」――聖なる物語を意味すると同時に、それを形象化する物語図像（歴史画）をも意味するこの言葉は、かくして、自然界や人間社会における存在物や事象の慣れ親しんだ外観を獲得する。すなわち、天使の告知を受ける羊飼いは本物の羊の世話をする実際の羊飼いのごとく、また幼児を虐殺するヘロデ王の兵士は同時代の騎士の外観を持つという具合である。とはいえ、画家や彫刻家は、実際に目で知覚するように自分たちを取り巻く現実を模倣することを望んでいるわけではない。彼らはこれらの事物を、はるかに本質的であり、実を言えば、不可視であるもうひとつの「現実」を思い起こさせるための方法として用いているのである。中世美術は古代の「模倣《ミメーシス》」には従わず、また教会文化は「猿まね」や物まね、曲芸師を非難したが、それは「模倣《イミタチオ》」の拒絶であった(6)。形象と色彩は、むしろ視覚能力を超越する目には見えない現実の「しるし(indice)」として理解されるのである。画像はそのような現実を「表象する」――この語の習慣的な意味においてであるが――ことはできない。せいぜいそれらを「現実にあるようにする」、すなわち「存在あらしめ」ようとするだけなのである。

中世の画像は、それゆえ出現や顕現《エピファニー》と比肩しうるものであり、その証でもある。光を反射する金に保障されたその使用も、見えるものと見えないものとの間で画像が果たす媒体としての役割を強調するにすぎない。さらに中世の画像には、この「顕現的」機能に力を貸す別の特徴も見られる。例えば、「受肉」の神秘は血の赤い染みによって示される場合があるが、それは受難の図像学《イコノグラフィ》をはるかに超え、顔料の中で実際に凝固し、フレスコの表面に不意に出現するのである(7)。

このような機能は、とりわけ描かれた画像の構造によって説明される。一五世紀初めから、まずイタリア、そしてフランドルで、続いて次第にキリスト教圏の他の地域においても、線遠近法が絵画《タブロー》内の均質的な空間を構造化する原理として規範化され始めた。古典的な絵画のすべては、一九世紀から二〇世紀の転換期にそれが根本的に問題視されるまで、空間のこの描写法により存続してきたのであった。しかしながらより以前の「ロマネスク美術」や「ゴシック美術」と呼ばれている時代については、ルネサンスの尺度で判断することはできない。遠近法が中世に欠けていたのではなく、当時はその時代のやり方で画像《イマーゴ》の場が形成されていたのである(8)。祭壇画や写本の挿絵といった中世の画像は、最遠景（光を発散する金地の上には彩色された人物像が重なり合っている）から最も観者に近いところに至るまでの層の厚みの中に形成されている。ここでは、画像の内部構成の細部――形象化されている人物の位置やその部分的な重なり合い、また人物の大きさ、身振り、色彩――に立ち入ることなしに、「遠景」から「前景」に向かって「薄い層を重ねること」によって、これらの画像の顕現としての性質がいかに強化されているか強調しなければならない。これらの画像は写本、祭壇画、また壁画の外側に出現し、あたかも、ただ夢の中のヴィジョンのみが可能であるように、強く訴えかけるべき観者の方へ投影されているように感じられるのである。

一方、ルネサンスの「遠近法的」画像においては全く異なる。そこでは逆に、観者が形象化されたイリュージョンの空間に、あたかも窓を通り抜けるがごとく入り込むことが求められている。その動きはまさに逆方向である。しかし、それは視点の転換に限られるのではなく、主導権が他方へと移動したことを意味する。以降はもはや、主導権はあたかも夢の中で可能であるのと同じように、信者の眼前に突然姿を現す荘厳の神や聖人像にあるのではなく、「人の手によって作られた」像を観想する時間を厭わない人間自身に移譲されるのである。かくして、おそらく人間は初めて画像を芸術作品として認識しうる状態になる。

中世の画像は出現として認められ、可視の領域に入り、知覚しうるものとなる。要するにそれは、キリスト教文化の中心的パラダイム、すなわち「キリストの受肉」に従って具象化されているのである。実際聖職者たちは、ユダヤ人に対してキリスト教図像を正当化するために「受肉」を引き合いに出している。彼らによれば、神の子が受肉し、人間となり、聖なる物語に組み入れられたことによってこそ、キリスト教徒は、「十戒」（「出エジプト記」20章4－5）で述べられた像の形象と信仰に関するユダヤ教の禁忌を超越し、それを正当化しうるのである。

あなたはいかなる彫像（sculptile）も造ってはならない。上は天にあり、下は地にあり、また地の下の水の中にあるものの似姿（similitudinem）も造ってはならない。あなたはこれらの像の前でひれ伏したり、それらに仕えたりしてはならない。なぜならわたしはヤーウェ、あなたの神。私は妬み深い神である。〔ウルガタ訳〕(9)。

以上のことから、なぜこれほど多くのキリストや聖母や聖人の像が、あるものは頭部、あるいは腹部にはめ込むという形式で聖遺物を保持しているのかが理解されよう。聖遺物そのものや聖遺物信仰に古くから託されている効力を享受させることで、聖なる人物像の奇跡的な力を補強することが重要であったとすれば、おそらくはこれらの天上的な人物たちの「身体的」存在性を人間世界において深く確信させることが何よりも課題とされたからだ。かくして身振りや言葉、そして幻視体験によるあらゆる相互作用が、人間と、これら「イメージの身体化（images-corps）」すなわち可視的存在物と不可視なるものの肉体との間に確立され得たのである。

画像《イメージ》は神聖なる世界と人間界の間のまさに仲介者であった。それゆえ画像は、アウグスティヌスの「想像力理論」の領域に完全に属していた。一二巻に及ぶ『創世記逐語註解』の中で、アウグスティヌスは三種類のヴィジョン（幻視）の区別について長々と言及している。身体的ヴィジョンが、身体性のある事象を物理的に知覚することを可能にする視覚的感覚でしかないのに対して、知性的ヴィジョンは、あらゆる画像を超越した理性的な魂の純粋なる瞑想である。一方、これら二つの間にある精神的ヴィジョンは、夢、あるいは幻視体験の中で姿を現す。それは不在性を埋め、死という障害を飛び越え、最終的な目的を明らかにし、「約束」の時をあらかじめ見通すものである。つまり、精神的ヴィジョンによって想像の産物が形成され、続いてそれが記憶の中に保持されることになる。

肉体と魂、すなわち地上的なものと天上的なものの性質を同時に帯びているあらゆるものと同様に、精神的ヴィジョンは、物質的画像《イメージ》のように、絶え間のない緊張状態、すなわち対立する力の間の矛盾を引き起こす場なのである。一方、想像力は、身体の重みと肉体の欲望の中で身動きが取れなくなる危険を孕《はら》んでいる。眠り、すなわちまどろんだ身体に対する意志の統制力の不在や、解き放たれた肉体の怪しげな誘惑と結びつく夢の世界には、それゆえ長い間、最も悪質な嫌疑がかけられていた(10)。そのような危険を抑えるためには、よく教化された魂の、まさしく思慮深さが必要とされたのである。例えば、コルマール、ドミニコ会ウンターリンデン修道院のある修道女は、仲間の修道女たちに「彼女がたとえ望んでいたとしても、想像することや思い描くことさえ叶わなかったであろう恥ずべき気持ちである欲情を、彼女の魂が一度ならずとも経験した」(11)ことを告白した。しかしながらその一方で、修道院的精神性は（特にシトー会においては）、精神的ヴィジョンを身体や視覚、そして物質的画像（回廊を装飾する彫刻、ステンドグラス上の色とりどりの人物たち、写本の中の玉虫色の彩色挿絵）への不確かな観想から引き離しながら高みへと引き上げることを試み、その結果、まず聖ベルナルドゥスが用いたような神秘的な言語の隠喩が濫用されることになったのである。これら二極の間では、精神性が常に身体性に比してより多くの持ち分を認められていた。

一二世紀には、「想像力理論」は、「プネウマ＝ファンタスマ論」へと一新される。それは、我々がこれまで別々に学んでいた神秘神学、宇宙論、心理学、光学、医学の知識を集結したものである(12)。その理論は、想像力を幻想の煽動者たる悪魔の企てに結びつける好意的でない伝統的偏見から解き放ち、世俗的であると同時に宗教的な愛の器官でもある視覚の地位を取り戻すことを目指している。一方で目と心は、ナルキッソスやピュグマリオンの神話が具現化し、『薔薇物語』が請け合うような享楽へと門戸を開く。そして他方では、「ミンネ」すなわち（中世騎士の婦人への）奉仕愛が神秘主義的な言語に浸透していくのに対し、修道士や修道女、またベギン会修道女たちは、自身を忘我の境地にまで至らせるキリストの苦しみや像を観想するのに没頭する(13)。

中世末期の神秘主義の女性たちにとっては、祈念像（十字架に磔にされたキリスト像、棺の中から裸体で起き上がる死せる、あるいは生けるキリストを表現するピエタ像、一連の受難具、例えば釘、茨の冠、鞭打ちの柱頭等を眼前に提供する「アルマ・クリスティ」図像、あるいはまた死せる息子の屍を膝の上に抱きかかえているピエタ像）は、ヴィジョンを出現させ、そのヴィジョンは代わって、生気ある外観、言動のイリュージョン、神聖なる涙や血のほとばしり、言い換えるならば現実的な存在としてのしるしを与えるのである(14)。神秘主義の女性たちは、イメージの力を借りて同化したいと願う聖なる人物たちと特権的な関係を結び、聖母と幼児キリスト、あるいは聖ヨハネとキリストの間に我が身を滑り込ませる(15)。例えば、マルガレータ・エブナーは、秣桶の中の幼児キリストを手に取り、乳房の上にのせ、ベッドの上に置かれた磔刑像の上に身を横たえる。また、フォリーニョのアンジェラは、磔刑像の前で恍惚としながら「磔刑のヴィジョンによって自らもまさに磔にされた」ように感じ、コルトーナのマルガレータとシレジアのヘートヴィヒ（シロンスクのヤドヴィガ）は、磔のキリストと言葉をかわしている(16)。シエナのアルドブランデスカは、磔刑のキリストのわき腹の傷口から滴り落ちる血を目にし、それを飲みたいという抑えがたい欲求に襲われている。のちにこの恩恵を記念して、彼女は、膝の上に死せる息子を抱きかかえるピエタ像を描かせた(17)。画像と信者の間における視線の交換は当初から決定的である。画像を目で見据えるだけで、信心深い信者はその生き生きとした存在によって心が満たされたように感じ、その後、夢の中でその効力を確信するのである。

　画像とそれを見る者、いやむしろより正確に言うならば、画像によって見られる者との間のこの相互的作用は、一三世紀から一五世紀にかけて全く目新しいというわけではなかったが、とはいえこの時代の信心深い人々や神秘主義者たちの間においてほど強力だったことはかつてなかった。九世紀から一一世紀以降、西欧で三次元の彫像が、キリストや聖母あるいはコンクの聖女フィデス（フォア）のような聖人たちの荘厳像、あるいは「彫像型聖遺物容器」として再び用いられるようになると、修道士や騎士、あるいは農民などの巡礼者たちは、あたかも地上に舞い降りてきたかのように見えるこれらの天上の人々の視線によって魅了された。大蠟燭のほのかな光に揺れる瞳の輝きに、あるいは闇に響く木のきしむ音に、信者たちは好意的なしるしを見つけ出そうとする。あるヴィジョンや夢が、聖遺物の奇跡の力を担ったその身体との接触により、画像の前に立ち現れることもあれば、まず夢を見、その夢の仲介によって、司教や司祭、時には名もなき信者が、その土地の聖人や聖母、あるいは神自身にふさわしい像を具現せしめるための神託を受けることもある。かくして一〇世紀の終わりに、モザ修長院長ロベルトゥスの夢はクレルモン司教エティエンヌによってその正当性を認められ、その証として、新しい大聖堂の祭壇の背後には荘厳の聖母子像が建立されたのである。我々はまた、ある鍛冶屋の夢からいかにしてウォルサムの磔刑像が造られたかを知ることになるであろう。すなわち中世の文化と社会において、夢というものは彼岸の世界への入り口であり、それが個人的なものであれ共同体におけるものであれ、いかなる社会的な斬新さや野望をも正当化するのに最も効果的な手段だったのである。

　ひとたび研究領域の範囲を限定し、アプローチ方法を定義するならば、必然的に長い期間の中で展開するキリスト教文化とその想像界、そしてそれらの「イメージ」におけるひとつの歴史の筋道を描くこともまた必要となる。それは単に図像学的あるいは物語的図像の形態のみならず、絶え間なく刷新されていく社会的、政治的、思想的文脈におけるその機能や用途を考慮に入れながらのことだ(18)。この点において、我々の扱う「イメージ」が、それをぴたりとはめ込む社会的な空間で機能しているということに留意することが肝要である。その空間とは、少なくとも以下の二つの極を兼ね備えている。すなわち一方ではキリスト教の典拠における普遍性と、他方では小教区の教会や巡礼地、その守護聖人や画像に対する信仰に捧げられた「場（locus）」など、特別な場所における局地性である。歴史的な変動は、ほとんどの場合補完的であるが、時には対立しているこれら二極の間の関係性に影響を及ぼしながら、画像の地位とさまざまな機能において重要な役割を果たしたに相違ない(19)。コンスタンティヌスの帝国は、画像とは言えないまでも、少なくとも勝利の十字架という「しるし（signum）」をめぐって建設された。その十字架は、はじめは皇帝の夢の中のヴィジョンであり、その後、物質化され典礼の対象となった。続くカロリング朝、オットー朝の時代における世界帝国の理想の復興は、『カロリング文書』の証であるような特別な画像への信仰に関するあらゆる考え方に対立する必要性から、原初の「しるし」への熱狂となって現れた。逆に、紀元一〇〇〇年の終わりに現れた聖女フィデスのような聖遺物――彫像あるいは荘厳像のこの種の型は、社会の過度の「細分化」によって躍進した。クレルモンの聖母やコンクの聖女フィデスがその好例である。修道院や聖堂はそれぞれ他に負けない自分たちの荘厳像を持つが、ひとつひとつの荘厳像は共通の脅威に対しては潜在的に結びついているのである。聖なる人物の身体の奇跡の力と、その肖像が有する象徴的な力を併せもつ荘厳像の機能とは、その地方の城主の貪欲さから、教会やその土地と人々を守ることにある。荘厳像の評判を確かにするような奇跡の体系においては、夢が本質的な役割を演じている。夢は巡礼者と、彼をいたわったり、あるいは脅かしたり懲らしめたりするために夢の中に現れる聖人や聖女との間に、この上ない親密さを築き上げるからである。

一二、一三世紀には、聖人の種類はさまざまな広がりを見せた。王国や教皇領そして帝国という政治上の広い地域の再編成は、全世界的な中心地――ローマほど最適な都市が選ばれたことはなかった――に活力を取り戻させるものであった。もはやそれは十字架をめぐるだけではなく、「人の手によらない《アケイロポイエトス》」奇跡の画像の周囲にも際立っている。それらはキリストの受難の代わりに教皇庁と結び付けられた。例えばインノケンティウス三世が一三世紀初めに実際に火ぶたを切ったウェロニカ（真の聖画像《イコン》）信仰がその好例であろう。一方、地方ごとに別の画像が（とりわけ都市が包囲されたときなどには）さまざまな都市の守護神や（貨幣の）紋章として利用されることもあった。その一番の好例はおそらくルッカのヴォルト・サント像であろう。このような画像はすぐに、前世紀の細分化した封建社会の荘厳像とは区別され、普遍的な評判を得ることになる。このように局地性と普遍性との関連性は、幾人もの同時代人をウェロニカとヴォルト・サント像との明瞭な比較に至らせたのだが、その関連性がやがて規範を生むのである。

本書は、中世における身体の社会的意味と「身体性」の形態を探求するものである。すでに筆者は、別の著作で身振りや儀式、夢やヴィジョン、あるいはまたキリスト教的人格を定義付ける魂と身体について述べたが、ここでは「イメージ」から、この中世キリスト教文明の中心テーマに取りかかる所存である。我々は、「イメージ」の正当性における最も重要な、すなわち、それが目に見えない神性にどのように身体を与えるのかという問題から始め、では一体それらはどのような身体――嘆き悲しむ、血を滴らせる、あるいは苦しんでいる身体――から形成されるのか、そしてさらに想像の世界――ヴィジョンや夢、「イメージ」の欲望や愛――が、どのように生気のない素材に生き生きとした外観を与えるのかを問うていくことにしよう。

第I部　長い歴史

1　歴史家とイメージ★

ここ数年来、伝統的に「美術史家」の管轄に属する図像学や芸術の領域へと関心をもつ歴史家はいや増している。歴史家の現場におけるこの変化は、関連するこれら二つの学問分野に当然ながらいくつかの帰結をもたらした。すなわち、それは「歴史家の領域」を広げ、彼らを事物や価値、とりわけ考慮に入れることが不慣れであった美的価値についての考察へと駆り立てた。一方、美術史家は、既得の成果や固有の学問の生成に関して、そして歴史家が直面する新たな要請とはおそらく逆に、芸術作品の社会的意義について自問することを強く求められている。歴史家と美術史家の協力関係への期待やその必要性は今や認知されているように思われる。しかしどのような条件がそろえば、真の協力体制が実を結びうるのかをまず明確にしなければなるまい。それには以下の三つの条件が不可欠のように思われる。

第一に、二分野の歩み寄りを抑制し、あるいは逆に準備してきた変化について、研究史の観点から考察すること。

第二に、いかなる方法論によりイメージを分析していくのかを明確にすること。
第三に、社会的機能というシステムの中で、イメージの位置づけを考慮に入れた歴史的諸問題の概略を描き出すこと(1)。

研究史

フランシス・ハスケルは著作『歴史とそのイメージ――美術と過去の解釈』(一九九三年)の中で、古代の貨幣から美術館に所蔵される絵画までをも含む造形イメージ全般が、ルネサンス以来、歴史家による過去の構築にどのように寄与してきたかについて注意を喚起した(2)。この著作は対象をほとんど理論化していない上に、歴史研究の最近の展開すべてを看過しているのだが、しかし並外れて豊かな内容をもつだけでなく、自らの学問史における三つの可能な態度の間での歴史家のためらいをよく示している。

ある歴史家たちはこれらイメージの中に、多かれ少なかれ忠実な、つまり歴史家の目に多少なりとも信頼できる現実世界の「再現」を模索し、あるいは今なお探し続けている。例えばバイユーの刺繡布の世紀を考察することによる戦争の形象化であり、あるいは写本の月暦図に見られる農業技術、また特にいくつかのキリスト降誕場面に見られる中世の家庭内の様子の「再現」などである。特定の造形イメージが少なくともこの種の記録的な興味を提供していることは否定し得ない。しかし歴史家によるこの直接的なイメージの利用は、イメージそのもの、その存在理由、そして何より「表象」過程においてはるかに複雑なその本質については何も語りはしない(3)。現代の我々にとってと同様、過去の人々にとって、社会的当事者の意識や彼らが作品に与える表現とは別個の現実はありえないのだとするのは大きな間違いである。この「実証主義的」態度において問題となるのは、少なくとも抽象美術の出現までは、美術が明確な、そしてそれゆえに、他の可能な諸機能から歴史家によって切り離して考えうる指示的な機能をもつという幻想である。確かに、イメージというのは常に何かの画像《イメージ》である。再現されているものについてすべてを語り尽くすには、それが表象するものに名前をつけさえすればよいという幻想が生まれる。しかし真の問題はそこにはない。イメージ自体が我々に一度ならず思い起こさせるように、イメージの機能とは、外部のある現実を「再現する」というよりむしろ、自らに適したやり方であたかも現実であるようにすることなのである(4)。そのため歴史家にとっては、イメージの内容をバラバラにして「読む」というより、その形式、構造、作用そして機能においてその総体を理解することが問題となろう。

また別の歴史家たちにとって、美術とは「ロマネスク」、「ゴシック」、「フランボワイヤン」、「バロック」といった美術の歴史におなじみの様式との類似関係によってそれらが形容する「時代精神」の証である。しかしこのような歴史家たちは、作品を分析せずに済ますばかりか、たいていの場合はほとんど見ることさえしないのである。ハスケルはこれらの歴史家を「古美術好き」に対して「哲学者」と呼び、ジュール・ミシュレ、ヤーコプ・ブルクハルト、ヨハン・ホイジンガをそこに加えている。ホイジンガについてハスケルは、「死のヴィジョン」に当てられた『中世の秋』の一一章を別にすれば、「彼が中世社会のある特定の一側面を叙述するために、ある作品に真に頼ることはほとんどない」と記している。そして、『歴史とそのイメージ』の中で取り上げているテーマについて、ホイジンガは主要な寄与を果たした——ハスケルによれば——最後の偉大な歴史家であり、イメージを通して我々が過去を「より明瞭に、より正確に、より色鮮やかに、要するにより歴史的に」見ることができると認識していたと賞讃している。その一方で、「文学作品は視覚芸術よりもひとつ多くの基準を与えてくれる。なぜならそれは我々に形式と同時に精神の評価を可能にしてくれるから」という理由で、最終的には、文字史料に比べて画像資料の貢献を低く評価する伝統的偏見に陥ってしまったとしてホイジンガを非難するのである。

最も共通する態度は、それぞれが異なる発展の道筋を辿ってきたために、とりわけ社会史、政治史そして文化史においてさえも、歴史学と美術史学が長い間互いに回避し合ってきたところにあるのではなかろうか。この回避は偶然ではあるまい。それは人間の他のすべての象徴的機能に対して言語に認められた特権性に根ざしている。イメージよりも客観的で信頼しうると判断されている史料に価値を与えながら、一八世紀には「文学的」学問として、一九世紀には実証科学として歴史学が形成されていく過程に由来しているのだ。

実証主義的な歴史学が「テクストに基づいて」記述されることで、研究の対象や碑文の存在が反論できない客観的根拠を与える考古学に近づくのと同じように、美術史学は、傑作や様式や芸術家を評価することに心を配り、時間を超越したやり方で美を判断しなければならないという使命のために、好んで哲学と結びつくことになった。それゆえシャルル・ディールは、一八八八年の「考古学講座」初回の講義において、一方では、時間を超えて美を支配する「法則」の探求にある哲学と美術史学を、他方では、「事実」の研究において互いに支えあう歴史学と考古学に対置することができた。ディールは美術史について、「それぞれの時代がいかなる美の理想を定めたのかを探究しながらも、判断の規範となるのは至高の美という理想なのである」と述べている。つまり一方では、「美術史学はそれが分かちがたく結びついている哲学と美学に近しいものである」。そして他方では対照的に、「考古学を必要不可欠で確かな補佐役とする歴史と触れ合っている」(5)のである。

アロイス・リーグル（『様式の諸問題』一八九三年）やハインリヒ・ヴェルフリン（『美術史の基礎概念』一

九一五年）、アンリ・フォション（『形の生命』一九三四年）にやや遅れて、美術史家たちによって形式と「その固有の」発展に認められた特権により、美の至高性と、社会史や政治史のいわば凡庸な関心事との隔たりはいっそう掘り下げられただけであった。美術史は、支配や社会の体制を基にした時代区分から独立した、古典からバロックへの独自の「サイクル」を持っていた。「様式」は、美術史の閉ざされた領域の外にはほとんど開かれることなく、「流派」や「工房」、「影響関係」、さらには「国民的」(6)伝統の問題に留まっていた(7)。

美術の発展を社会全体の発展に結びつけることにいっそう心を砕いていた人にとって、両者の関係は比喩的および還元的な方法によってのみ確立され得た。それはエミール・マールにとっても同様であった。彼は「象徴的価値」(8)をもたなかったであろうという理由で意図的に研究領域から遠ざけた「純粋なる装飾作品」を除いて、一三世紀の宗教美術は、特に文字を解さない民衆にとって、教会の教えを目に見えるようにするための「書物」に等しいと明確に仮定した。こうしてマールは、意味や機能の諸水準をボーヴェのウィンケンティウスの『鑑』、すなわち「自然の鑑」、「知識の鑑」、「道徳の鑑」、「歴史の鑑」との類比によって区別することができたのである。

今日、このようなもくろみの概念上の限界は我々にとって明白である。文字文化の意味をイメージに照らし合わせて語ったり、イメージを文字文化に還元したりすることはできないのである。しかしながらこの企ては、マールの時代には同時代の幾人かの歴史家にとって大いに魅力的であった。彼らは文化史全般のために芸術に賭けられた重要性を認識しながらも、自らの専門知識では歴史家として研究に向かうには十分でないと感じていた。しかし少なくともマールの総合的方法論は、中世美術を歴史家にも理解できる範疇において語っているように思われたのである。

例えば、マルク・ブロックが社会的発展と同時代の芸術的現象とを比較する際に参照したのはマールであった。この偉大なる歴史家の中世美術に対する態度の両義性は、近年ウルリッヒ・ラウルフによって強調されている(9)。一方で歴史、とりわけ農村史はブロックにとって観測の学問であり、彼はそれを地図、区画図、第一次世界大戦中に使用法を学んだ航空写真を用いて実践した。ブロックはまた、武具の歴史についてルフェーヴル＝デ＝ノエットが行っていたバイユーの刺繡布に関する研究にかなり興味をひかれていた。しかし他方では、ブロックは物事の視覚的側面にあまり関心を払わないといわれるフランス知識人の代表と見なされるかもしれない(10)。いずれにせよ『封建社会』（一九三九年）の中の「感じ、考える、そのしかた」にあてられた頁の中で、実際にブロックは自らの力の及ばなさを告白している。そこで彼は、まさにマールを引用しながら、ある社会の「造形表現」に頼る必要性を述べつつ、罠で一杯のこの道へ踏み込むことを自身は躊躇しているのである(11)。それでもなお、一九三三年から三四年における論文集の企画のために、彼は「画像《イメージ》と集合的想像力」という項目の下にいくつかの研究をまとめようと準備していた。その中には一九二五年、『王の奇跡』の一年後に刊行された「ソロモン大王の死後世界」に関する見事な論文も当然ながら含まれていた(12)。ところで、この論文においても著作と同様、彼はイデオロギーの射程を理解するために画像を至近距離で観察するという自らの趣向を詳細に実証し、キリスト教ラテン世界とビザンティン世界の画像比較史を概略してさえもいる。しかしながら彼はこの道を探求することがなかったばかりか、その著作によって明確にされた歴史人類学的な態度を真に展開することはなかった。だが、画像比較史と歴史人類学というこの二つの領域において、中世の歴史家たちが後にようやく続くこととなる標柱が築かれたのである。

歴史学と美術史学それぞれの展開におけるコミュニケーション不足が引き起こす悪影響は、ブロックが歴史家によるイメージの理に適った利用を推奨していた何年かの間にいっそう際立つことになった。美術史家は、まずドイツで、それからイギリスとアメリカで、アビ・ヴァールブルク、そしてフリッツ・ザクスルやアーウィン・パノフスキーを筆頭とする彼の追随者たちによって、未だかつてない、だが次第に歴史家の関心や方法論に作用する概念上の急激な変化を経験していたのである。しかしブロック自身も、理論上方法論上のこの激変には気がついていなかったように見える(13)。

しかしながら、ヴァールブルクの遺産や一九二九年にアナール派の創設とともに生まれた「新しい歴史学」に対する今日の回顧的まなざしは、それらの知的企てがさまざまな文化的伝統と異なる言語体系に属しながらも、いつの日か接近する余地がある類似性をどの程度まで提供していたのかを明らかにしてくれるであろう。けれどもその接近は、いかなる必然的な特徴ももってはいなかった。学問的無気力や、歴史家たちによって別の対象（特に経済史や人口史）に当然のことながら与えられていた優先順位は、長い間、それら諸問題を収斂させるかわりに遠ざけてしまったのである。これに対して人文社会科学の現状において、いくつかの概念は、定義上は古めかしいにもかかわらず、大いに発見的有効性がある。

それは例えば、パノフスキーによってエルンスト・カッシーラー哲学から平面遠近法の問題に歴史的に適用された「象徴形式」の概念などの場合である(14)。この概念は、社会史家に寄与するところ少なしと言明されてきた様式史との決定的な訣別を想定していた。つまり、視覚の主観的な心理的生理学的経験から平面遠近法を導き出すことを拒絶し、反対に、無限の消失点と再現された場面の均一性という二つの構成原理の絶対的な抽象性を強調したのである。そしてこの発見の誕生を美術史家の閉ざされた領域においてだけではなく、光学や数学の歴史を含むすべての知の歴史の先進性の中に位置づけ、そしてついに、神秘的幻視体験にまで行きつく主観的視覚の合理化への効果を翻って示すことで、パノフスキーは今日の我々の努力のすべてに正当性を与える「通史」の対象としての遠近法の構築に寄与したのであった。ミシェル・フーコーが自らの願いと呼んだこの「通史」の対象は、所与の時代の社会的機能を規定するさまざまな「象徴形式」の有機的関連性であり、それを明らかにすることである。

まさにこの意味において、「文化学」というヴァールブルク派的概念は、カール・ランプレヒトにおいても未だ進歩や革新の概念、あるいは狭い国民的枠組みと結びついていた「文化史」の概念と訣別していたのである(15)。当初は少なくとも、単に知の歴史が問題だったのではない。それは「イコノロジー」がひとつの作品の多様な意味の判読を可能にする知的伝統の研究へと還元されていく帰結として、パノフスキーにとっての問題となっていったのであった。当初この概念は、社会というものの「世界観」のさまざまな側面、「社会史、社会心理、社会、政治の諸問題」を包括していた(16)。完全に、あるいは大部分は独立しながらも同時代に起こっていた他の大いなる歴史的企て、すなわち、アナール派の企てとの共通点をそこに見出さずにはいられまい。

まさにアナール派の歴史家たちの注意をすべて惹きつけていた最も著名な試みのひとつに、パノフスキーの試みがあった。そこで彼は、「ゴシック建築」と「スコラ的思想」をただひとつの議論の中で統括することを提唱したのである(17)。その観点は、見たところ異質な二つの現象(すなわち大学での「討論」と交差穹窿のシステム)から、同時代的特徴という以上に、対立物の明瞭化と調和という共通原理を引き出そうとしており、構造的であり相関的である。しかしながら造形的、神話的、建築的、哲学的といった多様な思考形態の間に単純な平行概念を今なお規定しているこの試みを非難することも可能であった。「通史」においては、ある社会の異なる「象徴形式」、あるいは異なる「言語」の間における合意が必ずしもあるわけではない。統一性が常に問題とされる歴史においては、矛盾や軋轢さえも包括してしまうのである(18)。イメージを扱う歴史家は、芸術の特殊性や同一社会におけるさまざまな「象徴形式」のしばしば抵触し合う関係という問題に、つねに留意しなければなるまい。

方法論

それゆえ、芸術をその特殊性においてと同時に、それを生み出した社会との動的な関係性において分析するという二重の挑戦がイメージを扱う歴史家に提示される。フランスでのピエール・フランカステル——純粋社会学と相容れない美術社会学者であり造形思想の綿密なる分析家——のような人物の、あるいはアメリカにおけるメイヤー・シャピロのようなロマネスク美術の熟練なる専門家の研究は、今日まで歴史家にとって最も明瞭な研究として数えられよう(19)。

大抵の場合、第一に聖書などのテクストとの関係において、明示的あるいは少なくとも暗示的なイメージについて研究する中世研究家にとって、形象化された作品の特異性を強調し、そこからすべての帰結を引き出すことは必要不可欠な作業である。映画の発明まで西洋において優勢であった静止画像は、言語と構造が全く異なる。イメージは、続けてより長々と「解読」され、類似した、しかしより古いイメージと比較されることを要求するとしても、すべての部分において即座に視線に訴える。それは自らの空間、フランカステルいわく、「形象とそれを構成する場のシステム」を創り出すのである。一方、話され、あるいは書かれた言語は、一文の持続性の中で、さらには言説全体の時間の中で、フランカステルが「意味は瞬時に思考に自らを課す」と巧みに記しているように、幻影を与えながら展開する。つまり「時間の中で我々の唇の上にひとつひとつ並べられた単語の罠とは、思考の単一性や同時性を想像することを逆に我々に強いるということである。一方、時代を超えて固定した外観を呈するイメージの罠は、断片的にしか調和していない知覚や知識、ユートピアを想起することを我々の側に求めることにある。これが言語と形象表現のメカニズムが互いに還元不可能な理由である」(20)。

イメージと言語それぞれの特殊性は、前者がテクストに対応し、かつテクストと意味上の直接的関連性をもって描かれた写本挿絵の場合でさえも、テクストの「視覚化《イリュストラシオン》」として描かれることを禁じる。テクストは単語の時間的な繋がりにおいてそれが意味されたものを呼び起こし、イメージは根本的に異なる「形象的思考」の侵入を空間的に組織するのである。ところで、イメージの空間的構築とそこにおける各々の像の配置は決して中立的ではない。というのも、それらは価値や序列そしてイデオロギー的選択という分類をすべて同時に表現し、生み出すからである。

パノフスキーの表現を借りれば、イメージの意味は、まず、言葉の厳格な意味における図像学《イコノグラフィ》から生じる。『オットー三世の福音書』のような写本挿絵に見る荘厳の神の像に類似した君主像の形姿は、中世における王家の表象と同時に、神性の表象にとっても意味深い（次頁図1・2）(21)。しかし同様に重要なことは、このような要素と明確な関係をもつ画像の構造である。例えば《アンスバッハの祭壇画》（一五一一年頃）では、キリストを押しつぶす葡萄圧搾機を操作している父なる神が、教皇グレゴリウス一世と同じ教皇冠を被り、その教皇グレゴリウス自身は、苦しみのキリストを軸に神と対称的に位置し、葡萄圧搾機から出てくるホスティア〔聖体（キリストの身体と血）としてミサに捧げられるパンと葡萄酒。とくにパンをさす言葉〕を受け取る姿で描かれている（29頁図3）。この時、図像は突如、その歴史的文脈の中で、受肉の神秘や聖三位一体の教義、聖体の秘蹟と結びつき、とりわけプロテスタント宗教改革初期の急激な振動に直面する教皇権力の正当性を肯定しながら、あるイデオロギー的プログラム全体の意味深い要約となるのである[22]。それゆえ画像分析は、図像学的モチーフと同様に、その構造を構成し、かつ、定められた文化と、時代に特有の形象化の様式を特徴づけるような関係性を考慮に入れなければなるまい。このように中世のイメージは、平面遠近法の統合的体系に何ら依拠しないのである。この点について、分析のいくつかの原則を明記しておこう。

「奥行き」については、写本においてしばしば金地で構成される背景から、最初に視線にさらされる「前景」に配された人物に至るまでの画面の多層化を認知できるであろう。前景の人物は、部分的に他の人物によって隠されている「後景」の人物とは対照的に、しばしば他の人物より大きく、また、その全容を見ることができるゆえに

右上 **図1　荘厳の王**『オットー３世の福音書』1000年頃／右下 **図２　荘厳のキリスト**『同書』／左頁上 **図３**《**神秘の葡萄圧搾機（アンスバッハの祭壇画）**》1511年頃／左頁下 **図４　イニシャル装飾**『グラティアヌス教令集』1300年頃

ひとつの画像を構成する価値体系において特権的である。かくして、『グラティアヌス教令集』の写本の装飾されたイニシャル文字（図4）は、人物の背丈と、座る、立つといった姿勢、彼らの衣服における色彩の選択やその純度、そしてとりわけこれらの人物が飾っている文字の「前」、あるいは「後ろ」といった彼らの位置に関して、テクストではこれほど明白には表現することができない社会的ヒエラルキーをほのめかしている(23)。

さらに画像は、上下、左右の――これは表現された者による視点の場合もあれば、観者の視点によることもある――そのヒエラルキーと、とりわけ具象的な描線、例えば各場面の枠取りを荘重なものにしなが

ら画面構成に寄与する建築モチーフだけでなく、各像、またそれが含まれる作品全体に特有の色彩体系によって生み出される区画やリズム、内的力学とともに、「刻まれた表面」としても考慮されるであろう。写本においては（といっても聖堂内の壁画や彩色された彫刻においても同様であったことが推測できる）、動きを与える交代、交差、反響、反復などの優れた効果を生み出す色彩が像を視覚的に結びつけ、形象空間にある一定の時間性を導入させ、必要があれば物語の軸を支えている。『聖王ルイ詩篇』の創世記場面（図5・6）の繋がりは、聖書のテクストによって知られる「物語《ヒストリア》」の忠実なる「挿絵」にだけではなく、ひとつのイメージから別のイメージへと物語の連続性を示唆する描線や形態、色彩の

右上 **図5　ヤコブの夢，ベテルの石への塗油**『聖王ルイ詩篇』1250年頃／右下 **図6　ヤコブの夢，ヤコブと天使の戦い**『同書』／左頁上 **図7　恩寵の玉座**『詩篇』イングランド　13世紀

追求にも起因している[24]。

形象的要素、装飾的モチーフ、形態、そして色彩は、それらの関係性、相互の位置関係、対立的または類似的関係、それらを分かつ距離感、あるいは逆に、接近させ並立させ、時には融合させる方法においてのみ充全な意味を生み出す。単一の像は混成物でありうるし、夢の中のイメージのようなやり方で複数の異なる像を集約し、姿勢や動きの矛盾の中で意味深長な意図をもつ弁証法を表現する[25]。一二世紀以降、神の本質の単一性と三つの位格《ペルソナ》にとって必要な区別を組み合わせながら、三位一体の逆説的論理に適切な形象を与えるためになされてきた探求は、中世の「形象的思考」の創造性と力強さを十分に示している。実際、この思考は根本において、論理的に相反する二つの定式の間で揺れ動いていたことがわかる。ひとつは、類似した像の識別による「三人物」型[26]、もうひとつは、異なる像を融合する「恩寵の玉座」型である（図7）[27]。

いかなるイメージも決して完全には独立しておらず、往々にしてそれは、連続するものの一部なのだ。例えば、詩篇の一写本の全頁大挿絵や、『黄金伝説』の彩飾写本における諸聖人の生涯および『グラティアヌス教令集』の各論題の冒頭のイニシャル文字などが挙げられる。真に意味深い作品とは、その総体の中の連続物でしかあり得ないであろう。あるイメージが孤立しておかれるのは常に恣意的で誤ったものである。

「あらかじめ提示された」このようなカテゴリーから、図像学的、形態的、構造的、テーマ的、年代的基準に応じて、歴史家によって「構成」された諸カテゴリーを区別しなければならない。これらのカテゴリーを構成し、さらにそれらを互いにかけ合わせる可能性は無限にある。例えば、彫刻を施されたロマネスクのティンパヌムの年代に沿った分類、そしてそれに「最後の審判」の、彫刻だけでなく写本や壁画におけるこの主題の一連の表現をかけ合わせてみること。また、「神の血族」の歴史人類学のために「アブラハムの懐」の一群の図像をできる限り徹底的に再構成すること(28)。また、例えば中世社会の本質的なイデオロギーの図式に立ち返らせてくれる分散されたあらゆる形象を調査研究することによって、構造に興味をもつことなどである(29)。

図像的カテゴリーの構成原理について考察することは、昨今コンピュータやデジタル画像などの情報処理による資料収集の手段が、学問的研究活動や資料収集へのアクセスの諸条件、そして、図像の選択基準をかけ合わせることで、いわば網羅的な新しい資料集を意のままに構成しうるようになってきただけに、ますます急を要する問題となっている。実にこの技術的発展によって、未曾有の実践の可能性が提供される分、新しい理論上の困難が生じることになる(30)。

結局のところ我々は、あたかも概念《イデア》というものがイメージ以前にあり、表現の外に存在しうるかのような、イメージがその文化的、宗教的、イデオロギー的概念《シニフィエ》の表現ではないと中心に据えて考えることになろう。それどころかイメージというものは、我々が知覚するとおりの現象であり、構造、形態、社会的機能の中で具現化されるものなのである。別の言い方をすれば、作品やその形態と構造を分析することは、その機能の研究と分かつことはできない。つまり分析の作業と歴史的解釈の間には断絶がないのである(31)。

歴史学

ハンス・ベルティングは、西欧の伝統における「イメージの中世」およびその儀礼的宗教的利用法を、一四三〇年代にフランドル地方とイタリアで始まった、とりわけ「絵画《タブロー》の発明」によって特徴づけられる「芸術の時代」に対峙させた(32)。ベルティングがそこで用いているイメージの概念は二つの異なる分野に振り分けられる。すなわち著者が、「芸術の時代以前」に制作された「イメージ」に対する自律的なあらゆる美的関心を否定しているように思われる場合には歴史的分野へ、一方、今日「イメージ」について語り、他のなじみのある資料と同様にイメージを扱いながら、主に工房の特定や作品の年代設定、あるいは様式的特徴の認証に主なる関心を払う「美術史家」の手法と自らの手法を区別しようとするのは、いかなる時代においても社会史や文化史の歴史家であることを認める場合には歴史叙述の分野へと、二つの分野に立ち戻らせるのである。

　ベルティングは、中世のイメージの全体とはいかないまでも、少なくとも大部分をその「文化的」機能によって特徴づけるに足る十分な理由を示している。この特徴によって、中世のイメージは、審美的および世俗的諸機能が絶えず増していく近代における画架上の絵画とは間違いなく区別されるのである。とはいえ、微妙な差異は認めなければなるまい。中世の画像のすべてが、コンクにある荘厳の聖女フィデス（フォア）像や聖女ウェロニカ像のような「崇敬」の対象物であったわけではない。同様に、異なる「文化的」形態においてはあらゆる段階を区別しなければならないであろう。例えばコンクでは、大修道院の聖堂の入口の彫刻を施されたティンパヌムは、大聖堂の内陣に納められた名高い荘厳像（彫像型聖遺物容器）の崇敬における役割をも演じていたであろう。実際ティンパヌムには、聖女フィデスがあたかも奇跡的に解放された巡礼者たちが奉納した鉄の鎖が吊り下がる穹窿の下の玉座を離れてやってきたかのように、神

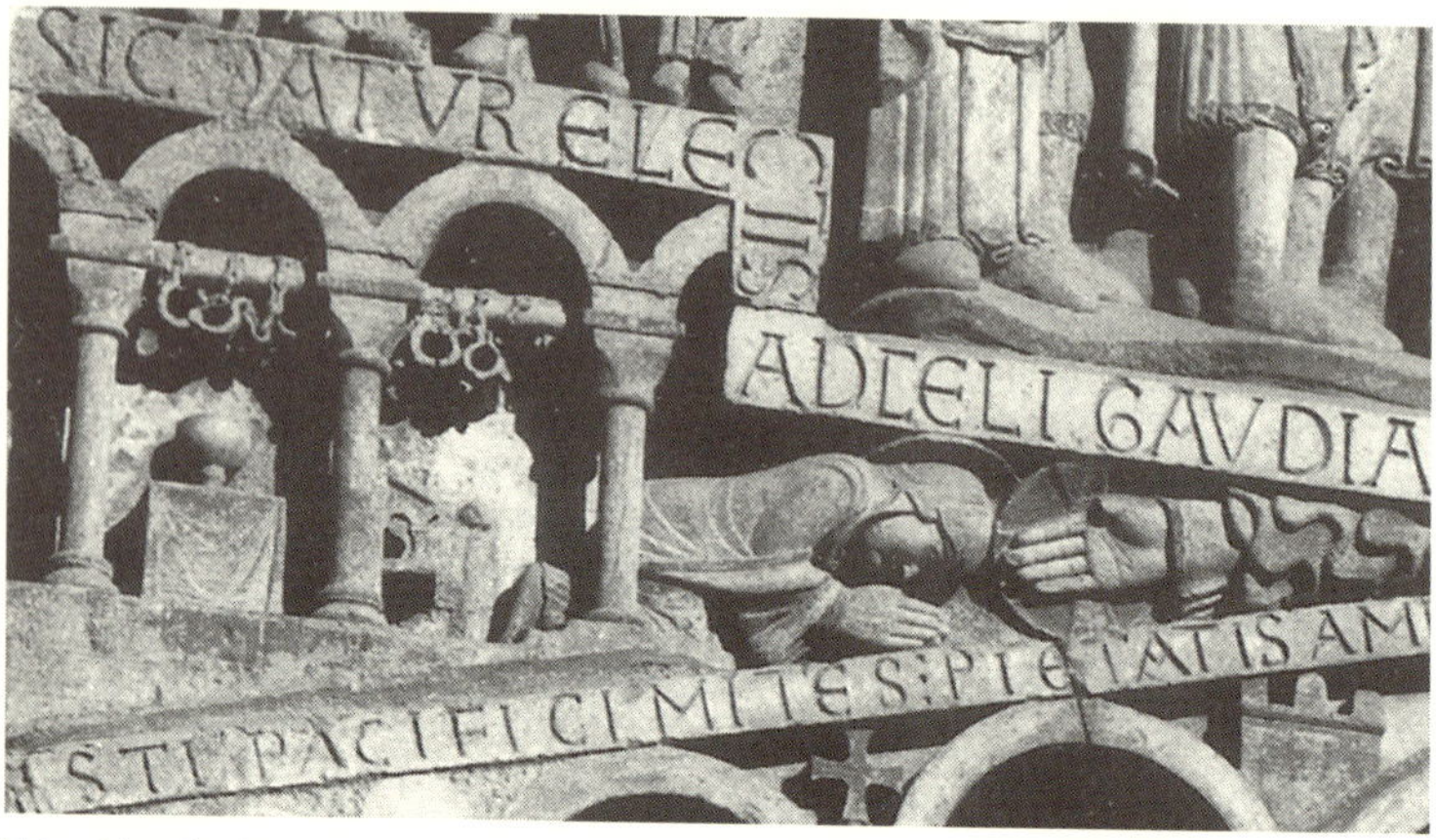

図8　神の手の前でひれ伏す聖女フィデス（フォア） サン・ピエール聖堂（聖女フォア大修道院付属聖堂）ティンパヌム（部分）12世紀，コンク

の手の前にひれ伏す姿が彫られている（図8）。このようにティンパヌムは、この聖堂に足を踏み入れようとする巡礼者たちに、自分が「礼拝」しにやってきた奇跡の宝物をあらかじめ、しかしながら未だベールを剝ぎ取ることなしに想起させることによって、間近に迫った荘厳なる光景に対して心の準備をするよう促すのである。それゆえ聖女フィデスは、ティンパヌムの浮彫りと彫像型聖遺物容器の荘厳像という、この聖女信仰の展開において補完的な、しかし異なる役割を果たす二つの画像を保持することになる。一方、イタリアの公共建築のフレスコ画に関していえば、こちらは言葉の宗教的意味合いでの「信仰」と結びつくのではなく、都市の儀礼と結びついていた。例えばシエナにおいては、《善政と悪政》において正義が表現された。また逆に、近代美術も宗教的あるいは世俗的「信仰」の多様な形態から完全に逃れたわけではない。なぜなら美術館あるいは大きな美術展を訪れるという行為が、我々の時代には時折、社会的圧力によって義務感をともなう儀礼的行為の体をとるからである。

とはいえ、中世の造形の「芸術」的価値を否定することは大いに困難である。素材と労働の対価、金や宝石、色彩の輝き、作品から発せられる美しさは、同時に神の栄光や注文主の裕福さ、権力の特権性の増加に貢献しているからである。これらの資質のすべては作品の審美的価値をいっそう高め、それはその宗教的および社会的諸機能と分けて判断することはできない[33]。それゆえ「信仰」と「芸術」は対立させてはならず、むしろ両者が互いにいかに受け入れあい、相手の存在のおかげで完全に自己実現しているさまを理解しなければなるまい。作品の歴史的重要性の本質的な意義、つまり作品の「文化的」であると同時に政治的、法的、イデオロギー的役割を理解するのと同様に、作品の審美的機能、つまり作品を「芸術」として理解することは、今日の歴史家および美術史家に課せられた最も難しく最も急を要する課題のひとつなのだ[34]。

事実、ベルティングの問題提起によって講じられた以下の三点を一義的な関係性に従って完全に符合させるのはかなり困難である。その三点とは、所与の時代、イメージの類型、そしてその専有的機能のことであるが、実際あらゆる時代において、各々が多様な機能をもつ数多くのイメージの類型が存在するのである。

これこそ、そもそも私が「イメージ」という言葉を「芸術」に対立させるためではなく、それどころかすべての意味をこの言葉に帰し、中世の「imago《イマーゴ》」という言葉が含む三領域を一緒に把握するために取り上げる理由なのである。この三領域とは、まず物質的イメージすなわち画像の領域、ついで精神的な、夢の中の、そして詩的なイメージからなる想像力の領域、そして神の似姿によって創られ、父の像たるキリストの受肉によって救済を約束された人間という概念に基礎を置く人類学とキリスト教神学における領域である。これらの領域の各々を切り離して考えてしまうと、中世のイメージの歴史の多岐にわたる領域のうちのひとつにしか達することができない。歴史家と美術史家に共通するこの課題は「文化としてのイメージ全体」の歴史でなければならないのである[35]。

それゆえ「イメージ」という語の使用は、伝統的に美術史家に割り当てられた研究領域の歴史家による拡大と符合していると、ベルティングが指摘するのには妥当性がある。「イメージ」を「社会的想像力」の全体、権力と記憶の構造の中に、作品や芸術的伝統に関する美術史家の知識の特別な貢献について全く否認することなしに、再び置き直してみること(36)、これが今日の我々の共通課題なのである。

幸運なことに、このための概念的な手段がないというわけではない。ひとつの作品の機能についての研究をその構造の分析から切り離すことを拒否するのは、既に述べたように、ヴァールブルクの遺産に帰される。それはフランカステルが、アッシジのサン・フランチェスコ聖堂上堂にあるジョットのフレスコ画とシエナにあるドゥッチオの《荘厳の聖母子》の具体的構造とそれぞれの機能を比較した際にも同様であった。「ここでもまた、機能が部分の構成と序列化を要求した」(37)のである。画像の形態と機能の関係性の中に、芸術家や注文主、そしてその作品の実現に関わったすべての社会的集団の意図が表現されるのである。つまり作品の中にはあらかじめ、受け取る側の視線や、例えば典礼で用いるという用途が組み込まれている。種類だけでなく作品が置かれることが予定されている場所——今日よく見られる美術館や図書館などとはかなり異なるさまざまな場所——や、例えばそれを行列で引き回すなど、場合によっては起こりうるその可動性、そして描かれた人物の間で、さらにはそのイメージの外側で観者との間に交わされる視線の「相互的作用」を考慮に入れなければなるまい。

フーコーの考察からも、イメージは——さらにいえば文書や年代記と同じように——単に歴史家のための文字通りの記録ではないことを我々は留意しなければならない(38)。そしてそれ以上に、美術史家に専有の記念碑《モニュメント》なのではない。イメージは完全に、歴史家と美術史家の両方にとって、それを生み出す歴史的環境について情報を与え、と同時に、宗教的信仰の表明や社会的威信の声明として理解するように与えられた記録かつ記念碑なのである。あらゆるイメージは、視覚的な「場所の記録」となる。それは、聖アウグスティヌスがキリスト教文化の黎明期に画像を定義したように個々の記憶であるばかりでなく(39)、社会的文化的あらゆる次元において何よりもまずイメージから成る集合的記憶である(40)。例えば名高い例であるが、王朝の栄光を明確にしながらも、それが捧げられている神の視線のもとにある彩飾写本、『ハインリヒ獅子公の福音書』においては容易に認められる。ここでもまた、すでに見てきたオットー朝のモデル（28頁図1・2参照）に従って、栄光に満ちた神の荘厳像と向き合う頁に描かれた、神の手による戴冠（図9・10）という王の神性を正当化する行為自体に、政治的な至上権が演出されているのである(41)。

図9　ハインリヒ獅子公とマティルダの戴冠式『ハインリヒ獅子公の福音書』1185年頃

かくして歴史家は、まず最初に作品を社会的、文化的、イデオロギー的にいかに深く根をおろしているか共時的に研究しなければならない。と同時に、ひとつの歴史を組み立て、通時性に関心を払い、時代区分という微妙な問題に取り組み、ひとつの年代学を提案しなければならないのである。ロマネスクやゴシックといった諸様式の連続性を想定して

図10　荘厳の神と天地創造『ハインリヒ獅子公の福音書』1185年頃

照らし合わせることでは納得がゆかないと、すでにどれほど言われてきたことであろう。しかし逆に、社会史の諸問題のみに従って組み立てられた年代設定を芸術に押しつけることもまた、イメージとその利用法に固有の変遷のリズムを過小評価することに繋がる。ジョルジュ・デュビィの監修により出版された『ヨーロッパ美術史・中世』の第一巻には、この困難さを示す好例が見られる[42]。序論の中でデュビィは、西欧における美術の歴史の年代区分を提示している。そこでは、最初の優に五〇〇年に及ぶ区分（五世紀から一〇世紀）以降は、九六〇年から一一六〇年、一一六〇年から一三二〇年、一三二〇年から一四〇〇年というように、突如かなり短く、正確な年代によって細分化され、詳細に規定されている。この周期のそれぞれの年紀には実に妥当性がある。しかしながら以下に挙げるように、例えばオットー朝の彩飾写本、ロマネスク建築のファサード、イングランドの雪花石膏《アラバスター》による彫刻作品、教会の宝物品、エマイユ（七宝細工）、ステンドグラス、墓碑彫刻や、さらにその他の対象物に関する各分野の専門的な美術史家集団による個別研究は、先に提唱された年代学の枠組みにほとんど従わないのである。年代設定というものは、ある社会の生産物すべてに対して必ずしも同様でないという点において、決して単一のものではない。なぜなら、ステンドグラスの美術が貴族の系譜と同様のリズムで展開していくわけはあるまい。そこではさらに、さまざまな時間性の「システム」としての歴史的時間を考えなければならないであろう。そのようなシステムにおいては、ある専門分野の先進性が他の分野の停滞を補うことになる。総合的文化史という企ての内部に美術史を包括するには、歴史家や美術史家が慣れ親しんでいる時代区分よりもはるかに複雑な時代区分をつくり上げるように仕向けなければならないであろう。

多種多様で矛盾に満ちた所与としての歴史的時間というこの考え方は、イメージの機能についての考察の前提となるものである。美術史家は、対象となる事物と社会的コンテクストとの関係性を、より深く理解するために美術史学の伝統的な諸問題からあえて逃れている以上、当然のことながら二つの年代区分、つまり様式的発展と社会的発展によるものとを一致させようと模索している。ミラード・ミースが黒死病《ペスト》後のフィレンツェとシエナの絵画の研究に取り掛かった時、出発点となる仮説は次のようなものであった(43)。それは、たった何か月かで豊かな都市の人口の半分以上にあたる命を奪った伝染病が同時代の美術にいかなる衝撃を及ぼし得たかという問いである。ところがあらゆる予期に反して、黒死病はトスカナ地方の美術になんの痕跡も残さなかった。言語に絶するというわけではないが（ボッカッチョのような第一級の作家や年代記作家が疫病の流行について語っている）、絵画として形象化できない、禁じられた恐怖の光景という否定的な意味で影響を及ぼしている。しかしその調査によって、ジョルジュ・ディディ＝ユベルマン(44)がピサの大聖堂付属墓所であるカンポサントに描かれたブッファルマコの大フレスコ画に始まる「死の勝利」の画像が黒死病以後ではなく以前から存在していたことを強調しながら、絵画の根本的なアナクロニスムと呼んだ事態が明らかとなった。黒死病という出来事それ自体が、絵画やその主題の変遷の要因なのではなく、要因はむしろ死後に人間に定められた運命と死後世界の精神的宗教的表象の構造的発展において、より深く、詳細に深し求められるべきなのである(45)。

イメージの社会的定着度におけるその時代性の問題はまた、今日、大部分が未開拓の状態ではあるが、しかしすでにブロックにより歴史研究の革新における必要不可欠な目標のひとつとして叙述されていた別の分野の前提となる。それは比較史の分野である。異なる社会の中のイメージと、イメージに関する態度は、私の目から見れば類似した、時には同じ坩堝から生じた文明が辿った展開の異なる道筋の最も優れた望楼のひとつである。画像のキリスト教文化は、古代ギリシア・ローマの「偶像」に対置されることで、少しずつ自己規定をしていった。これらの「偶像」はある抗し難い魅惑を発する分、いっそう嫌悪されたのである(46)。と同時にキリスト教画像は、旧約聖書と十戒を保持しながらも、ユダヤ教において言明された偶像崇拝に対して自らを正当化してきた。結局、中世を通して、西方ラテン教会と東方ギリシア教会は宗教画像、それらの形態上の性質、儀礼上の用途、理論上の正当性をめぐって激しく対立することとなった。

ビザンティン帝国は最も激しい聖像破壊運動から最も熱狂的な画像崇敬へと移行し、この対照的な歴史が、西方教会においては同等のものを経験することが決してなかった、ダマスコスのヨハンネス、ストゥディオス修道院長のテオドロス、大主教ニケフォロスらの聖画像《イコン》神学を呼び起こしたのである。結局のところ聖画像《イコン》は、自らの素材のうちに神聖の出現のしるしを保持するという事実によって正当性を認められ、長い時間をかけた形態上の相対的な固定化によって特徴づけられる。聖画像《イコン》の美しさは自律的価値ではなく、自らが表明する不可視の力の美しさなのである。「人間の手によらない《アケイロポイエトス》」という聖画像《イコン》の起源を伝える奇跡の物語は、それを描いた絵師の行為を覆い隠してしまうのだ。

西方教会では反対に、画像の歴史はより穏やかでより創意に富むことになった。教皇大グレゴリウスが定めた「中庸の道」をほとんど捨て去ることなく、六〇〇年頃、九世紀初頭、中世の異端時代、そしてプロテスタントの宗教改革へと至る聖像破壊運動の激発も限られたものであった。しかしながら西方教会の聖職者は、決して、その豊かさと綿密さにおいて聖画像《イコン》に関するギリシア正教の神学に比肩しうる画像の神学を展開させることはなかった。反対に宗教的伝統の重圧にもかかわらず、西方教会の図像学の多様性、創造性および革新性は完全にギリシア正教の形式主義と対照をなしている(47)。芸術家の自律性を他に先がけて認識したことがそれを容易くしたのであった。

ルーマニアの美術史家ダニエル・バルビュは、西欧と東方の美術の形式的違いについて、そして芸術家の地位に関する社会的側面と、宗教的あるいは世俗的権力と画像との関係における個々の事例に関する政治的側面という二重の論点について完全に定義したように思われる。カロリング期の西欧の状況を出発点として取り上げながら、彼は以下のように述べている。「『カロリング文書』はかくして、理論上にすぎないとしても、教会の権威に対する宗教画像の作り手の、ある一定の自律性を確立しているのではあるまいか。この自律性こそがおそらく西欧の芸術家をビザンティンの絵師たちから区別する創意の能力の始まりであり、同様に中世の間、西方の美術を駆り立てたあれほど多様で波瀾に満ちた形の生命の始まりであろう。はじめから教会は、権力体制の中に視覚的な領域を包括することに注意を払わずにきた。画像は聖なるものとして認識されたのではなく、宗教画が根本的には聖職者の問題に留まっていたビザンティン世界においては永久に拒否されるであろう世俗的な職人的地位を得るのである。西欧の画像は、管理が教会組織の手中にある原型との類似性という義務から解放されて、いわば呪縛を解かれたとでもいうように、真正の基準として固有なものと直面している。すなわち美である。しかしそれは感覚的な美しさであり、単に明瞭な容貌の反映というだけではもはや根拠とはなり得ない。まさにこの点において、ビザンティン美術の伝統と開花期を迎えた西欧美術におけるあまりにも明らかな分離があろう」(48)。聖画像《イコン》崇敬の儀礼におけるビザンティン美術の位置づけをより詳らかにしながら、バルビュはさらに言葉を続けている。「まなざしに関するビザンティン教会の統制は、皇帝権力の体制とのその緊密なる類似性を常に隠しおおせるわけではなかった」(49)と。

比較の過程は、イメージの形態的特徴や様式、美術的伝統に固有の年代設定にのみ結びつくものではない。これらの引用が示唆しているように、それはまたイメージの文化的、典礼上の、そして政治的な諸機能をも考慮に入れなければならず、より一般的にはさらに、イメージが生産され受容される社会的、イデオロギー的なコンテクストをも考慮しなければならないのである。そもそもビザンティンの聖画像《イコン》と西欧の画像それぞれは、かなり異なる社会の政治形態に関わっている。東方では聖像論争は初めから終わりまで政治的事象であり、八世紀に、皇帝によって布告された聖像破壊運動は、宗教的領域における皇帝権の先例のない行使の機会となった。確かにそれはまた皇帝権力の衰退の始まりを意味し、一方では聖職者たちによる報復が準備された。聖職者にとっては唯一の正当なる祭司王とは新しいメルキゼデクたるキリストであり、「わが王国はこの世のものではない」と言ったのは他でもないキリスト自身なのである。皇帝派や聖像反対派によって推し進められた旧約的モデルに対して、聖像を支持する大主教や修道士たちは新約聖書に感化され、キリスト教会の正当性と、その崇敬が未曾有の豪華さをもって確立された聖なる像の正当性をこれに対置している(50)。こうしたことは西欧においては、画像崇敬をフランク王国に普及させたいという教皇ハドリアヌス一世の願いに対抗して、カール大帝が『カロリング文書』を編纂させた時でさえも、決して生じ得なかった。聖俗の権力の融合というコンスタンティヌス帝の夢は、世俗権力と教会権力の早々に起こった分離に持ちこたえることができなかった。セレムの祭司王メルキゼデク（「創世記」14章18－20）の画像は、若干のドイツ人皇帝の信奉者を例外とすれば、西方において、政治的なイデオロギーの内にその価値を認めさせることはできなかったのである。それゆえその画像の用途は、キリストと聖体拝領のタイポロジー（予型論）的な象徴体系に限られていた(51)。そして、長い間西欧のあらゆる文化の特徴であり続けた「聖俗の権力の分離」は、グレゴリウス七世の時代にさらなる堅固な方法で体系化されたのである。西欧においていくつかのイメージ――いわゆる「信仰のための」かつ「祈念の対象となる」――が、一二五〇年前の『カロリング文書』の時代には考えられなかった神聖性と奇跡的な力を認知されるようになったのもまさにこの一一世紀以降のことであった。しかし、例えば一三世紀初頭からラテン教会全体にわたって、教皇庁により推奨された聖ウェロニカ崇敬を想起させるようなこの神聖性と奇跡の力は、教会制度や宗教的環境、またせいぜい政治的権力をとりまく環境やその宗教的儀礼に関わるのみであり、政治的権力の正当化をそれらに頼ることは決してなかった。皇帝と王権の性格とその行使は、聖なる画像の否定とも肯定とも結びついていなかったのである。次第に異端者たちが、続いて宗教改革論者たちが宗教美術を非難するようになる(52)。そうすることで、彼らは教会の序列体系を動揺させ、公的秩序を揺るがせることになるが、決して政治権力の正当性を脅かすには至らなかったのである。

西欧のイメージは、形態の下にこの上なく多様な機能をともないながら、中世において社会と文化というかなり異なる二つの局面において展開し得た。そしてこの分離こそが、画像にとっての、比較的な自由と比類ない躍進を確かなものにしたのであった。西欧において宗教美術は、何らかの聖画像《イコン》神学によっても、また東方において神聖なる皇帝が聖画像《イコン》に対して時にはそれらを破壊し、また時には崇敬したりして及ぼし得た、その権力によっても制約されることはなかった。それどころか、イタリアの公共建築のフレスコ画から一五世紀の王侯や商人の肖像画に至る世俗的美術のある一定の自律性は、かなり早期に確立されており、それが近代という時代には、芸術と芸術家の解放の坩堝を生み出すことになるのである。

2 第二ニカイア公会議からトマス・アクィナスまで
——西欧における宗教画像の解放★

中世を通して、西欧における宗教画像は次の三つの側面においてめざましい発展を遂げた。すなわち、その造形的形態、いくつかの画像が目的とする文化的実践、そして宗教画像自体の意義を明確にし正当性の確立を目指す理論的考察である。それらは補完的であり、ひとつの総体をなすため、歴史家であればぜひともこれらを同時に考察しなければなるまい。一方それは、概して個別的に多様なアプローチを必要とする。つまり美術史的アプローチ、思想史とりわけ神学的アプローチ、そして画像と結びついた実践、儀礼および典礼をよりよく分析し理解することを可能にする歴史人類学的アプローチである(1)。

ではこの三側面からのアプローチによって、七八七年の第二ニカイア公会議における決定事項を西欧の画像の歴史の中に位置づけながら考察してゆこう。まず問題となるのは受容の問題である。公会議の決定はどのように場所や時代に応じて受け入れられ、あるいは拒絶され、または単に隠蔽されてきたのであろうか。

この検討は年代順に忠実になされねばならない。そこで、西方ラテン教会のより包括的な歴史においても重要である以下の三つの時期に区分してみよう。まず、八世紀から九世紀において、いかに第二ニカイア公会議が非常に大きな拒絶反応を引き起こし、のちに次第に忘れ去られていったのか、ついでその後、一〇世紀から一一世紀に至るまで、西方ラテン教会がいかにして自立したやり方で独自の道を見出したのか、そして最後に、一二世紀から一三世紀までの間に、画像に関する東方ビザンティン世界の思想やさらにはその図像学のいくつかの様相までもがどのように再発見されていったのかを順に明らかにしてゆく。

第二ニカイア公会議の拒絶から忘却まで

第二ニカイア公会議によって西欧にもたらされた影響は、大規模な論争の枠組みの中で評価されなければなるまい。それは七八七年以前にすでに始まっており、世界を分割する三つの権力、すなわちローマ、コンスタンティノポリス、フランク宮廷を対立させる論争であった。実を言えば、その論争は決して同時にこの三権力を対立させるのではなく、むしろ二つずつの対峙を招いた。つまりローマ教皇はビザンティン帝国皇帝と、皇帝はフランク王と、そしてフランク王は教皇と対峙したのである。画像のみに関心が向けられたわけではないにせよ、画像がきわめて重要な地位を占めるこの論争の変遷を辿るには、およそ四世代にわたる年代的展開を注意深く区別せねばならない。

聖像破壊運動がビザンティン帝国で重きをなすや否や、西方ラテン世界においてはそれを非難することで一致していた。そのため教皇はローマで、例えば七二六年（グレゴリウス二世治下）、七三一年と七三二年（グレゴリウス三世治下）、そして七六九年（ラテラノにてステファヌス三世治下）に教会会議を招集した(2)。フランク王国でも同様に七六七年、ジャンティイにおいてピピン王出席の下、教会会議が開催されている(3)。したがって教皇庁とフランク教会との間では、教皇グレゴリウス一世（在位五九〇～六〇四）が定義した「媒体によって（via media）」（画像を介して）との伝統のもとに、聖像破壊運動を非難するための完全なる合意があった。グレゴリウスは、画像の制作や教会による画像の保持は、それらを礼拝の対象としない限りにおいては正当性を認めうるものであり、反対にそれらを壊すことは禁じると明言していた。

　ところが続く第二世代には、第二ニカイア公会議の画像容認についての決定に関して、西方では、公会議の決定に賛同した教皇ハドリアヌス一世に対するフランク宮廷や司教の異議申し立てが完全に支配的となる。では西方世界の動きを考慮に入れながら、この論争の展開を年代順に辿ってみよう。

　七八五年、教皇ハドリアヌス一世はすでに皇妃イレネと年若き息子コンスタンティノス六世に宛て、彼らの前任者たちによる聖像破壊運動の位置づけを放棄し、自身にとっては教会の伝統に適うと思われる画像への信仰を確立することを要請する書簡を送っていた(4)。教皇は自らの要請の裏付けとして、聖書上の（例えば伝統的な論拠としては、契約の櫃の智天使《ケルビム》や青銅の蛇）、あるいは教父による論拠を重ねている。それは非常に意味深長な論法で、東方的伝統が広範囲にわたって優勢である一方、西方の教父たちについてはアウグスティヌス、アンブロシウスそしてグレゴリウス（『マルセイユ司教セレヌス宛書簡』）らのいくつかの引用によって示されているにすぎなかった。ここで教皇ハドリアヌス一世は、聖堂を飾る画像（depictae ecclesiae imaginibus ornatae）、聖母、預言者や聖人たちを表す図像についてしか言及していない。最も提唱された態度は崇敬（venerandae）である。教皇はこの崇敬の態度をグレゴリウスの伝統において画像が果たす救済の歴史の記憶（memoria）という機能によって正当化している。と同時にさらに歩を進め、キリスト画像について、完全なる新プラトン主義的方式、すなわちカロリング宮廷の拒絶を正当化したのと同様の定式を用い、可視的形姿（vultum）によって不可視なる神へと精神を駆り立てるとして画像の機能を容認している(5)。しかしここで教皇は、画像を神格化する（deificere）ことが問題なのではないと述べている。

二年後、教皇の請願によって二人の教皇使節の出席のもと第二ニカイア公会議が開催された。その翌年の七八八年、ハドリアヌス一世はフランク宮廷に議事録のラテン語訳を送った。この文書は、カール大帝が教皇に対してニカイア公会議の決定に対する好意的でない自身の最初の反応を示すための文書、すなわち七八八年から七八九年の「公会議に対する章令《カピトゥラリア》（Capitulare adversus synodum）」(6)と同じく現在では失われている。カール大帝の反論に対して、ハドリアヌス一世もまた、七九一年のよく知られた書簡(7)において苦言を呈した。この書簡がカロリング宮廷に届いた時、すでにそこでは公会議の決定に対する体系的な反駁が、アルクイヌス、オルレアンのテオドゥルフス、さらにはカール大帝自身の直接的な責務の下に周到に準備されている最中であった。つまりその書簡は、七九一年から七九四年にかけて作成されたいわゆる『カロリング文書（*Libri carolini*）』として知られる「画像に関する章令《カピトゥラリア》（Capitulare de imaginibus）」の誕生をもたらしたのである(8)。最終的に七九四年、画像の問題はフランクフルト教会会議の議論の中核をなした(9)。

フランクの国王と高位聖職者たちは、ラテン語訳と教皇の解釈によって知り得たニカイア公会議の決定に直面し、聖像破壊運動にも、また一方では、とりわけギリシアの聖像崇敬の立場と同一視されうる偶像崇拝という対極の危険にも異を唱え、意識的にグレゴリウスの伝統にかなった穏健の立場をとっていた。それどころか彼らは「ひとつの愚かさから派生した対峙する二つの道」(10)の間の中庸（medium, mediocrites）を具現化することを考えていたのである。彼らが画像に認めた機能とは「読み書きのできない人々」のための教育的機能、聖人伝の記録（memoria rerum gestarum）としての機能、そして装飾（ornamentum）の機能のみであった。この最後の機能は、ウォルター・シュマンツが根拠をもって指摘したように、グレゴリウスには明白には見出されない(11)。しかしこの装飾的機能については、一二世紀に非常に重要な展開を遂げていることを鑑みると、『カロリング文書』以降、ある審美的で情緒的な態度が現われたと思われる。もっとも我々が見ていくように、このような態度はグレゴリウスに完全に欠けていたというわけではなかった。

カロリング朝が絶対的に拒否したもの、それは画像の形態（forma）による力（virtus）の「転移、移行（transitus）」の可能性である。フランク王国の人々にとって、あるひとつの形態とまったく別の本質をもつ神聖なる「原型」との間の「移行」は存在し得なかった。その問題は提起さえされなかったし、彼らにとっては、東方の新プラトン主義的神学の鋭敏な論の展開に立ち入る必要はなかったのである(12)。唯一理解し得たのは、聖なる素材による「転移」であったが、その種の画像は彼らにとってまさに私的なものに感じられた。それは聖なる身体や聖遺物である。加えるならばこの場合、聖遺物の力は、過去の聖人の存在というよりもむしろ、来るべき復活の栄光に包まれた聖人の身体に結びついていた。一方、聖画像という形態はそれ自体、なんら聖なる特徴も備えていない。それが、どこそこの超自然的人物の画像であるかは全く任意であり芸術家の善なる意向にのみ依拠しているのだ。ある女性像に「聖母マリア」の名を与え、また別の、しかしながら厳密には同様の画像には「ウェヌス（ヴィーナス）」の名を与えることを決めるのは画家である。その結果、それらを十分に見分けるものは何もないというのに、一方を崇敬し（高く掲げ、栄誉をたたえ、口づけを浴びせるなどの、おそらくまさに西欧で流布し始めたこれらの信心の実践）(13)、もう一方を壊さなければならないはずがあろうか。そもそも聖性をもつためには二つの理由しかありえない。すなわち理性的存在にとっては、それは彼らの美徳の結果であり、物質的対象にとっては司祭の聖別の結果なのである(14)。そして、司祭の聖別は画像には認められなかった。

画像はそれゆえ、聖なる事物の合法的で序列化したリスト——画像は除かれている——との関連によって考慮されなければなるまい。まず最初に挙げられるのは聖体、すなわち日常的に再生されるキリストの身体の現実的存在である。続いて、目に見えるものとしてではなく、悪魔に対して作用する「神秘の十字架（mysterium crucis）」とキリストの「旗じるし（vexillum）」としての十字架、そして内なる目を照らす福音書（身体の目を通してのみしか知覚されない画像に対置される）が続く。実際、福音書の儀礼的機能は、聖なるテクストの単なる講読をはるかに超えたものであった(15)。続いて聖体の犠牲の際に用いられ、キリストの身体と接触をもった聖杯、そして最後は聖人たちの聖遺物となる。このリストの外に、つまり聖なる事物の下方に位置するのが画像である。ならば画像は、聖性の「転移」の体系に組み込まれることがないのであろうか。

実際これは、東方において画像信仰が原則として厳しく追放され続けたことを意味する。画像「崇拝（礼拝　adoratio）」を喚起させるすべてのことは偶像崇拝に類似しているのである。本来、礼拝（希　latreia）は、目には見えない神にしか捧げられないものであり、ギリシア人にとってこの語は当然他の意味をもたない。一方、画像に対してあらわされる崇敬（希　proskynesis）とは区別されたのであった。しかし西方ラテン世界の人々は明らかに、崇敬あるいは崇拝、礼拝をも意味しうる「adorare《アドラーレ》」という動詞の曖昧さを利用し、敵対者の信用を失墜させたのであった。

フランク人のみならず教皇側も共に依拠する大いなる権威は大グレゴリウスであった。論争と宗教画像に関する西欧の理論における この権威の重要性について、過去へと簡潔に遡ってもよいであろう。

グレゴリウス文書の中でもいちばん引用されるのは、聖像破壊運動の支持者であったマルセイユ司教セレヌスに宛てた有名な六〇〇年の年記をもつ書簡である(16)。そこで大グレゴリウスは偶像崇拝と聖像破壊を告発した後、キリスト教画像、あるいはより正確にはキリスト教絵画（picturae）に、――グレゴリウスは絵画についてしか言及していない――彼によれば伝統的（antiquitus, vetustas）に与えられた積極的な機能を完全に定義した。グレゴリウスにとっては、それらの機能は、画像が作成され、聖堂や聖人を崇敬すべき場所がそれらを保持することを正当化するのである。

画像は、第一に、特に読み書きのできない人々への教化（aedificatio, instructio, addiscere）の機能をもっている。画像を見ながら彼らは聖なる物語（historia）を理解しうるのである。しばしば繰り返される有名なグレゴリウスの常套句によれば、絵画は読み書きのできない人々、すなわち異教徒により近い平信徒たち（idiotae, imperitus populus, gentes）のものであり、福音書は唯一、読むことができる聖職者のものであった。読み書きのできない人々にとっては、絵画を判読することは読解と同様であり、「文字を知らない彼ら自身が読むため（In ipsa legunt qui litteras nesciunt）」のものなのである。

グレゴリウスは第二に、画像によって描写されるのは聖なる物語（historia, res gestae）であって、画像はまた記憶をとどめる機能をもつと記している。画像はキリストの生涯と死、殉教聖人たちの物語という過去の出来事へと、それらをあたかも今あるかのように見せ、その時空間に立ち戻らせるのである。

文盲の人々が目にする描写された聖なる物語は、彼らに神のみを礼拝するよう諭すものでなければならない。というのも「絵画を崇敬する（adorare）ことと、描かれた聖なる物語のおかげで崇拝（礼拝 adorare）すべきものを学ぶことは別なのである」。彼らはかくして神の、そして神のみへの礼拝に身を投じる。ビザンティンの人々にとっての聖像崇拝と同様に、「転移」が起こるのは、画像の聖なる力によるのではないことに留意したい。「転移」は絵画に描かれた宗教場面を見ている最中に起こるが、その場面自体には何の聖なる力も与えられていないのである。

最後に、画像を見ることは「悔恨（compunctio）」の念を引き起こし、それは聖三位一体の礼拝へと至り、キリスト教の祈りの身振りを生じさせる。悔恨の念はグレゴリウスの倫理的神学思想において重要である。悔恨は自身が罪人であることをあらわにする魂の痛ましい謙遜の感情を表現するのである(17)。しかしここにおいてとりわけ重要なのは、それが画像の機能に情緒的側面を与えることである。この側面は、続く展開において少しずつではあるものの、画像に関して議論の余地ない権威として大グレゴリウスを参照しうるとしても、根本的に画像に対する態度を変えていった。

さしあたり、画像と対峙するキリスト教徒の態度に認められるこの情緒的側面は、ハドリアヌス一世による大グレゴリウス文書の使用を助長したにすぎなかった。実際ハドリアヌス一世は、七九一年のカール大帝宛の書簡において、大グレゴリウスの『マルセイユ司教セレヌス宛書簡』（以下『セレヌス宛書簡』）を引用している。しかもハドリアヌス一世は、とりわけ『カロリング文書』では引用を控えている大グレゴリウスの別の書簡『隠修士セクンディヌス宛書簡』（以下『セクンディヌス宛書簡』）に言及しているのである。

『セクンディヌス宛書簡』の当初の中心部分は五九九年五月の年記を持ち、そこでは未だ画像について問題としているわけではない。しかしこの原文はのちに、グレゴリウスの真筆ではないとされるが、グレゴリウスの『セレヌス宛書簡』での表明とはかなり異なる画像についての見解を示す多くの加筆がなされた。部分的に典拠が不確かなために、『セクンディヌス宛書簡』は七六九年以前には言及されることがなかった。しかしこの年、この書簡はラングル司教ヘルルフによってラテラノでの教会会議にもたらされることになった。かくして、この書簡は七六七年のジャンティイ教会会議と同様に、この時代においてすでに、画像問題についての議論がおそらくフランク教会を揺るがしていたことを証言しているのである。

加筆された部分では、教皇グレゴリウスがこの隠修士の依頼を受けて、二枚の板絵（surtarius duas）を送ったという。そこには救世主と聖母マリア、聖ペテロと聖パウロ、また十字架、そしておそらく、聖ペテロの墓と接触したことによって不具や悪霊に対する護符として用いられていたとトゥールのグレゴリウスが言及する金の小さな鍵に類似した鍵が描かれていた(18)。しかし、この書簡においてより驚かされるのは、愛の欲望を表現する言葉遣いである。これらの画像を眺め、保持したいという隠修士の欲望を、愛する人の姿を浴場への道すがら垣間見、幸せな気持ちで引き返したいがゆえに、彼女の行く手に急いで先回りしようとする恋する男の欲望に比較させているのだ。画像を見たいという隠修士の欲望は、幻影的かつ強迫的様相を帯びているのである。セクンディヌスが、キリストの誕生、受難、復活を喚起する（recordatio, memoria）ためのみならず、神への愛に燃え、至高の幸福に達し、可視的なものを通して不可視のもの（per visibilia invisibilia）に到達するために画像のヴィジョンで満たされ、その前でひれ伏したい（もちろん自分が礼拝するのは神であることを承知の上ではある）と望むのは毎日のことであった。その方法は新プラトン主義的であり、ビザンティン帝国の聖像崇拝の位置づけを正当化し、ハドリアヌス一世が西方において虚しくも認めさせようと試みることになる方法と同一であった。結末としては、十字架の「聖木」が真に魔術的な機能を持ち、隠修士を生涯にわたり欺瞞や悪魔の襲撃から守ることになる。

この加筆部分を読むと、『セクンディヌス宛書簡』(19)が、のちに『カロリング文書』によって表明されるフランクの反論を退けるために、ハドリアヌス一世が七九一年に用いた大グレゴリウスの威信の下に位置づけられた議論のひとつを構成することが容易に理解されよう。と同時に、その書簡は真のグレゴリウスの教義とは矛盾するため、『カロリング文書』ではそれに言及しなかったこともわかる。しかし当時は、その偽書的性質を疑う敵対者は誰一人いなかったのである。

続く八〇〇年から八四〇年までをここでは第三期として区別するが、この時期は以下の三つの主要な出来事によって特徴付けられる。

第一に、教皇とカール大帝が（大帝はその後も浮き沈みを経験することになるとしても）同盟を結んだ八〇〇年の戴冠式が挙げられる。それにより、悪化の一途を辿るばかりであった西方キリスト教会と東方キリスト教会の政治的、宗教的、文化的な断絶が正式に認められた。

第二に、ビザンティン帝国における画像信仰への回帰をめぐる不確かさである。皇帝ミカエル二世の躊躇が西方にどのような影響を及ぼしたかを見ていこう。

そして最後に、七九四年のフランクフルト教会会議ですでに断罪されていたトレド大司教エリパンドゥスと同じくスペインのウルヘル司教フェリクスが提唱したキリスト養子説の擁護という異端的見解の影響下で起こった西方での聖像破壊運動との関係である。この難局の源となったのは、彼らの弟子のひとり、やはりスペイン出身のトリノ司教クラウディウスである。しかし彼の立場は、彼の誹謗者すなわちオルレアン司教ヨナス、サン・ドニの神学者ドゥンガルス、ライヘナウのベネディクト会修道院長ヴァラフリド・ストラボらの手記を通してしか知られていない。だがクラウディウスの態度は完全に孤立したものではなかった。スペイン出身であったリヨン大司教アゴバルドゥスもまた同様に、画像に対する嫌悪感を示している。とはいうもののアゴバルドゥスの方は、トリノのクラウディウスのように聖像破壊運動や十字架排斥に至ることはなかった(20)。

トリノのクラウディウスは画像を異端として拒否することによって、ひとつには、画像に関するキリスト教教義が受肉の神秘と必然的に保っている関係を否定的に見せようとした(21)。神の絶対的な超越性の保持に腐心するキリスト養子説擁護派にとって、キリストの二重性、すなわち人性と神性という概念は理解を超えていた。キリストは完全に人間なのである。つまり神によって養子とされたのであって、第一ニカイア公会議（ニカイア信経）に公布されたキリスト教教義の意味において神の息子ではないと。

それゆえ神とキリストの本質性の関係を築き、あるいは喚起しうることのすべては、十字架を筆頭として、神の同質性と超越性に打撃を与えるものとして、また被造物と多神教への崇拝のひとつとして排斥された。十字架は不名誉な刑罰の道具にすぎないのであって、神の象徴などでは決してないのである。冒瀆的な言説で惑わしながら、トリノのクラウディウスは、もし我々が十字架を、キリストがそこに三時間もの間磔《はりつけ》にされていたということを理由に「礼拝」するならば、ましてやキリストの身体が触れた、それもしばしばより長い間触れていたすべてのものを「礼拝」しなければならない、と言うにまで至っている。例えばキリストは、聖母の胸に九か月間抱かれていたのではなかったか。また揺籃や簡素な赤ん坊の産着においては優に三時間以上をそこで過ごしていたのではないか。とすれば、十字架よりもはるかに正当な理由で聖母、揺籃、古びた産着のすべてを、また同じく船やロバ、荊冠や槍も、というのもこれらすべてはキリストが地上で触れたものであるのだから、「礼拝」すべきなのではあるまいか……。仔羊や書物や石は、それらの存在自体ではなく、キリストがそれらに与えた象徴的意味のためではあるが、事情は同様であるといえよう。

かくして、トリノのクラウディウスの列挙は、我々が見てきたようなそれ以前のフランク王国の司教たちによって確立された、聖なる事物の合法的で限りある目録のパロディー的で際限のない転換のように見える。行き過ぎた急進的な態度は、その反動としてドゥンガルスやヨナスのように反発を唱えた主な人々を、人間が神を崇拝する際にその媒介となる事象、すなわち十字架や「十字架の画像」、聖人の聖遺物や教会の典礼などを確信をもって列挙するに至らせている。というのもトリノのクラウディウスは、これら列挙された事物を順番にひとつひとつ遡りながら、最終的には受肉や受難を嘲笑し軽蔑するに至っているからである(22)。

それゆえ総じて画像に関しては、フランク王国の司教たちの立場は根本的には先人たちと変わらなかった。非常に重要である以下の点を除けばである。それは聖像破壊運動に直面して、画像が今や聖遺物や十字架と同様に擁護されたという点である。『カロリング文書』においては、画像は未だ聖遺物や十字架と同列には組み入れられていなかったが、それが今や、異端や聖像破壊運動の脅威の下で為されたのである。十字架ほどの傑出した位置づけや聖人の身体に比すれば、画像は二次的な地位を占めてはいるものの、共通の擁護の恩恵に浴することだけはできたのであった。

語彙に関する進展には別の微妙な変化があった。前世紀末と同様ながらより明確な、「adorare《アドラーレ》」、「venerari《ヴェネラーリ》」、「colere《コレーレ》」、という動詞の意味についての議論が論争に大いに弾みをつけた。例えば、オルレアンのヨナスは偶像崇拝に対する非難を拒絶することが可能となった。ヨナスによれば、「adorare《アドラーレ》」という動詞は、複数の意味を持つために人を惑わすという。もっともトリノのクラウディウスが陥ったような取り違えをするには、かなり大雑把な精神か大いなる邪心を持たねばなるまい。しかしこれほど重要な語彙の多義性の認識こそが、信仰実践の進展とおそらく無関係ではなかったのだろう。そもそも理論上の区別とは別に、聖遺物や十字架、あるいは画像の前でひれ伏す信者にとって、神のみの礼拝と偶像崇拝との間に一線を引くのは実に難しかったに相違あるまい。

フランク王国の司教たちがトリノのクラウディウスによる聖像破壊運動への反駁に着手した時、皇帝ルートヴィヒ一世（ルイ敬虔王）は、ビザンティン皇帝ミカエル二世から一通の書簡を受け取った。その書簡において彼は、行き過ぎだと判断され彼を心配させてやまない自国における偶像崇拝の展開を告発したのである（八二四年）(23)。八二五年のパリ教会会議の直前に届いたこの書簡は、偶像崇拝に反対する立場を明確化させた。そして、トリノのクラウディウスのような人物が唱える聖像破壊運動への反発という危険とも戦わねばならなかっただけになおのこと、フランク教会は、「媒体によって（via media）」という考え方に執着し続けたのである。補完的な二つの論戦上に同一人物を見出すのは驚くべきことであろう。その人物とはオルレアンのヨナスである(24)。

教会会議で引用された「権威」のひとつは、大グレゴリウスの『セレヌス宛書簡』と同時に、この教皇が五九九年に隠修士セクンディヌスに送ったとされる書簡であった。これには驚きを禁じ得ない。というのも『カロリング文書』では言及されないまま、ハドリアヌス一世によって引用されたこの書簡の内容は、カロリング朝の立場とはまず一致しがたいものであったからである。八二五年の教会会議引用においては、この立場が進展しつつあるという兆候を読み取るべきなのであろうか。興味深いことに、同教会会議のメンバーは、この二つの書簡の間の矛盾に敏感に反応した。しかし彼らは、見かけ上の矛盾にもかかわらずそれらの一致を強く主張し、教皇自らが矛盾したことを言明したのではないかと疑う可能性のある人物を前もって告発することに専念し続けたのであった(25)。

八四〇年から八七〇年の間の四期目において、論争はなお形を変えていった。八四三年、画像に対する信仰は、ビザンティン帝国皇妃テオドラによって公式にそして決定的に立て直された。しかし聖像破壊主義的な動向は東方では長らく残り、八五八年以降、コンスタンティノポリスの新しい総大主教となったフォティオスによる分離の際に明るみに出た。自身の世界的な権力が問われるこの問題への対応を初めて迫まられた教皇ニコラウス一世は、西方と同じく東方に対しても多数の書簡によってきわめて激しい反応を示した(26)。

皇帝ミカエル三世、フォティオス自身、また東方の聖職者に宛てた教皇ニコラウス一世の書簡は八六〇年から一〇年間で非常な数にのぼった。それらの書簡はラテン教会とギリシア教会の不一致の諸点を喚起するものであったが、その中には常に画像の問題があった。フォティオスはとりわけ、キリストの画像を拒否したことで非難された。八六三年、教皇はローマで教会会議を開き、その第六番目および最終決議によって、画像の合法性は、教会の伝統とローマの高位聖職者の決定の下に再び明確に示されたのである(27)。教皇はギリシアのキリスト教国において開かれた公会議の権威よりむしろ聖ペテロの座の権威を認めさせようとしたためか、第二ニカイア公会議の権威は引き合いに出されていない。しかしニコラウス一世が擁護する画像の概念はニカイア公会議のものと同様であり、特に、福音書の言葉と画像の色彩の機能の間に絶対的対等性を確立した点で共通している。この教理は描かれた画像を「文字の読めない人のための聖書」と定義するグレゴリウスの表現を超えるものであった。ニコラウス一世にとって、色彩とは言葉のようにその原型への「遡り」を可能にし、画像崇敬は救済への一条件であった。感情に訴えるようなこの世におけるキリストの形姿に見入らなかった者は、天上世界の栄光につつまれたキリストを観想することはできないのである。教皇の書簡で変わることなく繰り返し取り上げられ、とりわけ八六九年から七〇年の第八公会議（第四コンスタンティノポリス公会議）の第三決議で宣言されたのは、八六三年の教会会議におけるこの第六決議なのである。

しかし、八六七年にフォティオスがニコラウス一世の破門を宣言した時、ニコラウス一世は、一方ではフランス大司教ヒンクマルスやシャルル禿頭王治世下の西フランク王国の司教たちに、他方では、八六八年にウォルムスに集まったルートヴィヒ二世治政下の東フランク王国の司教たちへと書簡を書くことでラテン教会の高位聖職者たちの支持を得ようとしていた(28)。どちらの側の支持も教皇に欠けることはなかった。ギリシア教会の議論を拒絶するいくつかの論が維持されたのである。それらはパリ司教アエネアスやコルビー修道士ラトラムヌスの論、同じくウォルムス教会会議の決議などであった。ところが、これらの文書のどれもが東方と西方の間で一致をみない他のすべての点について述べている一方、ヒンクマルスに宛てた教皇の書簡以外では、画像の問題については言及していないのである。そこで触れられているのは、何よりもまず聖霊の発出（フィリオクェ）の問題であり、司教の結婚や髭を生やすことについて、ホスティアとして供されるパンの性質、土曜日と四旬節の断食、洗礼用の聖香油の配合、司教の叙階式、そしてラテン教会によって祭壇上に生贄として捧げられる、いわゆる仔羊についてである。

それゆえ万事、あたかも教皇が全教会に対するローマ教会の権威を強化し、教会の伝統的地位を想起させるために、ギリシア教会との難しい関係性においてのみ画像を引き合いに出すことを望んでいるかのように過ぎていった。一方、ニコラウス一世は大主教フォティオスに対抗して、西方の司教の支持を大いに必要としながらも、以前ハドリアヌス一世が画像に関してビザンティン側と起こした抗争を記憶に留めていたため、西方でも未だ燻り続けていたこの問題の再燃を避けようとしたのである。

とはいえ西方では、画像に対する態度は変化しつつあった。実際、東方世界と西方世界との間の溝が深まるにつれ、逆説的にビザンティン美術は西方世界とりわけオットー朝美術に影響力を及ぼし、画像に対する態度は合意していく方向にあった。そのため少なくとも画像に関する点においては、東西論争はもはやかつてほど存在理由をもたなくなった。教義の本質的な点、すなわち一〇五四年の東西教会分裂の核心となる聖霊の発出（フィリオクェ）の問題が次第に論争の中心を占めるようになるにつれ、いっそう論争自体の意味は希薄となっていった。この時代、司教の結婚といった二義的な問題に関する不一致もまた引き合いに出されたが、画像に関する問題は、一一世紀の半ば以降、次第に対ビザンティン文書の中では回避されるようになったのである(29)。

西方における画像とそれに対する態度の変化

西方において画像は、激しい理論的政治的論争を引き起こしてから二世紀ほども経たないうちに、フランク司教たちがビザンティン側に告発した画像に比肩し得る実践の対象となった。とりわけ二つの革新が注意を引くが、それらは共に紀元一〇〇〇年頃に確立された。

ひとつは十字架から磔刑像へ、すなわち十字架にかけられたキリストの描かれた、あるいは浮き彫りされた（金、象牙、木、金属）形象への変化である。十字架という単独の「しるし（signum）」から新しい画像、すなわち磔刑像へと移行するのである。この像は聖遺物を内蔵することが可能であり、祈禱や典礼の実践対象となった。この変化は造形的形態にとどまらず、宗教感覚の著しい変化を示している。それはもはや最後の審判を下す神の荘厳さだけでなく、十字架上のキリストの死に対する瞑想へと至らせるキリストの「人性」という概念の称揚であった(30)。

二つ目の変革は、単なる箱の形をした聖遺物容器から彫像型聖遺物容器へという移行である。これらの影像は聖母や聖人や聖女の全身、あるいはその身体の一部（頭部、腕、足）を象った立体像であり、続いてそれは聖遺物のない、それ自体が崇敬される影像へと変遷していくのである。この変革についてはもう少し時間をかけて論じていこう。

影像型聖遺物容器の年代や地理的分布は、今日では美術史家によってかなり明らかにされている(31)。この新しいタイプの像は八八〇年以降に確認され、とりわけフランス中部と関わりが深いにしても、ついでドイツのエッセン、またイングランドのエリに姿を現している。この新しい像への聖遺物信仰の移行ははっきりとしており、そして画像への信仰自体に重要な結果をもたらした。崇敬の対象となったのは聖遺物だけではなく、それを内蔵する影像自体となったからである。最終的には、祈念のための影像の中の聖遺物の存在は、その影像自体が祈念の対象となるために必要とさえされなくなった。それは一二世紀中頃、ヴェズレーのサント・マドレーヌ聖堂の火災に際する次の逸話に語られている通りである。木製の聖母像は、奇跡的に損害を免れたものの炎によって煤で汚れてしまい、修復師ランペルトゥスに託されたところ、彼は聖母の両肩の間に、絵具によって塗り隠された小さな扉を発見した。ランペルトゥスが修道院の高位聖職者たちの面前でその扉を開けると、穴の中には聖母や多数の聖人たちの聖遺物が発見され、彼らは驚きと喜びに沸いたという。ここで興味深いのは、彼ら自身が驚いたという事実である。すなわち一二世紀の半ばには、影像の中に聖遺物があるかは、崇敬の対象となるための必要な判断材料とはされなくなっていたことを示している(32)。

数多くのテクストが聖遺物像への信仰がどのようであったのかを理解する助けとなる。中でもクレルモン大聖堂の助祭アルノーによって記された、オーヴェルニュのモザ修道院長ロベルトゥス（ロベール）のヴィジョンに関する報告書は、九四六年に建てられた新しいロマネスク様式の大聖堂に、かの荘厳の聖母像が建設されたことを伝えている(33)。一〇世紀半ばにおけるこの彫像の「新しさ」によって、このような記述の本質、すなわちまずそれが夢であったことがわかる。ヴィジョンや夢は、神と直接的な結びつきがあるために、中世においてはしばしば、それが儀礼的なものであれ制度上のものであれ、また芸術的なものであれ「新しさ」の正当化の手段となった。さらに夢は、行動のための手ほどきや指針を与える手段ともなる(34)。この報告において、彫像は完成されると夢の中の指示に従って円柱の上に設置された。まさにその夢において、いくつかの要素が超自然的な証を強調しており、その証によって、新しさゆえに懸念される尋常ではない形象化の方法が正当化されなければならない。かくして彫像の制作の間に、聖母マリアの処女性の象徴である蜜蜂が忌わしく飛ぶ蠅を追い払ったり、夢の主のもとに、新しい大聖堂はあたかも楽園の聖遺物のごとく顕れるのである。ロベルトゥスの夢においては、以前モザの修道院長であった亡きドラクベルトも同様に特筆すべき役割を担っている。彼は亡霊であるが、ただの亡霊というわけではない。「主（patronus《パトロヌス》）」と呼ばれることで、聖人としての称号と役割をもっていたのである。しかし存命中にはまだこのような彫像は知られておらず、その意味でドラクベルトはいわば古い世代の人間であった。そしてここから、彼の驚嘆すべき質問や重要な別の事実が導き出される。夢の始まりでは彼がクレルモンの司教を導くのであるが、少し後に新しい大聖堂と荘厳の聖母をしかるべき場所で見出す時には、彼がクレルモンの司教によって導かれるからである。その場所は、それ自体重要な意味を孕んでいる。というのもそこは、仔羊、磔刑、審判者という三様の形姿で描かれたキリストに当てられた聖堂の中心線上にあった。したがって、聖母に与えられた中央の場所は聖母を息子キリストと同列に置くことを意図し、聖母像の名称である「荘厳《マイエスタス》」像はキリストを表した二つの形姿、すなわち十字架上のそれと最後の審判における栄光に包まれたキリストを指し示す名称と同様である。聖母はここで神の子へと帰される場所や特性、名称を借用しているのである。聖母マリアへの信仰は、教義に反して多神教へと陥る現実的な危険を呈しかねないのだが、おそらくは、その危険をこの報告書の著者が見過ごすことはなかっただろう。この著者は用心深く、結びにおいて「われらが主、イエス・キリスト」へこの書物を捧げている。さらに荘厳の聖母は円柱の上、すなわち、中世においてキリスト教図像が描き出す異教の偶像とまさに同じ設定で表されている。この物語が述べているのはいわば新しい画像の大胆さであり、その制作と聖別に慎重を期す必要性なのである。

この事例は当時孤立したものではなく、ここで「キリスト教の偶像」について語ることは的外れではあるまい。それは、一一世紀の初めにアンジェの修道士ベルナルドゥスによって書き始められ、以降彼に倣って続けられた『聖女フィデスの奇跡の書』を注意深く分析すれば納得がゆく(35)。ここにおいて、著者は僅かな時間で完成されねばならなかった影像の制作について述べているのではなく、この若い殉教者の影像型聖遺物容器の儀礼的使用法について驚くべき詳細さで言及している。聖女フィデスの影像は巡礼の対象となり、その発展の主たるきっかけとなった。それは奇跡的な治癒を渇望するあらゆる種類の病気を患う人々を惹きつけ、あるいはまた癒され解放された人々が、像の前で祈願成就に感謝し、奉納を捧げにやってくる。同時に、修道士たちの財産に心を奪われたり、過去の寄贈に異議を唱えるのをやめなかった封建君主たちに向かい合うことで、影像は修道院の権威の中心となっていった。それは移動が可能なため、領地の境界を示し、所有を確かなものにし、自分たちに異議を唱える者たちを抑制するために領地における行列に運び出された。田園や軍隊の「民衆」にとってだけでなく、修道士たちにとっても、聖女フィデスの影像型聖遺物容器は、夢の中に現れて彼女に嘆願しにくる人々をその視線で魅了し、夜の静寂の中に物音を発し、彼女への信仰を抱き身体的な接触を望む者たちを慰める、現実に存在し影響力のある聖女なのである。

紀元一〇〇〇年の転換期には、したがって西方教会は逆説的にこのようなイメージに対してギリシア教会におけるのと類似した文化的態度を取り入れたかのように見える。しかし、以下の三つの重要な相違点を強調しなければなるまい。

第一に、ここで問題となるイメージとは二次元の聖画像《イコン》ではなく三次元の彫像であり、これこそキリスト教的感性において正当性に関するさらなる問題を引き起こしたということ。なぜなら三次元で表される像は伝統的に異端の偶像と結びつけられていたからである。

第二に、これらの像の超自然的な力は、長い間、それが聖遺物を内蔵していたという事実によって保持されていたということ。この点においては、それ自身が同時に「画像《イメージ》」であり「聖遺物」たりうる「原型」の存在を保証する東方の聖画像《イコン》とは全く似ていない。

最後に、年代的な差異に注目すべきである。それは、地域の差を考慮に入れるとしても、西方教会における態度が二世紀の間に完全に変わってしまったという点において説明されなければならないだろう。ともあれ、この革新は激しい抵抗を引き起こした。逆に言えばその抵抗の中にこそ、画像に対する西方の信仰の新しさを確認することができるのである。一方、こうした反応は、聖職者たちが画像への信仰を正当化するのに適した議論の展開を余儀なくさせた。それは西方でも未だ教会の周辺部（異端）や外部（ユダヤ教徒）、あるいはその只中（聖ベルナルドゥスとシトー会の伝統）であっても、画像信仰を疑問視する人々に対して向けられたものであった。

一一世紀初め、西方における芸術とキリスト教信仰における発展と革新の数々は、「民衆に流布した異端」の登場と時を同じくし、その起源からして、教会により確立された人間と神とのあらゆる形のとりなしを揺さぶるものであった。異端者たちは十字架、磔刑のキリストや画像とその信仰に対してと同時に、聖職者の聖なる特権、また聖人や聖遺物の信仰に対しても異を唱えたのである。十字架の排斥は紀元一〇〇〇年以降、言及された最初の異端者であるヴェルテュの農民ルタールにおいて明白に表明され、続いて一〇一七年から一八年頃にはシャバンヌのアデマルスが告発したアキテーヌ地方の異端グループにおいて、さらに老ランドルフ[36]の証言によれば、一〇二八年にはピエモンテのモンフォルテで、また一一〇五年以降には、ブリュイのペトルスへと広まったが、クリュニー修道院長ペトルス・ウェネラビリスはこれらの論調に反駁した[37]。異端諸派による十字架の排斥は、カタリ派やワルド派において見られるように、しばしば画像の拒絶を伴っていた[38]。

異端論争はおそらくその反動で、教会における宗教画像の信仰と発展に最も寛大な姿勢を確固たるものにし、一二世紀以降の芸術の開花を促すことになる。そして聖職者たちには、その正当性を確かなものとするために、新しい画像信仰に神学的な基盤を与えることが奨励されたのである。

最も顕著な例のひとつは、一〇二五年のアラス教会会議で、カンブレ司教ゲラルドゥスの下で非難された異端派の事例である[39]。彼ら異端者たちは聖体の秘蹟とその他の悔悛や結婚の秘蹟に対して異を唱え、聖職者の位階の廃止を求めていた。司教はことさら十字架や磔刑像、その他の宗教画像に対する崇敬を正当化するために異端者の論をひとつずつ退けた。そして十字架は救世主の「しるし（signum）」であり、「旗じるし（vexillum）」であることを思い起こさせた。つまり想起するのは十字架というしるしであるが、礼拝するのは救世主なのである。ここで聖アンデレの例が想い出される。十字架上でまさに殉教しようとするとき、聖アンデレは、次のように自分をキリストと完全に類似させるこの刑罰の道具を称えた。「幸いあれ十字架よ。汝キリストの身体に捧げられしもの（Salve crux, quae in corpore Christi dedicata est）」。典礼に取り入れられたこの讃美は異端に対する議論として用いられるが、意味深げな表現で、十字架には愛の欲望の言葉（おお素晴らしき十字架よ［…］主が望まれ焦がれし愛するもの、絶えず求められしもの O bona crux［…］diu desiderata, solliute amata, sine intermissione quaesita）が用いられている。それは八世紀、グレゴリウスによる『セクンディヌス宛書簡』に加筆された画像に関する言葉を思い起こさせよう。

カンブレ司教ゲラルドゥスは、十字架と磔《はりつけ》にされた像を伴ういわゆる磔刑像とを注意深く区別している。そしてそこから彼が「根拠（ratio）」と名付けたものを導き出すのである。それは青銅の蛇という形で旧約聖書以来告げられてきた（『民数記』21章8）が、「ヨハネによる福音書」（3章14）においては、すでに磔刑のキリストの予型として解釈されるべきものであった。そこから司教はもう「ひとつの根拠（alia ratio）」を与える。磔刑の像は、文字の読めない人たちを教化し、受難の絵を見ながらキリストを礼拝するのを助けるのである。ただし、この根拠自体はグレゴリウスが画像のためにすでに与えたものであった。しかしここでは、カンブレのゲラルドゥスは磔刑像のためにさらに論を進めている。聖アンデレが自身の手足を十字架の木の上に、キリストと完全に同化するために取り付けたのと同じように、磔にされた救世主の「目に見える像」を見ることは、民衆に単に教えを説くよりも有効であろう。なぜなら「それが内なる精神を駆り立て」、「心臓の膜の上に刻み込まれさえするだろうから。その結果それぞれが自身の中にキリストの贖罪に対する負い目を認識する」のである(40)。

司教ゲラルドゥスは最終的に以下のように付け加えている。「聖なる教会の聖人の画像についても、同様の論拠をもつことができ（Similiter de imaginibus sanctorum ratiocinari licet, quae ideo in sancta ecclesia fiunt）」、それは聖母や天使、使徒や殉教者、また証聖者や乙女たち、そして他の聖人の画像に関しても同様である。礼拝しているのは画像ではない。画像によって、神の恩寵の瞑想へと「内面的に駆り立てられ」、聖人の行為によって美徳について学ぶのである。しかし司教ゲラルドゥスが磔刑像と画像との間で明確にしている違いにも留意しておこう。たとえこれらの画像が、磔にされたキリストの画像のように魂の感情を掻き立たせるものであっても、十字架像のように心に刻まれはしない。磔刑像とその他の画像には、それぞれ異なる根拠があるのではないか。磔刑像を画像のカテゴリーに入れ、それと同時にこの二つの型にそれぞれ割り当てられた宗教的機能を区別することは、一一世紀から一二世紀に入念に造り上げられた画像に関する考察の重要な筋道であるように思われる。

　とはいえこの考察は、単に異端者に対する議論への対応として発展していったのではない。ユダヤ教徒とキリスト教徒との間の神学的な論争が強大化し、画像の問題がその中で特記すべき位置を獲得したのもまた一二世紀のことなのである。おそらく、ユダヤ教徒が救世主《メシア》の認識を拒否するという主要な問題とは一線を画するが、合意に至っていない他のあらゆる点はすべてそこから生じている。それは聖母の役割、教会の正当性、『旧約聖書』の解釈法などである。ユダヤ教徒側では、反キリスト教的議論は一二世紀の前半に現れていた。彼らが宗教画像の拒絶という立場をとる場合に念頭にあるのは「出エジプト記」20章4節において言明された禁止であり、それゆえキリスト教徒を偶像崇拝の廉で告発するのである[41]。一方、キリスト教徒側では論争の伝統はより古い。それは聖パウロや教会教父たちへと遡り、そしてすでにカロリング朝期に盛んとなった。さらにその論争は一二世紀になるとかなり激化し、『ユダヤ人駁論（*contra judaeos*）』の文書は一ダースほども数えられる[42]。そのうち少なくとも三点はすべて修道院から発せられ、とりわけ画像に反対するユダヤ教徒に関する議論に終始しており、この二つの宗教間の論争において新たなテーマとして現れたのであった。一二世紀以前には、ただリヨン大司教アゴバルドゥス（八四〇年没）のみが自著『ユダヤ教徒たちの迷信について（*De judaicis superstitionibus*）』においてユダヤ教徒がキリスト教徒に対して明言した偶像崇拝の非難を排斥する必要性を説いていた[43]。この事実は先に見たように、彼自身がキリスト教画像に関して慎重な態度をとっているだけにいっそう特筆すべきである。アゴバルドゥスは、自分よりもかなり急進的なユダヤ教徒を自身と区別することで、自らの地位の正当性を守ろうとしたのではないだろうか。こうしたことからも画像の問題がいかに各派の識別に微妙な役割を果たし、教会内においてもさまざまな潮流があったことが理解されよう。

画像問題を喚起する一二世紀の反ユダヤ教的三著作のひとつに、十字軍の少し前のイングランド、ウェストミンスター大修道院長ギルバート・クリスピン（一一一七年没）による『ユダヤ教徒とキリスト教徒の論争（*Disputatio iudei et christiani*）』[44]が挙げられる。二つめはフランスのノジャンのギベルトゥス（一一二四年没）による『受肉についてのユダヤ教徒への反論（*Tractatus de incarnatione contra judaeos*）』[45]、三つめは『キリスト教徒とユダヤ教徒の対話（*Dialogus inter christianum et judaeum*）』[46]と題された、ケルン近郊リエージュ出身のドイツのルペルトゥス（一一三〇年没）の著作である。

ルペルトゥスの著作は、キリスト教徒に対してユダヤ教徒が長く抱いていた偶像崇拝の非難に反駁を示すものであり、キリスト教に改宗して、プレモントレ修道会に入会したマインツのユダヤ教徒ヘルマヌスの自伝というかなり特異な位置を占める同時代の別の著作[47]と関連づける必要があるだろう。実際、画像の問題だけでなく、ドイツのルペルトゥスの影響力は一一五〇年頃に書かれたヘルマヌスの改宗の物語においても中心的な役割を果たしている。ヘルマヌスはすでにキリスト教への信仰心を感じていたのだが、初めてキリスト教聖堂に入り、そこで「奇怪な像」、すなわち磔刑像を目にした時に急に高揚して身がすくんだ。早速ヘルマヌスは修道院長ルペルトゥスと「論争」しにゆく。ルペルトゥスはキリスト教における画像の正当化について微細に説明し、そこには偶像崇拝の危険が微塵もないことを納得させるのに成功する。ヘルマヌスはもはや迷うことなく改宗したのであった。

ユダヤ教徒が直面したキリスト教画像に関しては、ルペルトゥス自身が記した二文書が挙げられる。これらはこの問題に関するルペルトゥスの見解を異なった方法で示している。ひとつは彼自身の論考という直接的な記録であり、もうひとつは間接的な、すなわちヘルマヌスが自叙伝の中でルペルトゥスに語らせるくだりである。ここですべての細部に入り込むことは不可能であるが、これら二文書を引き合いに出すということ自体稀であり、後者はいくばくかの検討に値しよう。

これら二つの事例において、学識ある「論争（disputatio）」の形式をとる議論は、もっぱら根深い新旧聖書の権威に関する問答であり、ユダヤ教とキリスト教に共通のテクストを基盤として展開する。しかし両者の立場は相容れず、ユダヤ教徒が字義通りの解釈を擁護するならば、文面通りに画像の制作や崇敬を禁止するに至るであろう一方、ルペルトゥスは、常識的な立場で、旧約聖書の予型論的キリスト教的解釈を擁護する。というのも、旧約聖書自体が必ずしも「画像」を完全に無視しているわけではないだけに、ルペルトゥスにとってはその解釈はいっそう根拠をもつのである。そこでルペルトゥスは、実に長い伝統に従いながら、「契約の櫃」のケルビム像や「青銅の蛇」を引き合いに出すのである。

おそらく最も興味深いのは、カンブレ司教ゲラルドゥスがそれほど明確ではないにしてもすでに行っていたのと同様に、ルペルトゥスが二種類の画像を差異化していることであろう。一方はどこにでもある聖人像で、教皇グレゴリウスの伝統に連なる、いわゆる「一般的動機（ratio generalis）」とルペルトゥスが述べるもので、それは、会堂を「装飾」し、聖人伝を思い起こさせる（recordatio）機能を持つ。他方、ルペルトゥスは磔刑像を特別視している。何とならば磔刑像は、この像を崇敬する人々が苦しむキリストと自らを同化することを可能にするからである。救世主の磔刑像、そしてこの像のみが、ほとんど秘蹟同然の機能を有しているのであり、この「同化」について述べるためにルペルトゥスは、ラテン教会で「洗礼」に用いられる「adoptio《アドプティオ》」という非常に強い言葉を用いるのである。

かくして我々は、一二世紀の初め、ドイツのルペルトゥスによって「画像」に関する真の理論へと辿り着く。この理論は常に大グレゴリウスの「媒体」の概念と結びついている。もちろんそれは聖人の画像のみに関することであるが、ここに「転移（transitus）」の観念が加えられ、それは磔刑のキリスト像のみに限定されたのである。ルペルトゥスの理論は、画像の特筆すべき正当化であるが、この自身の言葉である像の正当化とは、厳密な範囲において画像が諸機能を有することなのである。

そしてまさに同じ頃、キリスト教画像における途方もない進展が、聖職者たちの内部から、すなわちシトー会の真の創始者、というのが語弊があるならば、少なくともその主要な提唱者である聖ベルナルドゥスによって明らかにされた。生涯、富、そしてクリュニー修道会の芸術を厳格に問題として提示した『ギヨーム修道院長への弁明』はよく知られているが(48)、同書をすでに分析した他の文書と比較することが重要である。まず注目すべき点は、ここでも画像の問題が、論争的な文脈と論調を帯びて一度ならず提示されていることであろう。しかしここでは、敵対する人々はもはや異端の人々でもユダヤ人でもなく、修道士たちである。したがってベルナルドゥスのテクストは、ついで、その適用範囲の社会学的制約に驚かざるを得ない。「身体」と「精神」という価値観と同一視される「俗界」と「修道院」という範疇において大グレゴリウスの「無学の徒（illiterati）」と「学識ある者（litterati）」の区別がそこにあるならば、学識者のみがシトー会に関係することになる。そもそも教会と修道院で禁止された画像が、他の場所では在俗の聖職者や平信徒のために黙認されうるのだろうか。ありうることだが『ギヨーム修道院長への弁明』が言わんとしていることではない。大グレゴリウス、そしてベルナルドゥスの時代にも、ベネディクト会の伝統の信奉者であるドイツのルペルトゥスやスゲリウス（とりわけ彼が平信徒に開かれたサン・ドニ修道院聖堂の新しい正面扉〈ファサード〉を建設したときに）は、平信徒のための宗教を心がけ、信者にとって画像との関係を保つことの効用を認めていたのに対し、シトー会大修道院長は一言も言明していないのである。

このもっぱら修道院的見解は、部分的に、聖ベルナルドゥスの画像に対する判断が非常に急進的であることを説明している。それは、文盲の信者のための画像の機能に関する従来通りの考察では補いきれないのである。聖ベルナルドゥスの独創性を否定しないにせよ、その独創性は、何がベルナルドゥス自身の言葉なのかをしっかり認識するならば弱まるかもしれない。ひとたび修道院の内部に閉じ籠もれば、ドイツのルペルトゥスのような人物でさえ、修道士やとりわけ修道院長と、この上なく彼らの瞑想に適している画像、すなわち十字架像との特権的な関係について強調しているのである。聖ベルナルドゥスの『第一伝記』においても同様に、驚異的なキリスト教徒の道を進むには、磔刑像へのこの聖人の祈禱が称揚されているのである(49)。

東方ギリシア世界の再発見

ルペルトゥスや聖ベルナルドゥスが著作を記すのとまさに同時代に、画像に関するギリシア世界の伝統が再発見され始めた。ここを出発点とし一三世紀の半ばまでを概観すると、この再発見はさまざまな道筋を辿ることがわかる。すなわちスゲリウスの神秘思想、聖典の文学、そして一二世紀末から際立ち、一三世紀のスコラ哲学の流れの中で頂点に達する理性的な神学を経て、最後は典礼に関する文学へと至るのである。

一二世紀において画像の問題が再び神学的な文書の形をとる最初のものは、五世紀に偽ディオニュシオス・アレオパギテスが、『天上位階論』『教会位階論』『神名論』などの著作の中で記したキリスト教的新プラトン主義であった。この教義は東方では神学、とりわけ聖画像《イコン》において決定的な影響を与えた(50)。かくして聖画像《イコン》は、神の全創造を通じて、神的「流出（エマナチオ）」への参与が認められ、それゆえ似姿たる像と神の原型との間の関係性が明確にされた。聖画像《イコン》は人間と神との間の執り成し、あるいは移行(transitus)としての機能を持ち、つまるところ画像への信仰が可能となり、神学的に根拠のあるものとなったのである。西洋ではボエティウスと同様アウグスティヌスにも影響を及ぼしながら新プラトン主義が広く流布したのは事実である。偽ディオニュシオスの著作はカロリング朝期にヨハネス・スコトゥス・エリウゲナによって翻訳され注釈がつけられ、ハドリアヌス一世の書面においても特徴的な、いわゆる新プラトン主義の形式が見出される。とはいえ一二世紀以前は、西方においてその神学的影響力はあまり顕著ではなかったといえよう。

一二世紀初め、サン・ドニ修道院長スゲリウスのような人物がこの著作を再び見出したのは、ひとつにはイデオロギー的な理由のためであった。ディオニュシオス（仏語ドニ）という名前の複数の著名な人物がひとりの人物として混同されたことで、例えば聖パウロによって改宗したアレオパゴスの人物（ディオニュシオス・アレオパギテス）、三世紀パリの最初の司教にして殉教者ディオニュシウス、あるいは五世紀のシリアの神学者といった人物がいるが、これらの人物の聖遺物を所有することを誇りとする修道院には大いなる名声が与えられていたのである。しかしながらこの時代、偽ディオニュシオスの影響力はサン・ドニ修道院を越えてパリにも広がり、とりわけサン・ヴィクトールのフーゴー（一一四一年没）の神学、および彼が創始したサン・ヴィクトール学派の神秘神学への影響は顕著に見られる。

画像の問題に関するこの学説は、本質的には大グレゴリウスを遵守する西方の伝統的思索における真の断絶を意味する。なぜならそれは神学的な面において、この伝統と、過去においてあれほど強く拒絶されたビザンティンの聖画像《イコン》を擁護する立場との間の注目すべき和解を可能にするからである。では一体、このような急変を可能にした要因とはどのようなものだったのだろうか。

精神史的領域のみを切り離してそこに答えを求めることは不十分であろう。学識ある文化への新たな興味やギリシア神学の再発見も無視することのできない要因だからである。とはいえ、とりわけ偽ディオニュシオスの名を語ることによって可能となったことは注目に値しよう。それはキリスト教の画像に関する実践——すなわち紀元一〇〇〇年となる頃には西方世界に根づき、一方でユダヤ教徒、さらにはイスラーム教徒(51)のような異端者たちが告発するのに恰好の材料となっていた偶像崇拝という危険を冒しながらも展開していった画像の宗教的実践での利用を後から理論化することであった。すなわち学問的理論づけというものは、多くの聖職者や平信徒たちが共に実践し、広く普及した後に行われたのである。少なくとも多くの学識高い聖職者にとっては、自分たちに欠けていた正当性を裏付けるものとなった。

ここでは、我々が知る最も示唆に富んだスゲリウスの証言に簡潔に触れるに留めておこう。実のところスゲリウスは、一一四四年にはサン・ドニ修道院の新しい建物の献堂に際して、のちに一一四五年から四七年にかけて二三年間にわたる修道院長の任を回想した著書の中で、同修道院再建について自身の計画の理由を説明し、その実現について叙述している(52)。この回想録の中でスゲリウスはいかに根気よく彼の修道院の地上の権威を再構成したかをまず想い起こしている。それは聖堂の再建とその充実化に着手しうるために欠かせない物質的な第一段階である。続いてスゲリウスは、二つの塔と三つの扉口を持つ新しい西正面と、この機に完全に作り直された殉教者聖ドニ（ディオニュシウス）と二人の随伴者、ルスティクスとエレウテリウスの荘厳な墓所として用いられることになる物語画像の付された一六枚の大きなステンドグラスのある新しい後陣を建て、その建造者として、この自らの作品について叙述している。それから彼は自身の聖堂のために施した「装飾」について語る（30章　装飾について（*De ornamentis*））。金の祭壇の前飾り、優に五メートル以上の高さがある巨大な十字架、聖なる器の数々、そしていたるところ金や宝石、さまざまに彩色されたすりガラスが煌き、それらは神的「流出」の目に見える形なのである(53)。スゲリウスは十字架とその他の画像を差別化していない。それどころか、あらゆる画像とその他の聖なる事物との区別さえしていないのである。すべてのものは「装飾（ornatus）」という同じ曖昧なカテゴリーに入れられ、そのすべてが光り輝く神の力の顕れであり、すべてが神秘的な霊的存在の媒介物なのである。「神の家の美しさという愛によって囚われるとき、宝石の色とりどりの輝きは、私を外界の心配事からしばし解放し、聖なる徳の多様性までもが物質的な事物から非物質的な事物へと気高き瞑想によって移り行くように思われる。そして私は、地上のどん底でもなく、また完全に天上の純粋無垢な世界にあるわけでもない、この地上の天体の外側のとある領域に留まっているように感じられる。神の恩寵により、私は神秘的象徴的方法で、下位の世界からより上位の世界へと運ばれるのである」(54)。

かくして注釈の最も高次な方法、すなわち聖書解釈における第四の神秘的意味へと至ることを可能にする方法こそが、神への入口と考えられた芸術作品に対する瞑想の模範となったのである。スゲリウスによって、西欧の学識高い文化の中に、画像を、さらには「装飾」のすべてを取り入れることがついに容認されたのであった。しかしスゲリウスが提示する独特な解決策は、ドイツのルペルトゥスや、さらにはスゲリウスが知らなかったはずはない聖ベルナルドゥスのものと同一というわけではない。彼自身、名前は挙げていないが、同時代人である聖ベルナルドゥスと意見を同じくする、いわば敵対する人々に次のように応じている。「我々を批判する人々は、（聖なる秘蹟の）儀式のためには、聖なる魂、純粋なる精神そして信仰心だけで十分だと反駁する。それらが何よりも大切なものであることは認めよう。しかし聖なる器の外的な装飾によっても仕えねばならないと断言する［…］」(55)。スゲリウスと聖ベルナルドゥスの論が、互いに応酬しあうものではなかったとしても、両者の不一致は言葉の用い方ひとつをとっても明白である。スゲリウスにとっては、「装飾」とは不可視なるものへの瞑想へと至る可視的手段のすべてを指す。一方聖ベルナルドゥスにとっては、修道士を救済の正しい道から逸脱させる不必要な「装飾」しか意味してはいなかったのである。

スゲリウスの著作は、とりわけ七八七年以降、東方教会によって説かれる一方でフランク教会が排斥した方向性に決定的な修正を表明するものであった。言ってみれば、スゲリウスによって両者は再びしっかりと結びつけられたのである。すなわち四世紀かけて西方ラテン教会と東方教会のキリスト教徒は、四世紀前に袂を分かったのとまさに同じ地点において再び一緒になったのだ。いずれにしてもスゲリウスは、キリスト教画像の神秘という文脈において東方ギリシア世界の思想を再び見出したのだが、彼は教会文化における別の本質的局面においても同様の道を辿ることとなった。

二つ目の道筋とは実践的側面において最も重要な教会法に関する指針である。それは教会の規律内において画像の権利の正当性を定めているからである。画像に関する教会法の変遷は、すでに別の領域で見られた変化においても非常に重要であった。

紀元千年頃、ウォルムス司教ブルカルドゥスは、画像に関する規定と我々が呼べるようなものについては、二つの教会法しか引き合いに出していない(56)。ひとつ目は、三〇三年あるいは三〇九年のスペイン、エルビラ教会会議での画像を非常に敵視する「聖堂内への画像の設置を禁じた」著名な第三六条（Placuit...）である(57)。そしてもうひとつは、ブルカルドゥスがこの第三六条と矛盾なく挙げている大グレゴリウスが司教セレヌスに宛てた書簡の抜粋である。おそらく言及してはいないものの、ブルカルドゥスはこの後者の画像に関して中庸な伝統的立場に身を置いていたのであろう。

およそ一世紀のち、シャルトル司教聖イヴォは著作『教会法典』と『教令』においてまさに同じこれらの決議を取り上げている(58)。『教令』の中で、彼はとりわけ教会史上主要な公会議の正当性を擁護しようと努めている。かくして、第六公会議を受けた六九二年のコンスタンティノポリス宮殿円蓋の間（トルラヌム）での教会会議第八二決議を再び取り上げるに至るが、その決議ではキリストを仔羊の姿で象徴的に表すことなど、第二ニカイア公会議で寛容の言葉のもとに認められた画像に関する決定が禁じられていた(59)。この決議は画像に直接関するものではなかったにせよ、この会議自体が注目に値するので言及しておきたい。

しかしながら、真の変革は一一四〇年頃、グラティアヌスによって行われた。彼はその『教令集』において、いわゆる「不協和の教会法」である件のエルビラ教会会議の第三六条を退けることから始めた。その教会法は、少なくとも一二世紀という時代にはそぐわなかったのである。一方で、グラティアヌスは大グレゴリウスが司教セレヌスに宛てた書簡を第一に掲げているが、この書簡こそが、ラテン教会における画像に関するあらゆる考察の基となるテクストなのである。さらにシャルトルの聖イヴォに続いて、グラティアヌスもまた、トルラヌムでの教会会議におけるキリストを仔羊の姿で表すことを禁じる決議を再び取り上げている。そして最終的には、第二ニカイア公会議第六条の「崇敬（venerabiles）」に関する決議を加えているのである。かくしてグラティアヌスによって、第二ニカイア公会議における決定が、画像に関する教会法令として西方教会法令集に初めて組み込まれるに至る。実のところ、「崇敬」に関する決議は、偶像崇拝の立場を表明しているというよりむしろ、よりグレゴリウス的伝統に順応しているため、控えめなその文面が反発を引き起こすことはほとんどなかった。しかしここで何よりも重要なのは、ラテン教会の教会法を定めたシャルトルの聖イヴォやグラティアヌスのような偉大な人物たちが、教会の画像における権利を定めるにあたり、七八七年の第二ニカイア公会議に再び準拠しているという点なのである。

　画像に関する西方教会の態度の転換に講じられた策のすべては、一二世紀末には神学的考察によって補完された。それは画像の歴史にとって決定的な段階を意味する。他の問題とともに画像に関する問題もまた、スコラ学の議論（すなわち賛否の二元的論法や三段論法）に依拠し、ギリシア教会の偉大な神学者たち（カエサレイアの聖バシレイオスやダマスコスの聖ヨハンネス）の解釈を利用し、そしてかつてない語彙に関する研究へと至ることになる。例えば、礼拝（latria）と崇敬（dulia）のカテゴリーをギリシア語に倣って区別することによってこそ、礼拝（崇拝）する（adorare）という動詞のそれまでの曖昧さをはじめて乗り越えることができたのである。

　これらの革新性が表明された最初の領域のひとつに、異端に対する論争がある。一二世紀から一三世紀への変わり目におけるリールのアラヌスのように、一方で「ギリシア世界で成されたように」礼拝（latria）と崇敬（dulia）を区別しながら、他方では画像に関する古いグレゴリウス理論を用いる例が見られる[60]。同じ頃、パリ大学総長クレモナのプラエポジティヌスの手に帰される異端に対する集大成『異端駁論大全（*Somma contra haereticos*）』においては、「高位の崇敬」と「下位の崇敬」についてそれぞれ述べることでそれらの区別をより先鋭化させている[61]。

このような語彙の区別はさらに、ペトルス・ロンバルドゥスによって、そして彼の著書である『命題集』の注解者トマス・アクィナスの『ペトルス・ロンバルドゥス注解書』において、聖像に関する二つの根本的な型、すなわち「原型」(62)と同様の崇拝を受けるに値する救世主たるキリストの画像と、単なる崇敬の対象であるその他の聖なる像とを対比させるために用いられている。聖なる画像への崇敬は、これらの画像の「意味内容」によって正当化されるだけでなく、それらによって「人々の精神に卓越したる天使や聖人の卓越性についての信仰が刻みつけられ、堅められる」(63)という事実によっても正当と見なされるのである。これらの画像にとってさえもこの方式は非常に重要なものであり、聖トマスも一方で少なからず喚起していたことではあるが、それは次第にグレゴリウスの簡潔な教義の枠を越えていくことになる(64)。

スコラ学の展開とともに、西方の宗教画像は最終的に神学的正当性を十分に見出すに至った。とはいえ、その正当化への道のりも突然に起こったものではない。その準備期間には何世紀も要し、とりわけ主要な文言をかたちにするのに非常に貢献した数々の論争によって特徴づけられていた。しかし、その正当性が認められるようになるのは、画像自体が同じく変容し、適用されるようになったからである。すなわち宗教画像に関するトマス学派の考え方は、信者の祈念に捧げられる絵画の多様化という西洋美術における革新と時代を同じくしていたのである。イタリアではこのような新機軸は一一三八年以降に形成され、とりわけ一三世紀初め以降の受難像に見出される。そこでは磔にされた死せるキリストが哀悼の身振りをする聖母マリアや聖ヨハネによって囲まれている。例えば、一二三六年にアッシジのフランチェスコ会修道院のためにギュンタ・ピサーノによって描かれた磔刑図、そしてフィレンツェのサンタ・クローチェ聖堂のためにチマブーエが描いたのもこの類の磔刑図である。そして最終的にはジョットの壁画がフランチェスコ会の同聖堂とドミニコ会のサンタ・マリア・ノヴェッラ聖堂に現れることになる(65)。さらなる好評を博したもうひとつの型は聖母子であったが、結果としてこの型の画像はあらゆる他の聖人像を描く鍛錬の場となった。この革新性は、ある程度は東方の型式の受容という観点から説明されるであろう。つまり一二〇四年、十字軍によってコンスタンティノポリスが占領された後に聖画像《イコン》は増加の一途を辿るが、我々の見てきたように、それは西方の神学が聖画像《イコン》に関する東方ギリシアの神学により深い関心を示すのと時を同じくしているのである。

しかし社会のより深遠なる変革と、その結果起こる画像の実践に関する変化についても引き合いに出しておかなければならない。画像への信仰は、一三世紀にフランチェスコ会とドミニコ会という新しい修道会とそれらに結びついた一般信徒の信心会（一二八五年にはドゥッチオ・ディ・ブオニンセーニャがサンタ・マリア・ノヴェッラ聖堂のラウデージ信心会〈Laudesi〉のために《ルッチェライの聖母》を描いた）、そしてシエナの例に見られるように都市の共同体の中で認められていった。シエナでは一三一〇年から一一年にドゥッチオが大聖堂のために、《荘厳の聖母《マイエスタス》》を制作し、一三一五年にはシモーネ・マルティーニが市庁舎に《荘厳の聖母》を完成させるのである。二次元、あるいは（《十字架降下》の群像彫刻の場合のように）三次元のこの新しいタイプは、画像を用いた新しい信仰の実践に対応している。それは一方では公共の場における行列、聖なる画像の庇護の下におかれた信心会や小教区や都市での聖なる画像への荘厳なる崇敬、また宗教劇における画像の利用により推進され、他方では、個人的祈禱が盛んになったことも画像に大きな役割を与えるのに一役買った。画像の形体や主題（受胎告知や聖母戴冠、三位一体を表現するモデルの固定化）、さらには画像に関する理論的反響としての文化的実践などあらゆる側面において、中世後期の西方キリスト教徒の特徴的な態度のすべてが定められるのは一二世紀から一三世紀への転換期なのである[66]。画像それ自体によって、かつてないほど「イメージの宗教」を作り上げていったのであった。

少なくとも画像に関する新しい態度は、部分的には、同じくこの時期の特徴である典礼に関する法令編纂の飛躍的な高まりによっても考察されうるであろう。一二〇〇年頃のヨハンネス・ベレトゥス著『教会法令全書（*Summa de ecclesiasticis officiis*）』において、画像がいまだ控えめな位置づけであることを認めるのは驚くべきことである。この著者は、画像を四旬節の典礼に関してのみ扱い、グレゴリウスの教説を思い起こさせるに留めているのである(67)。一方、マンド司教グィエルムス（ギヨーム）・ドゥランドゥスにおいては、著作『聖職者の務めに関する理論書（*Rationale divinorum officiorum*）』の冒頭から、一章がすべて「教会堂の画像、壁掛け、装飾」(68)に当てられている。当然のことながら、最初に引用されるべき「権威あるテクスト」は『司教セレヌス宛書簡』である。ドゥランドゥスは、この書簡を論拠に異教徒の偶像崇拝、そしてサラセン人がキリスト教徒に向けた批判を論駁し、最終的には東方ギリシア世界にまで言及し、「ビザンティンでも、いわゆるお臍の上部だけ、すなわち下半身を描かない像が用いられているが、それはあらゆるつまらない考えを排除するためである。また彼らは「彫像は為さない（Non facies sculptile...）」（「出エジプト記」20章4）という言葉どおりに、彫刻された像は一切制作しない」と述べている。ここでまず注目すべきことは、マンド司教がビザンティンの聖画像《イコン》を知っているということであり、第二には彼がそれらに対して何の価値判断もしていないという点である。ドゥランドゥスはただ、東方と西方の違いを示したいだけで、彼にとってはあらゆる画像が同様に受け入れられるべきものなのである。東方の画像に対する控えめな配慮は、ほとんど民族学的な興味として言及されているとはいえ、間違いなく賞讃に値するものである。つまるところ、聖画像《イコン》は西方教会が認めうる、そして事実、少しずつ認められつつある慣習が多様化していく中で特別な位置を占めていく。いずれにせよドゥランドゥス自身は、純粋なる神学的側面を離れて、言葉よりも強い感動を引き起こす機能を絵画がもつことを認めさせるような画像の心理的正当性を発展させていくにつれ、次第に相応の聖像擁護者の立場をとることになる。彼の言葉を借りるならば、「そのために、教会では聖なる書物よりも像や絵画をより多く目にすることになる」(69)のである。スコラ学全盛の時代において、すなわち机上で展開する文化の中心においても、このような画像の優位を獲得したことこそが、それまでに成されたさまざまな革新の尺度となろう。

およそ六世紀にわたる歳月を費やしたこれらの革新について詳述してきたが、西方世界における第二ニカイア公会議での決定の受け入れの限界とその変遷を高く評価することができよう。画像に関する公会議での決定は、当初あまりにもフランク王国において強く拒絶されたため、教皇たちによって擁護されることとなった。その後いたる所でそれらはむしろ忘れ去られ、最終的に再び浮上するのは、時間をかけて慎重に熟成されてのことであった。

しかし、ある単独の文書がどのように受け入れられたのかを辿るだけでは、画像に対する態度の根本的な変化について完全に判断することはできない。西方世界は、彫像を認めながらも、だからといって平面絵画を排除するのでもないという画像の形式における選択のみならず、年代においても、その独立性を主張してきた。西方と東方というかなり多様性のあるこれら二つの社会をあえて同じ尺度で比較することを恐れないならば、東方に対して西方は「遅れている」と言えるのかもしれない。画像や画像に関する神学的考察という観点と同様に、祈りの実践という側面においても西方が東方に追いつくのは、逆説的ではあるが、東西の教会が永続的に（今なおそうだが）二つのキリスト教社会に分裂したのと時を同じくしているのである。

この革新について、歴史家であれば説明を試みずにいられようか。とはいえその任務は困難であり、完全にそれを果たせると言いきることはできない。明らかにこの革新は、西洋中世の精神史において主要な出来事と関わるのである。神の人間化、この言葉は同時に、聖体の信仰の促進、キリストや聖母マリアの史実性への執着、精神世界における身体の向上（例えば聖フランチェスコの聖痕の奇跡などが思いあたる）を示している。キリストと聖母、そして他の聖人たちの画像の躍進は、このような幅広い文脈に置かれるのである。しかしながら美術史的文脈以上に、精神史的分野においてのみでは信仰の対象に対するすべての理由を見出すことは不可能であろう。それゆえ、宗教画像の実在性や人類学的機能におけるより根本的な問題を提示する必要があると思われる。

画像の多様性（形象化された主題、支持体、素材、大きさ、可動性、設置場所や誰が所有者なのかということ、そしてとりわけそれがどのような機能をもつかなど）という本質的な事実を念頭に、画像とは可視的なものと不可視のものとの媒体、両者の間をとりなす手段であり、またそのような性格をもっていると言えよう。より正しく、またよりはっきりとした定義を与えるためにさらに言うならば、この種の画像は、手に入れて、自分のものとすべき媒介物なのである。

では一体いかにしてそれを専有できるのであろうか。それは崇敬と崇拝に関わる実践のすべて（例えば平伏、祈り、口づけ、奉納、献金、行列、夢など）を通してであり、たとえ神学的正当性があるにせよ、これらの実践は根本的にはある存在の認識を前提としている。

では、どのような人がそれを我がものにしていくのだろうか。それは個人であっても集団であっても、聖職者であっても平信徒であっても、東方では聖画像《イコン》の、そして西方世界では信仰のための彫像やその他の画像の助けをかりて社会で行動し、その社会的関係におけると同じように身体に働きかけるために、目に見えない力を目に見える存在へと結集しうる人々すべてである。

それゆえ我々は、画像の権利について、あるいは画像と社会におけるその力について語ることなしには画像の問題を提起することはできない。

カロリング朝時代に画像が三つの権力、すなわちフランク王国の王侯たちや司教たち、ローマ教皇、ビザンティン皇帝における神学的政治的対立の争点であったことは今や明らかである。神学的政治的とはより根本的な意味においてであることに注意したい。争点は世界支配の問題となり、世界の二つの側面、すなわち可視的世界と不可視的世界のつなぎ目を、そのつながりを確かなものにする象徴的事物、すなわち聖遺物や画像を用いて制御することが問題となったのである。

二世紀のちには大きな磔刑像や聖遺物を内蔵した像などの新しい画像が「第一次封建時代」と同時期、マルク・ブロックの用語を再び借りるならば、社会の権力が極端に細分化した時代に現れる。コンクの聖女フィデスのようなこの種の像は、修道院や聖堂のある主要都市が封建的社会に対して物質的、象徴的な支配権を守り、さらに拡大させるのを助長した。確かにこれらの像は、聖職者が意のままに使うことのできる唯一の手段というわけではなかった。ここで述べなければならないのは、「神の平和」のすべての側面についてなのである。しかしながら「聖なる画像」の周囲にすべてが整備されたコンクの街の例は、画像の機能が社会に対する権力の行使とその擁護において中心を占めていたことを示している。

ここでさらに、何世代かを飛ばしてみていくならば、交易の躍進と都市の再建に特徴づけられた「第二次封建時代」には、より大きな危険が教会を脅かしていた。なぜなら生まれつつある世界は、制度上も精神性においても、その伝統的構造とは無縁のものであったからである。社会における自らの優位を維持するために、その時代、聖職者は世俗世界について深く熟考しなければならず、それは自らが任を負っていたとりなしの手段を再確認し、明確にしながら、また新たにそれを享受することによってなされた。この任務は一二、一三世紀を通して、七つの秘蹟や聖体の秘蹟の信仰、告解や説教における神学の発展によって、と同じく聖職者が論拠を明らかにし、信仰を制御しようと努めた画像によって遂行されたのである。教会および聖職者のあらゆる仲介を異端とする論争、その中でも画像の問題は、次第に大きな位置を占めるようになり、それは否定的な意味ではあるが、画像に関する争点がいまやいかなるものに立ち至ったかを確認させる結果となった。西方ラテン教会、そしてキリスト教自体が、異端者たちからの批判からもはや逃れることができない画像の信仰と一体化するに至ったのである。アラス派からフス派や改革派に至るまでこの異端の流れは続き、他方、この流れはトマス・アクィナスの思想をトリエント公会議へと結びつけるものとなる。

3 テクストとイメージ★

ここではテクストとイメージを通じて、中世キリスト教世界において中心的な役割を果たした「もの」と実践という二つの文化的類型を明らかにしてゆく。それらは互いに無関係ではない。「受肉した御言葉」の宗教であるキリスト教においては、預言、典礼歌、さらに文学においてさえも、生の言葉や声の重要性を忘れてはならない(1)。さらに、身体（「神秘の身体」と「聖体」）のキリスト教的シンボリズムや儀礼的実践における身体と身振りの役割の重要性も忘れるべきではない。まず、とりわけテクストとイメージの関係とその歴史的な進展に注意を向けよう。「テクスト」とは、何より聖典という宗教の根源的権威である聖なる文字、つまり「聖書」を意味する。また、何世紀もの間、聖職者や知識階級の人々の専有であった文字を伴うあらゆる実践をも含む。一方「イメージ」という言葉については、ラテン語の「イマーゴ（imago）」から派生したすべての語として捉えたい。イメージとは第一にユダヤ・キリスト教における人類学の基本原理である。なぜなら人間は「神の似姿《イメージ》」として創造されたからである。それはまた、不可視なるもの、信仰および聖史を形象化するやり方のすべてを意味している。夢のイメージや詩的あるいは神秘的な隠喩、そして物質的イメージといったこれらのイメージは、その表現法や公的ないしは私的な場における用途において何世紀もの間に多岐にわたっている。

では、テクストとイメージの位置づけは、同等なのであろうか。中世の教会の著述家に従えば、むろん彼らの視点は偏ってはいるものの、この二つの概念の間にはテクストを優位とするヒエラルキーが存在することが理解されよう。そもそも「聖なる書」とそれらの画像との間には権威の違いがあった。元来、「イメージ」（これには「神の似姿」である人間も含まれる）は原型より下位にあると見なされている。夢の中のイメージはしばしばもっともらしいかもしれないが、それは悪魔の仕業である可能性を大いに秘めている。それゆえ西方では、物質的イメージすなわち画像は、比較的遅くなってはじめて文化的実践の場において重要な役割を果たすようになった。実際、教会における聖なる事物の序列では、画像は聖別されたパンと葡萄酒、聖書、十字架、聖遺物の後に続くにすぎない。

同じく、神性の認識においてもテクストとイメージには、異なる役割が割り当てられていた。書くという行為は、理性的知性の思考方法と、論拠や権威を選び順序立てる技と関連づけられた。そのため技巧に走り過ぎないように制御し、文字という知性を獲得するにはひたすら聖職という環境の中での長期間にわたる教育が前提とされた。教会人（oratores）たちは、暗黙のうちではあるが社会における彼らの支配的地位と高次の魂の機能を自身の表現行為に、多かれ少なかれ結びつけている。それは理性的知性の力であり、それによって人間はより親密に神の世界に参与しうるのである。一方、画像の制作とは、想像力（imaginatio）の働きによって高められるのであり、画像は精神と身体感覚を結ぶ媒体として位置づけられていた。そして疑念を抱かせる夢や幻影の領域は、何よりも身体により近いところにある魂のこの「想像力」

という働きから生じるのである。

およそ一二世紀以降、想像力は神へのアプローチにおいて役割を発揮するようになり、神秘主義的言説とテクストにおいてその豊かさが説明され、認識されていった。しかしこれには時間が必要であった。アウグスティヌスは美しいイメージを生み出す美的な感覚を称揚しているが、このようなイメージはすぐさま理解し称美されるが、アウグスティヌスにとっても文字の隠された意味の解読はより高次であり続けた(2)。『雅歌』についての説教から『ギヨーム修道院長への弁明』（ここでは聖堂回廊の彫像を排除するよう言及されているにもかかわらず）に至る聖ベルナルドゥスのテクストでは、画像への官能的とさえいえる繊細な感覚や、著者自身、目を欺く画像は神の記された律法への瞑想に耽る修道士を惑わすとして制御するものの、いや増す想像力を明らかにしている。同様にシトー会修道士リーヴォーのアエルレドゥスも、その見事な著作において、いかにして罪深き魂が聖書という鏡の中に映し出されるかを記している。

「頭上を飛ぶ猛禽が鏡のように姿を映しに舞い降りて来はしまいかと、あなたは臆病な鳩にならって水面をうかがう習慣を身につけなさい。あなたは警戒心を呼び覚されるでしょう。水の流れとは聖書の文章であり、とても純粋な知恵の源泉から流れ出ています。それらの文章は悪魔の仕業によるイメージを映し出し、あなた自身の内にそれらを避けなければならないという本能を目覚めさせます。神の言葉への瞑想ほど、無意味で移り気な考えを追い払い、押さえ込むものは他にありません」。

テクストとイメージ、この両者の関係はそれゆえ初めに認識されるよりも複雑である。それはまた歴史の中で不変というわけでもなかった。同様にここで唯一考慮に入れるべき祈念像は、少なくとも西方世界においては、精神性の模範や正当性を認められた信仰実践において非常にゆっくりとその地位を獲得した。フランク教会は、カロリング期には画像を手荒く排斥した。『カロリング文書』（七九一〜七九四年）はローマ教皇や西方教会の意向に反して、第七公会議、すなわち第二ニカイア公会議（七八七年）における聖画像への信仰に好意的な法令を告発したのであった。しかし紀元一〇〇〇年頃、聖遺物を内蔵した彫像への信仰、そのうち最も有名であるコンクの聖女フィデスの像が示すように、西方においても態度の変化が見られた。続く一一世紀と一二世紀には、キリスト教徒を偶像崇拝の廉で告発した異端者やユダヤ教徒たちとの論争によって、例えば一〇二五年にアラスの異端者たちに直面したカンブレのゲラルドゥスのような司教、あるいはドイツのルペルトゥスやノジャンのギベルトゥスのような非常に重要な聖職者たる著述家たちが、宗教画像に関する西方のキリスト教的理論を打ち立てることが可能となったのである。したがって、これらの画像と画像を対象とする信仰の実践は完全なる正当性を享受したのであった。さらに、スゲリウスの新プラトン主義によって、神への瞑想の手段としての画像は完全に権威を回復するに至ったのである(3)。

それゆえ、画像すなわちイメージとそれに対する態度はひとつの歴史を成す。つまり両者は同時に変化していったのである。そして相関的にテクストとイメージの関係もまた形を変えていった。この歴史に基準を設けるために、中世文化において重要性を有し、テクストとイメージ各々において、またその両者の関係に関しても同様に中心を占めていた人物に注目しよう。教皇大グレゴリウス（在位五九〇～六〇四）である。

大グレゴリウスは、中世文化において非常に名高い聖職者たる著述家であった。彼の伝記において、自らの著作の目録の作成は決して忘れられることはなく、『道徳論（ヨブ記注解）』や『司教規則書』、膨大な書簡集、『対話』が彼の手に帰されている。またキリスト教図像学においても、大グレゴリウスは、書見台に向かって鳩の下で書物を記している姿で最も頻繁に表された(4)。

と同時に、大グレゴリウスは宗教画像に対する西方における態度の決定にも、きわめて重要な役割を果たした。彼の役割とは、何と言っても「中世という時代の創始者」としての役割である。

しかし、大グレゴリウスを取り上げるのにはもうひとつ別の理由がある。グレゴリウスは権威ある四大教父たちの中でも、ヒエロニムス、アンブロシウス、そしてアウグスティヌスとは異なる位置づけであったと思われる。中世において彼の名前は、文筆家たちによって曖昧に言及されるにすぎなかったのではなく、唯一引用されうるいわばお墨付きであった。同様に、彼にまつわるさまざまな伝説を思い起こしてみると、最も有名なのは俗語文書に記された二重の近親相姦の話であるが、そこではグレゴリウスがローマ教皇の座に選ばれる結末になっている(5)。もちろんこの伝説は画像と関係はなく、ここで取り上げるべきではないが、この伝説は宗教画像についての「グレゴリウス的模範」とは、ひとつの教理ではなく、多かれ少なかれ一群の神学的命題であったと我々に確信させる。グレゴリウスの著作において、またグレゴリウスの手に帰されたテクストや、伝説、誇張された聖人伝、さらには物語や教訓的文学の中の逸話に見出されるものは同一「人物」である。そしてこの人物は、これから見ていくように絶えず画像と関わることになる。

しかしその人物像は一挙に提示されるわけではなく、何世紀もかけて少しずつ形成されていった。それによりグレゴリウスの死後の運命のようなものが形作られていったと言えよう。その過程により、宗教画像に対する中世西方世界の態度の変化をも辿っていくことができるのである。

イメージの欲望

六〇〇年に教皇大グレゴリウスによって聖像破壊論者であったマルセイユ司教セレヌス宛に書かれた書簡は、およそ西方教会の画像に関する態度の基礎と考えられている(6)。大グレゴリウスはその書簡の中で、偶像崇拝的な崇拝と偶像破壊をも否定した上で、彼によれば伝統的に（antiquitus, vetustas）キリスト教画像に与えられた積極的な役割を完全に定義した。とはいえ、グレゴリウスは絵画についてのみ言及しているので、より正確には絵画（picturae）に与えられた機能ということになる。彼にとってこれらの機能は、このような画像が制作され、聖堂や「聖なる人物を崇める場所」がそれらの画像を所有することを正当化するものであった。

この書簡は、何よりもグレゴリウスにおいて、イメージとテクストとの問題がいかに生じるのかを明確にするものであった。教皇は画像を擁護し、それらに積極的ないくつかの機能を認めているものの、テクストすなわち文字の方がその具体性および思想的価値においても勝っているとする。この偉大なる知識人は幾種ものテクストを書いているが、次のことは明記しておきたい。

まずここでテクストとは、教皇とマルセイユ司教が絶え間なく交わしていた書簡である。教皇グレゴリウスは、司教が教皇からの最初の書簡の返答として書いた書簡に返信しているが、それは後に行方がわからなくなる使者によって彼に届けられた。その言葉の集積と多様性は書簡のやりとりの濃密さを明かしている。

ついで画像の機能とは、なんらかの書かれた文学に基づいて、例えば物語、より正確にはヒストリア（historia）、すなわちキリストや殉教聖人の生涯といった聖なる物語が描かれているかによって定義されている。この物語は、目に見える形で供される絵画として画像化された物語（visio historiae, ex visione rei gestae）となるよう描かれなければならない。

とりわけ、画像は完全に文字によるテクストを読むようなやり方で認識されるという。この画像の「読解」は、まさに文字を読めない人々に向けられたものであった。教皇はこのような読み書きのできない人々が、どれほど単純で（idiotae, imperitus populus）異教（gentes）に類似しているかを強調している。「テクストが文字を読める人に向けられているように、絵画はそれを眺める教養のない人々に与えられるものである。（中略）文字を読めない人たちは、絵画を読み解くのである。とりわけ異教に執着し続ける者にとって、絵画は聖なる書を読むことの代わりになるだろう」(7)。確かに大グレゴリウス以前にも、古代の文化はすでに画像を、「解読すべき」「テクスト」と見なし、本来は無縁であった「読解」の方法を画像にもたらした。とはいえ、聖アウグスティヌスはこのような混同に注意を喚起していた。彼にとっては、突然、目の前に現れる画像を瞑想することと、テクストを徐々に読み解いていくことは、二つの異なる精神的操作なのである。とはいえグレゴリウスは、今日まで我々の画像認識やしばしば美術史的方法論においてさえもつきまとう、画像を解読するというやり方を提唱したのである。

グレゴリウスにとって、画像とはテクストに倣って教育的な機能をもつ。画像のおかげで「文字を理解しない」人々は、「描かれた物語を眺め」、それを「学び」、書物からは得ることのできない「教え」を受けるからである(8)。

テクストに関する最終的な言及によれば、画像に対する態度は聖なる書物の統制の下に定義されている。

「人間の手によって造られたものを崇拝することを禁じている聖なる書物の記述を引き合いに出さなければならない。なぜなら「汝は神のみを崇拝し、神のみに仕えよ」（『申命記』5章7–9）と記されているからである」。

大グレゴリウスにとって、画像の機能は何よりも教育的なものであった。聖なる物語を学ぶことは宗教画像におけるグレゴリウスの教説の中心を成していた。

しかしこの描かれた物語の教育的機能は、神の崇拝へと導く限りにおいて閉ざされたものではない。画像を見ながら、読み書きできない人々は神のみを崇拝することを学ぶ。なぜなら「描かれたものを崇拝することと描かれた物語によって崇拝すべき対象を学ぶことは別なのである」。グレゴリウスは、まさに「神の崇拝へと移行すること（transisse in adorationem）」と記している。しかしこの「移行（transitus）」は、東方の新プラトン主義の理論家たちにとってと同様に、画像の聖なる力によるのではないことに注意しておきたい。たとえ絵画として描かれた聖なる場面を見ることで神への崇拝へと導かれたとしても、物質としての画像にはいかなる聖なる力も与えられていない。仮に画像が文字の代わりに「移行」のきっかけとなりうるとしても、画像がその移行の場とはなり得ないのである。つまるところ画像を見ることは、「悔恨」の感情を引き起こし、それが聖三位一体の崇拝の念を支え、キリスト教者としての祈りの行為を刺激するのである(9)。グレゴリウスの道徳的な神学において重要な概念である「悔恨」の念は、自らが罪人であると認めた魂の悲痛なる謙遜の感情である(10)。しかしここでとりわけ重要なのは、「悔恨」の念は画像を前により感情的な態度を引き出し、この態度が、以降、何世紀もの間にますます展開してゆくことである。この言葉は、大グレゴリウスがそれを用いることで、画像に対する新しい態度を正当化し、歴史の流れにおいて布石となった。かくして『セレヌス宛書簡』は、この分野における卓越した権威として言及され続けたのである。

大グレゴリウスの別の二通の書簡は、聖像に関するグレゴリウスの一連の「文書」を補完するものである。『カリアリ司教ヤヌアリウス宛書簡』（以下『ヤヌアリウス宛書簡』）（五九九年七月）において、教皇はヤヌアリウスに対して、サルデーニャのユダヤ人地区で、教会へと改宗したシナゴーグの返還を命じ、まずは建物からキリスト教の信仰の事物を、とりわけ「尊い十字架と神の母の画像」を取り出すべきだとしている(11)。画像の機能について述べた『セレヌス宛書簡』と並んで、『ヤヌアリウス宛書簡』にも、聖職者や教皇自身から見た画像の価値を強調する実践について情報を提供しようとする意図が見られる。

考慮に入れるべき三通目は『セクンディヌス宛書簡』（五九九年五月）である(12)。この書簡では画像に言及されているわけではない。しかし八世紀にこの書簡に加筆がなされ、中世のあらゆる伝統においても、また教皇の書簡の編纂者もミーニュに至るまで、権威ある書簡の一部と見なされてきた。確かに、加筆は全く大グレゴリウスに負うわけではないが、中世の著述家のすべてが、その文字を疑うことなくこの書簡を彼の手に帰していたことを鑑みると、筆の信憑性は重要ではあるまい。とはいえこの書簡は、歴史家の興味を引かざるを得ない。なぜなら、この加筆は画像について大グレゴリウスが前述の書簡で表明したこととと全く異なる判断を示しているからである。

部分的に真偽が疑わしいこの『セクンディヌス宛書簡』は、ラングル司教ヘルルフによってラテラノ教会会議に持ち込まれたはずの七六九年以前に言及されたことはなかった。おそらくこの書簡は、当時すでにフランク教会を動揺させていたと思われる画像に関する論争を証明するものであろう(13)。

加筆によれば、教皇グレゴリウスは、隠修士セクンディヌスの求めに応じて救世主と聖母マリア、聖ペテロ、聖パウロ、そして十字架と鍵を描いた二枚の板（surtarias duas）を送ったと見られる。それは、ペテロの墓と接触したため病気や悪しき霊に対するお守りとして機能していた、とトゥールのグレゴリウスが言及する小さな鍵を思い起こさせる(14)。

この書簡において最も風変わりなのは、愛に満ちた願望を表すその言葉遣いである。隠修士がこれらの画像を目にし、保持したいという願いは、浴場までの道すがら、愛する女性を一目見て幸せな気持ちになりたいと先を急ぐ恋する人の願望と比べられているのである。隠修士セクンディヌスの願望は幻影や妄想の領域に至っており、彼は毎日画像の幻視に満たされ、崇拝すべきは神であることをよく理解しながらも画像の前にひれ伏すことを望み、そうすることでキリストの誕生から受難、そして復活を思い、また神への愛の炎をともして幸せの絶頂に達し、さらには、見えるものを通して目に見えない現実へと至るのである。このような方式は、聖パウロ的(15)、かつ新プラトン主義的であり、第二ニカイア公会議の時代にビザンティン側や教皇ハドリアヌス一世が、聖画像への信仰の正当性を認めるために用いるのと同じものである。結末としては、十字架の「聖なる木」は隠修士セクンディヌスを一生、欺瞞や悪魔の襲撃から守り続けることになり、それゆえ、まさに奇跡的な機能をもつのであった。

かくして、その加筆はすべて画像に対する欲望や瞑想、魂を見えるものから見えないものへと上昇させる特性やその魔術的機能に関わっている。一方でテクストに関する言及は、『セレヌス宛書簡』の中で大いに含みがあるものの、加筆部分においては一度語られるのみである。それも、幻視に関する画像の心理的機能を強調するためである。すなわち「文字によるのと同じく、絵画によって、我々が神の子キリストを記憶に呼び起こすとき、我々の精神はキリストの復活や哀悼、受難ゆえに歓喜するのである」(16)。

これらの書簡が画像の価値判断において明らかにする深刻な違いは、それぞれの書簡の、後世の人々による用いられ方の問題へと我々を導く。この質問に答えるためには、後世のテクストにおけるこれらの書簡の明白な引用を考慮に入れなければならないだろう。

すぐに気がつくように、セクンディヌス宛の加筆された書簡は、八、九世紀において、フランク王国と教皇に異を唱える画像に関する論争の中で、別の二通の書簡とは同様の理由では用いられなかった。教皇ハドリアヌス一世は画像に関する第二ニカイア公会議の決定を西方に取り入れた画像支持者であり、『セクンディヌス宛書簡』が与える議論にも敏感に対応している。七八五年以降、ハドリアヌス一世は、事実この書簡を『セレヌス宛書簡』とともに、ビザンティン皇帝コンスタンティノスと皇妃イレネに宛てた『教会会議書』において言及している。これにより、東方世界に聖画像の信仰を取り戻させるように仕向けたのである(17)。実際それは、公会議の二年後における成果であった。七九一年、ハドリアヌス一世は、今度はカール大帝に宛てて、グレゴリウスの『セレヌス宛書簡』、『セクンディヌス宛書簡』、『ヤヌアリウス宛書簡』に順次言及した。そしてこれらの書簡が、崇拝すべきは画像ではなく神であることを明確にしているとして、書簡の内容の同一性についても強調している(18)。

一方カロリング朝宮廷においては、七九一年の『カロリング文書』では『セクンディヌス宛書簡』は言及されていない。この書簡は、何らかの理由で、フランク王国の王や諸侯たちが擁護した中庸の態度に根本的に反対の立場を表明しているように思えたに違いない。一方、当然引用されるべき『セレヌス宛書簡』は、その文書中に収められていた(19)。

しかしながら八二五年のパリ教会会議の際には、フランク教会の指導者たちは、ためらうことなくグレゴリウスがセレヌス、ヤヌアリウス、セクンディヌスに宛てた三通の書簡を引き合いに出した。その位置づけは七九四年のフランクフルト教会会議以来なんら変化がなかったものの、この新たな問題は、フランク王国の司教たちに、『セクンディヌス宛書簡』に関する議論により注意を払わせる結果となった。実のところ彼らにとっては、もはやギリシアやローマにおける偶像崇拝に対立することが問題なのではなく、それどころか、皇帝ミカエル二世が再び聖画像崇拝を禁止することに警鐘を鳴らし、西方においては、トリノ司教クラウディウスの聖像破壊運動との闘いを意味したのである。パリ教会会議においては、危険はもはや偶像崇拝ではなかった。それは第二ニカイア公会議での決定に対して、『カロリング文書』とフランクフルト教会会議が告発したはずであったが、むしろここでは、フランク教会の中庸の立場に対して、偶像崇拝とは正反対の聖像破壊の危険が問題となったのである。聖像破壊運動は偶像崇拝と同様『セレヌス宛書簡』の中で糾弾されているが、『セクンディヌス宛書簡』は、より強力な理由で、フランク司教たちが正当性を認め始めていた画像に対する非常に好意的な態度への反発のために用いられた。

いずれにせよ、これら二通の書簡は互いに矛盾しており、その矛盾を解決することなしに、むしろそれを覆い隠そうとする司教たちの目を逃れることはなかった。テクストとその「権威」に関する中世の識者たちの態度については、グラティアヌスの『矛盾教会法令調和集』よりもかなり前に、興味深い一筋の光が常套手段によって投じられたように思われる。彼らは『セクンディヌス宛書簡』に関して、「知識のない者たちは、グレゴリウスがここで、別のところでは禁じていること」すなわち偶像崇拝を危うく免れた画像への崇敬を「認めたと考える危険がある」と記したのである。実際に表明されたに違いないこの反論は、二つの論拠により反駁された。第一に教父の知性をもってすれば、「このような偉大な学者が、矛盾したことを言うと考えるのはばかげたことであろう」。第二にはその正当性が明らかだからである。つまり、「我々が神の前と同じように画像の前でもひれ伏したとしても、それは画像が表す神への崇拝のため」なのであって、画像そのもののためではない。この二通の書簡はこの点に関して同様のことを述べているのである(20)。この決まり文句によって、教会会議では、東方ギリシアにおいて聖画像《イコン》の前で祈りを捧げる「崇　敬《プロスキニス》」と同様に、画像の前での平伏の正当性を認めないわけではなかった。『セレヌス宛書簡』も『ヤヌアリウス宛書簡』もこの点に関しては言及していない。一方この書簡になされた加筆は、画像をめぐる理論において、普及しつつあった実践への認識を示していると見なすことができるだろう。

とはいえ、『セクンディヌス宛書簡』の重要性を過大評価すべきではない。『セレヌス宛書簡』とは逆に、私の知る限り、この書簡はパリ宗教会議以降用いられていないのである。この沈黙は、この加筆の真筆性が疑わしいことが発覚したためではない。この点については今日の歴史的批判を待たなければならない。テクストの加筆部分に記された、画像の実践に関する故意の沈黙をよりよく説明する手立てはない。なぜなら反対にこの崇敬の実践は、西方世界ではますます課され続けていったからである。おそらく『セレヌス宛書簡』は、はっきりと引用するまでもなく、他の二通とまとめて、画像の問題に関するグレゴリウスの「権威ある」唯一の地位を獲得していたのだろう。しかしながら、『セレヌス宛書簡』の引用の不確かさは、『セクンディヌス宛書簡』が背景にあることを示している。

九世紀前半、すなわちパリ教会会議と同時期には、トリノ司教クラウディウスやドゥンガルス、オルレアンのヨナスら主だった反対者は、グレゴリウスの『セレヌス宛書簡』と、時折『ヤヌアリウス宛書簡』を引用するにとどまっていた。画像に対してほとんど友好的とはいえないリヨンのアゴバルドゥスも、実際、『セレヌス宛書簡』にしか言及していない。しかしセレヌスに対して、アゴバルドゥスは奇妙なことに「フリウール島の司教」という名と署名を与えており、おそらくこのテクストは読み返す必要なしとして、記憶を頼りに引用したのだろう(21)。

このような不確実な引用は、一一世紀以降、『セレヌス宛書簡』が教会法令集に組み込まれた時にも見られる。そのためウォルムス司教ブルカルドゥスは、『セレヌス宛書簡』を、『セクンディヌス宛書簡』とは相反するものとして言及した。シャルトル司教聖イヴォも次の世紀に同じ過ちを犯している。一方、教会文書のよき解釈者グラティアヌスは正しい言及を行っている(22)。

典礼編纂者たちもまた、『セレヌス宛書簡』しか引用していない。それは、一二世紀から一三世紀への転換期のヨハンネス・ベレトゥス、一三世紀世紀末のドゥランドゥスにおいても同様であるが、一方で、伝統的なグレゴリウスの立場はすでに以前から時代遅れになっていた(23)。しかし、グィエルムス・ドゥランドゥスがこのテクストに与えた解釈において、我々はその間に起こった改革への考慮を知ることになる。

奇跡のイメージ

聖人伝の非常に豊かな伝統は、中世を通して、告白者にして教会博士である教皇グレゴリウスの名声を高めた(24)。彼が五九〇年に教皇の座に上るとすぐに、トゥールのグレゴリウス（五九四年没）は最後の著作である『フランク王国の歴史』（10章1節）(25)の中で選挙の結果を詳述している。ローマでは『司教儀典書』の簡単な記述が、同じくこの出来事と同時代のものである(26)。教皇に選出されたすぐ後に、教皇グレゴリウスが派遣した使者たちによって改宗した国ブリタニアでは、ホイットビーの逸名の修道士が七〇四年から七一四年の間に教皇の生涯に関する最も古い記録を残し、その記述はすぐにベーダによって再録された(27)。イタリアでは七六〇年以降にパウルス・ディアコヌスが『聖グレゴリウスの生涯』を記し、その後、彼の『ランゴバルド史』においてはそこから多岐にわたる部分が収録された(28)。八七二年から八八二年の間に、ヨハネス・ディアコヌスは教皇の生涯をかなり詳しく記し(29)、この著作からはまた後にラテン語や各土地の言語で多数の版が生み出された。

教皇の生涯を語る著作のほとんどすべては、五九〇年にグレゴリウスがいかに劇的な状況において教皇に選出されたかについて多少なりとも微細に叙述している。すなわちグレゴリウスが教皇ペラギウス二世の書記官であった時、ローマの街は洪水に見舞われ、何匹かの蛇と一匹の龍がテベレ河岸に乗り上げたのである。その後疫病《ペスト》が発生し、教皇ペラギウス二世は没した。トゥールのグレゴリウスは、疫病は九月に始まったと明言している。教会管理者を安心させるため、大グレゴリウスは説教を行った(30)。トゥールのグレゴリウスによってすでに取り上げられたその文面によれば、この説教は人々に悔悛を勧め、神の怒りをおさめるためのものであった。ついで大グレゴリウスはローマの街中で哀願の行列を行った。この行列について、パウルス・ディアコヌスやその他の「グレゴリウスの生涯」に関する著作においては、例えばイングランド修道士オギエールが一三世紀初頭にフランス語で記した『聖大グレゴリウスの生涯』のように(31)単に暗示的に記されているにすぎない。一方、トゥールのグレゴリウスや『ランゴバルド史』におけるパウルス・ディアコヌス、また九世紀のヨハネス・ディアコヌスらのように、この行列について正確に叙述した者もいる。この行列は「七連禱」と呼ばれたが、それはローマの聖職者と七「地区」の住民の様々な階層とを結びつけるものであった。参加者たちはそれぞれの地区の主教会から溢れんばかりに繰り出した。この行列とまさに同時代のトゥールのグレゴリウスの記録やパウルス・ディアコヌスの記述、そしてとりわけ、さらに後に書かれたヨハネス・ディアコヌスの『グレゴリウスの生涯』では、七聖堂の名称やそれぞれに命名された修道会、あるいはそれぞれの聖堂で言及される信者の階層などに若干の違いが見られる(32)。すべてに共通して言及されているのは、この行列の間に八〇人の死者が出たということである。トゥールのグレゴリウスによれば、この行列は「われらが救世主イエス・キリストの産みの母、永遠の処女、幸い多きマリアに捧げられた聖堂での祈りと哀悼をもって」締めくくられた。これはサンタ・マリア・マジョーレ聖堂のことである。しかし他の教皇の著作にはこのような明確な記述は見られない。一方すべての著作において、疫病が終息すると、グレゴリウスは教皇位から逃れるべくローマを密かに後にし、近郊に身を潜めたと言及されている。グレゴリウスの行方は、ヤコブの梯子のように、立ち上る光とそれに添って昇ったり降りたりする天使の姿を見たある隠修士によって明らかにされた。ローマ人にそれが知らされ、グレゴリウスはローマに連れ戻された。続いて東ローマ皇帝マウリキウス（在位五八二～六〇二）によりグレゴリウスの教皇への選出が確定されたのである。

一三世紀の聖人伝伝統の重要な変化を分析する前に、当初から結びつけられていた浩瀚な典礼資料を考慮しなければならないであろう。

大グレゴリウスによって例外的に組織され成功を収めた「大連禱」は、実にすぐさま、まずはローマで、ついで全キリスト教会の典礼に入れられた。グレゴリウスは五九一年九月二七日に「サンタ・マリア聖堂における大連禱」を行うことを命じ(33)、さらに五九八年四月二五日にも「連禱」を行っている(34)。かくして聖マルコの祝日は、典礼の慣例においては大連禱の日となったのである。同様にグレゴリウスは五九九年、類似の行列をラヴェンナで行うことを推奨した(35)。教皇レオン三世（七九五～八一六）もその伝統に従い、同様のやり方で招集している(36)。一二世紀半ば、ローマ教皇庁聖務を定めた聖堂参事会員で侍従のベネディクトゥスは、サンタ・マリア・マジョーレ聖堂を留《りゅう》とした祈禱を伴う復活祭における「大連禱」の行列をローマ式典礼の慣例として言及している。行列は聖母被昇天の祝祭にも予定され、枢機卿たちはサンタ・マリア・ノーヴァ聖堂へと厳粛に運ばれる「イエス・キリストの像（imaginem Iehsu christi）」をラテラノ宮殿から持ち出す任を負った(37)。「大連禱」の行列は聖マルコの祝日（四月二五日）にも言及されている。この日はサンタ・マリア・マジョーレ聖堂は行列の向かう行程には入らず、「サン・ピエトロ聖堂へ向かう行列」の逗留する諸聖堂に属することになる(38)。

ローマ以外のキリスト教会においても、聖マルコの祝日の「大連禱」はいたる所で受け入れられた。これは常に四月二五日に行われるにもかかわらず、中世の典礼編纂者たちは、五九〇年九月に大グレゴリウスによって組織された「七連禱」にその起源を常に結びつけた。また彼らは、昇天祭前の三日間にわたって行われる「小連禱」あるいは豊穣祈願(39)とは区別している。これはより古い起源をもち、四七〇年頃、ウィーン司教であった聖マメルトによって制定されたと見られる。

五九〇年の「七連禱」に倣うという意志は、一一二六年（月は明示されていない）にはソワッソンで、この街が疫病の猛威にさらされた時にも高まりを見せた(40)。このことは一一五〇年頃、『聖グレゴリウスと聖セバスティアヌスの奇跡』を記したサン・メダール修道院の逸名の修道士によって報告されている。この修道院は聖グレゴリウスの聖遺物を保持していたのである。ソワッソン司教はその聖遺物を探しに来て、大修道院長、修道士、そして平信徒たちとぎっしりと並んで行列をなし、かの聖遺物を掲げて町を練り歩いた。彼らは修道院と町を隔てるオワーズ川にかかる橋を越え、神と聖母への讃美を唱えながら大聖堂へと入り、その中では司教が説教を行った。この行列は常に聖グレゴリウスの聖遺物に先導され、それから街の城壁を一周りするのであった。戻ってくる時にはすでに奇跡は起こっていたわけだが、聖遺物はもう一度大聖堂に入れられ、聖母の祭壇に置かれた。しかしすぐに、溢れんばかりの奉納ゆえに強欲の罪で咎められまいと、大修道院長は聖遺物を修道院の元の場所へと戻すように命じた。

この行列のすべては、明らかに五世紀以上も前にローマで行われた行列のモデルに基づくと考えられている。ソワッソンではローマと同様に、聖グレゴリウスは聖遺物のおかげで物理的に存在しているのである。そしてこの二つの例は、共に疫病という特別な事態においての挙行であった。

しかしローマとソワッソンの行列には重要な差異がある。ローマにおいては、トゥールのグレゴリウスの記録によるように、行列はサンタ・マリア・マジョーレ聖堂で終わったとはいえ、ソワッソンにおいて聖母マリアははるかに重要な位置を占めていた。讃美歌は聖母に捧げられ、聖グレゴリウスの聖遺物が置かれるのも、大聖堂内の聖母マリアの祭壇の上であった。実際、聖母マリア信仰はソワッソンでは非常な高まりを見せていた。それは、同時代に近郊のサン・ジャン・デ・ヴィーニュの修道士ユーグ・ファルシによって著された『ソワッソンの聖母の奇跡』、また次の世紀に、サン・メダール小修道院長ゴーティエ・ド・コワンシーによって書かれた『聖母の奇跡』の記述にも見ることができる。ユーグ・ファルシの場合には、聖母とその聖遺物（聖なる靴）が、サン・メダール修道院に納められていた聖グレゴリウスの聖遺物と同様に疫病に対して効力を発揮して町を守ったということを、その著作で示そうとしたのではないかと疑問に思うかもしれない。聖母は、比肩しうる存在である聖グレゴリウスの聖遺物の効果的な介在のわずか二年後の一一二八年には、「壊疽性麦角中毒」と今日呼ばれる恐るべき疫病の際に、その証拠を授けていたのである(41)。

「七連禱」については、聖人伝や典礼のこのような豊かな文書があるわけだが、一三世紀のヤコブス・デ・ウォラギネ著『黄金伝説』（遅くとも一二六四年までに執筆）(42)や一二八四年に完成したドゥランドゥス著『典礼書』以前には、五九〇年の行列に関する記述に重要な変更は見られない。

疫病と五九〇年の「七連禱」の行列、そして聖グレゴリウスの教皇選出に関して、ヤコブス・デ・ウォラギネはパウルス・ディアコヌスの短い記述を踏襲している。他の版と同じく、細部に及ぶことなく、行列については簡便に言及されている。しかし続けてヤコブス・デ・ウォラギネは、以前のいかなる記述にも見られない一節を加えているである。

疫病《ペスト》が猛威を振るい続けたので、聖グレゴリウスは、復活祭の日に慣例に従って祈禱を唱えながら、現在でもなおサンタ・マリア・マジョーレ聖堂にある聖母像を掲げて行列することを命じられた。この聖母像は医者としてだけでなく絵画においても優れた腕をもつ、聖ルカによって描かれたと言われる偉大なる「似姿」なのである。直ちに聖なる像が大気中の感染を散逸させ、それはあたかも、疫病《ペスト》が聖母の存在に耐えられないかのようだった。この聖像が通ったいたる所で、空気はおどろくほどすがすがしく清澄になった。そして聖像のまわりは、天使の歌声で包まれていたという。「天の女王、お喜び下さい。尊くもおんみがおみごもりになられた方は、ハレルヤ、みずからが言われたとおり死からよみがえられました、ハレルヤ」。すると聖グレゴリウスがすぐに後を続けた。「願わくは、われらのために天主におとりなし下さい、ハレルヤ」。そのとき彼は、クレスケンティウスの城砦の上で、一人の大きな天使が、血まみれの剣をふきとり、鞘に収めるのが見えた。そして聖グレゴリウスは、疫病が収まったことを悟った。そして実際、疫病はこうして終息したのである。これ以降この城砦は「聖天使の城砦」と呼ばれるようになった(43)。

つまりヤコブス・デ・ウォラギネによれば二つの行列が存在した。ひとつ目は、言及するに留めている五九〇年九月の行列であり、光の柱と天使という奇跡的な出現が続いた。古い文書の間違いを言明するヤコブス・デ・ウォラギネにとっては、この一番目の「七連禱」の行列は疫病《ペスト》という天罰に打ち克つためではなく、グレゴリウスの選出を導いたものである。それゆえ、二番目の行列が必要であり、それは剣をぬぐって鞘に収めるという天使の出現をともない、今度こそ疫病は決定的に打ち負かされたことを意味した。これが名高い「聖天使の城砦《サン・タンジェロ》」伝説の起源である。最初の行列とは異なり、二番目の行列は復活祭に行われ、直接サンタ・マリア・マジョーレ聖堂に関わる。聖人伝はここにおいて、大グレゴリウスの書簡の記録から、そしてグレゴリウスが教皇になって以降、とりわけ一二世紀以後に認められた復活祭の行列におけるローマ典礼からそれぞれ借用したモチーフによって豊かになっているのは間違いない。我々は聖人伝が典礼慣例を正当化することを見てきたが、逆にその影響も受けているのである。

おそらくこの疫病に対抗した二番目の行列については、ヤコブス・デ・ウォラギネによって初めて言及されたと思われる。ヤコブス・デ・ウォラギネに先行するドミニコ会聖人伝に言及はなく、ジャン・ド・メリーは一二二五から三〇年頃の、パウルス・ディアコヌスの簡単な記述と、聖マルコの祝日に関しては、「大連禱」が五九〇年の「七連禱」に端を発していると指摘するにすぎない(44)。それは一二四四年頃、トリエントのバルテルミーの著作においても同じである。その『聖人の身振りについての終章』は未完のまま終わっている(45)。一二五〇年頃に完成されたボーヴェのウィンケンティウス『歴史の鑑』においても二番目の行列に関しては記述されていない(46)。

一方、ヤコブス・デ・ウォラギネは後続を形成していった。ドゥランドゥスは『聖職者の務に関する理論書』の大連禱や小祈禱に当てられた章（4巻102章）において、サンタ・マリア・マジョーレ聖堂についても、聖母の聖画像《イコン》についても言及していない。しかしその前章「復活祭後の七日間」（6巻89章）では、聖グレゴリウスが聖ルカによって描かれた聖母のその画像を聖堂に取りに行き、厳粛にそれを掲げたと明言している。かくして疫病は撃退され、天使の讃辞と教皇がそれに応じるのが聞こえると、クレスケンティウスの城砦の上に天使が現れたのである(47)。

これらの著作に続き、一四世紀にフランスの逸名の著者によって記された『グレゴリウスの生涯』は、ヤコブス・デ・ウォラギネが区別した連続するこれら二つの行列について叙述している。ひとつ目の行列に関しては、ヨハネス・ディアコヌスが提供し、ローマの七聖堂から出発した行列に関してヤコブス・デ・ウォラギネ自身が言及しなかった細部についても詳述している。さらにはグレゴリウスの教皇選出の後、復活祭における二つ目の行列についても長々と述べているのである。

あまねく知れわたれり／我、口にし、断言したごとく／大いなる疫病が／都で猛威を振るう間に／その御方は祈禱を為せり／人々に復活祭の行列を命じられ／大いなる連禱を唱えながら／人々を導きローマを巡り歩き給えり。／ローマに未だ所蔵され／その地でひとりならずの人が眺めた／聖母の聖画像《イコン》を／その御方は敵を打ち負かさんと掲げられた。／たいそう気高き画家たる聖ルカが／おそらく、神の母に／似せて、自らの手でそれをお作りなさった。／善良で賢明なる聖グレゴリウスは／大いなる敬意をもっていと高く／前方にその聖画像《イコン》を掲げたゆえ／この疫病は、すでに大いに打ちのめされ／空を曇らせしを／誰もがそれ目にしたり。／聖画像《イコン》を見るや／その聖なる像を前に／あたかも大いに恐れを抱いたか／疫病は／聖母マリアの聖なる像の／御前にあえて留まろうとはしないかのよう。［…］／かくして聖画像《イコン》は／闇を追い払い一掃し／疫病を抑える力をもてり…[48]。

ヤコブス・デ・ウォラギネのラテン語テクストにおいて、一四世紀に翻訳されたフランス語版と同じく留意すべきは、初めて行列の先頭に聖母の奇跡の像が導入されたことである。それは一四五三年、トルコによって破壊されるまでコンスタンティノポリスのハギア・ソフィア聖堂に大切に所蔵されていた聖ルカ自身によって描かれたとされる「ホデゲトリア（導引の）型聖母」の多くの複製の一枚である。多数の聖画像《イコン》は、多かれ少なかれこの画像から着想を得、同様にその栄誉を主張していた。ローマでも同様に、この種の画像は半ダースを数えることができ[49]、画像の名声や伝統の古さに執着した聖職者や修道士の庇護の下、複数の聖堂に置かれていた。

図11　聖母マリアの聖画像（イコン）　12－13世紀，ローマ，　サンタ・マリア・マジョーレ聖堂

ベルティングは、この種の画像が一二世紀から一三世紀の西欧で数多く制作されるようになる歴史的背景を的確に説明したと言えよう(50)。東方ビザンティン世界との接触の高まりは十字軍によるが、特に一二〇四年のコンスタンティノポリス占領の際に、西欧に聖遺物やそれまで知られ崇敬の対象となっていた宗教画像とは異なる画像が大量に流入したのである。それらは聖画像《イコン》、すなわち板の上に描かれた二次元のキリストおよび聖母マリアと聖ヨハネを伴う磔刑図、また聖母の単独像などである。それらの画像は西欧にすぐに取り入れられ、ほどなく模倣して描く画家も現れた。これらの絵画の形式的性質や持ち運びでき行列で運べるという典礼機能によって、西欧において最も重要な革新をもたらしたのである(51)。このような絵画は一二世紀以降のイタリアで見られるが(52)、とりわけ一三世紀と一四世紀初頭のイタリアにおいて、名声ある画家が修道院や兄弟団、大聖堂やコムーネから注文を受けて制作した(53)。

他の多くの聖母像と同様に聖ルカの手に帰されるサンタ・マリア・マジョーレ聖堂の画像は、実際には一二世紀あるいは一三世紀初頭に制作されたビザンティンの聖画像《イコン》である（図11）(54)。ヤコブス・デ・ウォラギネがその存在に初めて言及しているが、実際この聖画像《イコン》は、ジェノヴァでこのドミニコ会修道士が『黄金伝説』を記した時代には、ローマのこの聖堂にそれほど以前からあったわけではなかったのだろう。ヤコブス・デ・ウォラギネとドゥランドゥスが取り上げた後には、中世末期の巡礼者や旅行者はこの「聖ルカの手によって描かれた」サンタ・マリア・マジョーレ聖堂の聖画像《イコン》の存在を欠かさず記している(55)。ローマ人の守護像としてのこの聖画像《イコン》は、《ローマの民の安寧（Salus populi Romani）》という名で呼ばれた。この画像は未だに同聖堂に所蔵され、一七世紀に建てられたボルゲーゼ礼拝堂に置かれている。

大きな名声を有するもうひとつの聖画像《イコン》は、フランチェスコ会のサンタ・マリア・アラコエリ聖堂にあり、今日なお非常に崇敬されている。一一世紀から一二世紀とされるこの画像は一二五七年、ピサのフラ・バルトロメオによって初めて奇跡譚の中で語られた。その物語によると、聖母像の前で喜びのあまり恍惚状態になっている修道女にこの聖母が話しかけたというのである。伝統に従って一三四八年、黒死病《ペスト》蔓延の時には、この画像を掲げてローマ中を歩く行列が行われた。何年かのち、コーラ・ディ・リエンツォは、この画像の前に月桂樹の冠と鋼鉄の鞭を置いて称えた。一三七二年には高価な聖櫃《タベルナクルム》の中に置かれたが、聖女ローマのフランチェスカ（フランチェスカ・ポンツィアーニ、一三八四〜一四四〇）がこの聖母子像を熱心に拝みに行ったまさにその時、彼女の目前で奇跡的に蓋が自ら開いたという(56)。

三番目のとりわけ高い名声のある聖画像《イコン》は、一二一九年以来その力が実証され、ドミニコ会により保管された《サン・シストの聖母像》である。ドミニコ会修道士たちは一五七九年、その画像を自分たちのサンティ・シスト・ドミニコ聖堂へと運んだ。一九三一年以来、この画像はモンテ・ロザリオのドミニコ会修道女たちによって所蔵されている。

ここでとりわけローマの三つの聖母の聖画像《イコン》に言及したのは、これらがすべて一五一七年のフラ・マリアーノ・ダ・フィレンツェによる驚異的な『都市ローマ旅行記』において、大グレゴリウスと五九〇年の疫病に関して引き合いに出されているからである(57)。実際、これら三つの聖画像《イコン》をそれぞれ保持している聖職者たち、すなわちサンタ・マリア・マジョーレ聖堂参事会、アラコエリのフランチェスコ会、そしてサン・シストのドミニコ会は自分たちの聖画像《イコン》こそが大グレゴリウスの時代に疫病を撃退したとひたすら主張したという。そしてフラ・マリアーノはハドリアヌス帝の霊廟を訪ねた際に、「医者であり画家であった聖ルカが描いたとされるアラコエリの涙を流す聖母像」(58)を教皇グレゴリウスが探させたと言われているのはこの場所であると伝えている。と同時に後の箇所では、サン・シストのドミニコ会聖堂を訪問したときのことを詳しく述べながら、そこで見た「聖ルカによって描かれた聖母像」は、アントニーノ・ダ・フィレンツェ（『年代記』23、4章11行）によれば聖グレゴリウスによって行列で掲げられ、疫病を撃退したとも述べる一方、「これは（アラコエリの）フランチェスコ会士やサンタ・マリア・マジョーレの参事会の画像に対してもそれぞれ同じことが言われている」と付け加えている(59)。そして最終的には、彼がサンタ・マリア・マジョーレに赴いたときには、ドゥランドゥスやヤコブス・デ・ウォラギネの記述を拠り所として、五九〇年の疫病を打ち負かしたのは自分たちの聖画像《イコン》であると主張する参事会の説明を引用するのである(60)。

かくして、「同じ聖母像において、同様の逸話と奇跡が読まれることになる」とフラ・マリアーノは述べる。しかしこれはさほど重要ではない。というのも「これらはすべて崇敬されるべきもの」だからである。しかし彼はフランチェスコ会修道士なので、「ローマの民衆の時代遅れの意見」が支持するフランチェスコ会の画像に肩入れするに至っている。フランチェスコ会はまた、天使を戴いた聖天使《サン・タンジェロ》の城砦の石を所有していたばかりか、伝統的に聖母被昇天の行列は彼らの聖堂すなわち、サンタ・マリア・イン・アラコエリ聖堂を目指して行われた。黒死病が猛威を振るい、アラコエリの聖画像《イコン》が聖天使《サン・タンジェロ》の城砦の上に行列しながら運ばれた時、大理石の天使がそれを見分け、頭を行列へと傾けたという。つまり、五九〇年に行列がそこを通ったという確たる証拠である。フラ・マリアーノはまた、ドゥランドゥスとヤコブス・デ・ウォラギネの両者とも、サンタ・マリア・マジョーレの聖画像《イコン》に効力があると完全には確信していないようだと指摘している。それればかりか、かの名高い兄弟アントニーノ・ダ・フィレンツェ然りであるが、ドミニコ会士は自分たちの修道会であるサン・シスト修道院の聖画像《イコン》を擁護しないことに驚きを隠し得ないのである。

このような議論は最近まで学術文献の中で探求されてきたのであるが、こうして一五世紀半ばにアラコエリの聖母マリアの名前は、ドゥランドゥスによって記された五九〇年の行列についての逸話の中で、サンタ・マリア・マジョーレの名前の代わりに用いられるのである。このような対立は少なくとも一四世紀以降に描かれた画像においても表明されることになる。『グレゴリウスの生涯』以前の写本には、よくしても会衆とともに祈りを捧げる聖グレゴリウスの姿のみが描かれ、行列も、聖天使《サン・タンジェロ》の城砦も、ましてや聖母の聖画像《イコン》も描かれてはいなかった(61)。一四世紀になると行列や聖天使《サン・タンジェロ》の城砦の表現が現れるが、聖母の聖画像《イコン》は依然として描かれることはない（次頁図12）(62)。聖母の聖画像《イコン》が行列の中に現れるのは、一六世紀、ラファレリーノ・ダ・レッジオによって描かれたカプラローラのヴィラ・ファルネーゼのフレスコ画を待たなければならないのである。

しかしながら、その間にもアラコエリのフランチェスコ修道士たちは、聖グレゴリウスの時代の疫病を撃退した栄光を自分たちの聖画像《イコン》が負っていると了解していたことが画像によってもわかる。一三七二年、修道士たちが聖画像《イコン》のために聖櫃《タベルナクルム》を造った時、そこに両開きの銀扉を備え付け、片方の扉には城砦と鞘に剣をおさめる天使を、もう片方には跪いた聖グレゴリウスの姿を表しているからである。信者たちは聖画像《イコン》の信憑性になんら疑問を持つ余地もなかった。これらの扉は失われてしまったが、身廊の支柱にはめ込まれた一六世紀から一七世紀の絵画には、現在もなお教皇と天使と城砦、そして聖母の姿を見ることができる(63)。

つまるところ、私はフラ・マリアーノと同じく、しかし全く別の理由によって、三つの聖画像《イコン》にもそれを有する聖堂に関しても決着をつける必要はないように思われる。

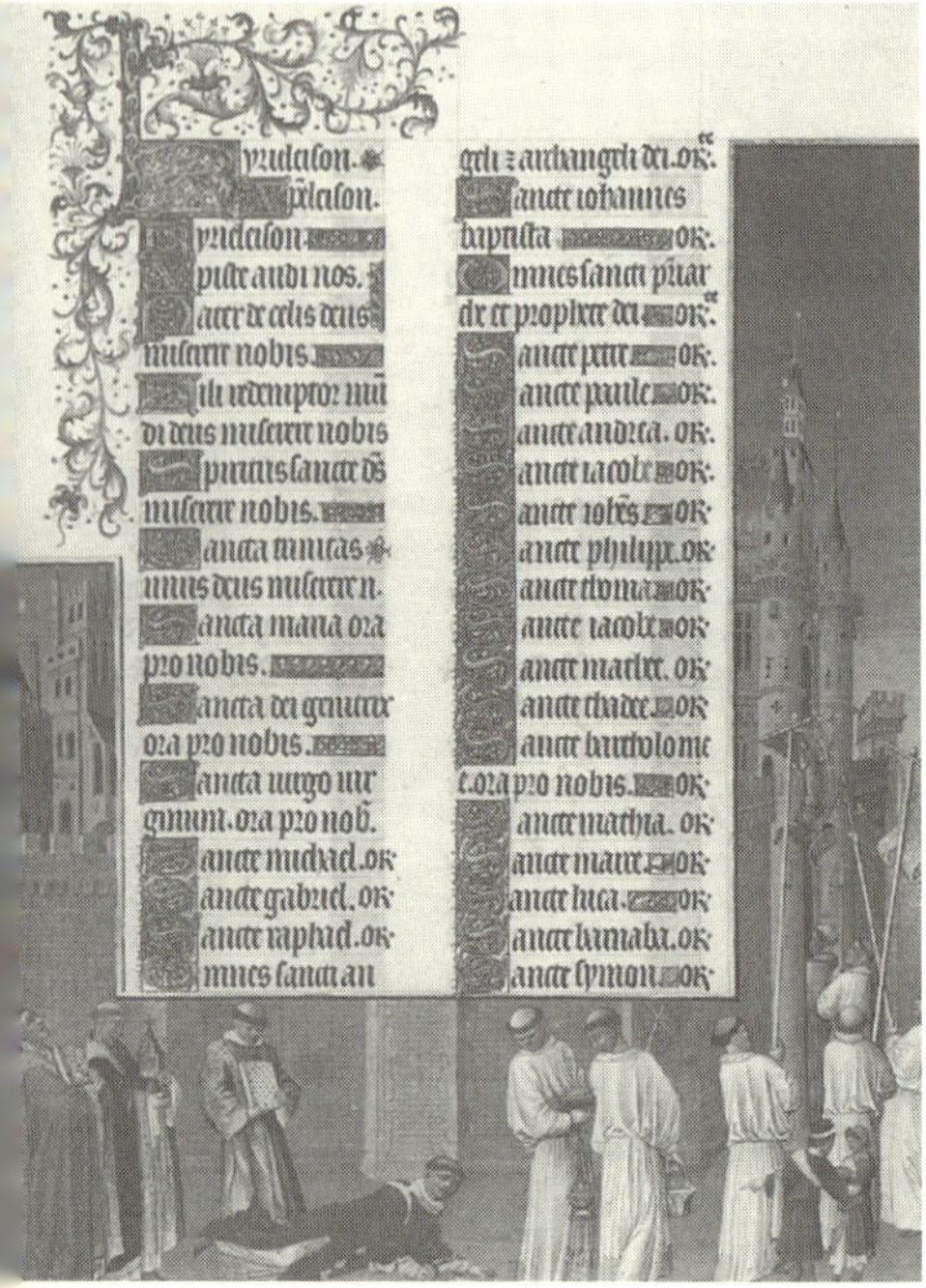

い）『ベリー侯の豪華時禱書』「悔悛詩篇」1413年頃

一三世紀には「新しい画像」であるこれらの聖画像《イコン》は、宗教的形象、また絵画の新しい様式であり、信心および「哀れみの人《イマーゴ・ピエターティス》」の新しい形態の展開を代表し、そして個的にも集合的にもそれらの画像には奇跡の恩恵が期待されていたのである。このような変革は単なる形式的変化をはるかに超えていた。それらは社会および文化構造、そして宗教的実践深層の変化を伝えている。そ

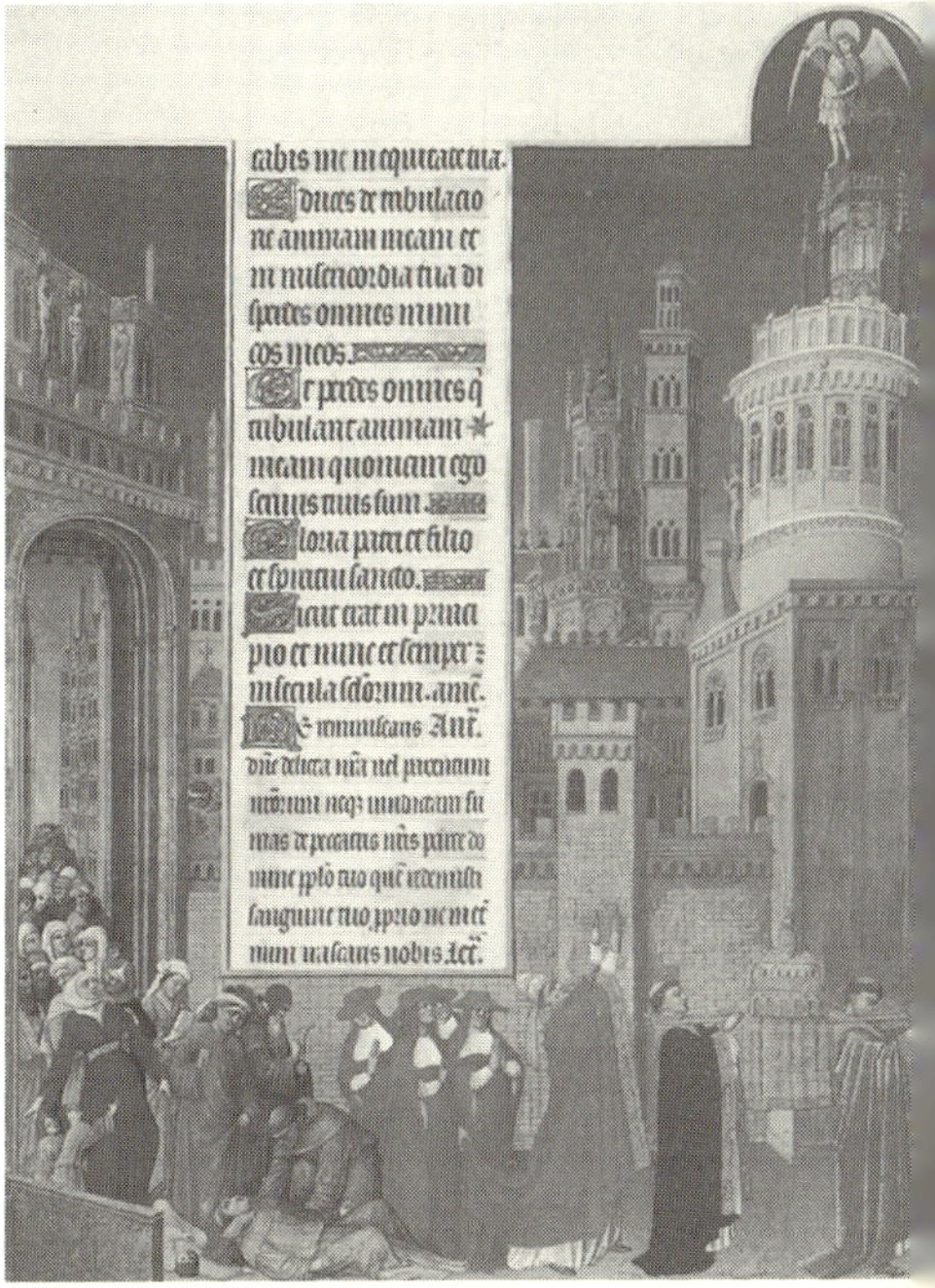

図12　教皇グレゴリウスの行列（聖母の聖画像はな

れはまさに一三世紀、ヤコブス・デ・ウォラギネやグィエルムス・ドゥランドゥスが尊ぶべき聖人伝の伝統を修正できたことを説明するに足るであろう。それはまた、一四世紀以降、これらの祈念像をめぐる教会間でのまたも激しい競争意識が育まれていった理由なのである。

しかし、『セレヌス宛書簡』における「真の」聖グレゴリウス像と伝説における聖グレゴリウス像との隔たりは少しずつ深まっていった。一三世紀にはもはや、隠修士セクンディヌスに、隠修士が熱心に傍らに置いて見つめることを願った私的な祈りの聖像を送る聖グレゴリウスとして登場するのではない。聖グレゴリウスといえば、公的な行列において聖母の奇跡の聖画像《イコン》（それがどれなのかは重要ではなく）、それは福音書記者の時代の聖遺物であり、都市公認の守護聖人であって数々の教会が敵対心を燃やす争点となった聖遺物としてのその奇跡の聖画像《イコン》を、公的な行列において恭しく掲げる教皇なのである。

これらの変更のすべては、現実の画像の影響力の下に成された。この時代、少なくとも聖母像の場合においては、テクストとイメージとの伝統的な関係が覆えされたと言えよう。画像《イメージ》はもはや必ずしも以前の聖人伝のテーマを描くのではなく、一三世紀には画像とその典礼での使用によって、聖人伝の修正を引き起こした。とはいえこの変化は、遅れてではあるが図像学的に新しいテーマを出現させることになり、さらに後には、行列の中の聖母像という場面設定にまで至るのである。

さてこのような変革は、我々が今までその複雑な歴史を辿り、その争点を明らかにしてきた聖母の聖画像《イコン》に限ったことではない。それらは一四世紀の聖人伝の新しいテーマ「聖グレゴリウスのミサ」の登場によっても跡付けられる。ミサでの聖変化の間に教皇によって掲げられるホスティアは、伝統的に十字架を背にした、あるいは聖墓から立ち上がったキリストの形姿をとるとされてきた(64)。しかし一三世紀後半、ヤコブス・デ・ウォラギネはこのテーマに関して言及していない。おそらく、ローマのサンタ・クローチェ・イン・ジェルザレンメ聖堂後陣コンカ（半円蓋）を飾るモザイク聖画像《イコン》に端を発すると思われる。一三〇〇年頃とされるこの聖画像《イコン》は、一三八〇年頃に、カルトゥジア会のこの聖堂にもたらされた。それは十字架の前で正面を向いた死せるキリスト像であり、軽く曲げられた両腕を胸の下で組んでいる。この特異な表現のタイプは、逆に伝説自体を強化するような豊かな図像伝統を生み出していった。というのも、あたかもサンタ・クローチェ・イン・ジェルザレンメ聖堂の像がモデルであるかのように、キリストが聖グレゴリウスの前に「ピエタのかたちで（sub forma pietatis）」顕れたという信仰が広まっていったからである。

この事例においても、新しいイメージを出現させるのはもはや聖人伝ではなく、イメージが聖人伝の中に入り込み、結果的に伝説自体を変化させている。さらに、聖グレゴリウスの行列の場合には、奇跡を起こしたと目されるレプリカ、すなわちサンタ・クローチェの聖画像《イコン》がキリスト教画像の一タイプ（範例図像としての「哀れみの人《イマーゴ・ピエターティス》」）となってゆく一方、この死せるキリスト像は、サンタ・クローチェ・イン・ジェルザレンメ聖堂の聖画像《イコン》をモデルにして絵画・彫刻などによって、実に多くのキリスト像に適用されていったのであった(65)。

キリスト教画像の勝利

聖グレゴリウスと画像の理論と教説は一二世紀以降、他の形式のテクスト「イールのウェヌス」(66)のテーマを取り上げた一連の物語にも適用されている。ここではこの物語の最も古い版のみを見ていこう。最初の版は一一二〇年頃、イングランドのベネディクト会修道士、マームズベリのウィリアム(67)が著した『イングランド諸王の事績（*Gesta regum anglorum*）』である。物語には悪魔と司祭と教皇が登場し、すでにキリスト教の都市でありながら、ウェヌスの彫像も残されていたローマが舞台である。ある金持ちの若者の婚礼が祝われていた時のこと、宴の後でその若者は仲間たちと何かゲームに夢中になっていた。もっとくつろごうとした若者は、自分の真新しい結婚指輪をブロンズ製の彫像のまっすぐ伸びた指にはめておいた。さてゲームが終わって指輪を取りに戻ると、その彫像は指を折りたたみ、きつく指輪を握り締めていて、どうにも取ることができない。仲間たちの嘲笑を恐れて、また自分のいない間に指輪を盗まれないようにと若者は仲間たちに何も言わずにいた。ところが夜になって、若者がひとりこっそりと戻ってみると彫像の指は元のようにぴんと伸ばされていて、指輪は跡形もなく消え去っていたのである。この不幸な花婿は新妻にも指輪を失くしたと言うことができなかった。しかし初夜の晩を成就しようとした時、とりとめのない夢想が妻と自分の間に入り込むのを感じ、次のような声を耳にする。「私と寝床を共にしなさい。あなたは今日、私に婚姻を申し込んだのだから。私はあなたが指輪をはめたウェヌス。指輪は私が持っていて、あなたに返したりはしないわ」。次の晩もまた次の晩も、若者が妻に近寄るたびに恐るべき奇跡が起こるのだった。若者はとうとう両親に打ち明け、彼らの勧めで「郊外に住む司祭」パルンブスを探しに出かけた。この人物は悪魔祓いのできる降霊術師である。パルンブスは若者に手紙を一通渡し、夜間に四つ辻に行くようにと告げた。そこである行列の一行に出くわすはずであるから、その中で一番大きな人物に手紙を渡すようにと言うのである。夜、若者が実際に目にしたのはなんとも怪奇な一行であった。花車の上には、金の王冠で髪をまとめて金の王杖を手にしたまるで高級娼婦のように着飾った女性が乗っていた。その後にやってきた一行の親方は、若者に恐ろしい視線を投げかけ、何が望みなのかと尋ねた。若者が手紙を渡すと、まさにその親方こそが悪魔の化身であり、パルンブスの封蝋にすぐに気づいた。悪魔はいやいやながらもその手紙を読まなければならず、続いて以下のように返答した。「全能の神よ、未だもって、私に司祭パルンブスの攻撃を耐え忍べとおっしゃるのか」と叫び、連れの者たちに、ウェヌスがとても喜んでいた指輪を奪って、若者に返すようにと命じたのであった。こうして帰宅した若者は無事、婚儀を成し遂げることができたのである。一方、司祭パルンブスは悪魔の叫びを聞き、自らの死すべき運命を悟った。教皇に自らの罪を告白した後、「ローマの民衆の面前で」手足を切断されて無残な死に至るのであった(68)。

少し後のわずかに異なる版は、一一五〇年から五一年頃に没したレーゲンスブルク司祭によってドイツ語の散文で書かれた『皇帝記』に見出すことができる(69)。物語の舞台はここでもローマであるが、キリスト教徒であったテオドシウス帝の時代という設定である(70)。未だ異教徒のアストロラベという名の若者がいた。彼は結婚など考えもせずに、友人とボール遊びにふけっていた。するとボールが壁の向こう側の庭園に入ってしまったので、若者が探しに行くと、とても美しい彫像があり、指で合図を送っていた。それはウェヌス像だった。その姿にひと目で恋焦がれた若者はウェヌスの指に自分の指輪をはめ、決して離れないと誓った。その間、友人たちは若者が戻ってこないのを心配していた。この庭園はコンスタンティヌス帝がすべてのキリスト教徒に入ることを禁じた場所だったが、彼らは無理やり門をこじあけて中へと入った。するとそこには悪魔の虜になった友の姿があり、その後は一切の飲食を拒み、眠ろうとさえしないのだった。どんな医師も彼を治すことができなかったが、彼自身は自分には何の医師が必要なのかがわかっていた。それはキリスト教徒になるという道である。こうして若者は司祭エウセビオスに会いにでかけ、司祭は神に祈り、正気に戻るよう力を貸すことを約束した。司祭はまた黒魔術の本の中から（in den swarzen buochen er las）、悪魔を呼び出して若者に指輪を返すよう求める方法を見つけ出した。すると悪魔はエウセビオスを海の奥底へと連れて行き、二つの宝石のうちのひとつを選ばせた。二つのうちのどちらかだけが探している指輪であった(71)。エウセビオスは悪魔に探すべき石の名前を白状させ、碧玉であるとつきとめる。かくしてエウセビオスは勝負に勝ってローマに戻り、自らの身に起こったことを若者に話したのである。異教徒たちはウェヌスを称えてこの彫像を制作したのであったが、この像の下には、ひと目ウェヌスを見た者は恋焦がれるようにしてしまう魔法の草が埋まっていたのであった(72)。アストロラベは正気を取りもどし、キリスト教に改宗して洗礼を受けた。そして教皇イグナティウスはこの「円柱（die sûl）」、つまり偶像を「よき聖ミカエル」像として聖別し、テオドシウス帝はこの一連の出来事の幸福な結末を喜んだ。以前のヴァージョンに比べるとドイツの『皇帝記』は、異教の像の運命に至るまで記していることで一新されている。この像は最終的にはキリスト教へと捧げられ、女神像から大天使像に替わるのである。

三つ目の版は、一二一八年から三三年の間にゴーティエ・ド・コワンシーによって書かれた『聖母の奇跡譚』に由来し、「彫像の指に指輪をはめた少年について」の逸話である(73)。ここで問題となるのは、も

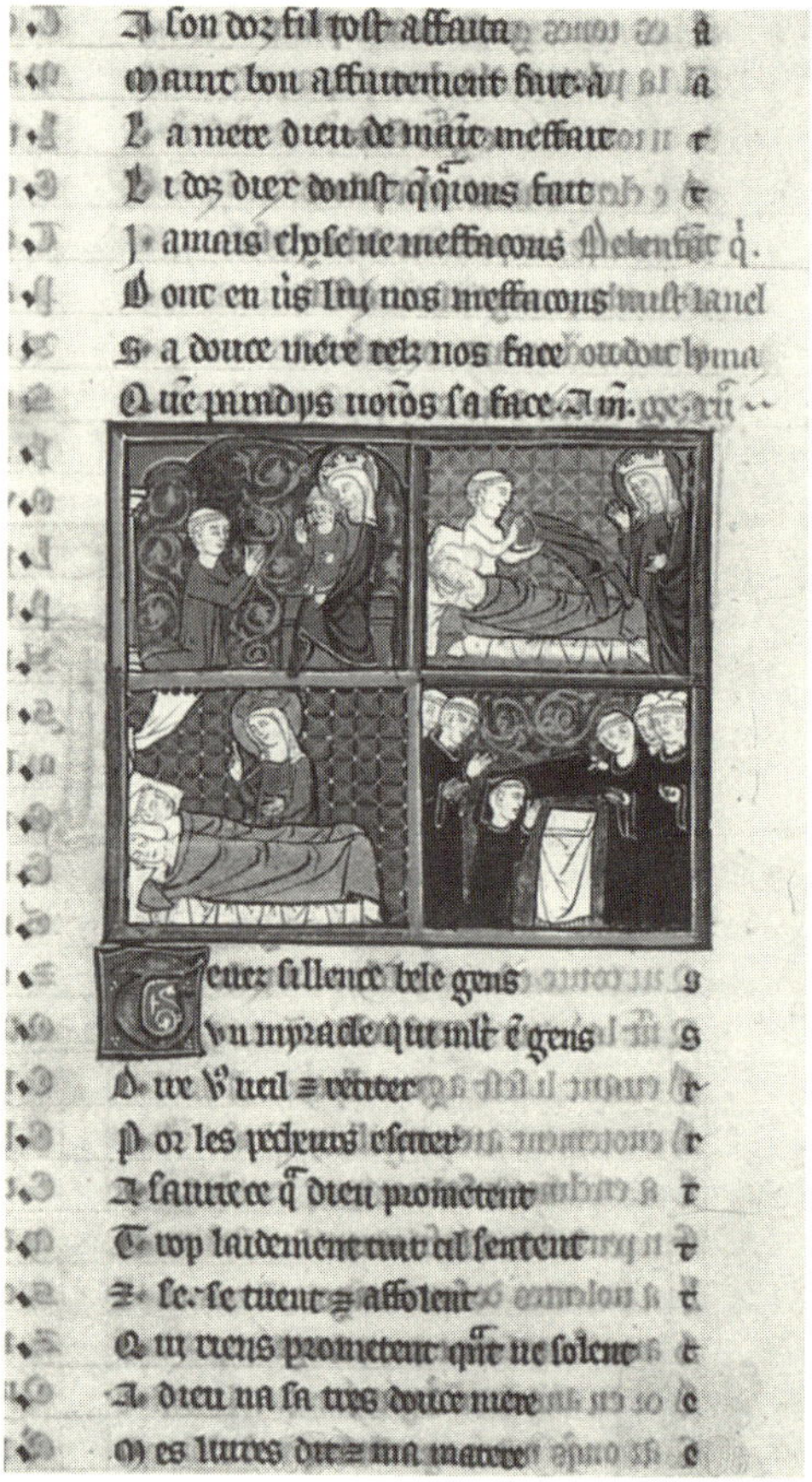
図13　ゴーティエ・ド・コワンシー『聖母の奇跡譚』挿絵　13世紀

はや異教の像なのではなく、再建のために必要な施しを得るために古い聖堂入り口に置かれた聖母像（図13）である。聖堂前の広場で若い聖職者たちがボール遊びに興じていた時のこと、彼らのひとりが聖母像の美しさに魅了されて跪き、聖母のためなら女友達を忘れる誓いを立てた。そして時を待たずして、彼女からもらった指輪を聖母の指にはめたのだった。ところがすぐにその指が曲げられたので、少年は恐怖のあまり叫び声をあげた。人々が急いで駆けつけたが、誰もその指輪をはずすことはできなかった。こうしてこの若い聖職者には、俗界を離れ、自らの誓いを守って聖母マリアにのみ仕えることが勧められた。しかし、彼はいつの間にかそんな誓いを忘れ、元の女友達との婚礼の日を迎えた。夜が来て花嫁と床を共にするとすぐさま、若者はすべてを忘れてまどろんだ。すると夢の中に聖母が姿を顕し、若者にはあたかも聖母が自分と妻の間に横たわっているように感じた。「聖母が指輪をはめた指を見せると、聖母の滑らかでまっすぐとした指ゆえに、指輪はいっそう引き立って見えるのだった」。夢に顕れたのはまぎれもなくあの聖母像のイメージであり、それゆえ、すぐにそれが聖母であるとわかった。聖母は彼が誓いを忘れてしまったと非難を浴びせた。目を覚ましたこの若い聖職者は傍らに彫像がないことに驚いた。しかし妻との愛を交わそうとすると、果たすことなく再び眠りへと落ちてしまうのだった。すると再び聖母が顕れ、次第に脅威を増してくる。目覚めた若者は、妻に手を触れようものなら命が危ないと悟り、ベッドから飛び起きた。そして人里離れたところに隠棲し、聖母に余生を捧げたのである。

この版では、偶像とキリスト教画像との論争はもはや存在しない。ただ聖母像のみが登場し、同時にテクストは一三世紀初めの宗教画像がいかに信心の実践に関わったのか貴重な証拠を示している。ここでは三次元の像（彫像）が問題とされていることに留意しておこう。その彫像は聖職者によって、聖堂の外つまり公共の場所に置かれ、跪拝、涙、祈禱、そして寄進を促すのである。そして夢の中のイメージと実際のイメージとの関係も強調されている。その関係こそが、中世を通じて宗教画像を正当化する中心的な役割を果たすことになるのである(74)。

さて以上の版は、続く四番目の版の特異な特徴を引き立たせるために引用したにすぎない。それはフランス語の散文で書かれた一三世紀半ばの『教父たちの生涯』の物語のひとつで、「石像と結婚した者」についての逸話である(75)。若い「騎士志願者たち」がローマで戦いの訓練を行っていた。そのうちのひとりが女性像の指に指輪をはめて、「冗談で」この行為により結婚したいと告げた。すると指は変形し、若者は指輪を取り返すことができなかった。時を経てこの若者が、妻と床につこうするとその彫像が姿を現した。

冗談で結婚した像がこんなにも多くの厄介ごとを引き起こすとは。

その像は、横向きに隣に横たわるや彼をきつく圧迫せり。

こうして、彼はその彫像とよく似た悪夢（le greva）のイメージに苛まれる。それはすべてが、この若い男が眠っていないことを示唆する、まさに白昼夢の幻影というべきものであった。彼は起きて明かりをつけたが何も見えず、再び横になった。すると同じ現象が再び起こり、今度は「像（l'ymage）」が話し出し、この若い男に彼が結婚したのは自分だと思い出させるのである。若い夫婦は幻影が消えるや否や十字を切った。翌日、この二人の申し出により、司祭が悪魔祓いを行った。すると悪魔的な像が現れ、自らの正当性を認めさせるのだった。なぜならこの像は規則に従って結婚を遂行したからである。若い夫婦は教皇に謁見を申し入れるが、逆に教皇から諦めて永遠の貞節を守るようにと説かれるのである。この答に満足せずに彼らはプーリアの隠修士に会いに行く。隠修士は若者に聖母マリアに祈りを捧げるよう勧告した。ローマに戻るとすぐに若者はこの教えを実行し、ちょうど一年が経つ頃、聖母が夢の中に姿を顕した。聖母は若者に「息子を前方に抱いた…私に似た像（une ymage de mon semblant［…］Qui devant soi teigne son fils）」（368－369行）を制作するよう命じた。

若者はまず教皇にこの彫像を作る許可を願い出た。ここではこの教皇の名は明らかにされていないが、教皇はこれを拒否した。偶像崇拝を恐れていた教皇は彫像の制作を禁止し、従わない者を厳しく裁くと威嚇していたからである。

親愛なる友よ。ローマ全域において、男女を問わずあらゆる人々に対して像を作ることを禁じているのはよくご存知であろう…。それゆえ、前に述べたように、愚かな者たちが像を熱愛するのを妨げるべし。

ところが、次の晩も聖母が再び顕れた。若い男は再び教皇に会いに行くと、教皇は聖母がもう顕れないであろうから、三日目の晩を待つようにと助言を与えた。しかし三日目の晩にもやはり聖母は顕れ、今度は要求する像が五月一日に完成していなければ、若者の命はないだろうと告げた。こうなっては教皇も譲歩せざるを得なかった。

> 制作に没頭するや彼は見事なまでの完璧な技で像を作れり。金銀で覆われしその像はすべての人々に適うものなり。

これほど美しい像は見たことがないほどで、「ローマのご婦人方」が列をなしてその像を崇敬にやって来た。その像はパンテオン、すなわちサンタ・マリア・ロトンダ聖堂の主祭壇の上に置かれた(76)。若者は聖母像に大いなる祈禱を捧げていたが、ある日、この像は祭壇から姿を消してしまった。彼は聖母像が戻ってくるまでひたすら祈りを捧げた。すると今度は、聖母像はなくなった指輪を手に持って顕れ、教皇の面前で、それをこの「市民」に返したのである。この版はゴーティエ・ド・コワンシーの若き聖職者とは正反対であるが、マームズベリのウィリアムにおける若いローマ人のように、新妻と結婚の喜びを享受することになるのである。

さて、この逸話の結末は以下のように締めくくられる。

この年にローマで起こりしことゆえに、聖グレゴリウスはかくのごとき聖像を各地に作ることを命じたり。キリストを信じる至る所で聖母とその美徳のためにこれらの像が作られたり。これぞ聖グレゴリウスの為せる業。かつて起こりしことゆえに、多くの人々が恐れ、グレゴリウス自身も恐れしローマの偶像は、他の害をローマで起こせぬよう、それらの像で敷石が築かれたり。かくしてそれらは未だなお残されており、あまたの愚かな事どもがその上を通り過ぎたり。これらの像がある限り、ローマもまたそこにあり。

かくして、物語のまさに最後に教皇の名前が記され、予想していたことではあるが、ここでもやはり教皇とはグレゴリウスなのである。奇跡による圧力に譲歩し、教皇グレゴリウスはキリスト教の彫像の正統性をもはや疑おうとはしなかった。それゆえ聖グレゴリウスは初めてそれを認めた人物となるわけであるが、それが彼にどれほどふさわしいかはすでに周知のとおりである。しかしここでは『セレヌス宛書簡』に見るように、教化の目的で「絵」を描くことを単に許したのとは異なり、「金や銀」から成る三次元の彫像でキリスト教会を覆い、それを行列の目的や、祈念の対象としているのである。こうして中世初期以来、宗教画像を認めた「理論家」として権威ある大グレゴリウスの名は、一三世紀に新しいタイプの宗教画像や中世初期の態度とは全く異なる像に対する崇敬の実践を正当化するために用いられたのである。この物語は一三世紀の宗教彫像の真の起源伝説であり、キリスト教画像に関する物語によって、そしてその物語のために創作されたのであった。

この物語では、異教の偶像に関する言及も残されている。しかしここでは『皇帝記』のように異教の偶像からキリスト教の像へと形を変えさせることが問題なのではない。都市の道路に敷石を敷くために、偶像は壊されてしまうのである。ローマがローマである限り、人はその上を「通り過ぎる」。つまりこの伝説における聖グレゴリウスはキリスト教の像の創始者だけではなく、同時に異教の偶像の破壊者でもある。確かにこのような特徴は、少なくとも、大グレゴリウスの真筆とされる著名な『メリトゥス宛書簡』（六〇一年七月一八日）に帰することができるだろう。その中で教皇グレゴリウスはアングロサクソンの異教の神殿は大目に見るが、「もしそこに偶像があったら破壊するように」(77)とブリタニアからの使者に求めているからである。とはいえこの書簡は、なぜ聖グレゴリウスの名が一三世紀に、ローマにおける異教の偶像を破壊する第一人者として通っているのかを説明するには十分ではない。

このような特徴は、伝統的には、コンスタンティヌス帝の改宗に立ち会った教皇シルウェステル一世（三一四～三三五）に帰されているが、さまざまな点から、グレゴリウスは「新しいシルウェステル」であった。そもそも両者は、片やローマから恐ろしい龍を追い払い、片やテベレ河岸に打ち上げられた龍の腐敗した身体から発生した疫病の蔓延を防いだように、彼らの生涯には類似した特徴があるばかりでなく、何よりグレゴリウスは、シルウェステル然り、創始者と呼ぶべき人物なのである。すなわち宗教画の理論家、大連禱の創始者、さらに聖母像の推進者、聖体の秘蹟の第一人者などである。

こうして聖グレゴリウスが異教文化を一刀両断にするという名声は二段階に築かれた。まずはテクストによってである。つまり一二世紀になるや、ソールズベリのヨアンネス（ジョン）は、グレゴリウスがローマの異教徒の図書館を焼き払ったと明記しているからである(78)。ついでイメージによってである。我々が見てきた一三世紀の『教父たちの生涯』の物語は、おそらくはイングランドのある巡礼者の不平とほぼ同時期のことである。巡礼者はグレゴリウスがブロンズ製のクイントゥス・クイリヌスの騎馬像のような古代ローマの優れた傑作を破壊し焼き払ったとして手厳しく糾弾した。これらの像は疫病からローマを救うために犠牲になったのであった。例えば像の正面が太陽の運行に沿って向きを変える巨像やいくつかの大理石像であり、とりわけその中のひとつはパロス産大理石で造られたウェヌス像であった[79]。このような批判はルネサンス期において強化されていった。ルネサンスにおいては、敬虔なる聖像破壊運動（イコノクラスム）ゆえに称えられるどころか、多くの傑作を価値もわからずに消滅させ、それゆえローマの栄光を傷つけようとしたという許し難い行為ゆえに非難されたのである。とはいえ一六世紀になると、ローマの由緒ある名家出身のグレゴリウスがこのような罪を犯したのは、あまりに「郷土（patria）」を愛したがゆえであるとする声があがった[80]。

*

以上述べてきたことによって、少なくとも中世においては、テクストとイメージの関係が決して一定してはいなかったと理解できよう。文字史料が卓越した権威や聖職者のイデオロギーの特権的表現方法としてあらゆる威信を保持しているならば、それはイメージの増加やその絶え間ない圧力を被ることになる。七世紀から中世末期に至る聖グレゴリウスという人物の歴史的運命はその好例である。西方キリスト教世界において、イメージに対する中庸な態度の理念を築いた聖グレゴリウスは、この分野において避けることはできない権威なのである。しかし、彼の権威が引き合いに出され続けたとしても、『セレヌス宛書簡』の文面とキリスト教画像が潤沢に制作されたという現実との間には溝が深まるばかりである。私的であれ公的であれ祈禱の実践の場において聖遺物像や彫像、そして東方の聖画像《イコン》に倣って描かれた絵画などのイメージが、以降は祈りの対象となっていくのである。これによって伝説や外典、加筆の歴史的効力が生じる。つまり歴史家の目には、ときには「権威ある」史料よりもこれらのまがい物のほうがより「真実」を語っているように見えるのだ。八世紀以降、隠修士セクンディヌスに宛てた書簡に加筆された部分によるグレゴリウス像から一三世紀のラテン語による奇跡譚や俗語文学における伝説的なグレゴリウス像に至るまで、さらには一四世紀から一五世紀の、ローマの聖画像《イコン》が呼び起こした聖餐の秘蹟における想像上のグレゴリウス像は、歴史的な策略の多様な側面を体現している(81)。これらすべての「作り話」は絶対的な権威をもつ二つの名、つまり聖グレゴリウスとローマを引き合いに出している点において共通しているのである。すべてはこの聖なる教皇と教会およびキリスト教精神の中心地への忠誠心のあらわれであった。しかしこの二つの名は、これらすべての逸話において、西方の人々が何世紀もかけて徐々に適応し作り上げてきた宗教感情、祈禱の実践、そして礼拝対象を正当化するために用いられていたのであった。絶え間ない修正と加筆により、聖グレゴリウスの「権威像」の変容は、ローマという枠に限られているとはいえ、宗教画像とイメージの歴史に関する西方の態度の歴史を方向づけたのである。

　以上のような聖グレゴリウス像の変遷によって、テクストとイメージの関係の変化が示される。聖グレゴリウスの事例のように、伝統的に聖人の図像学《イコノグラフィー》や持物《アトリビュート》、そして画家によって取り上げられる場面の選択に着想を与えるのは聖人伝である。ところがより後の時代には、ひとつの画像が、聖人伝の新しい伝統の出発点となり得た。例えば、ヤコブス・デ・ウォラギネによる、五九〇年の疫病に対して聖グレゴリウスが行った二番目の行列に関する逸話や、聖グレゴリウスのミサなどの事例である。しかしこれらの事実は、より包括的な問題を顕にする。それは視覚表現が中世キリスト教において獲得した、その増加した、あるいは優越となった領域の問題である。典礼書編者ドゥランドゥスもまた、一三世紀末にマルセイユ司教セレヌスに大グレゴリウスが宛てた名高い書簡を注釈するにあたって同様のことを繰り返し、以下のように記した。「絵画は書物以上に精神を揺さぶるように感じられる。絵画は眼前に物語を提示するが、書物は、あたかも語り聞かされたかのように記憶の中に思い出され、それほど感情を動かすことはないからである。同様に聖堂において、我々が像や絵画ほどには書物に畏敬の念を払わないのはそのためである」(82)。マンド司教のこの結論には、『マルセイユ司教セレヌス宛書簡』を記した本人もおそらく驚嘆したに相違ない。間違いなく『カロリング文書』を執筆したカロリング朝の高位聖職者たちも憤慨したことであろう。確かに一三世紀には、聖書は神の御言葉を託されたきわめて重要な書物であり続けており、聖職者はなによりも、自らの正当性の根拠の常なるよりどころとして文書を統制する立場にあり続けた。しかし同時に、平信徒の参加に門戸を開いた新しいキリスト教文化が明らかになってきた。すなわち行列や兄弟会そして個人の祈禱においては、視覚化されたキリスト教文化が次第に際立ってきたのである(83)。

4 西方における画像の解放と規範★

規範についての研究は、近年の史料編纂のめざましい進歩のひとつである。おそらくミシェル・フーコーが推し進めた知識と実践、そして時に当事者の知らない間にそれらの規範を決定づける権力に関する考察に、その契機のひとつを求めることができよう。この思想の歴史家に対する影響は、フランスだけでなくアメリカ、イタリア、ドイツにおいて、同時に法律研究の分野を再発見させ、法制史研究者のみの専門性から引き離すことで隔壁を取り払い、そしてまさに法の公的表現だけではなく、むしろ社会制度の基幹部において権力を掌握する諸機関のあまり公的とは言えない施策や、必ずしも体系化されていなくとも効率のよい世の中の仕組において、無意識にくり返される実践の領域へと意識を向けさせることで、その分野を充実させたのである。この意味において、我々歴史家にとって、より柔軟に規範に注意を向けることが、法学の明瞭な規程をひたすら考察する姿勢に取って代わった。

史料編纂のこの革新においては、社会人類学の歴史家への影響もひとつの役割を果たしている。それは用語の西欧近代的意味において、法概念の比較文化的発想を促すものである。規範の無い社会は存在しないが、法の無い社会は存在する。ヨーロッパの伝統においても、近代ナポレオン法典におけるローマ市民法の再録に始まる我々の法概念を、旧体制《アンシャン・レジーム》の社会や、当然ながらさらに中世社会にまで遡って投影しないように気をつけなければならない。中世は現代の我々が理解し、実行するような法体系を持たず、現代では誰もが馴染みになっている訴訟手続きを知ることもなかった。むろん中世では、ローマ法、教会法、慣習法など複数の法を知り得ていたが、法条項の強制的な引用や文書の絶対的尊重に基づくというよりはむしろ、敵対者との論争において影響を及ぼし、一時的であっても彼らを満足させる解決に至るにふさわしい権威者による口頭の儀礼的文句に依存している点で、とりわけ法の施行に関しては、我々の時代とは異なっていた。真実とは協議されるものだったのである。

　規範という概念は、かなり時代錯誤の法概念よりもこの流動的な状況により適合することは間違いない。それは言葉自体の成り立ちによっても示される。「規範（norme）」という言葉は「規準となるもの」を意味するラテン語の「norma」からの派生語である。この言葉はおそらく第一に「法（loi）」「規則（règle）」「規程（canon）」「尺度（mesure）」と概ね近い言葉として理解される。ここにおいては、制作に際しての規格を取り上げよう。例えば、「ヨーロッパ規格の」製品という具合である。政治的文脈においては、「規準化」が問題となるが、これは混乱の鎮静後に「秩序が支配する」ことを婉曲に言う表現である。いずれの場合においても、「規範（norme）」という語の「厳密な」意味に行き当たるが、この言葉はまた「柔軟な」意味をもつ。それは「普通の」、通常の大多数の人の慣習や理解し容認しうる規則正しい慣用に合致することを示す。風変わりな振舞いとは正反対の「普通だ」と人が言うような状況を指すのである。

この流動的で曖昧な言葉こそが、社会史において好まれるすべての条件を備えている。実際この言葉は、法律とは間接的な関わりしかもたないが、概ね明白とされる秩序、すなわち「普通の」言動や信心のあり方に対する振舞や思考方法の構造において、少なからぬ役割を果たす社会的実践に適用されうる。これこそが我々が中世のイメージの領域で検証したいことである。

*

中世の画像に関する規範の問題を提起するには次の三つの方法がある。

第一は、ここでは扱わないが、規範の「形象化」と、規範を制定し、あるいはその影響を受けるものの「形象化」に関する問いである。この問題は、最も重要な史料によって裏打ちされるドイツの「考古学的実証性」の伝統であり、中世において最も著名な『ザクセンシュピーゲル』が挙げられる(1)。この法典はフランスではあまり用いられないが、中世および近代の画像に関心を持つ法学史家ロベール・ジャコブの重要な著作『審判のイメージ』(2)の出版が近年では注目に値する。

第二に、画像の制作やその図像学、それを形象化するべきかどうか、そして形象化の方法に至るまでを司る美学的、倫理学的、神学的また政治的な規範を考慮に入れることができるだろう。興味深いことに、この問題は美術史家たちにほとんど表立って取り上げられることはなかった。たとえ彼らが「様式」や芸術的「伝統」、あるいは、ある一群の作品においてその特徴を見分けられる「工房」を取り上げる場合にはこの問題に絶えず直面するにもかかわらず、である。とはいえ、時には政治的イデオロギー的な規範の問題が提起されてきた。例えば一一世紀から一二世紀、グレゴリウス改革の影響が明らかな壁画プログラムを研究するエレーヌ・トゥベールの著作『方向付けられた芸術』にその一例を見ることができる(3)。しかし、規範とキリスト教美術についての明白な説明という問題を掘り下げて提起することを試みる者は稀である。規範を立証した例外は、一九三七年にドイツ語で書かれ、第二次世界大戦直後に亡命先で出版されたルドルフ・ベルリナーの古い論考「中世美術における自由」(4)であった。

第三に、特に近年、歴史家は、画像の用途やそれが対象となる典礼の実践を規定する規範に関して興味を抱いている。これらの画像にアクセスできるのは誰か？　画像の前で祈りを捧げ、それに触れるのは合法なのか？　そして画像を破壊する者たちについて何を言うべきか？　一時的であれ、ビザンティンの聖像破壊運動に決着をつけた第二ニカイア公会議（七八七年）から一二〇〇周年を迎えたことは、聖像破壊と聖像崇拝に関する多くの議論の契機となった(5)。

本論ではベルリナー以上に明確に規範の形象化の問題を取り上げることがないとしても、彼の論よりさらに一般化されうることが望ましい。反対に、中世のキリスト教画像の制作規準と用途という二つの問題について、同時に両者の関係を示しながら取り上げていきたい。そのためには、規範の概念は広く柔軟に理解されなければならないだろう。

実際、中世には画像の制作を規定する「法（lex）」も「権利（jus）」も存在しなかった。王の勅令やローマ教皇の教書のような公的文書において、画像をどのように制作するか述べられておらず、さらには図像的規準を定めたり、また然々《しかじか》の表現を禁じているわけでもない。形象化のひとつあるいは複数の規範がないわけではないが、暗示的なので、形体のヴァリエーションを多数生み出さざるを得ない。これらは芸術的伝統におけるいわば内的規範であり、それによって芸術家は、「ふさわしい（decus, convenentia）」やり方で、習得した通りに、「普通」のやり方で聖母子を描いたり、彫像として形作ったりするのである。とはいえ芸術家たちは、要するに「ロマネスクの」聖母像が「ゴシックの」聖母像と異なっていたり、一二世紀から一五世紀の間には、さまざまな三位一体像が出現することを説明しうるような自由さや革新性の余地を自らに禁じていたわけではなかった。しかしながら、中世のより大きな部分を占めていたものが、近代とは完全に同一でないことは事実である。というのも近代においては、プロテスタント宗教改革による画像の禁止や聖像破壊の衝撃の後のトリエント公会議や三分割された教会における教義および教義主義的対応、さらにはキリスト教社会の基盤、とりわけその美学に対するルネサンスの画家たちの挑戦が見られる。この文脈において、一三世紀から一五世紀にかけての目に見えた「規範化」の動きは、これから見ていくように一六世紀にはいっそう強まり、とりわけフランドル地方や低地地方で起こった聖像破壊運動の勃発に呼応したモラヌスの『聖三位一体像に関する論考』（一五七〇年）(6)に顕著である。教皇ウルバヌス八世により一六二八年には三つの顔を持つ人間の「怪奇な」形象（中世以来、認められたり退けられたりしてきた）による三位一体像が禁止され、そして最終的にとりわけ一七四五年の教皇ベネディクトゥス一四世の勅書「我らが憂慮（Sollicitudini Nostrae）」へと至るのである。この勅書はバイエルン、カウフボイレンのクレセンティア修道院修道女の熱烈な「情事」とフランソワ・ベーフラグが名付けた事柄に、権威をもって終止符を打とうとしたものである。この修道女による「美しい若者の姿」をした聖霊のヴィジョンは、教会の権威者たちによって危険と判断される豊富な図像を生んだのであった。教皇ベネディクトゥス一四世は、とりわけ聖人の列聖の過程における規定を設けたことで歴史に名を残しているが、聖三位一体を構成する聖なるペルソナをひとつひとつ個別に、かつ、ひとつの集合体として聖三位一体を形象化する唯一の正当なやり方を定めるためにその問題を取り上げたのであった。最終的には、神の御姿を規定した教会の公式の「法」に至るには一八世紀まで待たなければならない。このような図像「規範化」の並々ならぬ遅れを我々は考慮せねばならない。

そのためには画像問題の別の観点、すなわち用途と実践の問題を取り上げたい。ところが、その場合には逆説的に、規範は非常に早期に定められていった。最も重要なのは、西方においてはそれがまず、ひとつのよく知られた書簡によると見なすことができる点である。それは公的勅書ではなく、伝統の中で法的な効力を与えられた、かの教皇大グレゴリウスが六〇〇年にマルセイユ司教セレヌスに宛てた聖像破壊運動を非難する書簡である。それ以降、諸事明らかに、中世のみならずその後の伝統においても繰り返して用いられていくことになる。すなわち、画像を壊してはならず、それを崇拝してもいけない。画像はキリスト教の知識と同時に祈禱のために、とりわけ文字を読めない人々にとって有効なのである。かくして西方キリスト教画像の「媒介としての」使用における本質的規範が定められ、それは直ちにビザンティンにおいて八世紀から九世紀の大半を支配した公的聖像破壊運動と、それに続く聖像崇拝の優位との間でさらなる反目を見たその道筋と対峙されよう。当然ながら西方においても、七世紀初めのローマにおいてあらゆることが決定的に規定されたわけではない。ここでは、画像の規範の問題がいかにして歴史の中で提起されてきたのかを再び顧みることにしよう。たとえ形成年代的に大きな開きがあったとしても、画像の制作とその受容とは決して切り離してはならないのである。

イメージの受容——紀元一〇〇〇年

当然ながら、グレゴリウス文書群が何世紀ものあいだに顧みられないままでいたわけではなかった。『マルセイユ司教セレヌス宛書簡』の加筆と隠修士セクンディヌスに宛てたグレゴリウスのもう一通の書簡(7)により、信者たちに画像崇敬が認められ、西方においても八世紀以降には、キリストや聖人の画像を前に積極的かつ情緒的な祈りを捧げる行為が、神聖なる教皇の権威の下に位置づけることが認められた。ギリシアの影響が大きかった東方とイタリアでの聖画像《イコン》の発展はこの革新と無関係ではなかった。それは、教皇不在ではあるが、画像制作に関する規定を与える初の試みを伴っていた。すなわち六九一年から六九二年にかけてコンスタンティノポリスの「トルラヌムにおける」教会会議の第八二条によれば、神の息子の形姿を「神学的に正しいキリストの唯一の表象」(ジルベール・ダグロン)として、人の姿で表すことを課し、伝統的な象徴的イメージである仔羊の姿に対置したのである。仔羊図像は残り続けたものの、人の姿をしたキリスト像や十字架、あるいは洗礼者ヨハネ図像と結びつけられた。第八二条は文体においても興味深い。命令法の利用は、「命令」を与え、図像的規範を課す意志をよく示している。「あるいくつかの聖なる画像では、先人(洗礼者ヨハネ)によって指し示された仔羊が表されている。洗礼者ヨハネは恩寵の形姿として表され、律法によれば真の仔羊、すなわち我らが神キリストの到来を告げている。これら古来の形姿と予兆は教会に伝わり、我々はそれらを真なるものの象徴と予型として崇敬したが、律法の実現として我々が受け入れるのはむしろ、恩寵であり真理そのものである。そのため皆の面前に、絵画のかたちであれ、仕上げられたものを表すときは、今後は仔羊という古い型の像の代わりに、「人類の罪を贖う仔羊」としての救世主キリストを人の姿で表現することを命じる。これによって我々は、ロゴス・キリストの謙虚さの奥深さを理解し、現世のキリストの生涯と受難、救済のための死とその結果としての人類の贖いを喚起する」[8]。この規範的論拠は明らかである。神の子の受肉は法を超越するものであり、それゆえ、キリスト教図像に必然的に関わる新しい規範を確立するのは、キリスト教的で反ユダヤ的認識なのである。

初期中世においては、キリスト教画像をめぐる論争が最も活発化するのはカロリング朝期であった。八世紀末、フランクフルト教会会議と『カロリング文書』は、七八七年のニカイア公会議によって認められたビザンティンの聖像崇拝の大勝利に異を唱えた。その後八二〇年から八四〇年頃にかけて、オルレアンのヨナスやサン・ドニのドゥンガルスそしてヴァラフリド・ストラボがトリノ司教クラウディウスの聖像破壊を非難している。この何世代にもわたる長く複雑な対立の詳細に立ち入ることはここでは避け、以下の二点を挙げるだけに留めておこう。

第一は、問題となるのは画像の形でも図像的意味でもなく、「描かれたもの」のキリスト教における正当な用途である。

第二は、同様に非難されるべき二つの対立的な立場、一方はギリシア世界の聖像崇拝のやり方で画像を「崇拝」すること、他方はトリノ司教クラウディウスのように聖像破壊を是認すること、これら二つの立場に対する中庸の立場として、グレゴリウスの「媒介として」という規範が再認識されているという点である。つまり、これらの画像とはどのようなもので、それらがどうあるべきかを実際には定義せず、それらが合法であり、役立つことだけが強く主張されているのである。

しかし画像それ自体は、次第に数が多くなり多様化していく。九世紀以降、これらの文書の大部分で取り上げられるような「絵画」だけがもはやその事例というわけではない。イタリアの特定の地域、例えばラヴェンナ司教アグネルスの証言や、『司教儀典書（*Liber Pontificalis*）』に準じたローマの例があるにせよ、西方においても祈念の対象はもはや聖画像《イコン》だけではなく次第に、しばしば高価な金属で鍍金され、また聖遺物を内包する三次元の木彫像にも向けられていく。これらの新しい画像と信仰の対象としての実践は、一〇世紀末には決定的に重きをなすようになる。それらには二つのタイプがあり、ひとつは九七〇年頃のケルンのゲロ大司教の十字架像（図14）に見るような大きな木製磔刑像であり、もうひとつは荘厳像また聖遺物容器型像で、コンクの聖女フィデスの荘厳像が最も有名な例である。

ところで、これらの画像、さらにはそれが引き起こす信仰と祈念の形態、そしてとりわけ単なる聖遺物容器以上に威信があり、好まれ、恐れられたりする奇跡を起こす画像の名声は、まずは最も激しい疑いを呼び起こした。それらは、よく言われるように「規範に倣って」いないのである。これらの懸念に関する最も優れた証言は、アンジェの修道士ベルナルドゥスによるものである。ベルナルドゥスは一一世紀初め、聖女フィデスの評判に惹かれてオーヴェルニュそしてコンクへとやってきたのであった。自分が目にしたものに憤慨したベルナルドゥスは、オーリヤックの聖ゲラルドゥスの荘厳像をユピテルやマルスの像と比較することから始めている。フランス北部のロワールのほとりからやってきたこの人物にとっては、このような像は異教の偶像、「似像（simulacum）」でしかありえなかったのである。「このようなやり方は当

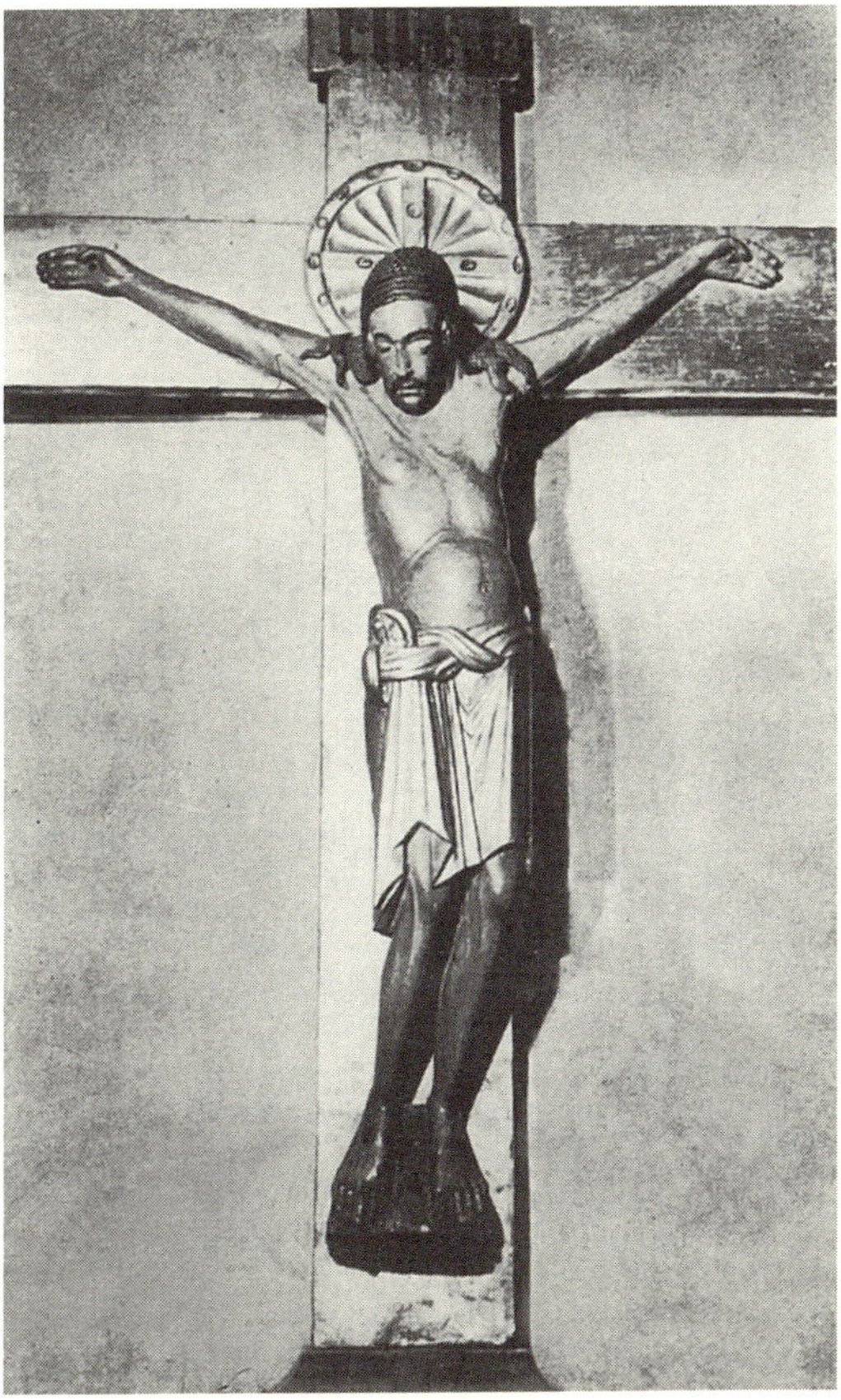

図14　ゲロ大司教の十字架　970年頃，ケルン大聖堂

初、度を越した異教的なものと私には思われた。石や木、あるいは金属は、十字架上の我らが救世主を表すために大事にとっておくのが慣例であろう。というのも聖人には書物や絵画で表す栄光のみで十分だからである」(9)。その三日後、ベルナルドゥスは、聖女フィデスの荘厳像（図15）の前で群集がひれ伏していたので、かろうじて近寄るや否や、彼はウェヌスやディアナといった偶像と同列に並ぶこの像に対して、嘲りと軽蔑の笑みを浮かべずにはいられなかった。しかしこの像の前で、起こった奇跡の数々と反論しようのないその内容により、その地方の「古い慣習」の正当性を納得するのに時間はかからなかった。そしてすぐに、彼は耳にしたものや自分自身が目撃したあらゆる奇跡を書くことによって聖女フィデスを広める決心をしたのである。

図15　荘厳の聖女フィデスの聖遺物容器　10世紀，コンク

　この逸話は我々にとってきわめて重要である。規範の概念に与えられたさまざまな意味やレヴェルをここに見ることができるからである。すなわち、規範とは何よりもまずその地方において「普通」であり、それはルエルグとオーヴェルニュの教会の慣習では人の形をした聖遺物像を持つことであった。この地方

特有の規範は、より高位の規範、すなわち絵画やモザイクにより慣れ親しんだ教会の伝統における規範と危うく衝突するところであった。グレゴリウスとカロリング朝の伝統を語り継ぐよそ者、アンジェの修道士ベルナルドゥスはここでそれを表明しているのである。しかし二つの規範の衝突は僅かの間しか続くものではない。紀元一〇〇〇年には、いたる所で権力が分散され、地方特有の規範、すなわち「慣習」が逆説的に、より上位の規範を凌ぎ、その後それが普遍的規範となっていった。実際これ以降、西方キリスト教は東方キリスト教とは反対に、二次元の絵画や祭壇画と、三次元の荘厳像や磔刑像などの三次元の彫像という二つのタイプの礼拝像をまさに「普通に」経験することになるのである。しかし「規範となる」いかなるテクストも法も、いかなる法的規準もこの新しい像には課されていない。用途と形態の密接な絡み合いは、紀元一〇〇〇年の新しい像が法というテクストによってではなく、奇跡によって、まさにアンジェのベルナルドゥスが聖女フィデス荘厳像の礼拝へと転向したごとく正当化されたのである。

一〇世紀から一三世紀にかけて、キリスト教画像の規範におけるこの経験的な変化に関する別の例を挙げてみよう。一〇三〇年頃のイングランドで、デンマーク貴族、誇り高きトヴィは山頂での夢の連続によって奇跡的に発見された石造磔刑十字架を所有する。彼はその十字架をウォルサムの自分の聖堂に運び、信仰を捧げる決心をし、さらにそれを尊敬しようと銀箔で覆うように命じたのだった。しかし一本目の釘を石に打ち込もうとするや否や、まるでキリストが再び磔になるのを拒否するかのように、十字架から血が流れ出た。トヴィは奇跡の兆候が自分に向けられているのを悟った。その十字架像は、自分たちの異教の祖先であるヴァイキングたちが、高価な金属で覆った偶像のように扱われるべきものではなかったのだ(10)。この場合、中世でしばしば起こるように、規範を提起し適用させるのは奇跡なのである。それが懲罰の奇跡ということもあり得よう。ある聖人やその画像を冒瀆することは、古い物語の手本に従って、天の制裁を引き起こしうるのである。ビザンティンにおいてはすでに、読師テオドロスの『教会史』（六世紀）によると、ある画家がキリストの画像をゼウスの容貌に倣って描いたところ、たちまち彼の手は干からびてしまったと記される。テオドロスはこの奇跡譚を、彼にとって最もふさわしいと思われるキリストの図像的類型を定義するための拠り所としているのである(11)。

またいくつかの事例は異なる兆候を伝える。一三世紀末、カスティーリャとレオンの王、アルフォンソ一〇世賢王によって編纂された『聖母マリア聖歌集』によれば、ある画家が聖堂の壁に悪魔を特徴的な恐ろしい容貌で描いた。すると悪魔が、自分たちに好ましくない図像規範に対して反抗し、画家を罰するために、まさに昇っていた足場を崩してしまった。しかし聖母マリアの心遣いにより、真実に仕えていたこの画家は筆によって聖堂の壁にぶら下がった状態で救われ一命を取りとめたというのである(12)。

イメージと異端

一一世紀初め以降、いかに教会が異端的な小規模組織の急増を気に病んでいたかは周知の通りである。ワルド派、とりわけカタリ派は教会にとって最も深刻な脅威となり、教会は言説、ついで異端審問、そして十字軍によってそれらに立ち向かった。ここでは規範の問題は明らかである。異端に直面しては、規範は教義となり、信仰にとって触れてはならない条項が作成され、聖書の権威づけがなされ、教会法へと進み、教会および世俗の裁判の行使へと展開してゆくが、それらはすべて、大部分がこの時代にまさに異端を阻止するために発展し、強化されたのである。この闘争という文脈において、画像はどのように扱われたのだろうか。

この問いには以下の三つの回答がある。

異端者の最も共通した態度とは、その連続性は途切れることなく一四世紀のロラード派、一五世紀のフス派そして一六世紀の改革派たちへと容易に辿ることができるが、教会によって信仰の対象とされた画像の、さまざまな議論をもってしての断固とした拒絶である。それは偶像崇拝の危険であり、画像の信仰において物理的利益を得る聖職者の貪欲、貧者への施しなど、より善く用いられるべき富の濫用などであった。反対に、位階制に基づいた教会が異端の議論に対抗するために求めた規範（ある部分では聖職者たちが同時期にユダヤ人に対して起こしたものと同様）は、キリストを人間とし、諸聖人のごとく、人として表象することを正当化するものであった。十字架上に磔になったキリスト像を拒み、聖職者たちを、信者たちに「木の塊を崇拝」させながら偶像崇拝を助長しているとして非難したアラスの異端者たちに対して、カンブレ司教ゲラルドゥスが、一一世紀初めに展開した議論の要点もそこにあった。カンブレ司教は異端者たちを「蝮《まむし》の教義の毒（viperei dogmatis venena funditis）」を撒き散らすとして非難しているが、彼が聖書と「理性」に依拠しながら磔刑像や聖人像を正当化するための「有益な」議論を述べている点は際立っている。しかもそれはあくまで法制化という論調ではなく、「反駁」という口調のままである。つまるところ司教は、ある規範を規定するわけでも教会法を規定するわけでもなく、単にその利用における正当性のみを示しているのである(13)。

しかし、異端論争は教会によって課された義務体制を次第に強化していった。次の世紀においては、クリュニー修道院長ペトルス・ウェネラビリスが、「ペトロブルシアノス（ブリュイのペトルスの信奉者）」たちを「聖なる十字架を壊すこと」を要求した廉《かど》で非難し、十字架を「敬い」「栄光を与え」そして「礼拝する」絶対的義務を申し立てた。言いまわしから判断すると、規範化の意図に疑問の余地はない(14)。さらにこのクリュニー修道院長は、異端者の敵意や幾人かのよきキリスト教徒の疑念に対して十字架崇拝を正当化するための「確定的権威と抗しがたき理由」の証拠を挙げている。「キリスト教徒は、キリストの十字架を敬い称え讃美しなければならない。もしある異端者たちが、それが崇拝されるべきことを否定するならば、カトリック教徒の中にも為されるべきかを自問する者もいるであろう」(15)。修道院長ペトルス・ウェネラビリスの意図と規範の説明は明白であるが、彼が、磔刑像ましてや聖人像の前でどのような態度が求められるかあえて言及せずに、ここで十字架について語っていることも事実なのである。

また別の異端者たちは、聖像は破壊しないものの誤って使用していた。それゆえ彼らの態度は聖職者の別様の介入を呼び起こした。一一一二年から一一一四年頃、ユトレヒト司教区において、聖霊が宿っていると言われた著名な説教師タンケルムは弟子たちの面前で、聖母マリア像を持ってこさせ、自らの手を聖母の手の中に置きながら、結婚の秘蹟の言葉を発し、聖母マリアとの結婚を強く望んだ。そして彼は、一方の側には男性たちがもう一方の側には女性たちが、賛意を示して寄進を競い合うようにと像の両脇に大型の巾着袋を置かせた。女性たちはそこに耳飾りや腕輪を投げ入れ、こうしてタンケルムは大金を手にしたのである(16)。この逸話において、「影像との結婚」のテーマ（このテーマはプロスペル・メリメの短編小説『イールのヴィーナス』のお蔭で、さらに後の時代に有名になる）が一二世紀から一三世紀の聖母マリア伝においても大いに成功したことを考え合わせれば、我々はなおのこと、聖母の尊厳を容易に想像できるのである。タンケルムが用いた影像は教会の規範に完全に適合しているが、その用いられ方が常軌を逸していた。ケルン大司教を告発したユトレヒトの聖職者たちが強調したように、タンケルムの行動は、正当な信仰の対象となっていたこの影像を巧妙に曲解し、すでに確立されていた祈禱の実利のみを引き出したのである。

つまるところ異端者たちは、キリスト教画像の形をも歪めたり、目的に達するために画像を変更したりしたのであった。一三世紀半ばにはスペインのトゥイ司教ルカスが、レオンにおいて「アルビジョワ派の過ちに対する」論考をまとめた。この論考は大部分をセビーリャのイシドルスに着想を得ているため、全体としてはそれほど独創的ではなかったが、画像に関する部分だけは例外であった。トゥイのルカスは、この点に関して三つの考察を行っている(17)。

ある異端者たちは聖像を破壊するどころか、絵画はむしろ「理解しやすい三位一体」を表現していると主張する。そこには教会の高位聖職者にとっては容認しがたい仮定がある。なぜなら、その仮定には、絵を見るのは単に無学な行為でなく、もし画像が教義を説明しうるならば、神学と競うようにそれを探究しうるとしているからである。画像には注釈としての機能はなく、この点において書かれたものとは区別される。この点には後で再び立ち戻ることになるが、これは規範の問題においても重要である。

これら同系統の異端者たちは、「素朴なキリスト教徒たちにとって、見て嫌悪を抱くような聖人たちの画像を醜いやり方で描く」ほどにまで至っている。タンケルムとは反対に南仏の異端者たちは、トゥイ司教の言葉を信じるならば、聖母像の誤った使用のみには留まらなかった。彼らはひとつしか目がなかったり（monoculam）、とても醜い（deformen）聖母像を制作した。それは信者たちに、イエス・キリストは人類の救済のためにあまりにも謙虚であることを望んだので、非常に醜い女性の身体において肉体を与えられた（turpissimam foeminam praeelegerit）と信じさせるためなのである。そしてうまく騙し通すために、彼らは病気であるが、その後、奇跡的にこの像の前で治癒されるふりをした、と司教は付け加えている。かくして司教たちでさえも、その多くが聖堂にこのような画像を取り入れ、それを乱用しているのである。このくだりは非常に興味深い。彼が何の根拠もない噂話を想起しているにすぎないとしても、外観の制限によってキリスト教図像の規範を定義しているからである。片目の聖母マリアはもはや聖母マリアではない。聖母は非常に美しく、その像もまたかくあるべきなのだ、と(18)。

そして、インノケンティウス三世の威信に依拠しているトゥイ司教ルカスによれば、キリストの十字架は「四本の木」で構成されていたという。「上部の幹」「横木」「下部の幹」「ナザレのイエス、ユダヤの王」の銘文を掲げた「上部のタイトル」の四つである。かくして十字架は「四分割」を表していた。それは神の構想においては「世界の四方」が、自然界においては「四元素」が存在するのと同様である。十字架は同時に、トゥイ司教ルカスによって「聖霊の七つの恩寵」に近づけられた「六分割」部分として、重ね置かれた二つのT字の形をしていた。原型から現行の形への移行において、トゥイ司教ルカスは慣習として聖遺物を内部に置く十字架も異なるものではないと断言している。それらもまた四（あるいは六）分割されているのである。教皇グレゴリウス九世が手にしたのはこの形のキリスト像である。ところがトゥイ司教によれば、異端者たちは、キリストの受難が侵すべからざるものとする聖数「四」によるこの原型をないがしろにしているという。実際「彼らは磔刑像を嘲り、キリストの両足を一本の釘のみで固定して、侮蔑の念を向けている」。別の言い方をするならば、四という数は「三」に置き換えられる。そうすることで、それらは「内容を台無しにし、また聖十字架と教父たちの伝統に従った信仰への疑念を抱かせる」のである。トゥイ司教はキリストの十字架は「四本の釘」で、両手と両足を打ち付けられたと喚起するために、「全教会とローマ教会の教皇座」にあったインノケンティウス三世の権威に基づいている。その証拠として、聖フランチェスコはキリスト像にならって三ではなく四つの聖痕を両手両足に受けるのである。同じく名高い同時代の画像から引き出されるもうひとつの証拠は、ルッカのヴォルト・サント像によって与えられる。この磔刑像の両足は「まっすぐで、曲げられてはおらず」、四本の釘で打たれている。この像は、トゥイ司教も疑いを抱いていないが、キリストの受難の忠実な目撃者ニコデモによって彫られたのであった(19)。

アルビジョワ派に対するトゥイ司教ルカスによるこれらの駁論の抜粋は我々にとって重要である。それは一三世紀において、司教が聖書や教皇の権威によって、誤って（おそらく対立をよりはっきりさせるために意図的に）異端に帰した革新性に対抗して、キリスト教画像を古来の、すなわち「ローマの」規範の中でいかに固定しようと試みたかを示している(20)。しかし、それは画像上の新しい規範であり、磔刑像の「ゴシック的」規範以外の何物でもなかった。まさに一三世紀半ば以降、次の世紀に決定的となるキリストの新しいイメージが導入されるが、それは両足が重ねられ、一本の釘で打たれた磔刑像であった(21)。いたる所で異端を追放し、イメージではなくテクストに重きをおいた異端研究者トゥイ司教ルカスは、聖書註解というテクストの伝統に対するイメージの自由さや自律性を正しく認識せずに、この革新性を拒絶することになる。しかし彼は決して「異端的画像」には言及せず、キリスト教画像の誤用や、度を越した革新性を受け入れる異端者たちについて言及している点は特筆すべきである。中世には画像の「教義」は存在しないのと同様に、結果として画像における「異端」も存在しない。とはいえ古来の形態と新しい形態の間に、そして、多かれ少なかれ自由な造形上の革新性と経験豊かな聖職者と修道士たちにそれら造形が引き起こした躊躇との間には、規範上の衝突が見出されるのである。

中世末期の伝統と革新――キリスト教画像の規範化に向けて

一二世紀と一三世紀はキリスト教画像文明の到来の時代である。画像はいたる所、聖堂の壁やステンドグラス、祭壇上、またタピスリー、写本、さらに、世俗の少なくとも最も裕福な邸館に至るまで現れる。

数量と社会的機能に見る画像の重要性の高まりは、より多くの解釈の対象となったことをも示すが、その中には明らかに規範的目的をもつ例もある。

形態と図像モチーフの変化は、確かに規範に従っているが、ここで言う規範とはしばしば暗示的に留っている。親方の教えや工房の伝統は、手引書やましては規則として文書化されることなどなかった。しかし、ヴィラール・ド・オヌクールの画帖が示すように、我々の時代にまで伝え残るには手本が流通し、模倣され、新しい図像規範の受容に寄与した。ヴィラール・ド・オヌクールのデッサンに付された説明文は彼が手本によって教えようとしていたことを示している。ヴィラール・ド・オヌクールは「見せる」ことで「やり方」を教えていたのである(22)。

テクストの中でもより明白なものはE・ド・ブリュインが「中世の美」(23)と名づけたものの中にある。そこでは修道院ついで学校そして大学の神学者たちが美について述べ、形態の神秘的価値を評価し、天上の規律との関連性を提示する。そこで断言されているのは、至上のキリスト教美術の規範であり、芸術家あるいはパトロンの具体的な制作に関するその影響は疑いようがない。確かにサン・ドニ修道院長スゲリウスの理論と実践の書(24)のようないくつかの例外はあるにせよ、最も抽象的な思索と個別作品との間には、規範の指示を示すような媒体がないのである。クレルヴォーのベルナルドゥスがサン・ティエリーのギヨームに宛てた有名な手紙は、この溝を部分的に埋めるものであった(25)。そこでは明らかにこのシトー会修道院長が修道院回廊にはふさわしくない、恐るべきものと判断した形態が非難されている。しかし、ここでは画像自体よりはむしろいくつかの使用法が非難の対象となっているのである。それらを修道院で禁じなければならないとすると、異種混淆のこれら生き物の画像は、修道院戒律の外にある聖堂において居場所を見出すことになる。

とはいえ、この時代の著述家の中にはこれこそが自分たちの時代の画像であり、さらにそうあるべきだとさえ言い切る者もいる。例えば、一一世紀後半以降ローマの枢機卿ペトルス・ダミアヌスは聖書に従って、聖パウロは救世主の右側に描かれるべき優先権を有するのに対して、聖ペテロは初代教皇にもかかわらず、左側にしか描かれないことの正当性を説き(26)、一三世紀には、マンド司教ドゥランドゥスがその著『聖職者の務めに関する理論書』の一章を「教会の絵画、壁掛け、装飾」について当てている(27)。教皇グレゴリウスが司教セレヌスに宛てた書簡を冒頭に引用しながら、ドゥランドゥスは聖書を読めない人々に対する絵画の役割を強調する。彼によれば、それこそ「聖堂の内部で人々が彫像や絵画ほど書物に敬意を払わない」理由なのである。救世主像は「聖堂において三つのふさわしいやり方で描かれる」という。すなわち玉座に座すか、十字架に磔になるか、聖母の膝に座るかである。仔羊による表現は過去のものとして「なぜなら洗礼者ヨハネが「神の仔羊をみよ」とおっしゃったので、人々は仔羊の姿でキリストを描いていた（とドゥランドゥスにより半過去形〈peignaient〉で）」記されているが、あるいは補足的として退けられている。すなわち「教皇ハドリアヌスの命により、我々はキリストを人の形で表さなければならない。神の仔羊は十字架上の基本的形態であってはならないが、ひとたび人の形で表されるならば、下方あるいは裏側に仔羊が描き足されることを何ら禁じはしない」のである。

ドゥランドゥスはまた、救世主のさまざまなタイプの表現（例えば厩の中や聖母の膝の上、十字架上、昇天の場面、玉座に座すなど）の異なる意味を区別し、別の図像モチーフを列挙している。天使たち、二四人の長老、テトラモルフ（四福音書記者の象徴としての獅子、牛、人、鷲）、使徒たちなどであるが、これらのモチーフについては明らかに規範化が成されている。ドゥランドゥスは、「使徒バルトロマイとアンデレはいかにして描かれるべきか、これは彼らの祝日を扱う第七章で述べる」と記している。彼はまた長老や使徒の持物《アトリビュート》にも注意を向ける。例えばある者は巻紙を、ある者は書物を持つが、この分担に重要性がないわけではない。同様にペトルス・ダミアヌスがすでに述べているように、聖パウロは荘厳のキリストの右に描かれるが、聖ペテロは左側にしか描かれない。また殉教聖人と迫害に屈しなかったキリスト教の証聖者たちの持物《アトリビュート》は円形や方形の光背として、また天国と地獄、美徳やシナゴーグなども固定されている。

規範については、教会法における画像問題に段階的に踏み込むため別の歴史的考察が必要となろう。一〇〇〇年頃、ウォルムスのブルカルドゥス以来、一世紀後のシャルトルのイヴォ、そして特に一一四〇年頃のグラティアヌスに至るまでのその進展を辿ることができる。しかし法典編纂の努力は画像の形態よりもその用途に関与していた。形態については、グラティアヌスはシャルトルのイヴォが以前に述べているのと同様、キリストを人間の形で表すことを課した六九一年から六九二年のトルラヌムでの教会会議の勅令を喚起するに留めている。一方、聖像の正当性や用途に関して、グラティアヌスは第二ニカイア公会議の決定を取り入れた最初の法典編纂者であった(28)。彼のお蔭で以後、ラテン・キリスト教世界においては、言うならば、「イメージの権利」が成立するのである。

画像規範の設定、作品へのその影響をより考察するには、別の史料にも目を向けねばならない。作品の「契約」に関する史料である。この種の史料は残念なことにあまり残っておらず、とりわけ史料と対応する作品の両方が残っているのはいっそう稀である。例外的な事例として、ヴィルヌーヴ＝レ＝ザヴィニョンに現存する《聖母戴冠の聖三位一体祭壇画》(図16)がある。加えて公証人の記録には、一四五三年四月二四日ジャン・ド・モンタニャックと画家アンゲラン・カルトンによりこの祭壇画の制作のために結ばれ

図16　聖母戴冠（部分）　アンゲラン・カルトン，15世紀

た契約が残されている。ここでは二六項目にわたってすべて詳細に綴られている。期間（一七か月）、画家に約束された報酬（何度かにわたる一二〇フロリンの手形）、図像的細部（例えば例外的に、三位一体の二つのペルソナが同一に描かれている）、さらに以下に挙げる第二四項に見るように、素材や顔料の種類や質にまで及ぶ。「ひとつ、当祭壇画は油彩の巧みな色調で、とりわけ青色は、縁を彩る以外は聖ヨハネのアーチの青を用いるべきである。縁の部分はドイツの薄い青を用いるべきであり、あたかも祭壇画の縁取りに「磨かれた金」が施されているように、金色も縁取りの中に取り入れられるであろう」。この契約書とその結果である祭壇画を見比べることは何より興味深い。二つの規範の差異を理解できるからである。すなわち一方では注文主の規範であり、命令的な語調で希望を伝えている（例えば、画家は天国を描か「ねばなら」ず、衣服は「きらびやかでなければならない」など）。と同時に画家にもある種の自由が残されている（例えば「アンゲラン親方のお気に召すように」とか「アンゲラン親方の好みで」など）。また、画家の規範があり、画家はおおむね注文に従うが、注文主の望む図像解釈の自由な表現が発揮されないわけではなく、いくつかのモチーフを減らしたり、祭壇画の

片側から別の側へと移動させたりしている。こうしてアンゲラン・カルトンは、ジャン・ド・モンタニャックが祭壇画に組み込みたいと望んだにもかかわらず、アブラハムへの三人の天使の訪問という三位一体を予型論的に表す図像を省いてしまったのである。というのも、これは作品の中心テーマと重複するからであった。注文主はまた、モーセと燃える柴を聖地に描くことを望んでいた。しかし画家はそれをサンタ・クローチェ・イン・ジェルサレンメ聖堂とは反対の側に描き、その結果、この聖堂が統括するとされる聖グレゴリウスのミサの近くに描いた。このように旧約と新約という二つの神の顕現が、画家の類型的観念に従い統合されたのである。

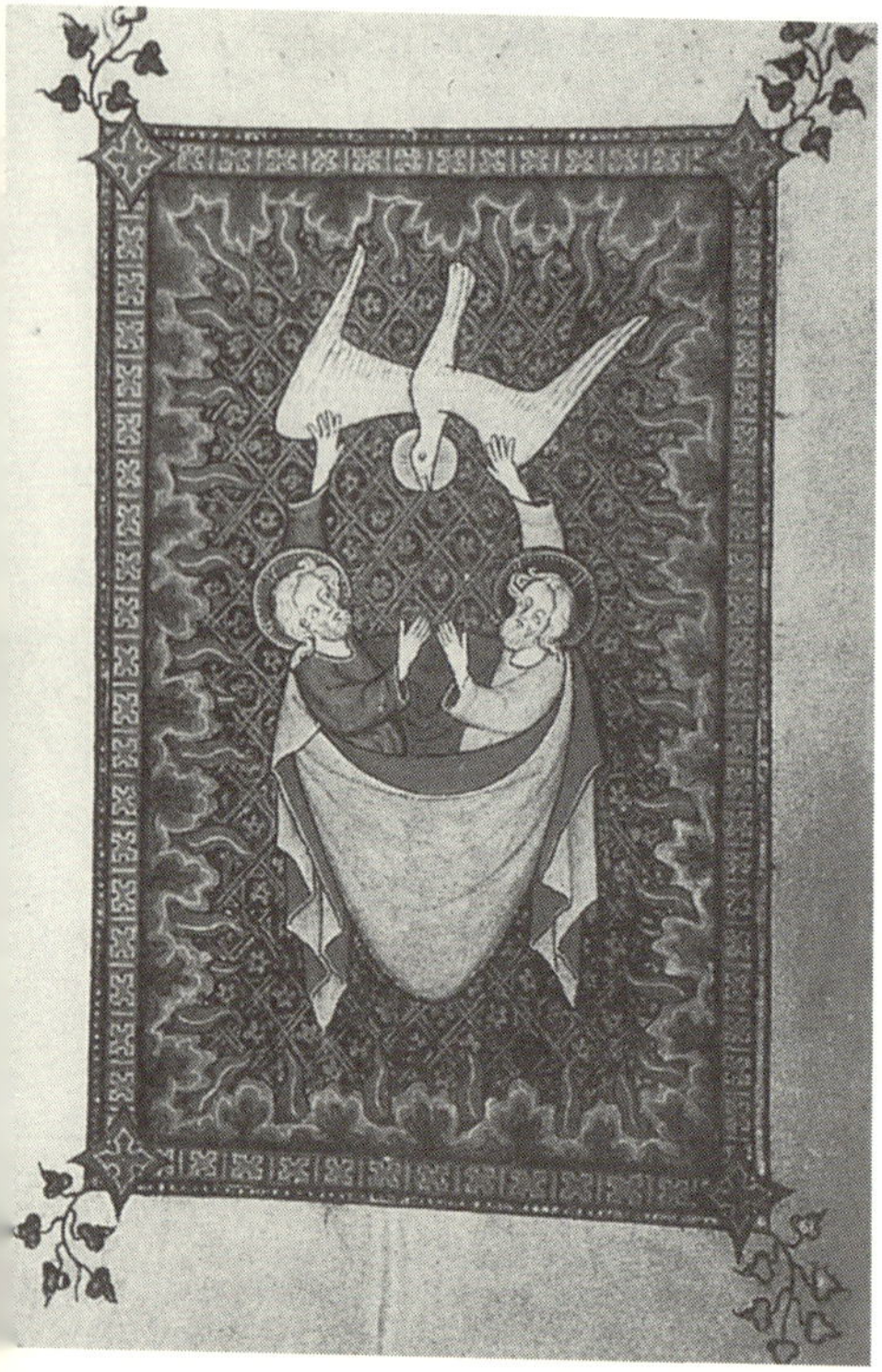

上 図17, 左頁 図18 三位一体のヴィジョンの変化
『ロスチャイルド聖歌集』1300年頃

画家の表現の自由と画像制作の規範の問題は緊密に結びついている。伝統に対してどれほどの革新性が、そして「普通の」画像に対するどれほどのヴァリエーションが許容できるのだろうか。いかなる場合に「違反」と見なされるのか。聖職者用や私的用途にのみ当てられた作品に対する方が、「文字を知らない」より広い民衆に向けたもの以上に許容の度合いが大

きいのだろうか。実際には、キリスト教の図像伝統を最も明確に画する作品群は、閉ざされた環境で制作され、全く普及することのなかった写本挿絵ではないだろうか。例えば一一七九年頃、ビンゲンのヒルデガルト著『スキヴィアス（道を知れ）』のいくつかの画像、あるいは一三〇〇年頃、一信者か、フランドルのベギン修道女のために制作された『ロスチャイルド聖歌集』を思い起こしてみよう。この写本では、聖三位一体（図17・18）や、とりわけこの信者の神秘的恍惚状態の衝撃を反映したその表現は、同時代の聖三位一体の図像的規範から全く逸脱している[29]。その特異性は、聖三位一体が布、炎、雲などを使いながらも超現実的な表現となっているだけにいっそう強烈である。そして中世の末期にこのような図像モチーフは、神学的立場や教会権威の増長する監督の下に置かれざるを得なかったのである。

実際、一三世紀末以降、少なくとも部分的にはビザンティンの伝統の影響の下、受胎告知において、父なる神と天使の訪問を受ける聖母マリアを結ぶ光線の上に幼児の姿のイエスが表現される作例が広がっていった。このような表現はキリスト教教義とは相反する。教義によれば人間キリストは母の役割を完全に担うマリアの胸に抱かれて育まれたからである。歴史家の中にも、ここに「異端的表現」を見出す者もい

図19　受胎告知　ティンパヌム，ザンクト・マリーア礼拝堂　15世紀初頭

た。しかしエルンスト・グルダンは逆に、これらの図像の象徴的機能を無視してはいけないと指摘する。これらを表層的に捉えてはならず、現実には「肉体の視覚」では感知できない受肉の神秘と聖なる父子関係の可視的表現なのである(30)。ここから例えば、ヴュルツブルク聖堂ティンパヌム中央のモチーフ（図19）が生まれる。そこでは聖霊の鳩の頭によって完成される管のようなものが、中央で王位につく父なる神の口から下り、マリアの耳まで伸びている。伝統的に、マリアは耳から神の言葉を知ることになっているからである。管の途中には、すでに十字架を背負い、母の耳の方向へと身を伸ばす裸の幼児キリストの姿を認めることができる。たとえこのモチーフが異端的起源をもっていないとしても、それはいっそう不適切で、危険なものとなっていったと思われる。一四五〇年、フィレンツェ大司教アントニヌスが『神学大全』の中で他の画像とともにこれを糾弾しているのである。

この『神学大全』三章のこの検閲の文脈に留意することは重要である(31)。アントニヌスは著作の他の箇所では扱っているにもかかわらず、ここでは受胎告知の教義を取り上げていないのである。彼はここでフィレンツェのような大都市で働く「さまざまな職種の職人」を考慮し、彼らのために職人気質とでも呼ぶべき道徳を練り上げている。金銀細工師、床屋、石切職人、鍛冶屋などについて語った後に、画家に特別な地位を与え、画家の報酬は仕事の量ではなく、むしろ熟練度によると指摘し、画家たちは「美によるのではなく裸婦やそのような状態で遊興をそそのかす画像」を制作する時、「罪を犯している」と続けている。同様に画家たちが信仰に背いて、聖三位一体を三頭の一人物として「自然の秩序としては怪物」(32)である形状で描く時や、あるいは受胎告知において聖母とともに「あたかもキリストの身体が聖母の実体から生み出されたのではないように、すでに聖母の子宮の中に形作られて送り込まれた小さな幼児キリスト」を表す場合も非難されるべきなのである。アントニウスは聖書外典を典拠とする図像モチーフの中で画家たちが「賞讃すべきでない」ものの一覧を加えている。例えば、幼子であるにもかかわらず書くための銘板を抱えている幼児キリスト、降誕の後に聖母マリアの処女性を確認する助産婦たち、被昇天の際に聖母の帯を受け取る聖トマスなどである。総じて、彼はそれらは信心を促すのではなく虚しい笑いを誘う「聖堂に描かれた」「好奇心」をそそるものと見なしている。

このようにアントニウスが同時代、つまり一四〇〇年代のフィレンツェの芸術家たちに課そうとしている規範は複合的であることがわかる。彼は大胆な革新を禁じるよりも、以降は許容されないと判断した伝統を告発しているのである。ある時代に画家が突然誤りを犯すのではなく、仲間のほとんどがそれまで何ら口を出さなかったところで、悪を告発するのは神学者なのである。しかし、彼が課すことを望む規範とは単に図像的なものではない。それは同様に美の規範でもある。とはいえ裸婦像の「美」を称えるためには、そのポーズが「淫ら」でない条件で認めると付け加えている。つまりこれは道徳的規範なのだ。そし

図20　開閉式聖母像　15世紀，パリ，フランス国立クリュニー中世美術館

て神学的規範でもある。というのも信仰に反する画像は追放されねばならないからだ。結局のところそれは職業的規範であり、この章すべてが画家という職人の地位を定義する目的のみをもつからである。芸術家がまだ都市の職業世界から現れるに至らない時期においては、画像の規範の概念を個別化するのは難しく、構成要素とその問題点は複雑であった。

フィレンツェ大司教の判断は、その数年前、パリ大学総長ジャン・ジェルソン（一三六三〜一四二九）が「キリスト降誕の説教」(33)においてフランス語で述べたことの繰り返しである。この説教師は「素朴な人々」が、神ではなく十字架の木や聖人の画像を崇敬する過ちを恐れている。すなわち「誤ったやり方で物語を描写」しないよう用心しなければならないのである。そしてジェルソンは「開閉式聖母像」について述べている。彼は、カルメル会の聖堂で「あたかも三位一体のすべてのペルソナが聖母マリアの体内で受肉するかのように腹部に三位一体像」を内包する「開閉式聖母像」を見た。ところが、受肉するのは子のみであり、聖霊でも父なる神でもない。この種の聖母像はフランスでは一四世紀に現れた（図20）。クリュニー中世美術館の一四〇〇年頃の作例はジェルソンの叙述にかなり正確に符合するもので、チュートン騎士団の一修道院に由来する。ジェルソンは開閉式の聖母像を「このような開閉部には信仰も美もないばかりか誤りや不信心を引き起こす」という理由で非難している。アントニウスのように、ジェルソンもここでいくつかの判断基準をもち出している。つまり美学（「美しさ」）、信仰心（「信仰」「不信仰」）、そして真実（「誤り」）の判断である。彼は明らかに、異端だからではなく、単に「誤りの原因」として非難しているのである。

＊

このように三つの規範が中世のイメージに適用されるが、その明文化の必要性は実に一定ではなかった。

最も重要な規範は、大部分は暗示的だが、モチーフや形態のレパートリーを固定し、「キリスト教図像」の並外れた存続性を維持する形象化であった。「降誕」、「磔刑」すなわち磔にされたキリスト像、聖母子像、聖人のアトリビュートなどが果てしなく再生産されるのである。この規範は、教義、信仰、そしてあらゆるキリスト教文化に課せられたが、そこでは発注者の正確な指示や不在の教会法以上に、画家や彫刻家の技量の効力、および工房の伝統や顧客の期待が保持されていた。つまり「芸術家」の仕事は常に形象に関する規範への大いなる自由の中で成し遂げられたように思われる。神学的伝統によって西方のイメージに託された比較的二次的な役割は、すでに見てきたように、時には正統教義の限界まで刷新し、多様化し、新しい形態を作り出し、新しいモチーフを提案することを可能にしたのである。東方の状況は全く別であった。この「自由」に特徴付けられた西方キリスト教美術と、もっぱら「規範」によって規定され、とりわけ聖画像《イコン》に見られる保守主義を貫く東方キリスト教美術とをあまりに図式的に対立させてはならないとしても、画像とその制作者が、大いに異なる歴史を有するこれら二つのキリスト教圏において育まれたことは確かなのである(35)。

キリスト教美術を規定し導く意志を表明する文書は珍しく、その中で僅かながらも公的性格を帯びたものは滅多にない。肯定的な文書では、それらは芸術家に特殊な細部を形象化させたいという希望によって書かれたものであろう（例えば、ヴィルヌーヴ＝レ＝ザビニョンの祭壇画における父と子の同一表現）。一方、否定的な文書はよりしばしば見られるが、トゥイ司教ルカスやジャン・ジェルソン、フィレンツェのアントニウスのような神学者たちの、突如キリスト教信仰に反すると自ら警告を発するような伝統的モチーフを前にしたときの厳しい非難の表明である。しかしこのような事例であっても、決して「異端的画像」が問題ではなく、最悪の場合、信者を堕落させるような異端的用途の画像のことなのである。異端の概念は永続的に御言葉や聖なるテクストに結びつくのであって、画像と結びつくことはない。画像は、たとえ中世の何世紀か後には正当な信仰の手段として広範囲に着実に地位が向上するとしても、決して大グレゴリウスが認めた従属的性質を捨て去ることはなかった。おそらくこれこそが、教会と聖職者がこれほど長い間、画像を検閲し、形象の規範を課すのを怠ってきた理由のひとつなのであろう。彼らには聖書こそがはるかに深刻な争点だったのである。

このように多くの明白な規範の対象となるのは、画像の制作ではなくその用途である。異端（あるいはユダヤ教徒）に直面し、画像の軽視や聖像破壊に対して予防策をとらなければならなかったのである。一方、異教徒に対しては逆に、画像が崇拝されることを避けなければならなかった。この二つの困難の間で中庸の定義や、例えば聖職者の平信徒に対する、あるいは修道士の在俗者に対するといった、社会文化的に異なる集団への適用は多くの論議を生み出した（例えばクレルヴォーのベルナルドゥスとクリュニー修道会士たちの事例）。画像に対するキリスト教文化史の大幅な修正は、おそらくこれらの規範を明瞭にする必要性が、ある時期には別の時期よりもかなり強かったことを説明している。それは、三次元の新しい祈念像が流布した紀元一〇〇〇年頃であり、とりわけ中世末期に、画像の危険的で大量な増加に直面する時である。当時は異端が深刻化し、革新性の自由に神学者たちはますます悩まされていた。この意味において、キリスト教美術の「規範化」という遅ればせの、しかし限定された努力について述べることができるが、これはとりわけ近代において強化されていくことになる。

第Ⅱ部　イメージの信仰

5　紀元一〇〇〇年前後における新しいイメージの正当化★

近代の黎明へと至ったところで再び中世初期まで遡り、物質的イメージの歴史と特殊なテクストの歴史がこの時代、いかに交錯したかを見てゆこう。ここでいう特殊なテクストとはヴィジョンをめぐる物語のことであり、夢の中で見た、あるいは覚醒状態において見たヴィジョンを詳述するものである。中世の伝統全般を見渡しつつも、ここでは中世初期に時期を限定して、物質的イメージに関連する夢やヴィジョンの物語を探り出し、比較検討してみたい。それにはいくつかの理由があってのことだ。

「イメージ」について論じる際、我々が通常美術作品と誤って呼び慣わしている（ベルティングはこのことを適確に示した）ある種のイメージだけを研究対象にすることは正しいとは思えない。ひとつの社会では、別様のイメージが数多く作り上げられるのだ。それは言葉によるイメージであったり、夢のイメージであるが、今後展開していく議論においては、これらのイメージが重要な役割を演じることになる。このようなイメージはすべて、いくつかのテクストにおいて「画像（imagines）」、「似像（similitudines）」、「形象

（species）」など類似した名称で呼ばれているが、すべてを考察の対象にすべきであろう。我々はこれまでの中世のイメージに関する理解を、この言葉が指示する意味論的領域のすべてにまで、つまり単なる物質的イメージにのみ限定することなく、世界と「神の像に似せて」創られた人間の表象にまで、そして言葉によるイメージ、夢のイメージ、ヴィジョンのイメージといった世界にまで拡張してゆかねばならない。このような探究は特に中世後期に関しては全く新しいことではない(1)。しかし、中世初期に関しては困難を伴った試みであることが明らかになる。なぜなら、夢に関しても物質的イメージに関しても、中世初期においてそれに対する態度は控え目であったからだ。史料はしたがって数少なく分散しているため、史料を扱うに際して我々は長期的に捉えざるを得ず、同時にこれらイメージが作り出された歴史的瞬間にもその都度留意しなければならない。このような条件の下、西欧キリスト教世界におけるイメージの歴史の特徴をなすと思われる中世初期に生じた三つの大きな変化をよりよく理解するために、ヴィジョンや夢の物語がどの程度、役立つのか問うてゆきたい。三つの大きな変化とは以下の通りである。

一、記号（signum）から像（imago）への移行（つまり、何よりまず、十字架の記号〈signum crucis〉から磔刑像〈imago crucifixi〉への移行）。

二、二次元的イメージ（描かれた磔刑図の類）から三次元的イメージ（聖遺物像の類）への移行。

三、聖母と聖人像のキリスト像に並ぶ地位への昇格。

イメージ相互のこのような変化において、ある特定の時代の変化が反映されているはずであるが、夢やヴィジョンはどのような役割を果たしたのであろうか。また、同様の重要性をもついくつかの変化、つまり物質的形態、文化的慣習、そして宗教的実践に見る同じく重要な変化は、夢やヴィジョンという超自然的な経験を合法的に用いずに可能だったのだろうか。夢の中で不可視なるものの姿を認め、それらを表現する根拠としたり、それらを物質的画像の中に認めたり、自身のもとに訪れた天上界の人物を物質的画像に見出しはしなかったのだろうか。より根本的なことを問うのなら、祈るにせよ、あるいは――ラテン語文献でたびたび示される曖昧さを鑑みて――「崇拝する」にせよ、物質的画像を見るということは何を意味していたのだろうか。物質的イメージを夢の中でも見たいと願わずに、それを見ることがあり得たのだろうか。夢のようなものとは別の手段で、それを見るということなのであろうか。実際に見ようとして、イメージの夢を見るのであろうか。実際キリスト教の歴史は、その始まりから形象を用いた儀礼の演出にかかわる諸問題の只中に常にあった。この演出を展開させて、人々は可視的なものを通じて不可視的なるものに到達し究めようとしてきたのである。これらの問題は、それゆえ、長期的で十全な調査を必要とするが、同時に、物質的画像に対してと同様、幾世紀にもわたる夢のイメージに対する諸態度の変遷についても注意深くあらねばならない。

十字架の記号から磔刑像まで

コンスタンティヌス帝のヴィジョンと改宗、そして、「ラバルム（labarum）」――キリスト教を初めて公認したこの皇帝の勝利の記号――の創作はまさしく始まりであった。カエサレイアのエウセビオス（二六五頃～三四〇）による『コンスタンティヌス帝の生涯』はこの事績について最も完全に教えてくれる(2)。まず、はじめのヴィジョンを見る場面についてだが、皇帝は祈りを捧げた後、神が送り給うた天上のヴィジョンが真昼間、太陽が最も高く昇った時に現れるのを見る。このヴィジョンは太陽と相俟った光の中に顕れた「十字架のトロパイオン（勝利）」であった。その時、神からの命が下される。「これによって勝利せよ」と。翌日の夜、皇帝は夢を見るが、それは前日の昼に見た覚醒時のヴィジョンを裏付けるものだった。夢の中でコンスタンティヌス帝の前に現れたのは人の姿をしたキリストであり、彼は、皇帝が天空に見たのと同じ記号を手にして、戦に勝った際にそれを振りかざすために「これに似せて」作るようコンスタンティヌスに命じた。「ラバルム」とはいわば、ローマ帝国の軍旗のひとつ、そして十字架、クリスモン〔「キリスト」を示すギリシア語の頭文字XとPを組み合わせたもの〕を組み合わせたしるしである。ラクタンティウスによれば、キリストのモノグラムはすでに、マクセンティウス帝に戦いを挑んだコンスタンティヌスの軍の楯に刻まれていた(3)。エウセビオスによれば、この「健やかなる情熱による戦利品」は、戦勝後フォルム・ロマーヌムの皇帝像の右手に持たされていたという(4)。

概略しただけでも、このような稀少な文献にさえいくつかのことが指摘できよう。つまりここで問題になるのは、イメージすなわち画像ではなく、ただ十字架の「記号」であること、しかもそれは、単に戦闘の勝利を表す機能を果たすだけではなく、敵が用いる偶像にはっきりと異を唱えるべく用いられた記号であるということだ。神によって霊感を与えられた天上のヴィジョンは、偶像と対置させることによってキリスト教的記号を正当化し、人に知らしめる。このような反偶像としてのキリスト教的記号は、それが物質的シニフィエではなく、真の十字架との「類似」を明らかにするヴィジョンや夢を指示するだけになおさら際立ったものとなる。言うならば、さまざまな理由からコンスタンティヌス帝の時代をもってキリスト教画像の嚆矢とするのなら、逆説的であるがそれは、イメージの欠如によって、さらに物質的イメージに対する含みをもった沈黙によって特徴づけられる時代なのである。

時代は下るが六世紀の終わり、トゥールのグレゴリウスによる記述はこの最初の足跡とはかなり対照的である。彼の記録はイメージをめぐるキリスト教信仰の第一段階を示唆していると思われるが、このテクストがどこまで影響を及ぼしたかについては検証せねばなるまい。このテクストの大部分はひとつの典拠に負っており、それはイタリアか東方、あるいはイタリアと東方の影響が及んだ地域、おそらくはナルボンヌの文書であろう。そこでは人々が、「布の帯のようなもの」を身につけた「我らが磔刑の救世主の絵（pictura quae Dominum nostrum quasi praecinctum linteo indicat crucifixum）を熱心に見入っていた」という(5)。しかし、このような絵があったのはナルボンヌよりむしろローマではなかったのだろうか。ローマでは中世初期以来、「救世主の聖画像《イコン》（iconia Salvatoris）」という行列を伴う典礼が挙行されていたからである(6)。南仏ガリアの地においても、このような「磔刑の画像」に関する言及はこの時期あまり例がない。とはいえギリシア語名をもつひとりの聖職者が、ヴィジョンの恩恵に浴したとしても偶然ではない。カエサレイアのバシレイオス〔三三〇頃～三七九〕のことである。主教であった彼のもとに、「恐ろしい人物（persona terriblis）」が姿を見せ、磔にされている者の裸体に服を着せるよう命じたという。バシレイオスはその意味が理解できなかったが、その二日後の二回目のヴィジョンでは、人の姿をしたキリストが彼の前に立ち現れて同じことを彼に命じた。バシレイオスはそこではじめて意味を理解し、磔刑の描かれた絵を布ですっぽりと覆い隠した。それは「観想」を許される決まった時間にだけ取り除かれる布であった(7)。トゥールのグレゴリウスのテクストは、コンスタンティヌス帝のヴィジョンやラバルムの形成に関するテクストと際立った対照をなしている。もはや単に「十字架の記号」ではなく、「磔刑の画像」が記されているのである(8)。ここで言う画像とは、「絵」のことであるが、それが壁に描かれた絵のことなのか、あるいは聖画像《イコン》のように独立した形態であったのかわからない。少なくとも、前ロマネスクからロマネスク期の大きな磔刑像の範となったような三次元の磔刑像ではなかった。ちなみに、これら大磔刑像もまたヴィジョンを引き起こすことになる。この磔刑の絵は、主教バシレイオスが関与していたゆえに典礼用画像となった。典礼の間それには覆いがかけられ、ついで除かれる。その繰り返しにより、その場に居合わせる「会衆」の期待と観想は一段と強められる。実際、十字架に裸で磔にされるという二重の屈辱を受けるキリストの姿を喚起するこのヴィジョンは、新たな典礼を正当化させるための根拠と手段として引き合いに出された。このような像がもたらした、信仰、典礼、そしてヴィジョンの可能性は多大であったが、この可能性は、少なくともフランク王国においてはほどなく抑制されてゆくことになるのである。

同じ頃、中世初期におけるローマ・カトリック世界のもう一端においても、この問題を明らかにしてくれる史料が存在する。次に扱うこの史料をトゥールのグレゴリウスの先駆的な記録と比較したい。それはアングロ・サクソンの作者不詳の一五六行からなる古英詩『十字架の夢』であり、一〇世紀後半、ヴェルチェッリの珍しい写本に記された古い伝統を継承する詩である(9)。実は、夢を扱うこの詩の二節は、すでにノーサンブリア、ラスウェルの十字架の側面にルーン文字で彫り刻まれており、その制作年代については、七世紀の第4四半世紀と八世紀末の間で揺れている。この『十字架の夢』の書誌学的側面は、ラスウェルの十字架の図像学的および宗教的プログラムと同様、これまで長きにわたって専門家の関心をひいてきた。しかしここではむしろ、私自身の観点から夢の詩とラスウェルの十字架の関係性について再考したい。

『十字架の夢』という詩は、四部から構成されている。まず話者が一人称でこの詩を聴く者に語りかけ、真夜中に見た夢を明らかにする。彼は夢の中で不思議な「しるし」を見た。それは天に昇っていく十字架で、ある時は金や宝石によって覆われ、またある時には血を滴らせていた。この話者の語りは次に十字架自らの発話に代えられ、またしても一人称でその運命が語られる。自分がまだ木だった時に森のはずれで切り倒され、それから贖罪者キリストの体を支えるべく、地に立てられた経緯などを十字架自身が語るのである。弟子たちが埋葬しようとキリストの遺骸を降ろしたが、その時すでに十字架も屈辱感に苛まれていた。その後、十字架は取り壊され隠されてしまうが、やがてキリスト教徒によって発見され、金銀を用いて装飾される。ここでこの詩を読む者は、聖十字架発見の祝日、そして聖十字架称賛の祝日が暗示されていることに気付くはずである。次に十字架は、夢を見た者に対して「使徒信条」の言い回しにしたがって、救世主の受難と復活の神秘と最後の審判における再臨を知らしめるために、自分が見たヴィジョンを人々に物語るよう促した。最後にもう一度、話者が語り、永遠の相のもとに十字架を仰ぎ見たいという自らの願いを明らかにする。

もうひとつ、信仰対象に関わるきわめて詳細な夢の物語をここで取り上げておこう。それはトゥールのグレゴリウスの例のように、磔刑の「画像《イメージ》」ではなく、磔刑によって象徴的な価値が与えられ、金や宝石の装飾によってそのことが明らかにされた栄光の十字架という「記号《シーニュ》」のことである。物語では十字架の記号が繰り返し強調されているが、それは島嶼の伝統に適っており、特に範としたローマ式典礼の影響を受けた聖十字架称賛というノーサンブリア式典礼に合致している(10)。また、ベーダはその著『イングランド人の教会史』(七三一年頃)において、修道士アウグスティヌスはキリストの磔刑の像を捧げ持ちながらブリタニアに上陸した(第一巻14)と記すが、さらに、六三四年に北フランスの異教徒と戦を交えたオスワルド王がそれに勝利した際、キリスト教の軍隊としてのコンスタンティヌスのしるしとして、十字架が担っていた重要性について長々と論じていることも特筆すべきであろう。戦いの前、天の野原(Hefenfeith）という名の野に立てられた十字架は（第三巻1）、勝利の後、その奇跡ゆえに多くの信者を惹きつけ、彼らはこの聖遺物を分かち合った。磔刑像がラスウェルの十字架の各場面に刻まれていないわけではないが（『十字架の夢』においても、磔刑像は十字架自らの物語の思い出として登場している）、十字架の裏側と基台の部分だけである。いずれにせよ重要なのは、この記号がキリスト教の勝利を示す栄光に満ちたものであり、物質性において——宝石、黄金、人物像、記銘、また聖遺物という形で——キリストの英雄的王性という「装飾（ornamenta）」を備えていることだ。

さて、『十字架の夢』において作者は、生命をもった人格として十字架に語らせていた。したがってこのアングロ・サクソンの詩は、聖アンデレの受難伝に連なる典礼および聖人伝の伝統に近いと言えよう。その中心となる一節は「幸いあれ、十字架よ（Salva crux）」であり、使徒アンデレが、キリストの受難具であり、自身の刑具となる十字架に捧げた讃歌である。しかしこの讃歌は、六世紀初め以降、二つの異なった形で伝えられるようになった。ひとつは『書簡』においてであり、そこでは、殉教によってキリストの十字架と結びつきたいという願いを打ち明けるのは使徒アンデレであるが、もうひとつの『受難』においては、話者は常に使徒でありつつも十字架も感情を抱き、かつてキリストの身体を支えたように、今度はアンデレの身体を支えたいと請い願っているというのである。次に引用するのは、使徒アンデレが十字架に対して、あるいは十字架について述べた件《くだり》である。

幸いあれ、長きにわたり疲弊せし十字架よ、汝、我を待つこの間は安息の時にあり。汝に磔られた御方の弟子を受け入れられ、さぞかし喜ばしきことなり。我もまた汝のもとへと歩を進める内は喜々としてあり。なんとならば我、汝の秘密も、ここに立てられし故も知るがため。汝、望みしものを受け入れよ。汝の美を求め続けた我は、ついに汝と巡り会う。我が主の約束し給いしを、汝の内に見出せり。選ばれし十字架よ、神ゆえに謙虚なるこの者を受け入れ給え。そして主キリストのもとにこの者を届け給え。

『書簡』では、「おお、善き十字架よ。長らく望み給うたもの、請い願いし愛するものよ、汝に近づいて安息あらんことを」（25－3、8、5）という箇所を、『受難』においては、十字架そのものに感情を付与して、「幸いあれ、十字架よ、長らく疲れ我を待ち望むもの［…］望むものを受け入れ［…］、大いに確かなるは汝喜び、かの御方の弟子を受け入れ給え」（376－3、7、4）となっている(11)。しかし、この讃歌において十字架に生命ある人格の感情が与えられていても、アングロ・サクソンの夢の詩の場合のように十字架に語らせてはいない。十字架に感情を付与する例は稀であり、ほとんどの場合、典礼や「幸いあれ、十字架よ」の注釈に影響をもたらしたのは『書簡』であり『受難』ではない(12)。一方、夢を通じて十字架、のちには磔刑やその他の画像に語らせることが可能になるため、このような対象はイデオロギー的合法性を与えられると同時に、信者がそれらを崇敬する行為も正当化されることになったのである。

『十字架の夢』と、その詩からの数行が刻まれたラスウェルの十字架とを詳細に比較すると次のことが明らかとなろう。ラスウェルの十字架に引用されている詩句はすべて『十字架の夢』の第二部、つまり十字架が一人称で語る場面からである。それは、論点に関わる二つの箇所である。そのひとつでは、木が切り倒されて立てられた経緯を振り返った十字架は、キリストが近くに来て、英雄か王のようにそこに昇ったことを思い出す。

裸にされし主は、全能の神にして力強く、決然とした若き英雄。おぞましき磔柱の上に其は昇る、群集を前に恐れを知らぬ顔をして。その望みは人類の罪の贖いなり。神の御子が抱きしめし時、我、身震いせり。しかれど、太陽に身を傾けることなどできはせず、ましてや地面に突っ伏すなどできます

> まい。しかとまっすぐに立たねばならぬ。十字架たる我は高く立ち上げられたり。高貴なる天の君主を支え持ち、我、身を傾けることなどできはせぬ。黒い釘が我を貫けり。我に向かい来るはいくつもの傷、ぱくりと開いたその傷口は邪悪な者たちの仕業なり、だが我はかくのごとき輩に災い来たれと願うことなし。もはや我ら二人は嘲弄の的。我をびしょりと濡らすは血液なり、御方の脇腹から迸り出る…。

続く六行は、キリストの十字架上の亡骸に触れているところだが、ラスウェルの十字架においてはその箇所が省略され、キリストの遺骸を埋葬する場面から再び綴られている。

> キリストは十字架上にあり。大慌てで遠くの方から王の子のもとにやって来る者たちあり。我、事の次第を観ぜり。我を苦しめるは痛々しき不安、我、人々の手の中へと身を傾けり。慎ましく、速やかに。人々は全能なる神に祈りを捧げ、残酷なこの刑具から御方を開放せり。なれど戦士らは我を放置せり。立てられ、血にまみれ、矢に突き刺されたその場所に。彼らはキリストを地に降ろせり。手足はもはや力尽き、その頭部にいる人々はこの天の主を見つめて立てり、主はしばし横たわれり。むごい闘いに疲れ果て…。

銘文はここで終わっているが、詩の方は以降、キリストの埋葬と、その際に取り壊されて井戸に投げ込まれ、やがて発見される十字架の顛末を語っている。

ラスウェルの石造十字架の銘としてこの二箇所が引用されたのは単なる偶然だったのか、それとも熟慮を重ねて得た選択だったのだろうか。この問いに答えることは難しい。なぜならそれを刻んだ者が扱い得たこの詩がどのようなものだったのか（筆記されたものか、口承によるのか、またそれが、後世に記述されたものと同じか否か）、それについて我々は何ひとつわかっていないからだ。いずれにせよ我々は、選択された詩句の内容について、それに先立つかそれに続く、ないしはその間に作られた詩句と比較検討してゆかねばなるまい。ラスウェルの十字架に採用されていない詩句の内容とは、キリストの受難の一般的状況（例えば、夜の帳《とばり》が降りる時分）、あるいはキリストがまだ十字架にかけられていない時（ゴルゴタ到着）、あるいはキリストが十字架から引き離された時（埋葬）などである。それとは対照的にこの石の十字架に刻まれた詩句は、かつては単なる木であったのに、今や主の輝かしき十字架となったその時を称えている。キリストの勇敢なる歩み寄り、十字架昇架、苦難の中でのキリストと十字架の一体化、そして栄光の犠牲を叙述している。十字架が一人称で物語っているのは、十字架自らが支え持つ王であり神である者の身体と一体化せんとする願望の充足と、その後、キリストの身体が自分から離れていった時に感じた苦痛である。

とはいうもののこの二つの詩句は、一方はラスウェルの十字架にルーン文字で記され、他方はアングロ・サクソンの詩の一部をなすという全く異なるコンテクストの中に位置づけられている。キリストの身体から流れ出た血の塗擦によって、ラスウェルの十字架は確たる正当性を与えられているのだ。メイヤー・シャピロによれば、この大きな彫刻された十字架は、ホイットビーの教会会議（六六四年）以後、ブリタニアにおけるストラスクライドの聖職者の新たな傾向を示しているという(13)。その図像プログラムの主要な主題は隠修生活であり、土着のケルト的伝統を踏襲しているが、他方そこに刻まれているのがルーン文字であることは、ブリタニアにおけるアングロ・サクソンの影響の浸透を示唆している。この異質な二つの要素が結び合わされていることによって、この十字架はいわば教会の新たな政策の声明となり、十字架とキリストの身体の一体化の称賛は、この詩のイデオロギー的機能にきわめて有効であったと考えられる。しかし、同一のテクストがのちのアングロ・サクソンの詩に収められると、別の機能を担うことになる。夢幻的なその詩において、十字架に託された回想と発話は、詩人自身が抱いていた同様の一体化、つまり犠牲という栄光において、辱められかつ称賛された十字架と神の子との一体化の願望の表れとなっているると思われるのである。

聖画像《イコン》か、彫像か?

次にローマ・カトリック世界の中心に、同時期でありながら全く異なる様相を呈していたフランク王国に目を転じてみよう。夢幻的イメージと物質的イメージとの関連性に注意を払うことで、イメージ、すなわち画像に関するカロリング朝時代の慣習的な、しかしあまりに明白な態度を細やかに浮かび上がらせることができよう。『カロリング文書』の重要性を過小評価することなく、全く異なる重要性をもつヴィジョンの物語と対峙させてみよう。『カロリング文書』の著者たち――あるいはそれらの文書の著者オルレアンのテオドゥルフス――は、ビザンティン主教ミュレのテオドロスを公然と非難している。テオドロスは、第二ニカイア公会議以後、彼の代理が見たヴィジョンを楯にとって画像崇拝の正当性を主張していた(14)。その夢の内容は残念ながら記録されていないが、夢を根拠にするこの種の言説はギリシアでは一般的であった。ビザンティン世界において、夢は絵を導く力を有するとされ、また逆に、聖画像《イコン》を見ることがその聖人が夢の中に現れることを可能にしてくれると考えられてきたのである。ジルベール・ダグロンは「人は夢を絵にし、絵から夢見る」と記し、この二重の方向性をもった夢と絵の関係性が、「夢見る者の主観性と絵を描く者の想像力」とを一気に解消しうるかについて巧みに示している。神から霊感を受けるゆえに夢と聖画像《イコン》は「客観的」とされ、神に源を発しているがゆえに疑念を免れたすべての聖画像《イコン》は、アケイロポイエトス〔ギリシア語で、原義は「人の手で作られたものではない」〕と見なされるのである(15)。このような考えはやがて西方にも浸透することになるが、八世紀末の時点においては、フランク王国の神学者たちには「馬鹿げて子供じみて」いると見なされていた。テオドロスのような聖画像《イコン》支持者の論に対する抗弁の中で、彼らは夢のむなしさ、悪魔が人間を騙す際に用いる幻想を長々と反駁している。彼らにとって、聖画像《イコン》がもつ夢幻性や危険性は夢のイメージのそれと何ら変わりはないのである。

とはいうものの、『カロリング文書』の著者たちは、ある一定の枠内においてではあるものの、夢と物質的イメージに有用性があると認めていた。彼らは『教皇シルウェステル行伝』を拠り所にしながら、教皇シルウェステル一世が皇帝コンスタンティヌスに使徒ペテロとパウロの画像を「崇拝」するように贈ったと主張したローマ教皇ハドリアヌス一世に異を唱えた。この教皇聖シルウェステルの伝記は典拠が怪しく、著者もカエサレイアのエウセビオスとされてきたが誤りで、五世紀末にまとめられたものである。いわゆる『コンスタンティヌス帝の寄進状』（八世紀半ばから九世紀半ばのいずれかの時期に捏造された）と同じく、この聖人伝は教皇と皇帝の抗争が激しくなるにつれ重要な論拠となっていった。

こうして一二四六年、枢機卿ステファヌスは、当時ローマを圧迫していたフリードリヒ二世の脅威に対する意思表明として、ラテラノ近くのサンティ・クワトロ・コロナーティ聖堂のサン・シルウェステル礼拝堂に、教皇聖シルウェステルの生涯の全サイクルを描かせることになる。この壁画の中で特に目を引くのは、眠るコンスタンティヌス帝の夢に出現する聖ペテロと聖パウロ、次に、夢で見た人物が聖ペテロと聖パウロであることをわからせるために、皇帝コンスタンティヌスに二人の使徒を表した聖画像《イコン》を贈る教皇シルウェステルである(16)。『カロリング文書』の中でローマ・カトリック教徒たちが躍起になったのは、この逸話から彼らにうってつけの解釈を提示することだった。彼らによれば、教皇シルウェステルが望んでいたことはただひとつ、礼拝するのは不可視なる神のみであり、聖人の画像であってはならないと勧告しながらも、皇帝コンスタンティヌスに「絵という人の手による手段を用いて、彼が夢の中で出会った人物を認識」させようとしただけであった(17)。

このように、明らかに画像はその価値と用法に限界があるが、物質的イメージがヴィジョンのイメージを明確にする働きがあることも認められよう。ランゴバルドの宮廷書記パウルス・ディアコヌス（七九九年没）による『ランゴバルド史』は、ランゴバルド国王アギルルフがスポレート近郊カメリヌム（カメリーノ）における勝利ののち改宗した件を叙述しているが、ここでも画像が登場する。この物語は、エウセビオスの場合におけるコンスタンティヌス帝、ベーダの場合におけるオスワルド王の話を思い起こさせる。ただし問題となるのは十字架ではなく絵画である。未だ異教徒だった国王アギルルフは、不思議なことにローマとの交戦中、ここぞという時に聖人の助けを得たが、その聖人が殉教者聖サヴィヌスであると認識できたのは熱心に聖堂の絵の数々を見たお蔭であったと言う(18)。これとは対照的に、カロリング朝時代の著述家たちは、夢はあらかじめ絵で目にした聖人の顔を認識させてくれると考えていた。リヨン大司教アゴバルドゥス（八四〇年列聖）は、聖アンブロシウスは夢の中で聖ジェルヴェと聖プロテの姿を認めたが、それもかつて絵というイメージでこの聖人たちを目にしていたからだと言う(19)。

同時代のテクストの中で最も強烈な印象を与え、しかし最近ではその信憑性に対して疑念拭いがたく注意が払われているものに、在俗の若い娘が見たヴィジョンと画像への信心に関する九世紀頃の文書がある。彼女はのちに聖女となるマウルで、二三歳で死亡した(20)。『聖女マウル伝』は、死の直後、おそらく八五三年から八六一年の間にトロワのプルデンティウスによって著された。プルデンティウスは、この若い娘の母親セデゥラと兄エウトロプスの証言を引用しながら、聖女の死とその短い生涯の中でトロワの大聖堂に仕えた功徳を回想している。トロワの大聖堂は使徒ペテロとパウロに捧げられ、彼女はここで聖職者の手伝いをし、典礼用祭具を準備し、カズラを繕った。彼女の大いなる信仰心は救世主の画像に捧げられていた。

ごく幼い頃から、彼女は毎日、朝の讃課から六時課まで、使徒ペテロとパウロの聖堂の中で過ごしていました。知っての通り、そこには救世主が三様に描かれています(tribus modis imago Domini depingitur Salvatoris)。ひとつが母の膝の上に坐る幼児として、ひとつが荘厳の玉座に坐す偉大なる主として、そしてもうひとつが十字架に磔られた若き人としてです。聖女マウルは幼い時分から、あらかじめ申し付けられたことを毎日きちんと行い、守らないことはありませんでした。それはつまり、まず幼児の前で、次に若者の前で、最後に王の前で、彼女はひれ伏すのです。そしてどのようなことがあっても、彼女の肉体の目は一度として逸れることなく、毎日飽きもせず、三様の像で表された主(Dominum sub effigie triplici)を見つめていました。まことに確かなことは、愛があるのはそこであり、そことは目なのです[21]。この若い娘は、純粋にして全き心で主を愛していたので、このようにして見ることを飽かず繰り返すことができたのです[…]。後の時代に伝えようと、私はなんらかの教えを受けたくて彼女に尋ねたことがありました。何度も繰り返し彼女に問うたこと、それはなぜ苦しそうに、しかし毎日休むことなく救世主の画像の下で額づき祈るのかと。相次ぐ質問を受けた彼女は、躊躇しつつも果たしてこのように答えてくれました。「ペテロ様とパウロ様のこの教会はなんと幸福でしょう。ここで私がしばしば耳にするのは、母親の膝の上に抱かれた幼児の泣き声、十字架上での若者のうめき声、そして玉座にて王が発する恐ろしい怒りの声です。でも、私には優しく黄金の杖を与えてくれました」。私はそれを聞いてすぐさま、我らが救い主が発したというそのうめき声、泣き声について再度尋ねようとすると、彼女は私の手を強く握り、私を黙らせました。「これは普通では起こり得ないこと、奇跡なのです。私たちの信仰がもっている驚異的な神秘を想い起こさせ、信者たちの精神にひそむそれらの神秘を確かなものとするために、乾いた木はうめき声や泣き声を発するのであります」(22)。

この聖女伝のテクストを子細に検討し、他の史料に保存され、あるいは記述されている九世紀の画像と比較することによって、アルベール・カストは、聖女マウルの祈りの対象となっていた救世主像の三つの様態を次のように特定した。

一、幼児キリストを抱いた聖母マリアの「彩色木彫」。「荘厳《マイエスタス》」型で、その初期の作例は八世紀から九世紀に遡る(23)。しかしこの型の彫像は、トロワにおいて以後記されることはなかった。

二、彩色木彫磔刑像。これはおそらく、一七七九年までトロワの大聖堂にあった磔刑像と同じものであろう。木製のこの磔刑像の中には聖遺物が収められ、長年、袖付テュニカ（コロビウム）を着せられ、金の板に覆われている部分もあった。

三、荘厳の神を表した聖堂後陣の壁画。

トロワのプルデンティウスの聖女伝に記されている三つの画像がすべて絵画だとしても（彫刻としては全く触れられていない）、彼は、最初の二つ、つまり「泣く」画像と「うめく」画像のことだけ木と言及している。ここにはこれらの画像の物質的特性に関する重要な示唆があるが、それだけでなく、プルデンティウスは、このような画像は単なる「乾木」にすぎず、神性そのものではないことを忘れさせてしまう信仰のあり方をほのめかしているのである。さらにまた、このような画像は生きている人間のように話すことはないものの、うめき声、泣き声、叫び声に似た音を発することができるとまではっきりと記している。いずれも画像を人間として、また神と見なそうとする方向性は、その物質性を喚起することでただちに否定される。例えばコンクの聖女フィデスの彫像型聖遺物容器も、静かな夜に音を出し、超自然的な存在であることを示すが、同時にそれは、この像が聖女ではないことも明らかにするのである。

アルベール・カストは、このテクストが示す画像への信仰の大いなる高まりと、こうした信仰の危険性を指摘する。このテクストは、『カロリング文書』と、トリノのクラウディウスの聖像破壊論への敵意を抱いていたものの、教皇グレゴリウスの穏健な教えに忠実であり続けたオルレアンのヨナスやサン・ドニのドゥンガルスの厳格な立場によって半世紀以来特徴づけられる、より以前の時代のある地域に言及しているのである(24)。これらのテクストと、一見はるかに孤立したトロワのプルデンティウスのそれとの驚くほどの対照性は、プルデンティウスがスペイン人であり、オルレアンのテオドゥルフスとリヨンのアゴバルドゥス、とりわけ画像に対する崇敬に最も激しく反対したトリノのクラウディウスを範としていただけにその驚きはなおさらである。アルベール・カストは、プルデンティウスの画像に対する態度を、予定説をめぐる論争の渦中にあって、対立するヨハネス・スコトゥス・エリウゲナと関連させようと試みた。実際テクストが示しているように、聖女マウルの善行と魂の救済は「予定されていた」。しかしカストの考察は、彼女の信心と身振り、その祈りの対象については説明していない。いずれにせよ、聖人伝というジャンルに属する『聖女マウル伝』は、皇帝直属の側近たちによってまとめられた理論書や神学書の現実的効力をさほど考慮に入れていないのである。

プルデンティウス著とされるこのテクストは、ヴィジョンが聖女マウルと救世主のイメージとの交流をいかに支えたかを明らかにしてくれる。ヴィジョンは、彼女が繰り返し実践した非常に過酷な苦行によって引き起こされたのであって、聖女という立場と、その禁欲的な信心によるこの例外的な事象をもって安易に一般化してはなるまい。聖女マウルにとってヴィジョンとは身体の感覚を延長し、それを超越するものであった。イメージを理解し、それらのひとつから「黄金の杖」が差し出されるのを目の当たりにする前から、聖女マウルは倦《う》まず弛《たゆ》まず「肉体の目」でそれらを見ていたのである。誰もいない夜、彼女はひれ伏すが、目は上を向いていたのだろう。同時代の写本『聖十字架称揚』で、十字架（画像ではない）に祈りを捧げるラバヌス・マウルスや（343頁図69）(25)、一〇世紀末、荘厳の聖母子を額づき祈りながらも「まなざしで愛撫するライヘナウ修道士プルカルドゥス」のように(26)。

　これら一群の文書との関連で、十字架を前にした祈禱の姿勢と身振りに関するエインハルドゥス（八四〇年没）の考察が挙げられる。この東フランクの歴史家は、「頭を下げ」、身体を曲げるかひれ伏させ、腕を伸ばし、手を開けば「神への魂の移行を促しうる」(27)とする。またエインハルドゥスは、聖マルケリヌスと聖ペテロの聖遺物の移葬に関する物語において夢とイメージとを強く関連づけた。両聖人の聖遺物はローマからシュタインバッハへ、さらに両聖人が夢幻的ヴィジョンにおいて、そして流れ出る血液によって明らかにしていた意志に従ってゼーリンゲンシュタットへと移された。高位聖職者が聖遺物を後陣の祭壇に置かせたのはここゼーリンゲンシュタットであり、その後「フランシアン慣例にならって」その上に亜麻と絹で覆われ、両側には行列に使う十字架が二本立てられた木製の屋根を載せた(28)。いずれの場合も、神をめぐる経験は、ヴィジョンを見る彼ないし彼女の身体、そのヴィジョン、そして物質的信仰対象を分かち難く結びつけるのである。

　聖女マウルが観想したのは、別個の三つの画像というよりは、贖罪主のイメージの三つの様態であり、こうした信仰は、カロリング朝期に特有のことであった。本質における同一と表象の三様態に、我々は三位一体の教義の反映を見ることができようが、聖霊についてはここでは問題にしまい。トロワのプルデンティウスにとって、とりわけ、数々のイメージがキリスト教信仰を多神教のような細分化の危険性に走らせる時代にあって、一なる神だけが、キリスト教徒の祈りを聞き入れてくれると力説することが重要であった。この点で注目すべきことは、最初のひとつが聖母マリアと幼児キリストの画像としてではなく、聖母の膝に抱かれる救世主の画像と見なされていたことだ。プルデンティウスにとって、唯一の「荘厳《マイエスタス》」像とは神のそれであったにもかかわらず、一世紀半後、クレルモンのモザ修道院長ロベルトゥスと同様ライヘナウのプルカルドゥスにとっては、崇敬されるべきは聖母マリアの「荘厳像」となるのである。さらに強調しなければならないのは、プルデンティウスにとっては、神を荘厳像として象る正当性は全く疑う余地がないことだ。トロワの聖堂の後陣内には、アーヘンの場合のように仔羊の、ジェルミニー゠デ゠プレの場合のように契約の櫃という象徴的な画像があったが、それは問題にされていない(29)。

モザ修道院長ロベルトゥスの夢、クレルモンの荘厳像

実際、ヴィジョンと物質的イメージとの関係性は、一〇世紀に至って新たな重要性を帯びる。カロリング朝期においては簡潔な記述だったが、この頃になるとヴィジョンの物語はかなり長く、記述は子細に及ぶことになる。描かれた磔刑像がますます増え、またそれに代わって磔刑像、聖人たち、そして何より幼児キリストを抱く聖母マリアの「荘厳像」などの三次元の彫像が大量に出現する。

メイ・ヴィエイヤール゠トロワクロフ、ジャンならびにマリ゠クロチルド・ユベール、またイレーヌ・H・フォルシスの研究などから、モザ修道院長ロベルトゥスの見たヴィジョンの物語の重要性がよく知ら

れるようになった。九八四年以後にクレルモンの助祭アルノーによって記されたこの物語は、一〇世紀中頃のクレルモン大聖堂の再建に関する歴史において、またこの時期、特にこの地で増加する彫像型聖遺物容器の歴史においても重要とされてきた(30)。しかし最近、ドミニク・イオナ＝プラが示しているように、ヴィジョンに基づく理想的教会の記述と、実際に発掘された前ロマネスク期の地下礼拝堂の考古学的遺物との間には何ら関連性がないことが明らかになった。彼が根拠をもって示すように、「聖書的、あるいはむしろ黙示録的な夢から紡ぎ出された理想的教会」こそがここで語られているのである(31)。さらにまた、「夜のヴィジョン」をめぐる物語の中で、建築物やそこに安置される数々の画像が記述されているが、この事実が、当時の価値観ならびに文化において夢が高く評価されていたことの証となっていることも指摘しておこう。助祭アルノーによると、クレルモン司教エティエンヌ二世〔九三七〜九八四〕が修道院長ロベルトゥスが見たヴィジョンの物語を聞いて、その中のイメージをモデルとした聖母の荘厳像を作ろうと思い立ったのだが、このことからも夢の躍進はなおさら真実味がある。

モザ修道院長ロベルトゥスは、そのヴィジョンの中で、司教エティエンヌは――イオナ＝プラの適切な表現によれば――天上のエルサレムの全容を見せるひとつの聖堂をめぐる紛れもない「通過儀礼の旅」を成し遂げるのを視る。クレルモン・フェラン市立図書館所蔵写本一四五番に収められているこの夢幻的な旅の記録には、トゥールのグレゴリウスの著作の数々が引用されている。かつてクレルモンの司教であったグレゴリウス〔五四〇頃〜五九四頃〕と、当時この司教座聖堂の現職にあったエティエンヌとの関連性がここで浮かび上がってくる。イオナ＝プラによれば、この写本は全体として、地方の司教座聖堂が有する権力を称えて作成された「記念碑」と見なされよう。しかしこのヴィジョンがもつ「政治的」機能に、もうひとつ別の機能が結びついている。つまりヴィジョンは、新たな聖堂と、とりわけ新しい聖母マリア像建立の伝説となっているのである。このように考えてみると、モザ修道院長ロベルトゥスの前任者、今は亡きドラクベルトのヴィジョンにおける役割を確認することは重要であろう。「守護者（patronus）」と呼ばれるドラクベルトの役割は、最初は指導者的であり、司教エティエンヌを両手で摑んで、金銀細工師アロームの工房に連れていった。アロームはちょうどその時、兄弟アダムと共に聖母の影像を制作している最中であった。聖母像の上に止まっている蠅の群を祝福をもって追い払うよう司教エティエンヌに指示したのも元修道院長ドラクベルトであった。しかしついで役割は逆転する。祖先たちの代表であり、それゆえにこのような「荘厳像」の用い方について何ひとつ知識をもたない幽霊のように、ドラクベルトはエティエンヌに出来上がったばかりのこの影像をどこに置こうとしているのかを問う。それ以降、聖母マリアの荘厳像が置かれるべき場所、つまり「至聖所」までドラクベルトの手をとって、夢の聖堂の中を導いたのは司教エティエンヌの方であった。

このヴィジョンによれば、聖母の荘厳像は容姿大変すばらしく、中央後陣の祭壇の後方、大きな丸い柱頭をいただく円柱の上に置かれたという。まわりを別の諸画像（imagines, effigies, majestas, vultus）が取り巻いていたが、ヴィジョンの物語は往々にして正確な形態を伝えてはくれない。この点において、R・リゴドンは過ちを犯していると思われる。彼は「イマーゴ（imago）」や「エフィジー（effigies）」という言葉を具体的に「彫像」と訳し、また「高所に（in eminentiori loco）」を「台座に」としているのである。ヴィジョンに関する言葉は、それ特有の両義的な特性を保ち続けるべきである。細部がより正確にならないならば、我々は「イメージ」について語ることでよしとしよう。私の考えでは、これらすべての画像の関連性によって築かれる体系の中に、より正確にはさまざまな類型の「荘厳像」の関係性の中に本質的問題がある。

テクストに基づくイメージの四分類

東から一三番目の地下礼拝堂の入口を通って、司教エティエンヌとドラクベルトはまず「高所に」置かれている像（effigie）を見つけた。それは仔羊の像で、その右側には光り輝く七つの星が表されている。最初のキリストの象徴的表現である。この仔羊は——黙示録を直接の典拠とし——「荘厳像」ではない[32]。

そのすぐ近くで、ふたりは贖罪主の最初の「荘厳像」を目にする。この像は、「受難に遭う我らが贖い主の姿（vultum nostri Redemptoris sicut in passione）」と見なされ、脇腹からふき出た血は腰まで流れ至っている。「見る者に畏怖の念を抱かせるこの荘厳像（metuendam majestatem）」の前景には七人の若者が表現され、火の点った蠟燭を手にして光り輝いている。キリストは、右側に黄金の「母なる像（imaginem suae Genitricis）」を、左側に聖ヨハネの像を配している。ここには磔刑のイメージ特有の作例群があり、「majestas」と「vultus」という用語には——ヴィジョンの言葉から相当するものを見つけようとするなら——ケルン大司教ゲロの注文による像や、時代が下って一二世紀のルッカのヴォルト・サント像のタイプのような、彩色されたか浮彫りされた大きな磔刑像が当てはまるだろう。

内陣（「至聖所」）には、三段上がったところに祭壇が置かれ、第二の「人類の贖罪主の荘厳像（majestas humani generis Redemptoris）」がさまざまな色を用いて描かれている。その右には聖母マリアの像（effigiem）が、左には聖ミカエルの像（vultus）が、さらにこれらを取り巻いて熾天使《セラフィム》と智天使《ケルビム》がまるですべてを覆い尽くすかのように翼を広げている。ここでの救世主の荘厳像は、「黙示録」12章7節に則って、最後の日における王にして審判者として表現されている。

そして祭壇の裏、大理石の円柱の頂の大きな丸い柱頭の上に偶像[33]のように載るのが、ほどなく荘厳像と呼ばれるようになる神の母の像である。これこそ、司教が修道院長のヴィジョンに基づいて作らせた際に与えられた名称であった。

このようにヴィジョンを見る者の視線が教会の奥の聖なる所へと進むにつれて、三つの異なった荘厳像と出会うことになる。「荘厳像（majestas）」なる語は、仔羊像には用いられず、もっぱら人間の形をしたものに対して使われる。トロワのプルデンティウスによる『聖女マウル伝』との類似は著しい。なぜならどちらの場合も、受肉した救世主の三つの様態を表しているからだ。つまり、母の膝の上の幼児、十字架に磔になった若者、そして勝利の王という様態である。しかし、九世紀半ばと一〇世紀末のテクストとの間には強調すべき重大な相違点が二つある。

――そのひとつは、三つの様態を列挙する順番が正反対という点である。その結果、クレルモンの例では聖母子に関する言及で物語が締めくくられている。

――もうひとつは、救世主の四つ目の様態が、クレルモンにおいてはもはや母の膝の上の幼児キリストとして表現されず、「聖母マリア像」、あるいは「神の母の荘厳像」として示されていることであり、もはやキリストという言葉さえ現れない。至聖所における聖母の荘厳なる像は、救世主の像を覆い隠し、それに取って代わろうとしているのである。一世紀半の隔たりがあるこれら二つのテクストを比較して明らかになるのは、神のレベルにまで、荘厳なる者にまで高められた聖母マリアの地位の向上である。

さらにテクストとこれらの画像とを照合してみると、より子細にわたって判断しうる。助祭アルノーによって書かれた物語には四分の三正面観の荘厳像が描かれているが（図21）、これは本写本の問題となる挿絵である。果たしてこの荘厳像は夢見られたものだろうか、それとも実際に当時、聖堂のために作られた像なのだろうか。縁飾りで四辺を枠どられ、幾何学文様で覆われた玉座が載る床を見ると、これら二つの解釈それぞれが理に適っているように思える。いずれにせよ、テクストに名前がない幼児キリストが、ここでは聖母マリアの膝の上にのせられて描かれている。さらにこのキリストは、異様に大きな右手で祝福の身振りを示し、中指の先は、左手で持つ十字の柄に触れている。絵の中で中心的な身振りを誇示しているのはキリストであり、さらにその手が十字に触れていることからも、ここで礼拝の対象となるべきはこの贖罪主である。最後に着目したいことは、十字の柄はＲＥＭ（事柄）の頭文字Ｒの縦の線と一体になって強化されている点である。この語はまさしくこの物語の始まりを示している（「兄弟らよ、我らが天が示され、それを傾聴せし者にとって賞讃すべき事柄を伝えん〈以下略〉」Rem, fratres, nostris diebus manifestatam, audientibus quoque admirandam, refero …）。十字の交差部の真下に重ね合わされたイニシャルはキリストを意味するラテン語化したクリスモンのアナグラムを形作り、ここではラテン語のＲがギリシア語のＰに取って代わっているのである[34]。このようにして挿絵は、テクストには欠落しているものの、少なくともそのアナグラムによって幼児キリストを指名している。同時に、

図21　モザ修道院長ロベルトゥスの幻視とクレルモンの荘厳の聖母子像　10世紀

REMという単語が大文字で、しかも十字と結びついていることは、助祭アルノーが伝える「事柄」、彼いわく「それを傾聴せし者にとって賞讃すべき事柄」に聴衆を引きずり込む。この「賞讃すべき事柄」とはヴィジョンのことであり、天上のイェルサレムをモデルにした聖堂建設についてであり、そしてこの堂内で実現される奇跡の聖母子荘厳像の完成なのである。

聖母の荘厳像は、周りを金と宝石で埋め尽くされ、聖遺物を内蔵していた。像の内部には小箱があり、その中に収められている聖遺物は何よりも聖母マリアのそれである。聖母被昇天という教義があるものの、それは地上にいくつかの聖遺物が存在することの妨げにはならなかった（聖母の髪、乳の一滴、衣の切れ端などが聖遺物になっていることが容易に思い出されるだろう）。この件から明らかになるのは、影像型聖遺物容器の優れた点は、それが単にイメージであるというだけでなく、ひとつの身体でもあるということだ。この二重の特質ゆえにこそ荘厳像は人気を博し、この特質によって、影像型聖遺物容器という新たな像がそれ以前の聖遺物信仰の恩恵に浴すことになった。逆に、外観を聖人の姿に見せることによって、聖遺物がもつ力をより確かなものにしていった。以降、崇敬の的となりヴィジョンの対象になり得たのは、ひとり聖母マリアの荘厳像だけでなく、他の聖人の荘厳像も同様だったのである。

聖母の影像から諸聖人の影像まで

それはまさしく一〇世紀から一一世紀にかけての大革新であった。神のごとき荘厳像はもはや贖罪主に限定されることはなく、聖母マリアや聖人も同様に表されるようになったのである。紀元一〇〇〇年以後、このような荘厳像と結びつけられた夢やヴィジョンの証言は増加する。例えば一一世紀末、『聖セルヴァティウスの移葬』の著者であるヨクンドゥスが伝えるところによると、ロタリンギア公ギスレベルトゥス（九三九年没）は夢の中で聖セルヴァティウスを見たが、それと認識できたのも、マーストリヒトの聖堂にあった金でできた聖人像のお蔭であったという(35)。しかし我々が今扱っている問題に関する最も重要な情報源は、言うまでもなく一〇〇七年から一〇二九年にかけてアンジェの修道士ベルナルドゥスによってまとめられた『聖女フィデスの奇跡の書』であろう(36)。

視覚的なことすべて（ヴィジョン、視覚、視線、目、失明など）は、この書において最も重要な位置を占めている。コンク巡礼の人気が急速に高まり、アンジェの修道士ベルナルドゥスもこの地に関する情報を得るやすぐにコンクにやってきたのだが、このような人気の高まりは、ひとりの盲目の幻視者ギベールが奇跡的に治癒したという評判が地域を超えて広まったことから説明される(37)。この奇跡譚のすぐ後に第二の類似した物語である盲人ジェルベールの治癒の話が続く(38)。ジェルベールは治癒した後も再び左目の視力を、さらに乱闘のせいで右目の視力を失うことになり、聖女の新たな奇跡が求められたと、アンジェのベルナルドゥスは第二巻の冒頭でこの二つの奇跡譚を等しく詳細に語る(39)。

その一方で、荘厳像を目にしたいという巡礼者の願望——まずオーリヤックにある聖ゲラルドゥスの、ついでコンクにある聖女フィデス（フォア）の荘厳像——、さらに荘厳像に見てもらいたいという願望についてもこの修道士は次のように魅力的な言葉で語っている。耿々と光る彫像の目は、それがまるで生きているかのような印象を与え、射すくめられたような信者たちの観想にまなざしで応えているかのようである、と(40)。病人と彫像型聖遺物容器という身体をもった聖人との間にひとつの関係が生じるのは、この視線のやりとりによってであり、その関係は夢幻的ヴィジョンの中で継続し、ついに病人の治癒に至るのである。

この『聖女フィデスの奇跡の書』において特に強調されていることは、荘厳像の足許に、あるいは荘厳像そのものに、夜になると集まる巡礼者たちが見る夢の重要性である。若き聖女が欲していた金や宝石を強く求めたのも夢の中であり(41)、時に反逆し冒瀆する者、あるいは自分が身につけている金や宝石を脅かす者たちを恐怖の底に落とし入れ、打撃を与えるのも夢の中であった(42)。多くの場合、治癒が達成される、少なくともそれが開始されるのは、夢に彼女が現れ出る最中のことであった。そして聖女フィデスの癒しで評判になった病で最も際立ったのは失明であったため、盲人たちが、聖女が目を「改善する」ためにやって来るのを見るのも夢の中であった。盲人ジェルベールが夢の中で見たのは、左手でうなじを押さえ、医者のように、失明した目に右手を入れる聖女の姿である(43)。さらに別の盲人はこの聖女の聖堂の中で眠り込んでしまうが、その夢で「驚くほど美しい鳥が二羽舞い下り、激しく燃える松明で彼の両目を突き刺し、そしてまた軽やかに飛び去っていった」と言う。夢から目覚めた盲人はよろめき歩くやたちまち激しい痛みの中、「両方の目から血が流れ出て、彼の髭や服はびしょ濡れになっている」ことに気がついた。「すると、幾筋の光を感じ始めたのである…」(44)。聖女フィデスは彼女を夢に見る盲人を癒したが、ある者を盲人にしてしまうこともできる。鍍金を盗んだ者からそれを取り戻すべく、聖女は夢の中に立ち現れ、ハシバミの棍棒でその盗人の目をつぶそうと脅かすのである(45)。

通常、聖女フィデスは巡礼者が見つめた彫像と同じ姿では現れない。ひとつの例外がむしろこの法則を裏付けてくれる。かつて聖女像の鍍金を盗んだ番人、修道士ジェルベールのもとに「うら若き乙女の姿ではなく、いつにない姿、崇敬する彫像の形」で聖女フィデスが現れたのである(46)。修道士と彼が守る荘厳像という特別の親密な関係であったからこそ、聖女はこのように現れたのであろうが、通常は、殉教した時の全き少女の姿か、神に選ばれし天上の王国の乙女の姿をして現れた。「聖女は皆のもとに夢の中で現れ、大変美しく、まだ大人になっていない娘の姿をしている」と目撃者は伝える(47)。また別の者は夢の中で「年は一〇歳頃、物腰すばらしく、言葉に尽くせぬほどの美しさを備え、まことに高価な装飾品を付けた金色の服を着た乙女を見た」と言う(48)。これら夢の中の聖女についての話は、この若い娘を「処女性という純真さにおいて、容貌の清らかなる喜びにおいて大変美しい」と語る『聖女フィデスの奇跡の書』を反映している(49)。一方、『聖女フィデスと聖カプラシウスの受難』（以下『受難伝』）が言及するのは彼女の彫像型聖遺物容器である。それは、聖女が拷問に遭っている時に、同輩の殉教者聖カプラシウス（カプレ）が目にしたヴィジョンである。カプラシウスは宝石と貴石に光り輝く冠がフィデスの彫像の頭に降りてきて、同時に一羽の鳩が棕櫚の葉をくわえて舞い下りるのを見る(50)。アンジェのベルナルドゥスの時代、荘厳像の頭部は宝石が嵌め込まれた金の冠を戴いていただけでなく、像の玉座は金でできた二羽の鳩で飾られており、それは、ベルヴォーの修道院長ベルナルドゥス（のちのカオールの司教）が自分の見た夢に従って聖女に差し出すことにしたものであった(51)（図22）。

当時、この荘厳像だけが聖女の唯一の表現ではなかった。一一〇〇年頃、修道院長ベゴンはメダイヨン装飾の銀製の枠に斑岩の板で

図22　荘厳の聖女フィデス（図15の部分）10世紀，コンク

できた携帯用祭壇を作らせた。四隅はテトラモルフの像が占める。上部には祝福のポーズをとる正面向きのキリストの胸像が表され、下部には仔羊が表されている。キリストに従うよう右に聖母マリア、左に聖女フィデスの二つの胸像が、同じ高さの位置に中心軸へと向かい合う。より下方に二人の聖人肖像があるが、誰かはわからない。〈S.FIDES〉の銘によって明らかにされた聖女フィデスは、まるで神の国の住人であるかのように表現されている(52)。少し後の一一〇七年から一一二五年頃、聖女フィデスの像がコンクに新しく建造されたロマネスク聖堂のティンパヌムに彫られた。聖女は、神に選ばれた者たちの列の中ではなく、もっと下方の復活する死者たち、つまり審判者に対して彼女がとりなしをする死者たちと向き合っている。そのため、彼女は横向きで表され、頭はヴェールに覆われてニンブスが施され、祈りのために両手を合わせ、神の手の前でひれ伏している。神の手から発せられた光は聖女の頭部をかすめている(34頁図8)。ジャン＝クロード・ボンヌが適切に指摘しているように、聖女フィデスの祈りは、ティンパヌムの中央部で右手を上げる神の身振りを「鎮めて」いるのだ(53)。聖女フィデスは天上界に属している。たしかにティンパヌムの浮彫りは、聖女を聖堂の中に表しているが、実際にはそれはここ入口なのである。聖堂は半円形アーチによって象徴されている。その内二つのアーチは梁によって結合しており、その梁には、聖女の奇跡を示唆するものとして、彼女が解放した囚人に科されていた鉄の鎖がぶら下げられている。二つの円柱の間のちょうど聖女の真後に、まるで聖女が神の前で額き祈るために出てきたばかりのように誰もいない聖堂が立っている。その隣のアーチの下には祭壇が安置され、その上に聖杯が置かれている。つまりこの浮彫りは、荘厳像と聖堂における信仰を直接的に示しており、聖女は彫像として表現されていないものの、天上に住まい、信者のために神にとりなしをしているのである。夢と共通する「要約」という過程を経て、このティンパヌムの浮彫りは、荘厳像の視覚的イメージと同時に、若き殉教聖女の夢幻的イメージをも示唆しているのである。

比較しうる事象が聖女フィデスの別のイメージにおいても認められる。それはセルスタの写本『聖女フィデスの奇跡の書』を飾るイニシャル画像である。ここに表される聖女は「荘厳像」ではなく、立派な衣装を身につけ、長い髪を三つ編みにして垂らした若い乙女の姿である(54)(図23)。これは聖女が殉教した時の状況を示唆している。なぜなら彼女のそばには、ダキア総督の敵意ある監視下におかれた聖カプラシウスがいるからだ。これについては、この写本画を、聖女(頭部にニンブスはない)が総督の前に出廷するところを表したコンク聖堂身廊北側の物語場面を表した柱頭の像(一一〇五年頃)と比較することもできよう(55)。写本でありながら、下方の写字生が書物をうやうやしく献呈するその姿は、この画像がもっぱら物語的ではないことを示している。聖女フィデスは、現世における人生の最後の出来事と同時に永遠のうちにあることを表しているのである。

図23　聖女に本を渡す写字生の描かれたイニシャル装飾『聖女フィデスの奇跡の書』12世紀

聖女フィデスの像の前に集まった巡礼者は、決して夢の中で見たような若い娘を目にしてはいなかった。しかし、彼らは容易にそこに若い娘の姿を認めることができたのであり、それは奇跡のなせる業であって、またありきたりには、旅路の終わりに聖地に辿り着いた巡礼者に修道士が習慣としていた『受難伝』の講話の効果による。若き聖女の殉教に関する説教を聴くことが、夢の予備知識として役立たないはずはない。いずれにせよ、それは巡礼者と聖女との間に親密な関係を作り出し、夢の中で相互に認識しあえるようにしてくれたのである。盲人となったギベールは、夢の中で聖女フィデスが目の前に現れ、右の頬をやさしく撫でてくれるのを見た。ギベールはたちまち彼女とわかる。

「眠っているのですか、ギベールよ」、彼女は彼に尋ねた。彼は言う。「私に声を掛けるあなた、あなたは誰ですか」。彼女は答える「私は聖女フィデスです」。彼は言う。「どうして婦人よ、私のもとに現れたのですか」。彼女は答える「理由はありません。あなたに見られるためのほかは」。ギベールが感謝の言葉を述べると、彼女は再び尋ねた。「あなたは私を誰だか知っていますか」。彼といえば、まるでこれまで会ったことがあるかのように彼女を知っていて次のように答えたという。「よく存じております。私はあなた様のことをすべて知っていますとも」。

これとは逆の例もある。似たような奇跡の話だが、それはコンクからは遠いトゥールーズで起こったことで、聖女が現れるという恩恵に与った者が、しかし見たこともない聖女を認識できないと告白する。「主任司祭の勤めを任されているこの男はトゥールーズに住んでおり、夜に見たヴィジョンの中で聖女が自分のもとに現れ、声を掛けたという。「私のことがわかりますか。レゲンフリードよ」。彼は答える。「これまでお会いしたことがないのに、どのようにしてあなたのことがわかるというのでしょう」。（彼女は言い返す）「私ですか、私は聖女フィデスです……」(56)。

以上のように、夢に現れる聖女のイメージは彫像という物質的イメージと同じではなく、この相違ははっきり区別されている。しかしながら、若くして殉教した娘の話を聞き、彼女の像を眺め、熱心にそれを凝視したことは、夢のイメージへの期待をかき立てる。視線を一身に浴びる彫像は視覚経験の中核を占め、そこで可視的なるものはヴィジョンを見る者に反応し、またヴィジョンを見る者が可視的なるものに反応し、夢のイメージが物質的イメージに反応し、物質的イメージが夢のイメージに反応するのである。聖堂ティンパヌムの聖女の浮彫りに認められるのは、この可視的イメージと夢のイメージとの間にある曖昧さ、流動性であり、この視覚経験はある空間の中で行われ、その空間によって限界づけられている。修道院の所有物が脅かされる場所や、例えばトゥールーズのように遠い場所で聖女フィデスが奇跡によってあまねく介入できたとしても、彼女の視線の影響力が発揮されるコンクの聖堂の場合と同じようには簡単に認知されないだろう。

コンクの巡礼者が見た夢の簡潔な話は、モザ修道院長ロベルトゥスの長大なヴィジョンと趣を異にしている。しかし両者とも、聖母の彫像型聖遺物容器と聖女のそれという新しい種類の荘厳像に関わっている。三次元のこれらの像は、行列の際に持ち運びができるよう可動性があり、祈禱のあらゆる種類の身振りの対象となったが、このことはまずもっともだが、こうした像を偶像にたとえたアンジェのベルナルドゥスの異論の対象となった。さらに彼は、「主の磔刑」だけが「木や石膏」で彫刻されるに妥当であり、信仰の対象たりうるとしたためにこれらに反対したのである(57)。モザのロベルトゥスが見たヴィジョンとコンクの巡礼者たちが見た奇跡の夢の双方に共通しているのは、これまでになかった彫像型聖遺物容器を正当化する働きである。物質的形態以上に、ヴィジョンと夢は神への直接的な接近を可能にし、人間が創り出したこの革新を正当化する永遠なる者の容貌や声を露わにする。しかしこのような革新は、聖職者たちの反対を引き起こさざるを得なかった。例えば、少し以前のトロワのプルデンティウス、当時のアンジェのベルナルドゥスらは、イメージの奇跡という特性を大いに強調しながら、イメージがその原型と完全に同化してしまう危険性を抑圧しようとしていた。アンジェのベルナルドゥスは、聖女フィデスが彫像型聖遺物容器の姿ではコンクの巡礼者たちの前に現れないと強調しているが、ならば、それが唯一完璧に聖女フィデスその人となるといった考えを退けようとしなかったのだろうか。聖女とのより完全な関係を目指そうとした巡礼者は、聖遺物が収められていようと、金や宝石、像のまなざしの強さが天上の「美徳」の表れであろうとも、荘厳像を熟視することに終始しているわけではない。肉体の感覚が認知する物質的画像を超越し、唯一夢だけが、永遠に生きるこの若き守護聖女と信者とを現世において引き合わせることができるのである。

物質的イメージと夢のイメージとの関係は単純ではない。見たことのある画像を夢に見ることができるし、逆に、顕現した天上の人物に似せて画像を描かせたり彫らせたりできる。例えばクレルモンの場合のように、これら二つのイメージ間の関係性と類似性が際立つことがある。しかしコンクの場合のように、「慣習」となるのは両者の相違のこともある。いずれにせよ、聖なる、ないしは神的な「ペルソナ」は次の三つの様態で同時に表現されたのであった。

一、物質的「画像《イメージ》」、あるいは「肖像（effigie）」として――この場合、制作においても用いられる素材（金、銀、宝石、顔料など）においても「美しく」、「高価」であらねばならない。

二、身体として――画像が収める聖遺物（時に複数）による。原則として聖遺物は、聖女フィデスの場合のように、画像が象る人物のものであるが、ひとつの画像ないし磔刑像が、複数の聖人の遺物を内蔵することもあり得た。のちにさらに状況は飛躍し、涙や血が画像から流れ出ると考えられるようになり、代替物としての身体性が付与される。

三、永遠に生きつつも人々のもとに現れ、ヴィジョンや夢の中で人々に自身を示す、キリストないし聖人という天上の「ペルソナ」として。

これらが同じでない限りにおいて、この三種の現実態はあるひとつの体系を形成し、信仰と儀式の所作の有効性を保証するために相互補完する。こうして黄金の荘厳像は今もそこに身体を収める聖人そのものであるが、彫像の足下で眠る盲人が夢の中で見た驚嘆すべき美しさをたたえた娘こそが聖女フィデスであるなら、像は全き聖女ではない。実際に聖女フィデスを見ようとするならば、聖女の夢を見る状況に身を置き、生きてそこにいる彼女を目にし、彼女の声を聞いて彼女に話しかけ、その好意的な、あるいは懲らしめの接触に身を委ねるためには、まず彼女の殉教譚に、彼女の名前の栄光に、ついでガラスの目の光り輝くまなざしに魅せられねばならない。以上のことは、盲人のほうがはるかに容易になせる。盲人ジェルベールが夢の中で聖女の治癒を目撃したように、その肉体の目によって魂のまなざしが遮られることはなく、奇跡の証しとして、その肉体の目に聖女像のガラスの目の輝きが宿ることになるのである。「おまえは、かつて負傷した傷痕に彼女の瞳の宝石が光り輝き、そしてガラスではなく肉体の目が光を放つのを目にするだろう。自然の経過に抗して両目は、もとの状態に戻ったのだ」(58)と、アンジェのベルナルドゥスは修道の勤めにやってきた盲人について記している。まなざしの中に彼女の目の超自然的な輝きを留めずして、聖女を夢の中で見たり、その像を凝視することはできないのである。

＊

ここでとりあえずまとめるにあたって、数世紀という時間を一気に飛び越えてみよう。すると逆に、中世初期の特殊な事情がよりよく理解できるからだ。夢やヴィジョンに託して、夢を見る人や幻視者、そして奇跡を起こす画像の身体を無意識的に模倣する行為には、歴史的プロセスを重ねて一二世紀からきわめて強力な手本が現れるようになる。特に一三世紀には、サン・ダミアーノ聖堂の磔刑像を前にしたヴィジョンがアッシジの聖フランチェスコの改心の証となり、それは、キリスト教の歴史において最初に、肉体に聖痕を受けるという究極的経験として答を出すこととなる。周知のように、一四世紀の特に女性神秘主義が続く。キアラ・フルゴーニ、最近ではモニカ・キエリーニ・ナリが示しているように、フォリーニョのアンジェラは十字架の前で恍惚状態となり、自分が「ヴィジョンの十字架に何回も何回も磔られた」と感じていた(59)。まさにヴィジョンにおいて、アンジェラはキリストの磔刑の苦しみを共に感じていたのである。神秘主義者の例をもうひとつ挙げてみよう。シエナのアルドブランデスカは、その差異ゆえに、中世初期に確認されたいくつかの状況を明らかにしてくれる。十字架の前で彼女が瞑想していた時、キリストの血が脇腹を滴り落ちるのを見て、その味をどうしても知りたくなった。驚くほどに甘美であることを確認した後、「この善行の記念に」と、十字架から降ろされたわが子の亡骸を抱く聖母マリアの絵を描かせた。先述の二人の歴史家が正しく指摘しているが、フォリーニョのアンジェラが、死際に見た最後のヴィジョンの中で、自分を御眠りの聖母と同化していたように、アルドブランデスカはピエタ像の聖母と自己を同一視している。そしてまたここで強調すべきは、イメージが変遷していく過程である。つまり、男性的で伝統的な十字架という第一のイメージから、女性的で新しいピエタという第二のイメージへと至るプロセスである。この変遷を可能にしているもの、それこそがヴィジョンなのである。トロワのプルデンティウス、モザのロベルトゥス、アンジェのベルナルドゥスらの言説にあるように、ヴィジョンはさまざまなイメージを結びつけ、それらを信仰の対象のヒエラルキーのいずれかに位置づけ、とりわけそのヒエラルキーを変容させる論理的であると同時にイデオロギー的な役割を果たす。こうして聖母のイメージは、キリストのイメージに代わる最高の地位にまで昇進しうるが、それはひとえにヴィジョンのお蔭なのである。

構造的見地からいえば、夢やヴィジョンが担っていた機能は、九世紀から一四世紀までは同じままであったといえよう。それは人と物質的イメージとの間の媒介的機能であり、その間においてイメージがどのように位置づけられるかという階層化機能であり、そしてこの新しい文化的イメージを正当化する機能である。しかし、歴史的見地からいえばあらゆることが変化している。イメージの種類や数、信仰のテーマ、夢やヴィジョンの状況、とりわけ、このようなあらゆるイメージを作り出し、普及させ、受け入れる社会階層、これらが絶えず発展していったのであった。

6　画像の奉遷と力の移動／ウォルサムの石造磔刑像

イングランド、一一～一三世紀★

夢がいかに新たな宗教像を正当化し推進し得たのか、そしてそれらの画像、すなわち絵画や彫像の周囲で独自の信仰と信心の形態が展開してゆくその過程をこれまで検討してきた。本章では、この現象のいわば政治的側面に光を当てよう。画像はどのように権力の表現と効力に参与したのであろうか。その制作方法や普及のあり方は、いかにして、ある人物や社会集団が画像の力を確信するに至らしめたのだろうか。

ウォルサムの磔刑像の物語はこのような問題に答えるにはうってつけの事例である。ローマとビザンティン世界から遠く離れたこの地では、画像の操作は、地域的でいささか周縁地域であるゆえにこそ革新的な形態をとって現れたからだ。

東方から西方へ——奇跡の画像

まず、「人の手によらない」画像の社会的位置とその歴史に関する考察から始めよう。周知のように「アケイロポイエトス」は、ビザンティン世界における聖画像《イコン》とその信仰の発展と正当化において重要な概念である。マンディリオン〔聖顔布、自印聖像〕とケラミオン〔聖なるタイル——マンディリオンがタイルに転写されたもの〕は、キリストの聖顔や聖ルカが描いた聖母の「肖像」と関連する有名な例である。留意すべきは、西方の伝説集と図像学において東方的伝統が浸透していたのみならず、西方も自身の画像について、類似しながらも独自の正当性の根拠に訴えたことである。もっとも著名な三次元の宗教像——磔刑彫像や聖母および聖人の荘厳像など——は一〇世紀以降に増加し、知れ渡るようになるには、表現された天上的存在すなわちキリスト、聖母、何某の聖人が、独占的ではないものの少なくとも決定的な役割を制作過程で果たしたとする物語があったからである。九五〇年頃、金細工師アロームが制作したクレルモンの荘厳像も聖母マリアの奇跡的な介入がなければ完成しなかったはずだ。聖母はアロームの工房に蜜蜂の群れを送り込み、彼の仕事を妨げる悪魔のような蠅を追い払ったという。ケルンでは九七〇年頃、ゲロの大司教が木製の大きな磔刑像を彫らせたが、完成するや頭部に亀裂が入ってしまった。そこで大司教が裂け目に聖別されたパンを挟んだところ、たちまちその間隙は埋まったという。こうしてこのキリスト像はキリストの「真の身体」となり、信者の崇拝に捧げられ、新たな奇跡を起こすものとなった。さらに一二世紀、助祭レオビヌスの作とされるルッカのヴォルト・サント〔「ヴォルト・サント」とは聖顔の意〕伝説を取り上げよう。キリストの受難に立ち会ったニコデモは名高い磔刑像〔「ヴォルト・サント」像〕を彫っていたが、どうしてもその見事なキリストの顔を仕上げることができないでいた。するとまさしく神の摂理によって、ニコデモがまどろんでいる間に天使がやってきてその仕事を完成させたのであった〔次頁図24〕。

上 **図24　ニコデモが眠っている間にヴォルト・サント像の顔を彫る天使**　ヤコブス・デ・ウォラギネ『黄金伝説』(フランス語版) 15世紀／下 **図25　ヴォルト・サント像の奇跡の奉遷**『同書』

この世ならざる力の必然的で何より正当な行為は、画像の奇跡的「発見」に際して発顕するために、すぐさまそれらは信仰の中心となってゆく。かつて宗教画像は覆い隠され、地下に隠して信仰の敵である異教徒やユダヤ人の激しい偶像破壊から身を守るべきものであった。やがてそれらの像は夢によって再発見され、夢を見た人を導いてその像の「発見者」にするのである。例えばヴォルト・サント伝説が伝えるところによれば、八世紀イタリアのある司教が巡礼のためエルサレムを訪れたところ夢に天啓が開かれ、ユダヤ人による破壊から難を逃れるため、ニコデモと仲間たちが磔刑像を隠した場所を知らされたという。

他と同じくこの伝説の場合でも、聖なる像は、それが発見されたのと同じ場所では崇敬されない。そもそも聖像というものは、像自らが定めた信仰の場に「奉遷」されるべきものであった。新たな奇跡によってこの信仰の場が明らかにされるのだが、むろんこの決定は恣意的ではない。歴史家がこれについて説明する際に用いるのは、権力の理論であり――例えばイベリア半島のレコンキスタの場合(1)――また、キリスト教の象徴的、政治的、宗教的な地理形成における制約である。こうした移動においては、それ自体がしばしば画像に対する信仰の条件となるのだが、すべて奇跡によって分節される出発地と到着地、のみならずその行程が重要となる。再び東方の事例を取り上げよう。マンディリオンはガリラヤからエデッサのアブガル王のもとに運ばれ、その後一〇世紀に帝都コンスタンティノポリスに移される。一方、西方キリスト教世界の聖顔であるウェロニカの布はティベリウス帝の要請によってエルサレムからローマにもたらされ、皇帝はそれに触れることで病が癒されるのだが、この聖顔布は、教皇制の守護的象徴（Palladium）となるのである。「ヴォルト・サント」磔刑像もさまよえる存在であった。船に載せられた「ヴォルト・サント」像は、風というより天使たちによってイタリアの海岸にまで流れ着き、ルーニとルッカの町で争われた挙句、ルッカの町に辿り着く。「ヴォルト・サント」像は二輪馬車に乗せられるが、それを引く馬（あるいは牛）がある所に来てそれ以上進むのを嫌がると、人々はついにこの磔刑像が住まう家、ラテン語文書が物語る「ふさわしき場所に（in loco competenti）」到着したのだと理解した。やがて一連の奇跡が起こり、それが正しかったことが明らかとなる（図25）〔ルッカの「ヴォルト・サント」像は241頁図34〕。

本来あった場と目的地の間という現実の空間を、こうして画像が想像上で分節しているのである。そしてその旅程を区切るのは奇跡であり、それを説明してくれるのは夢やヴィジョンというべいわば別の形態のイメージであって、この「精神的」イメージが、画像すなわち物質的イメージの背後にある天上的なすべてを明らかにする(2)。荘厳像の足元に群れをなしたコンクの巡礼者たちが、肉体の目によって認識される像とは異なった魂の目によってのみ見える夢幻的な様態で、天上の聖女フィデスが彼らの病を癒すべく出現したのを目のあたりにしたのは夢の中なのである。

ある場所から他の場所へ

奇跡的な画像の「発見」と「奉遷」、象徴的空間の構築、夢によるイメージの出現、そして信仰の政略的利用はいずれも、キリスト教図像の比較研究史の主要なテーマであった。コンクの例と比べあまり知られていないものの、ここではウォルサム修道院の磔刑像を取り上げ、これら諸テーマを検討してみよう。この石造磔刑像は現存していない（すべての修道院と同じく、宗教改革の波がロンドンの北四〇キロのこの修道院を襲い、その際に磔刑像は消失してしまったと見られる）。しかし、この磔刑像に関する一二世紀第4四半世紀から一三世紀初めまでの史料が三点ある。

まず『ウォルサム修道院年代記』である。この史料は、一一七七年をわずか過ぎた頃、聖アウグスティノ律修参事会の会員一六名の内のひとりによって書かれた(3)。この参事会は、一〇六〇年（つまりノルマンディー公ウィリアムによるイングランド征服の直前）に設立された参事会員らによる小規模の共同体に代わって、プランタジネット朝国王ヘンリー二世が一一七〇年にウォルサム修道院内部に設立したものである。逸名のこの年代記者によって、ウォルサムの教会創立の状況を知ることができる。それによると一〇三五年、デーン人の貴族でクヌート大王に仕える元帥（staler）、勇者トヴィによって教会が設立されたが、この一一世紀初めには、王国の版図はイングランドの南にまで拡大していた。トヴィの死後、ウォルサムの教会とその領地は、息子エセルスタンの手に渡ることなくイングランド国王エドワード証聖王によってハロルド伯の手に渡り、その後、ハロルドはエドワードの跡を継いで国王となる。国王ハロルドがヘースティングスの戦い（一〇六六年）に敗れて亡くなると、戦場にあった彼の遺骸は集められ――勝者の容認による措置であり、また「白鳥の首」と呼ばれる娼婦が彼の遺体を特定したためである――、ウォルサムに埋葬されることになる。以降、この修道院が名声を博して巡礼者を惹きつけたのは二つの理由からであった。ひとつは名高い奇跡の十字架を所有しているからであり、もうひとつはアングロ・サクソン系最後の国王の亡骸が葬られたからである。

しかし第二の史料である一二世紀末の『ハロルド伝』(4)によると、ハロルドはヘースティングスの戦いで殺害されておらず、殺戮を回避して密かに逃げ去って隠者として生きながらえ、やがてチェスターの地で聖性の誉れに包まれて亡くなり、その亡骸もチェスターに葬られているという。この説もおそらくウォルサムに由来するものであり、当時芽生え始めていたハロルド信仰を抑制しようと意図されたのであろう。ハロルド信仰はウォルサムの石造十字架をめぐる信仰を危うくする恐れがあったからである。

第三の史料は同修道院が所有していた一二〇四年の聖遺物目録である(5)。そこには、当時から二世紀前にこの修道院に奉納された十字架とその装飾品が適切な箇所に記されている(6)。

以上に挙げた史料の重要性は、「発見」に始まる「奉遷」と、一一世紀初めの修道院設立というこの十字架の物語を、一二世紀から一三世紀という視点で回顧することを可能にしてくれることだ。実際、「ウォルサムの十字架」は単なる十字架ではなく、唯一の図解された記録――記銘によって出所がわかる巡礼の記章――にのみあり、より明確には「黒い石でできた（ex atro scilice）磔刑像」なのである（次頁図

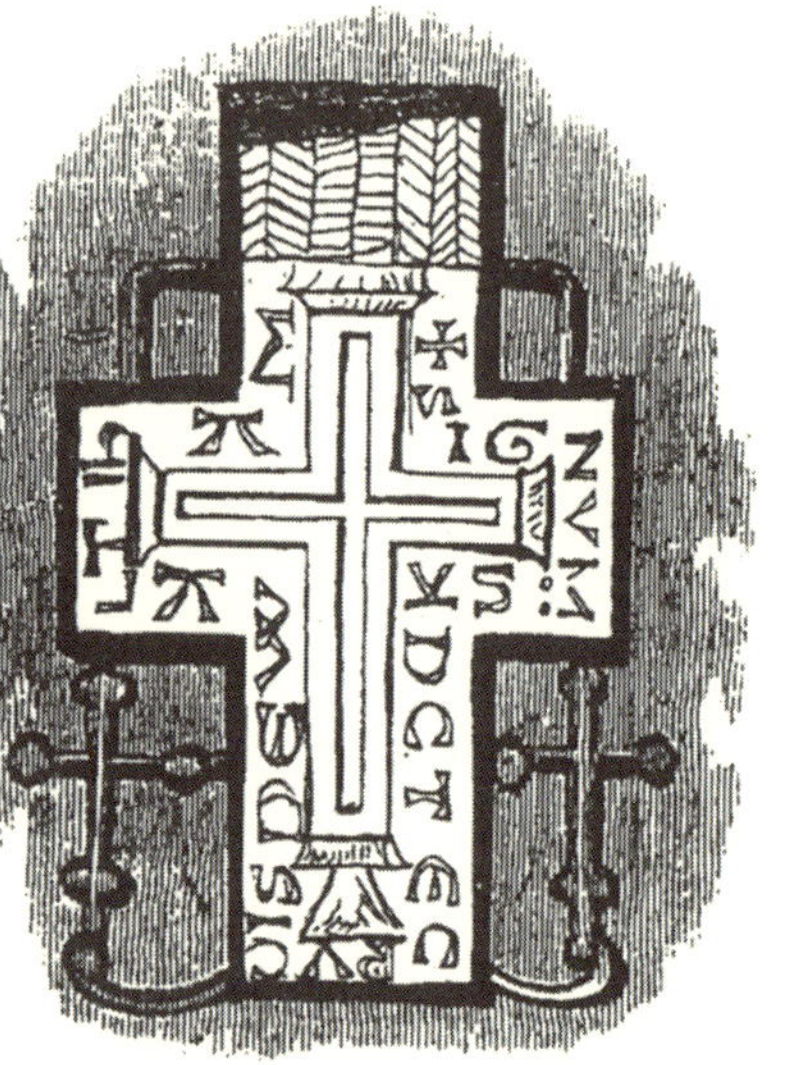

図26　「ウォルサムの聖十字架」のある巡礼者の記章

26）(7)。これが「発見」されたのは一〇三五年頃、西方において新たな三次元の宗教像——例えばケルンのゲロの磔刑像、コンクの聖女フィデスの荘厳像、そしてカスティーリャ・レオン王国のフェルナンド王とサンチャ王妃の象牙磔刑像（一〇六〇年）など——が発達した時期とほぼ重なっている。すでに典型的な特徴については述べたが、「ウォルサムの十字架」ののちの歴史は、奇跡の像に対する信仰の形成過程を特権的な方法で、次のように明らかにしている。

　第一段階は「発見」である。夢のお告げによって、この石造十字架はある丘の上で発見された。その丘は現在モンタキュートと呼ばれ（サマセット州）、「尖った山」の意である。アングロ・サクソンの時代、この地はラジャースベリーという名で呼ばれていたが、これはケルト語の「Logseresbeorch」、つまりこの地に福音を説いた司教聖ログウォーの名に由来する。スカンディナビアによる征服の後、同地は国王クヌートの補佐トヴィの所有となった。『ウォルサム修道院年代記』には、十字架がこの丘の頂にあった理由は明らかにされていない。『ハロルド伝』では、「天を貫いてかの地に」やってきたとある(8)。ヴァイキング侵略のこの時代、同地方では、財宝や聖遺物を隠蔽する別の事例も知られている。マームズベリのウィリアムの証言によると、グラストンベリー近くの修道院の場合である。修道士たちは、「聖ダンスタヌス（Sanctus Dunstanus）」の頭文字S.D.が記された鉄の箱に、聖ダンスタヌスの聖遺物をしまい、切り出された石の下に隠しておいた。隠し場所を知っているのは二人の修道士だけであり、他の修道士二人だけには知らせてよいが、それ以外は秘密厳守とした。知らされた二人も同様にこの秘密を別の二人にだけ打ち明けた。こうして、修道院が火災に遭い、ひとりの若い修道士が暴露してしまうまで、この秘密は一七二年間守られたのである(9)。

モンタキュートでは異なる展開を見せる。聖具係であった鍛冶屋のもとにキリストの「肖像（effigie）」が現れ、驚くほどの財宝を見つけるべく司祭を丘の頂まで連れて行くように命じた。「肖像」は二度現れたものの鍛冶屋は妻と相談し、二度ともこの命令に従わなかった。それほど彼は顕現を疑わしく思ったのである。次第に執拗になる脅迫に屈し、彼は意を決して司祭に事情を説明すると、司祭はその地に住む人すべてを集めて行列を作り丘の頂まで進むことにした。そこで発掘していると、裂けた大きな石の下から――キリストの墳墓が想起されよう――黒い石でできた十字架が発見された。十字架の右腕の下にはより小さな第二の十字架が見つかり、左腕の下には古い鐘があって、それは「農夫が飼っている雌牛の首につける鐘」のようであった。そして最後に発見されたのは福音書を内容とする一冊の古くて「黒い書物」であった。トヴィはこの発見の知らせを聞くと直ちにモンタキュートへと向かった。小さい方の十字架は発見のしるしとしてそこに残して置くように指示し、それ以外はすべてより誉れ高き地に奉遷することにしたのである。

ここからが第二段階である。奉遷を果たすために、トヴィはその候補地としていくつかの地名――カンタベリー、ウィンチェスター、グラストンベリー、ロンドン、レディング――を次々に挙げてみたが、十字架を載せた荷車に一度繋がれた牛たちは頑として一歩を踏み出そうとしなかった（次頁図27）。ついにトヴィはウォルサムの名を挙げた。当時、同地にはまだ多くの人々に知られた聖堂があったわけではなく、狩猟地のひとつに過ぎなかったが、その名が発せられるや否や荷車が動き出した。牛が荷車を牽いていると言うより荷車が牛を押していると言った方が正しかった。こうしてアングロ・サクソン系のキリスト教徒、あるいは島嶼南西部のケルト系のキリスト教徒でさえ等閑にしてきた古い聖遺物をデーン人たるトヴィは手に入れ、東に一〇〇キロは優に離れてクヌートの支配下にあったブリタニア中心部に十字架を奉遷し、地面に立てたのである。

そして第三段階は、ウォルサムにおける十字架信仰の形成である。ここで奉挙〔地下から地上に移すこと。発掘(elevatio)〕を取り上げるが、強調しておかねばならないのは、この信仰形成の旗振り役が教会ではなく、俗人貴族トヴィであったということだ。「典礼」があるならそれは彼の発案であり、いずれにせよ彼に主権がある。トヴィは、宝石、金、銀板などで十字架を覆った。ところが磔刑像の右腕に釘でこれらを打ちつけようとするとそこから血が噴出したため、トヴィは、救世主に対する受難の繰り返しである侮辱的行為をこれ以上続けることができなかった。流れ出る血を布に吸わせ、まるでキリストの聖遺物のようにその布を聖遺物容器の中に安置した。その後トヴィは、着ていた高価な服を脱ぎ捨てて粗衣を纏い、まず磔刑像の前で謙遜にも地面にひれ伏し、「子供のように口ごもりながら」キリストを礼拝した。

図27　モンタキュートで発見された石の十字架を受け入れるために，誇り高きトヴィにより続けて選ばれた場所

ついで、十字架に奉仕する勤めを負う聖職者の生活の糧を保障するために、彼が所有していたウォルサムとその他の領地をこの十字架に寄贈した。最後にトヴィは、「騎士叙任式の際にあてがわれた剣を手にし、やがてそのために戦うことになるこの十字架に剣を当てた。ついで、彼はこの剣を木製の十字架に取り付けて銀板で覆い隠し、ここに釘を打ち付けることを許さなかった」(10)。一二世紀末の文書においても、騎士叙任式の特徴と封建制における臣従礼とのそれが混同した奇妙な儀式についての言及があり、十字架が礼拝の対象になっている。一方、トヴィの妻グリタは、この磔刑像に金の王冠、腰布、そしてキリストの両足を支えるための宝石が嵌め込まれた足台（subpeditaneum）を寄贈した。これらはすべて一二〇四年のウォルサムの聖遺物目録に記されることになる。例外はトヴィが寄贈した剣だが、おそらくこれは磔刑像と接触させた後、それに仕えるために彼自身が取り出したのであろう。

トヴィ夫婦が行動を共にしたことは興味深い。まさしく同様に、彼の君主であったクヌート大王とその妻であるアングロ・サクソン人エジルフは、ニュー・ミンスターの祭壇に金の十字架を載せる姿で一緒に描かれ（次頁図28）、二人の天使が、クヌート大王の頭には王冠を、エジルフの頭には布を載せている(11)。またノーサンバーランドのアングロ・ノルマン系トスティグ伯とその妻ユディトの場合も、共に金銀で覆われた磔刑像および聖母と福音書記者ヨハネの彫像をダーラムの聖堂に奉献している(12)。さまざまなイデオロギー的模範が彼ら夫婦の典礼に関わる寄贈の内に交錯している。まずキリスト教的な結婚の理想である。彼ら偉大な人物について想起されるべきこの理想は、夫と同じく妻の尊厳も認めていることだ。ついで、支配者についての王朝的規範であり王妃たる妻の役割を高めようとするものだ。そして、少なくともトヴィとクヌートについて当てはまることだが、異民族間の結婚を通じて征服者と原住民、すなわちデーン人とアングロ・サクソン人との結びつきを明らかにしようとする意思である。民族の長とその妻との

図28　ニュー・ミンスターの祭壇の上に十字架を捧げるクヌートとエジルフ『ニュー・ミンスターの生命の書』11世紀末

結びつきに象徴されるように、異民族との結合によって、十字架が、あるいはウォルサムの場合なら磔刑像が、将来の証人であり保証人となっているのである。

『ウォルサム修道院年代記』は実に、前述の修道院創設時の出来事とその後の出来事、つまりハロルドの時代のウォルサムの歴史における重要な第二段階との強い類似性を明らかにしている。エドワード証聖王からウォルサムの領地を譲り受けたハロルドは、トヴィの命によって建造された簡素な聖堂に代わるものとして、この地に修道院を建造することを決めた。修道院附属聖堂の献堂式には王国内の貴族、司教、司祭たちがすべて集まり、修道院に多くの貴重な品々や聖遺物が集められることになった。一〇六六年にエドワード証聖王が亡くなると、ハロルドは国王に選ばれ、カンタベリー大司教によって聖別された。一方、ノルマンディー公ウィリアムは自らの王位継承権を主張してイングランドに上陸した。この知らせが届くや否や、ハロルドはウィリアムと会おうとしたがその前にウォルサムに赴き、そこで「彼は大地に十字架状に伏して祈りを捧げた」。「それまでまっすぐ前を向いていた磔刑像は、まるで悲しむように顔を伏せた。来るべき出来事のしるしであった」のはこの時である。実際ほどなくハロルドは敗北して殺害されてしまうが、ウィリアムは戦場で彼の遺骸を捜し集めることを許可したため、司教座聖堂参事会員らは功徳者ハロルドを埋葬できたのである。

『ハロルド伝』によると、彼はヘースティングスの戦いで戦死しておらず、策が弄されて別の遺体が身代わりにされたという。同じ文書に基づきながら、ここではキリストの頭が垂れたことを「悪しき前兆」とはせず、真の十字架に磔にされたキリストの場合と同じく、ハロルド王の来るべき運命を見越しての精神的勝利の象徴と捉えている。一一章は——『ウォルサム修道院年代記』とは異なり、修道院ではなくハロルドの運命に話題が集中し——モンタキュートの丘の上での発見に始まるウォルサムの十字架の歴史に充てられている。逸名の著者は、トヴィが釘を打ちつけようとした時に十字架の右腕から噴出した血潮の奇跡について記している。それから、ハロルドが恩恵に与った奇跡について筆を進め、磔刑像がハロルドに挨拶をしようと頭を垂れた時、石は壊れもせずに、「まるで人間の肉体のようにしなやかに曲がった」ので、堅固な石のその柔軟性に驚嘆している。そして、頭部は元の位置に戻らなかったというのだ。『ハロルド伝』によると「この頭部の向きの変化は無視できないものである。何故なら、言われてきたように、かつては顎が真っ直ぐだったのに、今はご覧の通り、これまで述べた理由によって、顎は胸の上に乗っているようだ」。一二〇四年の聖遺物目録を一九九二年に編纂したニコラス・ロジャーによれば、観察に基づいたこのような記述は、「同時代のオットー朝美術やアングロ・サクソン美術の図像に見られる

図29　アングロ・サクソンの十字架型の聖遺物容器　1000年頃

自然主義に合わせた磔刑像の作り直しに、もっともらしい口実を与えることになった」(13)。頭部を傾げた磔刑像は、すでに紀元一〇〇〇年頃の、ウォルサムの磔刑像と比べてかなり小さい十字架聖遺物容器（18.5×13.4 cm）に見られる（図29）(14)。おそらくこれは、祭壇の上に吊り下げるために作られたのであろう。一方、アングロ・サクソン時代のより大きな丸彫りの磔刑像もいくつか残されており、それらは頭部が真っ直ぐ正面を向いている(15)。それらは当世風に改作された可能性もあるが、何より着目すべきはテクストであろう。そこでは逸名の「著者」が、自身が磔刑像を見たという注意力について記しており、それによると「毎日、注視すれば」それが作り変えられたかどうか見抜くことができ、そしてすぐに、それが奇跡によるものかわかる。「我々が毎日祭壇の隅で見ているのは、この目にも素晴らしい業なのだ」と。

一二〇四年に作成されたウォルサム修道院の非常に長い聖遺物目録において、件《くだん》の石造十字架は特別扱いされ、「我が共同体、我が名声の主たる存在理由（tocius nostre religionis et honoris huius loci principalis causa)」と位置づけられている。この磔刑像に対する信仰が継続されていたことを示す記述がある。一一九二年、修道院長ウォルターは、金銀細工師バーキンギアのヨナタンに、かつて十字架に施された純金を損ねずに、純銀五〇マールを用いて新たに十字架を覆うよう依頼した。銀五マール半の重さをもつ王冠、足台、腰布は同じくそのまま残した。黒い書物は、すでに鍍金銀の装丁が施され、「救世主像」を伴った宝石が嵌め込まれていた。これらの財宝には、簡素で古びた件の牝牛の鐘があったことも確認されている。

十字架像による改心

このような特殊な事例の分析によっていかなる教訓が引き出せるであろうか。まず、ウォルサムの逸名の聖堂参事会員による見事な一文「我が共同体、我が名声の主たる存在理由」から始めよう。狩猟地が教会に、ついで修道院の地となった第一の理由は、何より石造十字架にあった。物質的痕跡を残した記憶されるべき奇跡でもって、この共同体の歴史的発展をもたらしたのはこの十字架であった。磔刑像の変容、それへの装飾の集積について記録しながら、文書史料は、聖職者がこの十字架を注意深く観察していたことを明らかにしている。彼らはまた口承文化の伝統に基づき、年長の証人が若い修道士に物語を述べ伝え、今度はその若者たちが共有の財産で結ばれた集団の記憶を維持してゆく。トヴィからハロルドへ、そしてヘンリー二世へと伝えられる中で、ウォルサムの十字架は、教会と同地の歴史、ウォルサムで新天地を切り開いた人々の歴史、同地で継承された王朝の歴史を自らの内に結晶化していったのである。

ウォルサムの十字架に対する信仰はまた、偶像崇拝の限界、あるいは危険性を有するキリスト教画像の両義的性格を示している。トヴィの行為は、スカンディナビアの偶像のように十字架を金で覆うという、ほとんどキリスト教化されていない異教徒のそれである。C・R・ドッドウェルは『ウォルサム修道院年代記』と『オーラヴ聖王のサガ』を見事に比較検討し、後者において金銀で装飾されたトールの彫刻偶像について述べている。オーラヴ聖王は、人々に分与するために偶像の装飾をすべて剝がすことになる。ドッドウェルによれば、「トヴィとグリタは異教の像の様式でキリスト教の像を飾ったり、無害な異教の慣習を、大グレゴリウスがやがて賛同することになるキリスト教画像の用途に合致させたのである」[16]。むろんすべての異教的慣例が許容されていたわけではなかろうが、まるで再度十字架に架けられることを拒んでいるように石から血を噴出させ、辿るべき運命である「備え付けられたもの（ornatus）」になることを拒んだのはキリストその人であった。これと対照的に当時の東方において、一晩中、剣を祭壇に載せるという騎士叙任式を先取りした身振りを容認していたように、石造のキリスト像に剣を身につけさせるというキリスト教的騎士臣従の儀礼は認められていた。後世の史料がこの儀礼を記録に留めなかったとしても、その装飾的要素（王冠、腰布、足台など）や傾いた頭部を思い起こさせ、それらすべてが、ウォルサムの磔刑像と同時代の正統的キリスト磔刑像が合致していることを明らかにしてくれるのである。

他の比較しうる事例と比べると、ウォルサムの十字架の歴史と他との類似点と相違点は明らかである。もっとも広域的視野で言えば、選ばれた事例は独占的ではないものの、当時では革新的で特権的であることだ。すなわち三次元の彫像であり、この表現ゆえに一一世紀から一三世紀の西欧は、東方とその地の聖画像《イコン》と決然と区別されるのである。特にアングロ・サクソンの彫刻は、ドッドウェルが見事に示したように、先陣を切って広く普及した。例えば、ウィンチェスターのニュー・ミンスターの『伝記』には、塔が建造された時期である九八〇年から九九三年までの間に制作された彫刻の、異例とも言える長いリストが状況を伝えてくれる。そこには、合唱する天使を伴った聖母マリア、一群の天使、三位一体、磔刑、一群の聖人、その他の聖人、大天使ミカエル、四福音書記者の彫像が記されている(17)。

　ウォルサムの事例がとりわけ鮮やかに示しているのは、造形的文化的に新たな規範が促進される際、偶像崇拝という逸脱した流れに翻弄される危険性が時にあるものの、いくつかの周縁地域が革新的な役割を果たしているということである。トヴィがうっかり冒瀆的な振舞を犯した時、躓きの感情を抱かなかったはずはなく、それはほぼ同時期、アンジェの修道士ベルナルドゥスがルエルグ地方の聖人の荘厳像をいくつか発見し、これをマルスとウェヌスの偶像と同一視した時に囚われた感情と同じであったろう。後者において注目すべきは、偶像を破壊しようとする考えは、このアンジェの修道士の心に衝撃を与えたであろうが、それはほんのわずかな間だけであった。ベルナルドゥスは聖女フィデスの荘厳像の奇跡によってこれら新様式の像に開眼し、聖女フィデスの荘厳像の盲従的な伝道者になるのである(18)。一方、トヴィも像によって改心した。像はふさわしい行為と忌避すべき行為についてトヴィに教えたのであった。

　これら二つの事例において、偶像崇拝と偶像破壊という対極的な態度は、衝突し合うことなく画像そのものによって、いわば「消化」されてしまったのである。それは西欧における画像全般の歴史という一筋の系譜ではありうることであろう。宗教改革以前の西欧では、八世紀から九世紀にかけてビザンティン帝国で起こった聖像破壊運動《イコノクラスム》のように激しい動きを経験することはなかった。しかしいずれにせよ、画像をめぐる信仰は、キリスト教文化における画像の正当性についての同様の疑問、同様の不安を引き起こした。そして、それに対する反応は同じではなかった。聖像破壊運動の激烈さやそれが有する神学的政治学的な重要性に刺激されて、ギリシア人の神学者たちは、聖画像《イコン》をめぐる詳細で精緻をきわめた議論を展開させてこの問題に対処したが、西欧では決してそのような議論はなされなかった。『カロリング文書』の時代は過ぎて、画像が喚起するのはもはや地方的な情熱でしかなかった。画像はグレゴリウス改革の論争においてであれ、「教会と帝国」の戦いにおいてであれ、もはや何の役割も果たさなかった。一一世紀の西欧では、新しいタイプの画像を正当化し、画像をめぐる信仰の許容されうる限界を決定したのは、神学ではなく、奇跡であった。そして地域的規模において実際的方法でそれがなされると、西欧は画像をより論理的に正当化しようと努めることになる。異端論争、真偽を孕んだユダヤ人問題、そして全般的には政治的対立の場が拡大するに及んで、キリスト教画像の論理的な正当化が必要とされたのである。論争の過程で問題になったのは、キリスト教画像の正当な崇敬と偶像崇拝との間の境界線という重要な論点であった。そして以降、奇跡は確信をもたらすに足る十分な論拠とはならなくなった。理性という証が必要になったのである。

7　磔にされたシンデレラ／ルッカのヴォルト・サントについて
一三〜一五世紀★

奇跡（miracle）、驚異（merveille）、また前兆（prodige）は、それぞれ明確に区別できるカテゴリーには収まりきれない概念である。中世の著作家たちの中には、miracleやmirabiliaという言葉によって元来示されていた物語というジャンルや諸現象の原因などにおいてこれらの言葉の差異を際立たせたり、また、あらゆる出来事の根本原因として暗黙のうちに了解され、「神」に対して比較的自律した「自然」を驚異や奇跡と見なすことで定義しようとしたが、その定義でさえ、個々の事例に見るように明確なコンテクストがあるものの、これらの概念の柔軟性や再生を繰り返す性格、一方から他方への微妙な変化を解き明かすまでには至っていない。そのコンテクストとは、叙述の状況、奇跡譚や驚異伝説の状況、そして場、登場人物、具体的事象によって規定される社会的状況から成り立っている。おそらく、このようなコンテクストにおいて、当時の人々にとって重要だったのは、諸概念の厳密な違いを気に留めるより、日常から出て、超越的様相を示すあらゆる事象を前にして驚嘆することであったろう。mirという語幹は、同等ではないものの、通常の物事の成り行きが損なわれたり、ある視覚現象に参入した時に感じる驚きを表す言葉すべてに共通し、文字通りであれ比喩であれ、それは「我が目を疑う」ような経験なのである。

いくつかの「事物」はこのような態度を引き起こすが、わけても私がここで取り上げたいのは、一般に「奇跡の像」と呼ばれるものである。それは西欧ラテン世界において紀元一〇〇〇年の終わり頃に出現したが、当初から超自然的なものの影響下にあったと見られる、ルッカのサン・マルティーノ大聖堂の有名な磔刑像「ヴォルト・サント（Volto Santo）」は、完成して間もない一一世紀にその存在が確認された、この奇跡像のひとつである。それが好例である理由は、この重要な磔刑像は元来、安置されていた場所で今日でも崇められ続け、また、中世以降の文書史料や図像学的作例がきわめて豊富に現存しているという利点をもつからである。私の関心は、イデオロギー的問題を踏まえつつも、ヴォルト・サント像の驚異的な起源をめぐる伝承、そして、その驚異的な影響力をめぐる伝承にある。

アケイロポイエトス像

ベルティングの言葉を借りれば、中世は未だ「芸術の時代」ではなく、キリスト教の信仰と儀式の実践と分かちがたい「イメージと信仰」の時代であった(1)。先のウォルサムの磔刑像の章でも述べたが、キリスト教における画像の創始について言うなら、あらゆる画像の原型は「人の手によらない」像、すなわちアケイロポイエトスにある。一一世紀から一二世紀にかけて、キリスト像は画期的な変化を遂げたが、その過程で、ヴィジョンはまたしても重要な役割を果たしたのであった。この時期に現れたのは三次元の大磔刑像であり、ケルンのゲロ磔刑像のような、生きた、あるいはすでに死んでいるものの両目を見開いた勝利者としてのキリスト像であった。信仰の対象となり、奇跡を起こすロマネスクの大十字架の典型は、一一世紀から一二世紀の転換期以降に確証されたルッカのヴォルト・サント像である(2)。一二世紀以降、この像には驚異的な起源があるという伝承が流布し、たちまちこの伝承に一連の奇跡が結び付けられてゆく。通史的な指標としておよそ一二〇〇年という年代を設定するなら、この時期に目撃者が二人おり、互いに関係はないものの、両者共にヴォルト・サントと、東西キリスト教世界で最も有名なアケイロポイエトス画像とを比べている。

この二人の証人はイギリス出身の聖職者であるが、両者ともイタリアに馴染みがある。まずイングランド、ティルベリのゲルウァシウス（一一五五頃～一二三四頃）である。彼は一二一四年から一五年頃、ブラウンシュバイクの君主、皇帝オットー四世のために『オットー帝伝』を著した(3)。同書の第三巻と最終巻は「驚異（mirabilia）」譚の集成である。イタリアやアルル王国において見聞したいくつかの不思議な出来事を列挙したあとで、ゲルウァシウスは全三章を費やして大いなる名声を博した画像の数々について記している。

まず、「エデッサにある救世主の御顔」、すなわちマンディリオンの布である（第23章）。すでにゲルウァシウスは、エウセビオスの『教会史』（1章13節）にあるこの伝承を偽書で読んでいた。それによると、エデッサのアブガル王は、キリストと会うことを望んだが、キリストは、自身の顔と全身が刻印された一枚の布を送った。ゲルウァシウスは、この布に記されたキリストの姿は、今でもエデッサにあり、復活祭の日に信者に公開されていると付け加えている。彼は、九四四年にこの布がコンスタンティノポリスに奉遷され、さらに一二〇四年、十字軍による同首都の強奪によって行方不明になってしまったことを知らなかったのであろう。

続く二つの章の題目は、ルッカのヴォルト・サントを取り上げた「救世主のもうひとつの御顔」（第24章）と「ウェロニカと呼ばれる救世主の御顔」（第25章）である。ローマのサン・ピエトロ聖堂に安置されるウェロニカの布を扱うこの三番目の章では、ラテラノ宮殿に安置されたローマ時代の他の二つの救世主の像についても触れている。そのひとつは、聖ラウレンティウス（サンクタ・サンクトルム）礼拝堂に、もうひとつは、同じくラテラノ宮殿のこの礼拝堂のすぐ近くにあり、あるユダヤ人に傷つけられてから絶えず血を流し続けている画像である。

例として挙げられているこれら五つの画像は、救世主の形象化という点で共通している。したがって、これら五つの画像は比較検討しうるのであり、例えば、ティルベリのゲルウァシウスは、ラテラノ宮殿の二つ目の聖画像《イコン》は「サン・ピエトロ聖堂のウェロニカ、聖ラウレンティウス礼拝堂にある絵、そしてルッカのヴォルト・サントと異なるものではない」と述べているのである。ゲルウァシウスは、いずれも自分の目で見たとは記していないものの、あり得ないことではあるまい。彼はボローニャで学び、その後シチリア・ノルマン王朝最後の国王グリエルモ二世の宮廷に仕えた。さらに彼は、一二〇九年、教皇インノケンティウス三世によるオットー四世の戴冠式に際して、この主君のローマ行きに随行した。その道中、オットー四世はルッカに、当時この都市の紋章とされていたヴォルト・サント像のある貨幣の鋳造を許可している(4)。はっきり述べていないとはいえ、ゲルウァシウスがルッカの大聖堂で磔刑像を見た可能性は大いにある。なぜなら隣町サルザナの聖堂に安置され、ヴォルト・サントと密接な関係を有していたキリストの血が入った容器を見た、と記しているからだ。

次の第二の証人は、カンブリア（ウェールズ）のギラルドゥス（一一四六〜一二二三）である(5)。ギラルドゥスは、懸案となっていた二つの訴えを擁護するため、一一九九年、一二〇一年、一二〇二年、一二〇三年と四回にわたってローマに赴いている。二つの訴えとは、まずウェールズにおけるセイント・デイヴィットの司教座への選出であり、ついで、その地の中心都市カンタベリーに対してセイント・デイヴィット教会の自治を求めるものであった。結局それらが失敗に終わって失望した彼は、ついに祖国に帰還し、数々の著作を執筆したのち、一二二〇年頃、ローマ・カトリック教会の一覧表である『教会の鏡』を著す。同書の最後に当たる第四部は、ローマの教会に当てられ、「教会の鏡」の頂点を画するものとなっている。ここでギラルドゥスは、ローマにある主要な五つの聖堂、すなわちサン・ジョヴァンニ・イン・ラテラノ、サン・ピエトロ・イン・ヴァティカノ、サン・パウロ・フォーリ・レ・ムーラ、サンタ・マリア・マジョーレ、サン・ロレンツォ・フォーリ・レ・ムーラの各聖堂の歴史と特権を記している。サン・ジョヴァンニ・イン・ラテラノにある財宝や聖遺物を挙げたのち、ギラルドゥスは第六章において、たぐい稀なる二つの画像を紹介している。それらの名は対になっており、ラテラノ宮殿の聖ラウレンティウス礼拝堂にある救世主の像は「ウロニカ」（Uronica）、サン・ピエトロ聖堂のそれはウェロニカ（Veronica）である。さらにギラルドゥスは第三の画像を挙げているが、これは先の二つの像とは二重に異なるものであったという。すなわち、ルッカのヴォルト・サントのことであり、まずローマではなくルッカに置かれ、さらに「描かれた」像ではなく「彫られた」像であるからだ。

このように、互いに交流がなかったとはいえ同時代の同じ頃に生きたティルベリのゲルウァシウスとカンブリアのギラルドゥスは共に、三つ以上の同じ像について語っている。しかし、相違点が三つあることも見逃せない。まずゲルウァシウスは、ギラルドゥスより二つ多く挙げている点だ。エデッサのマンディリオンの画像とユダヤ人に傷を負わされたラテラノの画像である。ついで、二人が共通して挙げる画像の順番が、以下の通り正反対であることだ。

ティルベリのゲルウァシウス

1. マンディリオン
2. ヴォルト・サント
3. ウェロニカ
4. （ウロニカ）
5. ラテラノ宮殿の二つ目の聖画像《イコン》

カンブリアのギラルドゥス

1. ウロニカ
2. ウェロニカ
3. ヴォルト・サント

そして、これらの像はすべて驚異的な起源をもち、奇跡的な力を有しているとする点で両者は一致しているが、それ以外に関しては同じ事を述べているわけではない。

ティルベリのゲルウァシウスは、二番目の像としてヴォルト・サントに言及している。そこで彼は、一二世紀に確認された史料『ルッカの真顔像の事績』を簡潔に要約しているが、その中では、レオビヌス（レボイヌス）という名の助祭が磔刑像の奇跡的な起源とルッカに至るまでの奇跡的な移動を語っている（『至聖なる御顔像の啓示ないし発見と奉遷についての報告』）。受難の後、十字架から降ろされたキリストの身体は、大きな布の上に置かれたが、その時、「布の上には身体全体の像が写し取られた」。その後、布の上に奇跡的に写し取られたこの像に「似せて」、ニコデモは磔刑像を彫り上げた。ゲルウァシウスは、超常的な介入については触れておらず、ニコデモが磔刑像のただひとりの作者であるとしているが、レオビヌスの報告の中では、ニコデモがまどろんでいる間に、天使が舞い降りてきて、キリストの顔を彫り上げたという奇跡が記されていた。制作にいそしむ天使とまどろむニコデモという対照的なこの場面は、やがて一五世紀初めに、フランスのいくつかの写本で描かれるようになる。ヴォルト・サント伝説は収録されたのみならず、その伝説が画像化されたのである（194頁図24参照）（6）。

奇跡によって磔刑像が完成されたことを知った後、ニコデモは十字架降下の際にキリストの身体を包んだ布と他の聖遺物もその中に仕舞い込んだが、そこにはキリストの血が入った容器も含まれていた。ゲルヴァシウスは、ニコデモが隠した聖遺物のうち、幼児キリストの臍と陰茎の包皮について言及し、ローマのラテラノ宮殿内聖ラウレンティウス礼拝堂とフランスのシャルー修道院が、その所有権を主張したという。コンクからも同じく所有権が主張されたが、ゲルヴァシウスはこの件について触れていない。ついでゲルヴァシウスは、ニコデモが自身で作った像の前で毎日唱えることにしていた祈りの言葉を記している。ゲルヴァシウスはまた、ヴォルト・サントの磔刑像は目を見開いているが、そのまなざしは「恐ろしい」ものであると記している。最後に彼は、「シャルルマーニュとピピンの時代」（原典では、七四二年という年代まで明らかにされている）に、ガリア・キサルピナ（現ロンバルディア・ピエモンテ地方）の司教グァルフレドゥス（ギルフレドゥス）の発案によってなされたこの磔刑像のエルサレムからルッカまでの奇跡的な奉遷について言及している。磔刑像を積んだ帆もなければ漕ぎ手もいない舟は、イタリアの海岸を目指して独りでに進み、ルーニでの積み下ろしを拒み、ルッカへ向かうことを望んだ。ルッカでは、司教ヨハネスや聖職者や住民たちが磔刑像を厳かに迎え入れた。しかし、「救世主キリストの血の入った二つの容器のうちのひとつ」が代わりにルーニに譲り渡され、ルーニの司教座はサンタ・マリア・ディ・サルザナに移された。聖なる血液の入ったもうひとつの容器は、したがって、ヴォルト・サント像の中に収められたままと考えられる。

さてカンブリアのギラルドゥスに戻ろう。彼もヴォルト・サントはニコデモによって彫られたとしているが、天使の役割については、ゲルウァシウスほどには触れていない。ギラルドゥスがとりわけ強調しているのは、ヴォルト・サント像がルッカに運ばれることについてであるが、それに関しての記述は、よく知られた伝説とは異なる。彼によれば、「ローマの皇帝」が聖遺物を求めてコンスタンティノポリスに四人の司教を派遣したところ、司教たちは、ヴォルト・サント像、ユダヤ人がキリストの脇腹を突いた時に迸り出た血液を入れた容器ひとつ、やはり磔刑の際に傷から流れ出た水を収めた容器ひとつ、そして磔のキリストの手か足に打ち込まれた釘ひとつをコンスタンティノポリスから持ち帰った。ルーニの港に到着すると、この四人の司教は自分たちが手にした収穫を分配した。ヴォルト・サントはルッカの司教が、血液の入った容器はルーニの司教が手に入れ、ルーニの港から四マイル離れた新しい司教座聖堂サンタ・マリア・ディ・サルザナに移した。そして水の入った容器はマントヴァへ、釘はパルマへと渡ったのである。

ゲルウァシウスの物語の終盤と同じく、ここでも容器が二つ登場することに留意しておきたい。だが、さらに、もはやキリストの脇腹から噴き出た血液が問題とされているのではなく、冒瀆的とも言ってよいが、キリスト像から流れ出た血液と水が問題とされるようになっているのであり、それは、ゲルウァシウスが語っているラテラノ宮殿の聖画像《イコン》の場合と同様である。これらは、一二世紀の写本においてすでにレオビヌスの伝説と関連づけられ、八世紀の偽アタナシオスが証言する、ベイルートのユダヤ人によって傷を負い血を流す聖画像《イコン》の事例と同じ伝統に属する(7)。曖昧とはいえそれゆえに意味深いのは、像から流れ出た血は、まさにキリスト自身が流した血であるということを必要とあらば強調することができるということだ。

ティルベリのゲルウァシウスは三番目にウェロニカの布について語っている。ただし彼はここで、ウェロニカがどのようにそれを手に入れたか触れずに、ウェロニカという名の女が布に写し出された救世主の顔を所有していたと記すに留めている。むしろ彼の関心は、この女性が誰なのかという問題にあり、ウェロニカをキリストの服の房に触れることで、長患いの出血が治った女と、またラザロの妹マルタとも同一視している。その後ウェロニカは、この尊い画像をティベリウス帝の命によって没収されてしまうが、それは手放しがたく、この画像を追ってローマまで行ったという。病のティベリウス帝がその布に目をやった途端、たちまち快復し、キリストを認めない元老院に対して「これまではとてもおとなしい仔羊であったのに、今や大変獰猛な狼に変貌した」という。聖パウロの改心に呼応して、ティベリウス帝をめぐるこの表現もコンスタンティヌス帝の予型となった。最後にゲルウァシウスは、この聖顔布がサン・ピエトロ聖堂に保管されていると記している。一二世紀以降、このサン・ピエトロの礼拝堂に聖顔布があったことは確かである。キリストのいくつかの主要な祝日に際して、小箱に納められた聖顔布の開帳が厳かに行われた。サン・ピエトロ聖堂の聖職者は、年に一回、行列を組んでこれをサント・スピリト施療院まで運んだ。この行列が特に華々しくなってゆくのは一二一六年以降であり、伝説によるとこの年、行列が教皇インノケンティウス三世の前に来たところで、聖顔布が上下逆となってしまい、教皇は何らかの前兆を認めたという(8)。

一方、カンブリアのギラルドゥスは、ウェロニカの聖顔布という画像の起源についてゲルウァシウス以上に多くを語っている。ウェロニカはキリストに会うことを望んでいたが、キリストは彼女が差し出した布に自らの顔を写し取ることによって、彼女の「願望」を満たした。「キリストを見たい」というウェロニカの願いは、ローマのサン・ピエトロ聖堂においては、張り巡らされた布によって隠されてしまったこの聖顔布のキリスト像を見たい、という平信者たちの願望と呼応している。このように一三世紀初めのローマにおいては、聖なる画像に対する信仰と聖体に対する信仰とを同一視する聖体論は疑いなく存在していた。画像の真実性のしるしである名前の重視も同じ方向に向かうことになる。この画像がローマに到着した時の状況と、これを見たティベリウス帝の病が奇跡によって治癒したことを述べた後で、ギラルドゥスは「ウェロニカ」の語源的意味とその象徴的価値について言及している。すなわち「ウェロニカの意味するところ、これは真実の像である（Veronicam dici, quasi veram iconiam）」と。

　ラテラノ宮殿聖ラウレンティウス礼拝堂にある救世主の像について、ティルベリのゲルウァシウスはウェロニカに関する第25章で簡潔に触れているのみである。ゲルウァシウスは、ラテラノ宮殿の像は木板の上に描かれていたが、教皇アレクサンデル三世（在位一一五九～八一）がこれに絹の布をかぶせてしまった。「それというのもこの画像は、長い間じっと見ている者の恐怖心を煽るからである」と言う。一二世紀以降、この六世紀のギリシア伝来の聖画像《イコン》（通常アケロピタ acheropita と呼ばれた）の容貌は、彩色された布によって作り改められた。ついでインノケンティウス三世が銀の小箱にこの聖画像《イコン》を納め、今でも同じ場所に置かれている(9)。

　一方、カンブリアのギラルドゥスは、この聖画像《イコン》を重要視して多くを語っている。というのもこれがローマにある五つの初期バシリカ式聖堂のうち第一番目に位置するサン・ジョヴァンニ・イン・ラテラノ聖堂を守護する像だからである。おそらくギラルドゥスは唯一人、この画像にウロニカという名称を与えているが、その物語においてウロニカという呼称はウェロニカに相当して重要とされている。名が響き合うこれら尊い画像を介して、ラテラノのサン・ジョヴァンニ聖堂とヴァティカンのサン・ピエトロ聖堂は肩を並べつつ競い合っていた。ウロニカの特に神々しい性格を強調するために、ギラルドゥスは「本質的な（essentialis）」という形容詞を用いてこの名称を訳出しているが、むしろ「天上的な（coelestis）」と言えばより正確であったろう。後者の言葉は奇跡的で、さらにその出自ゆえの神的な画像だということを意味しているからだ。それはキリスト昇天後、聖母の求めに応じて聖ルカがただちに制作したもので、「奇跡の絵（pictor mirabilis）」と見なされていた。福音書記者聖ルカは、聖母の指示によってその絵に何回も手を入れ直し、手足を入念に仕上げ、消去や修正を繰り返し、やがて仕上がった作品を聖母の熱心なまなざしに捧げた。聖母はそれを称えて、聖体を想起するような言葉をささやいた。「これは私の子である」と(10)。この決まり文句には曖昧さのかけらもない。キリストの画像、それはキリスト自身であり、ホスティアはキリストの身体であって実在である。同じくギラルドゥスによれば、聖ルカは画像をひとつだけ描くことでよしとせず、「二つも三つも」制作したというが、なおのこと、聖体の秘蹟との親密性が感じられる。正確な数は重要ではないのだ。なぜなら、真の実在から何も失われるものなく聖体が随意に数を増やすように、新しく描かれた画像はどれも最初のひとつと同じく本物だからである。

驚異の西欧

ティルベリのゲルウァシウスやカンブリアのギラルドゥスの類似した記述や同時代の他の史料を比較検討すると、一三世紀初めの西欧において、アケイロポイエトス画像が有していた特異な性格が明らかとなる。それらの文書は、画像の認識、その驚異的な起源、それらが西欧に到来した際の奇跡的な状況、政治的宗教的空間の表象における役割を述べている。互いに結びつきながら、これらの文書は奇跡像の受容の状況を決定しているのである。

その基本的な特徴は、まず視覚の秩序を明らかにしていることである。前述したが、「奇跡（miracle）」「驚異（merveille）」という言葉において重要なのは、「見る」を意味する語幹 mir である。実際、画像に投げかけられた視線、逆に、画像自体の視線が強調されているのである。聖母は自身の息子を「注意深く見つめている」が、やがて子を失うことを知る。「本質的な」像であるウロニカ、あるいは「真の」像であるウェロニカは、昇天によるキリストの不在を補うものであった。この聖母像の願望に相応するのは、長血患いの女性が抱いていた「見たい」という願望であり、さらに後に、覆いによって視線から遠ざけられたウェロニカの聖顔布をこの目で拝みたいと望んだ信者たちの「同じく見るという大いなる敬虔（devotion）」である。見えないことによって、諸感覚による知覚からすり抜けてしまうこの上なき存在への感受性はいやおうなく高められる。これまで述べてきたように、聖体奉挙やキリストの聖体祭の際に、ホスティアを「見たいという願望」も同じである(11)。画像の超自然的な価値を聖化するこれらすべての合法的なまなざしから見れば、ラテラノ宮殿の画像を「じっくり観察しているという傲慢」を抱いていたために視力を失った教皇の罪深き好奇心は対極にある。ここで問題となるのは、それが、もっぱら画像の美的価値に注がれる「美術鑑定家」のまなざしか、はたまた奇跡の源泉やその力を認めようとしない懐疑的な者のまなざしか、ということであろう。この教皇は、自身の身を守るために、絶え間なく油が流れ出ていた頬の部分を除いて、この画像を金や銀で覆い隠そうとすることになる。少し異なるものの、ティルベリのゲルウァシウスはほぼ同様のことを教皇アレクサンデル三世について語っている。アレクサンデルは死をもたらすような画像のまなざしを恐れていたという。奇跡的な画像の目は、不可視なるものと可視なるものの相互作用の場となる。画像は人々を「まっすぐ見据え」、同じまなざしを人に求める(12)。画像は信仰心のない者の目をじっと見てその心を判断し、即座に罰を下すという威嚇の下にその者を置くのである。

ついでその奇跡的な特性の二つ目は、画像の起源に関わることである。このような画像はきわめて古いという評判があるばかりでなく、その由来がキリストにまで遡ることだ。画像は同時代のものでありながら、原型たるキリストとほぼ「同質」と考えられていたのである。聖ルカが描いた「ウロニカ」は別として、その他の画像は、生きているキリスト像（マンディリオンとウェロニカの布）であれ、死せるキリスト像（ヴォルト・サント）であれ、すべて布にキリストの容貌ないしは身体の「刻印」をもつ。接触による刻印は、それが原型と同一であり、神の身体の布への浸透であって、人の手を介していないことを保証する。アケイロポイエトス画像は、神の業によるものであって、人の手によるものではないのだ。唯一の例外がウロニカであり、これは聖母の熱心な指示によって聖ルカが絵筆をとったキリストの地上での生の重要な証である。昇天した我が子の思い出にある姿を注意深く伝えた聖母の指示に従って、聖ルカが再現したにすぎない。とはいえ、この奇跡は他の事例に劣らぬものであり、いわば「刻印」されたものに属するのである。

ところで当時の文化において、より一般的で間違いなく重要な図式がある。一二〇四年、十字軍によるコンスタンティノポリス占領の目撃者クラリのロベールは、原型の刻印の必要性について、救世主のいくつかの別の画像と類似した言葉を用いて力説している。彼によれば、コンスタンティノポリスのブラケルナイ宮殿内サンタ・マリア聖堂に、キリストの亡骸が刻印された屍布があるという(13)。また別の聖堂には、受難の後にキリストの亡骸が安置された大理石の机があり、その上には、聖母の流した涙の痕跡が未だに残っているという。ブコレオン宮殿の宮廷礼拝堂には、舟が二隻、金でできた見事な鎖で吊り下げら

図30　反転した２点の聖顔　ヨアンネス・クリマコス『天国への梯子』11世紀

れているが、その中には、キリストが写し出された、ひとつは「布」、もうひとつは「屋根瓦」が納められているという。そしてクラリのロベールは、その由来を次のように記している。ある屋根葺き職人が信心深い女性の家の屋根を修理しているとキリストが現れた。キリストが男の腰布を取って自らの顔に押し当てると、その布にはキリストの顔が写った。屋根葺き職人はその上から瓦をかぶせると、今度はこの接触によって瓦にもキリストの顔が写し取られた。したがってこの二つの画像は同一であり、それは布（toile）と瓦（tuile）という言葉の呼応関係によってさらに強調されている。しかし同じではあるものの、必然的にこれらは反転像となる。同様のことは一一世紀ギリシア語写本ヨアンネス・クリマコス著『天国への梯子』中の布に転写されたかのように並ぶ二点のキリストの顔に認められる（図30）。二つの顔はきわめて似ているが、どちらかが他方の鋳型であるかのように、あるいは鏡に映った像であるかのように反転している。各々は左右に向けられているために、二つの顔は頁の中心を軸に対峙している。さらに巧みな色彩の反転が、二本の平行の線や、白地に赤の文様、赤字に白の文様などに見られる。『天国への梯子』では、聖顔の反転するイメージは、律法の石板と対をなす新約のように提示されており、この図がまさに二連祭壇画の形式を意図していたことを示している(14)。

とはいえこの接触は、原型となるイメージの複製とさらなる増加のために最も頻繁に利用された方法というわけではなかった。カンブリアのギラルドゥスによれば、聖ルカはラテラノ宮殿のウロニカと同じキリストのイメージを立て続けに「二つも三つも」描いたという。また、レオビヌスに帰されるヴォルト・サント像の起源にまつわる物語によれば、原型となるイメージは、ニコデモの働きにも増して、天使がキリストに似せて彫刻したその木に載せた布から奇跡的に写されたという。そして写された布は、その彫刻の中に納められた。つまり、イエスの身体を刻印する布たる「容器」が彫刻の「中身」になったのであり、同じく奇跡的にその彫刻はまさしくその似姿を表している。したがってヴォルト・サント像は、聖女フィデスの荘厳像と同じく聖遺物を納めた彫像なのである。

接触によってであれ別の超自然的な方法によってであれ、原型の複製という発想は、取り立てた矛盾もなく、画像の増加と時空間を超えた伝播の偶然性、そして奇跡力の永続性と単一性をも同時に説明してくれる。実際、画像の生の様相、その恐ろしいまなざしがそれを見るに値しない者たちに与える脅威、画像から流れ出る油と血、そしてそれがなす奇跡は、画像の果てしない力の証となる。複数存在するウェロニカは、どれもみな「あのウェロニカ」そのものであり、それは精神的な恩恵を授かるための一冊の時禱書の挿絵を見れば理解できるであろう(15)。ここでもう一度、ア・プリオリに際限なき影響力の増大にもかかわらず、同一性と変質をこうむることのない効力の持続というパラドクスにおいて、聖餐というモデルの「自己充足性《プレグナンツ》」が証明されることになる。

第三の驚異の特性は、キリスト教という象徴空間の掌握にある。驚異をめぐる真の問題点が最も明らかになるのはここである。ティルベリのゲルウァシウスとカンブリアのギラルドゥスが詳細に叙述した画像のうち、三つは西欧においてキリストその人の身体の証となっている点で共通している。西欧でのこれらの奉遷は、その根本的な性質と別問題である。エデッサのマンディリオンも奉遷されたが、しかしそれもコンスタンティノポリスまでであった（クラリのロベールはそこにマンディリオンがあったことを伝えておらず、ティルベリのゲルヴァシウスはそれには触れていない）。ゲルヴァシウスもギラルドゥスも、遠い昔、「ウロニカ」がローマに到着したことについて言及していないが、両者とも、聖女ウェロニカは、彼女の名前の由来となる当の画像がエルサレムからローマに奉遷される際に随行し、ウェロニカの布がローマでティベリウス帝の病を治癒したことについては触れている。ヴォルト・サント像に関しては、ゲルヴァシウスはレオビヌスが語る伝承の通りに記しているが、レオビヌスによると、帆も漕ぎ手もいない舟がこの偉大なる磔刑像を聖地からイタリアの海岸へと運び、さらにルッカに厳かに奉遷されたという。一方ギラルドゥスの記述は異なり、荘厳なるこの磔刑像を運んできたのは、ひとりではなく四人のイタリア人司教であり、エルサレムからではなくコンスタンティノポリスからもたらされたとしている。

これらさまざまな説に加えてもうひとつ、一三世紀のフランス語詩『ルッカの聖ヴゥ』がある(16)。五〇九行からなるこの詩において、伝説は豊かに歌われ、ヴォルト・サント像の物語と聖十字架伝説の物語が結びつけられている。この二つの物語は、「ギリシアの王」ダヴィデと、「ローマ皇帝」の娘にしてウェスパシアヌス帝の姉でもあるその妻ヘレナという二人の人物をめぐって繰り広げられる。同詩には一切言及されていないが、コンスタンティヌス帝の母后の伝説の写しであることが容易に知られよう。詩の冒頭で詠まれるヘレナの夢と夫ダヴィデの三五七行にわたる夢が呼応し合いつつ、物語はそれぞれ別に連続性をもって歌われる。冒頭では、ヘレナは海のかなたにキリストの受難の証人が生きている夢を見る。彼女の願いに応えて、夫ダヴィデはエデッサを征服し、二人はそこでアリマタヤのヨセフと出会い、ついで国王ヘロデが支配するエルサレムを制するが、そこでは、ニコデモのお蔭でキリストの磔刑の十字架を発見することに成功する。自国に帰還すると、今度はダヴィデが夢を見る。その中で、彼は天使から磔刑像を三つ作るように命じられる（361行）。まずニコデモがそれを引き受けるが、レオビヌスが記すように、その仕事をひとりで首尾よく果たすことができなかった。しかしこの詩において、制作に介入するのは天使ではなく、キリスト自身であった。ニコデモが像の鼻にあった瘤を取り除こうとしたところ、イエスがその手を制し、もしそうするなら、磔にされた我が身から流れ出たようにこの像からも血が流れるだろうと諫めるのである（372行）。

まずはじめにニコデモは為せり
金、銀、青金石で像を覆い、
鼻を見たところひとつの瘤ありき。
それを取り除かんとすれど、イエスはお気に召されない。
聖霊はヴゥに降り給いてかく言わん
「ニコデモよ、もはや彫るまいぞ！
よもやこれ以上、鉄や木で我に触れるなら
我、イエスさまのごとく血を流さん、
その右脇腹を槍が貫きしごとく」
ニコデモはこれを聴き、まこと恐れ入って

いまや会得せりと地面に伏せり。
起き上がりヴゥへと歩みよれば
御足を何度も降ろし給えり。

彫刻という動くはずのない物体が、聖霊が下《くだ》ることによって生命を得て話し、動き、血を流しさえするのだ。超自然的な起源により特徴づけられるイメージがその驚異的な特性と、後述するが、奇跡的な力を発揮するのは、ある特定の場面における神の介在によってのみなのである。

ダヴィデ王は天使が命じたのちに二つの磔刑像を自ら作り、ついでこれら三体の像すべてを海に「投げ入れる」ように命じた。三体はそれぞれ目的地を目指した。一体はブリンディシの港に、一体はローマに、そしてもう一体は聖ディオニュシウスの殉教死を招いた張本人である「パリの皇帝」から逃れるために、丘陵地ポンティユーのリュに向かったのだ(17)。一方、ニコデモが作った磔刑像こそが到着するや大きな奇跡を起こした「ルッカのヴゥ」である。これについてはのちに詳しく述べよう。

ラテン語テクストの場合と同様このフランス語詩においても、ヴォルト・サントやその他の神々しいとも言える磔刑像はオリエントの地から西欧へと旅し、目的地はその都度きちんと決定され、その像に対する信仰が確立するのはその到着地である。さらに、カンブリアのギラルドゥスが記すように（ティルベリのゲルウァシウスはそれほど多くを語っていないが）、驚異の対象の増加（フランス語詩の場合は三体の磔刑像であり、別の例では磔刑像が一体、聖油を入れる瓶が二つ、また磔刑の時に用いられた釘が数本）は、複数の都市への分配を保証しているのであり、いわばこのように聖なる地誌が形成されることになる。

いずれの場合にせよ、かつて帝国の中心地、学問の揺籃の地、また聖なる人物たちの遺骸がオリエントから西欧へ移ったように、以降このモデルが聖なるイメージを充当することになる。我々がここで考察の対象としている像は全く「西欧的」であるため、オリエントや聖地という原初の地と神話的に結びつけることでしかるべき正当性を獲得しているのである。

確かに一二〇〇年頃、東から西へ数々の聖なる画像が伝播したとする見解によって、客観的事実を説明しうる。例えば、ビザンティンの聖画像《イコン》は一二世紀以降イタリアにおいてきわめて高く評価された。聖地エルサレム回復の企て、一二〇四年の十字軍によるコンスタンティノポリス征服、それに伴う貴重な聖遺物や聖画像《イコン》の流入などは、結果的に我々がここで論じている想像界《イマジネール》の物理的環境を形成しているのである(18)。そしてこの想像力の領域は、さらなる説明が求められるべきものであろう。なぜならそれは、『アーサー王伝説』という文学に至るまで、同時期にはるかに広範にわたって表現されているからだ。

ロベール・ド・ボロンによってまとめられた『聖杯物語あるいはアリマタヤのヨセフの物語』において、聖杯（クラリのロベールによれば、この聖杯とは布や瓦も含まれる「容器」を指す）は、獄中のアリマタヤのヨセフに奇跡的に与えられた。ヨセフはキリストの受難後、ユダヤ人によって投獄されていたのである。やがてヨセフは、ウェロニカの布によって病が癒された皇帝ウェスパシアヌスによって解放され、ヨセフの義兄弟ブロンとその仲間が聖杯を西欧のアヴァロンまで運んだという(19)。『ペルスヴァル』においては、ヨセフが所有していた聖杯は、まさにニコデモが作ったヴォルト・サントと結びつけられており、この詩を読んだ者は、ルッカの地に思いを巡らせることになる。

「ルッカに赴いた者よ
お前はそれをしかと見たであろう」(20)

ここにおいて、「ブランシュ島」（ラ・コルヌアイユ）に向かう聖杯の旅と、ルッカに向かうヴォルト・サント像の旅という二つの航海が対をなしているのは明らかである。出発の地は同じだが、目的地は異なっている。確かに一二〇〇年頃、神話の地誌は聖遺物、画像、舟や聖杯の数々など、あらゆる驚異の品々によって出来上がっており、物語の起源や用途によって異なるイデオロギー的政治的問題点を浮かび上がらせてくれる。

実際、このような空間の表象を要求するいくつもの地理的指標がある。最も大きな規模ではキリスト教世界全体を包括するものであり、西欧に対置されるすべての原初である聖地と、西方キリスト教徒が制したばかりの中継地をその任とするコンスタンティノポリスとの間で二極化したオリエントである。このようなオリエントと対峙しながら、西欧世界は宗教の新しい中心地、普遍教会の頭であるローマを奮い立たせる。そしてイタリアにおいて他の諸地方の中心地は、市民および司教のイデオロギーの名の下に自らの特権を主張した。奇跡を生じさせる画像や聖遺物がそれら各地方都市に分配され、それぞれの守備範囲が決定され、ヒエラルキーが確立されてゆくことになるのである。この視点に立てば、ルッカを傑出した地と認めるなら、それはこの地がローマのみならずルーニ、サルザナ、マントヴァ、パルマと関係性を築いたのであり、同じことは、多少ともフランス側から見ればローマ、ブリンディシ、パリ、リュという都市についても当てはまる。また、ローマという空間は似たような競合と相互交流の場であり、全キリスト教世界の形成の写し、あるいはモデルであったことにも注目したい。このローマの地では、中世初期以来の教皇の宮殿であったサン・ジョヴァンニ・イン・ラテラノと、聖顔布信仰を広めた教皇インノケンティウス三世が教皇権の新たな中心地としたヴァティカンのサン・ピエトロとは、ウロニカとウェロニカを通して対抗し合っていたのである。

ローマ教会と西方キリスト教世界において、奇跡のイメージがローマをその中心となしたのであったが、マンディリオンの布は、西方に移動するに際してコンスタンティノポリスを素通りすることはなかったものの、もはや役割を果たすことはなかった。このことに言及しているのは、ティルベリのゲルヴァシウスだけであるが、彼がマンディリオンの布に認めているのは、彼が重要視している西欧固有の画像の原型モデルとしてだけである。

ここで思い描かれているような西方キリスト教世界、より正確には、教皇や司教、市民の住む世界は、フランス俗人貴族のために想像力を駆使して同時代に構想された俗語文学の世界とは全く異なっている。はっきり言えば、オリエントと西方を分かつ軸がロベール・ド・ボロンの著作や『ペルスヴァル』にも同じように認められるとすると、それは、教皇庁と古代ローマのあるイタリアを迂回し、通り越す形で置かれることになろう。ウェロニカの聖顔布はローマに、「ヴォルト・サント（聖顔）」はルッカに到来したが、聖杯はコルヌアイユという全く異なる神話上の中心地、アーサー王伝説の中核地に到達したからである。

アケイロポイエトス画像に作者はいないとしても、それは奇跡によって運ばれ、奇跡の力を行使する場を自身で選び取っていた。しかし、画像が自らの支配範囲を決めるという状況は、数世紀の時の流れの中で大きく変化していった。これまで重視してきた二つの証言が、この変容を理解するためのよき助けとなる。

紀元一〇〇〇年頃、コンクの聖女フィデスの荘厳像やクレルモンの聖母子の荘厳像は、修道院や教会、つまり修道士や聖職者の共同体に属していた。聖なる像は彼らに庇護と財を保証し、巡礼のために訪ね来た者たちを救済した。このような彫像型聖遺物容器がもつ力は、その評判は遠方にまで及んだとはいえ、何より地域的なのである。そして、重大な危機が一地方の複数の教会全体に及びそうになると、その地方の像はみな結集して力を合わせた。『聖女フィデスの奇跡の書』によると、こうした結集が認められるのは、ロデスの司教区会議以降であるという。荘厳像はそれぞれ「天幕」の下に納められていたが、この天幕がつくる列は、敵対する封建勢力に対抗する真の「軍隊（acies）」であったという。実際には、試練の時に固く結ばれるこれら彫像型聖遺物容器でも、隣の像よりも多くの奇跡を生じさせようとし、それぞれが自立した存在でありライバル同士であった(21)。まさしくこれらは、一一世紀初めの封建社会の分割された構造体を申し分なく物語っていると言えよう。そして、この構造体は長くは続かなかったのである。

対して一二〇〇年頃、ルッカのヴォルト・サント像も地方の一例ではあったが、それ以前の荘厳像とは機能の点で根本的に異なっていた。ヴォルト・サント像はルッカのサン・マルティーノ大聖堂やその司教たちの歴史に限定されるものではない。この像はルッカの貨幣にも彫られて、この都市の紋章だったのであり、カトリック教会が聖十字架を称揚する九月一三日、毎年この日の大ルミナリア祭で称えられ、それを祝うすべての都市を守護する像でもあったのだ。この祭のために、コムーネの人々と支配者は都市の聖職者を結集した。一三〇八年、そして一三七二年の都市法令は、一四歳から七〇歳の市民は全員行列に参加することを義務づけている。違反した者には罰金刑が科せられた。女性も男性と同じく群れをなしてこれに参加した(22)。コムーネも直接この磔刑像の維持に携わり、一三八二年には、ルッカのカメルレンゴ〔教皇選挙を管理する教皇庁会計院長官〕総会長は、「ルッカのヴォルト・サントの修理と装飾のために」一〇〇フローリンを支払った。コムーネ単独で蠟を買うために、公庫から毎年三〇〇リーヴルから三六〇リーヴルを支出していた。囚人の恩赦は復活祭の時にだけ認められるのが一般的であり、ルッカの場合もそうであったが、ここではさらにこの都市の守護像の祭日にも恩赦が出された。そして一二世紀以降、この都市の磔刑像の評判は、ルッカの商人によって遠方フランドルにまでも伝わり、彼らはパリなどいたる都市に支店を出すだけではなく、ルッカの兄弟団を設立した(23)。ヴォルト・サント像は各地に「市民の信仰集団」を作り、また外部への発展を強化したのである(24)。つまりこの像が位置づけられるのは、分割型地域社会の構造においてではなく、より広大な空間の階層化された表象、すなわち多極的でありながら中央集権化されていったキリスト教世界においてなのである。ローマにおいても然り、ローマの名だたる聖堂は独自の特権を主張したが、それぞれが所有する聖画像《イコン》によって形成されたヒエラルキーにおける自らの地位に、問題としない限りは、甘んじなければならなかった。年に一度、聖母被昇天の大祝日に、ラテラノの救世主像ウロニカは行列をなしてサンタ・マリア・マジョーレ聖堂に赴き、「ローマ市民の安寧(Salus Populi Romani)」と呼ばれる聖母聖画像《イコン》に敬意を表するのである。

ところがこの時期、サン・ピエトロの聖顔布は、教皇インノケンティウス三世によって、全く新しい栄光と特権的な信仰を得ることになった。アヴィニョンから帰還した教皇が最終的に居を構えた新しい教皇庁の近くにあるため、この聖顔布には、そのほかの画像以上の普遍的優位性が保証されたのである。中世末におけるウェロニカの聖顔布という表象の増殖は成功の輝かしい証であり、ローマ教会の政治的宗教的中央集権化が達成されたことを意味する。聖体の隠喩は、この世紀の初めにはいくつもの救世主画像に応用されたが、完全なる正当性を見出したのである。一二六四年、教皇はすべてのキリスト教徒にキリストの聖体の祝日を課す方策をとったが、この聖体（Corpus Christi）と同じように、聖顔布によって、キリストとローマ教会との直接的な繋がりを確立し、教皇の格別の特権をあまねく知らしめたのである。一五二七年のローマ劫略の際に、神聖ローマ帝国諸国はウェロニカの布に祈願したが、まさにその年、一二〇四年に十字軍が占領したコンスタンティノポリスからエデッサのマンディリオンの布が消失したように、ローマから聖顔布が消失しても偶然ではあるまい。いずれの場合も新たな歴史の一頁が開かれたことを意味し、権力の象徴的な投錨地が刷新されたことを正当化しているのである。

キリストの履物

奇跡に満ち溢れていたのは時空間ばかりでなく、ヴォルト・サントは像自体が奇跡の力に恵まれていた。一三世紀を過ぎると、この像の起源と奉遷の物語にラテン語で書かれた一三件の奇跡に関するリストが付け加えられた。一四世紀にこれらはまとめてフランス語訳され、一五世紀の数多くの写本に彩飾が施された(25)。

ヴォルト・サント像の公認された奇跡にはいくつかの類型があり、そのほとんどは悪魔や病魔にとりつかれた者たち――例えば盲目の子、麻痺患者、手がかさかさになってしまった少女の話など――が磔刑像の前で癒されるという話である。ここで注目しておきたいのは、こうした奇跡の恩恵に与った人物は、いずれも子供や若者、あるいは「乙女」たち（その内のひとりは一二歳の少女）であることだ。また、エルサレムに巡礼に来たルッカの人々に対して、ギリシア人がヴォルト・サント像の起源とその磔刑像の中にあるものを二度にわたり啓示したことも同様に奇跡と見なされている。次の二つの奇跡も明らかな文化的価値を有している。そのひとつは、ひとりの純朴な若者が聖霊に導かれてこの磔刑像の前で祈ることを覚えたという逸話であり、もうひとつは、奇跡的に病が治ったドイツ人の若者がヴォルト・サント像を安置する金製の台を作るよう命令を受けたという逸話である。伝説がヴォルト・サント像の到来を叙述しているなら、こうした奇跡譚は、この像が置かれるべき場が最終的にルッカの聖堂であると示そうとしていることになる。

さて二つの奇跡は、しばしば引用されることからもその特殊性が確かめられるのだが、他の奇跡のリストとは異なる際立った特色を備えている。ひとつは、一連の奇跡譚の冒頭をなす逸話で、ヴォルト・サント像が履物を与えた旅芸人《ジョングルール》の話、もうひとつは、その一連の逸話の最後に位置し、人殺しの嫌疑をかけられ、まさに首が切られるというその時に、ヴォルト・サント像に助けられた若者の話である。一一五四年、デンマーク人修道士ティンゲイマールのニコラスのルッカに関する記述では、この二つの奇跡のことしか書かれておらず、ヴォルト・サントが口を開いて話をしたという唯一の記述である(26)。前述したフランス語詩『ルッカの聖ヴゥ』では、そのうちのひとつ、旅芸人《ジョングルール》のことしか記していない。ブオンコンパーニョ・ダ・シーニャの証言も同様であり、一三世紀初めのこの記述では、ある司法官（jurisperitus）が磔刑像の超自然的な起源と産褥の女性に対する奇跡的な力について疑念を抱いているのを告発している。確かに旅芸人《ジョングルール》の奇跡譚は不信心の輩を安心させ、口やかましい者をやり込めると見なされていたのだ(27)。

ある時は別個に、またある時はヴォルト・サントに関わる奇跡譚の冒頭で言及されていたことから、この旅芸人《ジョングルール》の奇跡は特に検討するに値しよう。各地で調査された他の奇跡譚とは大いに異なっているにしても、哀れな旅芸人《ジョングルール》の優れた美質に対する逸話で、多くは聖母の誠意が記されたいくつかの物語と類似している。それは、どのように祈りを捧げればよいかわからず聖母の前で踊ってみせたという「聖母の曲芸師」の話であり、また、聖堂の大蠟燭が自分の楽器ハーディー・ガーディー（ヴィエル）に落ちたのを見た旅芸人《ジョングルール》、ピエール・ド・シグラルの話である。ロカマドールの修道士たちは、聖母が彼を選んだと認めざるを得なかったという(28)。とはいえルッカの奇跡は、これら他の場所に由来する伝承と混同されることはなかった。

一三世紀のラテン語で書かれた最も古いこの奇跡譚によると以下の通りである(29)。フランスからやって来た旅芸人《ジョングルール》は、エルサレムへの巡礼の道行き、ルッカで休息をとっていた。像を礼拝しようとこの街の大聖堂に、より正確にいえばヴォルト・サント像が置かれた礼拝堂に入った。奉納するものを何も持ち合わせていなかったので、彼はキリスト像の前でハーディー・ガーディーを弾くとキリストはそれを認め、その証として履いていた右足の履物を彼に投げてやった。旅芸人《ジョングルール》は仰天して礼拝堂を飛び出し、驚いたまま聖堂内に引き籠もったが、再び戻って磔刑像の足下に奉納物としてその履物を置くと、ルッカの人々は駆けつけてこの奇跡を称えたという。

この最初期の作例とフランス語詩『ルッカの聖ヴゥ』とではいくつかの点で異なっている(30)。つまり旅芸人《ジョングルール》がハーディー・ガーディーを弾いて歌い始めると、聖霊がヴォルト・サント像に降りてきて、像は生命を得て話し動き始めたというのである。キリストはすばやく右足を磔の釘からはずし、金や宝石で飾られた履物を旅芸人《ジョングルール》に投げた。すっかり幸せな気分になった旅芸人《ジョングルール》は、食事をしに行くと断って履物を持って出て行った。人々が司教に知らせると、司教は旅芸人《ジョングルール》に履物を返すように命じた。旅芸人《ジョングルール》は同意するが、磔刑像は立腹し、自分の贈与を引き戻して、履物はかの旅芸人《ジョングルール》が持っているべし、さもなくば司教はこれを「高額で」買い取るべし、と命じた。最終的には、旅芸人《ジョングルール》はこの履物を二〇〇リーヴルで手放すことを受け入れ、さらにこの履物を金銀で満たすように要求した。そののち磔刑像はまた右足を釘で止め、聖霊が去ったためにいつもの厳格な姿勢を取り戻した。旅芸人《ジョングルール》はルッカの街に住むすべての貧者を呼び集めて宴を張り、彼の手元にある金銭をすべて彼らに分け与えた。やがて彼はこの街を後にするが、間もなく「ならず者たち」の手にかかって殉教し、以降、彼の聖なる身体はローマで崇敬されるようになったというのである。

これらの話を比較すると、二つの逆方向の循環があることが明らかとなる。すなわち、ひとつは履物、もうひとつは貴金属である。磔刑のキリストの右足の履物は旅芸人《ジョングルール》から司教の手に渡り、そして再び磔刑像に戻される。逆に貨幣や金銀は司教から旅芸人《ジョングルール》へ、旅芸人《ジョングルール》から貧者へと渡ったのである。

この奇跡を、片方の履物をめぐる広大な神話群、すなわちオイディプスやイアソンの物語、果ては同時代の民間伝承にまで至る神話群の中に位置づけてみよう。実際には、よくある右足と左足の不均衡といった右／左の非対称がその特徴であり、例えば跛行は幸運の兆候として、あるいは神罰のしるしとして、さらに特異な力をもつ者の表象として解釈されてきた(31)。しかしここで扱っている物語の場合、重要なのは、右／左の非対称ということ、足が不自由なこと（そもそもヴォルト・サント像は歩き出そうとするわけではない）以上に、むしろ履物の贈与と買い戻しにある。

キリスト教文化と中世社会においては、履物に関する多くの象徴的事例があり、例えば履物を脱ぐことは、燃える柴を前にしたモーセの場合のように謙遜の証であった。また旅芸人《ジョングルール》の物語を特殊な事例として他の奇跡の話と関連づけることもできよう(32)。ソワッソンでは聖母の履物が崇められていたことが知られており、聖母の履物への礼拝とその奇跡の数々は、一一二八年、司教座聖堂参事会員ユーグ・ファルシにより証言され、一三世紀にはゴーティエ・ド・コワンシーによっても取り上げられた。聖母の履物は、このゴーティエ編纂の奇跡集の中核をなす(33)。その中のひとつによれば、ひとりの女性が聖母の履物に口づけするだけでは満足せず、その美しい歯で噛りついてしまったという。周囲の者たちの顰蹙を買う行為であるが、履物と信者とのこの「過度の結合」は、ソワッソンの奇跡とルッカのそれとを関連づけている。とはいえソワッソンの場合、聖母は巡礼者誰ひとりにも履物を贈っていないのだが。

中世において大いに知られた聖書の「申命記」(25章5－10)によると、レヴィエート婚の規則に反して、亡夫の兄弟が夫に先立たれた女との結婚を拒否した時、その女は長老たちの面前で彼の履物を脱がせ、彼の顔に唾を吐いてもよいとされている。家系が絶えることになるこの男の家は、以降、「履物を脱がされた者の家」と呼ばれることになる。「ルツ記」(4章8)においてもこの規則について触れられているが、人間関係は同じではない。ルツの親戚の者がこの若い女との結婚を断念し、ルツに関する権利をボアズに譲渡する意思表示のために自分の履物を脱ぐという逸話だ。中世の聖書の写本にはこの場面が描かれている(図31)(34)。ユダヤの伝統では同じく、放棄する土地に自分の履物を脱いで地面に放り投げる。女性に対してであれ土地に対してであれ、履物を脱ぐという行為は所有権を放棄してその権利を他者に譲渡することを意味し、その者は以降すべての権利を正当に譲り受けることができた。聖書においてすでに、履物が性的なシンボリズムを強く宿していたことは疑う余地がない。

中世には同様に、履物と莫大な富が結びついた儀礼が数多く存在した。例えば一一世紀初め、ザンクト・ガレン大修道院長エックハルトは年代記において、ある日、神聖ローマ帝国皇帝コンラート二世がエックハルトに「帝国の両足を見るように」懇願した状況を記している。これは比喩的表現であり、実際は、コンラートがエックハルトに自分の足下と皇后ギーゼラの足下に身を低めるよう命じたのである。エックハルトはその通りにしたが、その時、皇帝が自分のために履物の中に金貨を数枚入れておいたことを発見した。その場にいた者たちは皇帝の行為を嘲り笑ったが、皇帝コンラートにしてみれば敬意や忠誠の身振りではなく、大修道院長に対する好意を示そうと振舞ったのである(35)。

中世末期におけるトスカナ地方の婚礼は(往時から近年に至るフランスの民間伝承の場合と同様)、この奇跡譚とより緊密に関係づけることができよう。その儀礼では、履物の放棄、金銭との繋がり、必然的に履物の買戻しが認められるからだ。婚礼では、妻となる娘は履物の中に一スー貨を入れ、会食者のひとりが新郎新婦の介添えの少年のみせかけの警戒の目をかすめて、その履物をこっそりテーブルの下から奪うのである。いくつかの事例では、この履物を売りに出して、婚礼の朝に焼肉を招待客皆に振舞うことができるという(36)。花嫁の履物を奪い取った者は、理屈の上では、彼女の処女を奪い取る権利を横取りしたことになる。家族の者が、一スー貨が履物の中に滑り落ちるよう気を配るのもこのためなのだ。こうしてあら

図31　ボアズに靴を渡すルツ『聖書』13世紀初頭

かじめ報酬を得ることによって、招かれざる者とすべての潜在的求婚者、つまり当の村や近隣に住む若者たちは、夫となる男に正当な権利を譲渡するのである。

このように、他の物語や儀礼との類似性をもつこの奇跡譚の解釈について仮説を打ち立てることができよう。旅芸人《ジョングルール》は実は、キリストが与えた履物を奪い取ろうとした闖入者だったのではないか。ルツや婚礼の花嫁がそうであったように、キリストは他の主要人物たちの欲望の的だったのではないだろうか。まず挙げられるのが司教であり、キリストの履物を買い戻した後、いくつもの権利をもつことになったからである。この奇跡に関する他のいくつかのヴァージョンを通して、主要で重要な役者たち、ここでは貧しき招待客や目撃者たちと共に、我々はある種の「婚礼」に参加することができる。この奇跡譚において、彼らは神に選ばれし「民」なのだ。なぜなら中世の儀礼、例えば葬礼において明らかなように、彼らは教会と神の間に位置づけられる特権的仲介者だからである。

『ルッカの聖ヴゥ』の場合、司教はキリストの命を受けて履物をかなりの高額で買い戻した。司教はその物語で姿を変える。当初、司教は世界の力と富の具現であり、キリストの激昂を買うが、最終的に司教は磔刑像を所有することを決心し、大聖堂のために買い戻す。町の貧者への財の再分配は、この出来事の市民的特質をより強固なものとする一方、磔刑像つまりキリストそのものは、まるで「花嫁」を決めるように選んだこの都市の聖堂に居るという自らの意思を明確に示したことになる。奇跡譚の創作は、ヴォルト・サント像がルッカに奇跡的に到来した元来の物語を反復し、その物語をより強固なものにするのである。

シンデレラの右足と履物

この奇跡譚のヴァリエーションは各々、磔刑像の片足、つまり右足だけを取り上げている。磔刑像の両足、特に右足に対するこだわりはヴォルト・サント伝説の別の事例にも見られる(37)。『ルッカの聖ヴゥ』によれば、ニコデモは奇跡のおかげで完成したことを知ったその磔刑像の右足に「一〇〇回以上」接吻したという。ヴォルト・サント奇跡譚の最新の例では、ヴォルト・サントが自らの足――右足――を、誤って死罪にされた男の首筋にのせて、死刑執行人の斧や風変わりな「ギロチン」の刃を止めたという（次頁図32）(38)。履物の奇跡の最も古い表現は、ヴァティカン図書館パラティーナ文庫ラテン語写本１９８８番にある(39)。挿絵では、旅芸人《ジョングルール》が片膝を地につけてヴォルト・サントの前で楽器を奏でており（次頁図33）、ヴォルト・サントの頭は旅芸人《ジョングルール》の方、つまり右側に傾いている。右の履物は足から脱げて旅芸人《ジョングルール》の前のリネン布の上に置かれている。ヴォルト・サント像の伝統的図像に合致して右足には十字が記されているが、少なくともこの挿絵においては、左足には記されていない。そしてヴォルト・サント像の右足は、祭壇上部のこの十字架による対称軸の右側に置かれた聖杯の縁と接触している。このような配置の原型は、ヴォルト・サント像の最も古い画像である一三世紀初めのルッカの貨幣にすでに見られる(40)。

　右足、履物、そして聖杯、これらは今日に至るまでヴォルト・サント儀礼の重要な構成要素となっている。通常、磔刑像は裸足だが、信者の接吻のために左足よりも右足の方が摩滅が激しい。ルッカの大聖堂宝物館には、九月一三日の大ルミナリア祭の時に磔刑像に施される装飾品が残されている。現在保管されている品々の形式はほとんどが一七世紀に遡るが、中世のヴォルト・サント像の豊富な図像群から判断すると、それはより古い起源をもつと考えられる。そのうち二足の履物と聖杯が描かれているものがあり、大ルミナリア祭の際、聖杯は磔刑像の履物を着けている右足の下に置かれる。したがって信者は、祭壇上

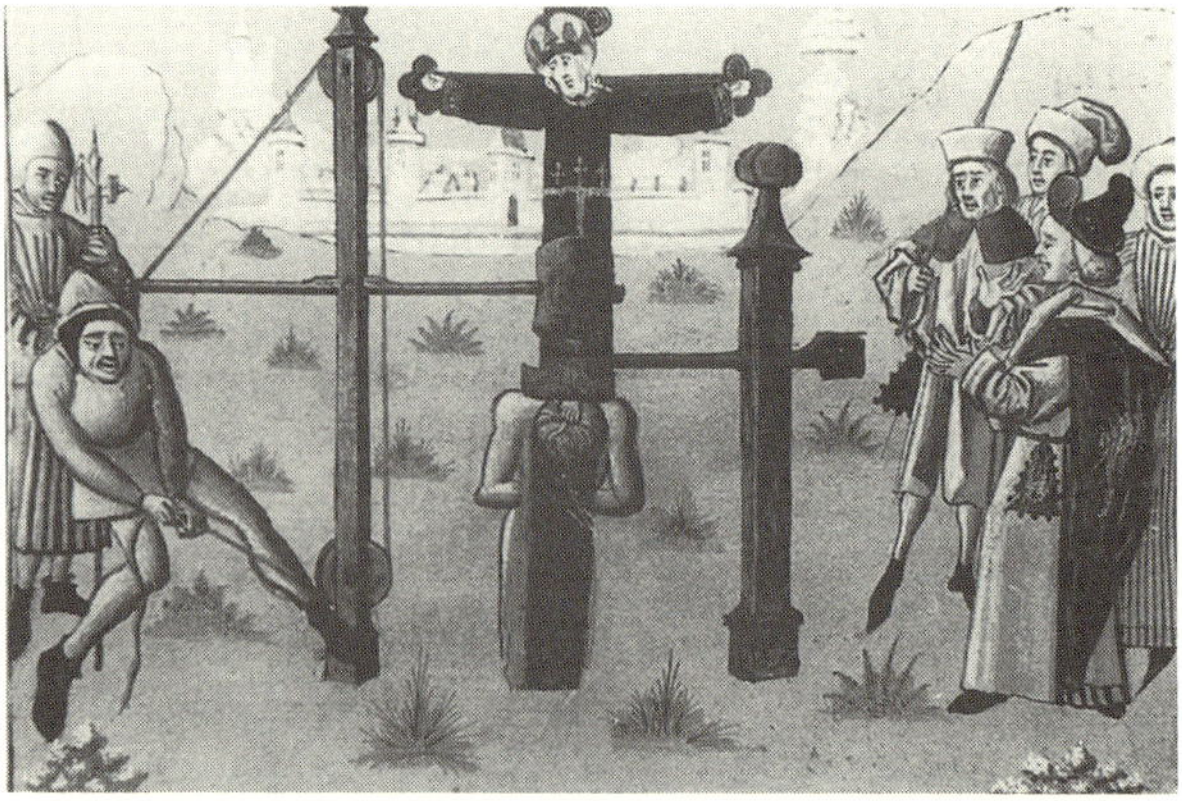

にあるキリストの履物が聖杯の中に垂直に差し込まれているのを見ることになる（図34）。聖杯がそこに置かれる理由についてはいくつもの仮説が立てられてきたが(41)、ヴォルト・サント像をめぐる伝説や奇跡譚にはそれに関する言及はない。

キアラ・フルゴーニはヴォルト・サント伝説について報告し、磔刑のキリストの足下、十字架の対称軸上に置かれた聖杯という伝統的図像についても記している(42)。ヴォルト・サント像の場合は対称軸ではなく右側に聖杯が置かれている理由が何であれ、聖餐に関する重要な意味をもつこのモティーフとの関連は疑いなく、我々はフルゴーニの仮説を支持しつつ検討をより深めてゆくことにしよう。フルゴーニは、聖杯が右側にずらされて置かれているのは、伝説によると聖血の入った容器のひとつだけをルッカが保有している（もうひとつはルーニにある）ことを想起させるためだとするが、この論の後半については納得しがたい。すなわち、続いてフルゴーニは聖杯と聖血容器は同じものと考えられていたとするが、形体は異なるからだ。ヴォルト・サント像を表した写本挿絵も含めて、図像としては、聖血容器が聖杯として表現

図34　ヴォルト・サント像　1200年頃，サン・マルティーノ大聖堂，ルッカ

右頁上 **図32　足で罪のない者を救うヴォルト・サント像**　ヤコブス・デ・ウォラギネ『黄金伝説』（フランス語版）15世紀／右頁下 **図33　旅芸人の奇跡**『ルッカのヴォルト・サント伝説』1410年頃，パリ

されたことはない(43)。とはいえ、聖杯は聖血容器と同じくキリストの血を集めるためのものであり、したがって我々が考察せねばならないのは聖杯の機能についてである。

フルゴーニの仮説は、それ以前のグスタフ・シュニュラーやジョセフ・リッツの説を凌駕するものであった。確かに今日、後二者に見られる実証主義特有の無邪気さは失笑を買うところがある。彼らはまず、この聖杯が信者から奉納品を集めるために置かれた献金箱の前身であった可能性を仮説として提示した(44)。しかし一方、献金箱の痕跡が何ひとつ残っていないこと、聖杯にもこのような解釈を可能にするような容量がないことも知っていた。そこで彼らはもうひとつの説を示すことになる。最も古い旅芸人《ジョングルール》の奇跡譚によれば、履物は司教によって買い戻されたものの、もはやキリストの足に合わなくなってしまったとされるが、シュニュラーとリッツはこの話に基づいて、聖杯が祭壇の上に置かれたのは、履物を固定させ脱げないようにするためだというのである。確かにこの奇跡譚には、奇跡の確かなしるしが永久に残るように「神の意思により、履物は以降、尊いお姿（vultus）の足に適切に履かれることはなく、履かせようといかなる工夫をしても叶わない」と記されている(45)。このことは筆写された写本のほとんどに引用されているが、聖なるものがまるで単なる楔のように利用されていたと真摯に受け取ることができるであろうか。このような仮説を支持することはあり得ないのである。

さらに、彼らが引用したヴァージョンは唯一のものではなかった。ヴァティカン図書館レジーナ文庫ラテン語写本487番のイタリア語部分とラテン語部分では、全く逆のことが記されている。奇跡の記念に、そして神の介在のしるしとして「この履物は以降、十字架の右足にしっかりと履かされ、いかなる工夫をもってしてもそこから引き離すことはできず、まるでこれまでずっとそうであるかのようだった」と(46)。一五世紀初めのこのテクストと一三世紀のそれとをつき合わせると、正反対といっていいほど意味を取り違えるに至った過ちが容易に明らかとなる。「適切に履かされることはなく（Apte non adhesit）」は「これまでそうであった（hactenus adesit）」に、「適合しうる（adaptari potuit）」は「動かせる（potuit agitari）」になってしまっているのである。一五世紀のこの新しいヴァージョンも好評を博し、一五世紀のリューベックでは、受難劇の中で旅芸人《ジョングルール》の奇跡とヴォルト・サント像の履物の場面が演じられた(47)。そこでは、旅芸人《ジョングルール》に履物を返すよう命じた司教は彼を一種の神明裁判に召還する。もし履物が磔刑に処された者の足にぴたりと合うなら、旅芸人《ジョングルール》がこの履物を盗んだと判決を下し、逆に全く合わなければ、彼が主張するように、キリストがこの履物を贈物として旅芸人《ジョングルール》に与えて下さったのだというのである。

しかしこの誤読が偶然ではないならば、別個のテクストの伝統が提示するこの二つの解釈が、実は、同一のことを解き明かしている可能性もある。奇跡によってこの靴はもはや凡百のそれと同じように扱い得ないものとなり、力ずくでも引き離せないほどキリストの足に密着してしまったか、あるいはキリストの足に戻すことができないのである。いずれの場合も人の手によって容易に引き離したり、あるいは戻したりすることができないという点で、この履物は普通の履物とは異なっている。重要なのは、これが物質的な「しるし（signum）」であり(48)、いずれの場合も、しごく当然であるが、神の介在と人間の日常的行為との間の最大限の差異を浮彫りにする奇跡を証しているということだ。

履物の買い戻しというモティーフと同様に、履物がぴたりと足に張りついたり、その逆にぶかぶかであったりするというモティーフは中世の数々の物語伝統に認められる。一三世紀後半にカスティーリャ国王アルフォンソ一〇世賢王が編纂し解説を施した聖母マリアへの『頌歌集』のひとつには、戦いに出立するにあたり、若き騎士が妻に聖母像を守るよう託した話がある(49)。さて、その妻を誘惑しようと、ひとりの恋する男が一足の綺麗な履物を彼女に捧げたが、彼女がそれを履いた途端に足は動かなくなってしまい、一三か月後、夫が帰還する折にようやく動くようになった。聖母マリアの加護により足を締めつけ、以前にもまして性的象徴性を帯びたこの履物は、誘惑に負けそうになった妻の純潔を奇跡的に守ったのである。

旅芸人《ジョングルール》の奇跡譚のように、不適合の履物の物語（アルフォンソの『頌歌集』の場合では、履物は足をきつく締めつけた）は中世の論争詩の中心的モティーフであり、履物をめぐる振舞によって三人の登場人物が対比されている。

一、二者の欲望の対象となるもの――この履物の話では妻であり、旅芸人《ジョングルール》の奇跡譚ではヴォルト・サント像。

二、闖入者。他者の所有物を奪い取ろうとするもの――前者では誘惑する男、後者では旅芸人《ジョングルール》。

三、右記一の正当の所有が最終的に認められるもの――前者では夫、後者では司教。

履物の適合性というモティーフは、とりわけ『シンデレラ』の話を思い出させよう。最も古いこの物語は一七世紀初めより以前に遡ることはないが、シンデレラの「銀鼠色の履物」は一三世紀のこの物語に対応する。『シンデレラ』では、若い娘が素敵な王子様の結婚相手にふさわしいとされたのは若い娘の驚くべき細い足に靴がぴたりと合ったためであった(50)。奇跡譚のさまざまなヴァリエーションにおいて、司教が買い戻した履物は、磔刑像の足に寸分違わなかったり、ぴたり適合するという訳ではない。この点に二つの説話伝統が認められるのだが、全体の構造は類似している。旅芸人《ジョングルール》の奇跡譚、聖母マリアの『頌歌集』、不思議な御伽噺、それらはいかなる関係もなく、また登場人物の性格や行為の細部が同じでないものの、その類似性は興味深いといわねばならない。それぞれが異なる結末に至り、異なる時代の異なる社会的文化的環境で生まれたゆえに、たとえ説話の形態や構造が似ていても、その内容は変化している。

旅芸人《ジョングルール》の奇跡譚と他の説話や典礼のあらゆる伝統との間には、しかし、ひとつの重要な差異がある。他の場合はおしなべて履物をめぐって結ばれる関係は男と女——愛人、婚約者、また配偶者——であるが、旅芸人《ジョングルール》の奇跡譚の場合は男性に限られているのである。旅芸人《ジョングルール》とキリスト、むしろ「神は人を創り給う」という時の「人」すなわち「男」のイメージ、そして司教である。最近の研究者たちは、中世キリスト教世界の宗教的表象と実践に特有の性差をめぐる曖昧さに関心をもっている(51)。それは特にキリストという人物の場合である。キリストはあらゆる意味において、まぎれもなく「男」であるが、女性を暗に示すいくつもの名称、役割、そして属性を有する。キリストは修道士や神秘家、教会の「母」として表現され、受難の時に、永遠の生命の「種子」である血液と水を流した右脇腹の傷口は、中世末期のいくつかの写本挿絵において女性性器としてきわめて具体的に描かれた(52)。この傷口からキリストは教会を産み、したがって教会はキリストの「娘」でありながら、一方では「花嫁」となる。性的アイデンティティーを攪乱させる宗教的言説は、受肉の教義が同時にそれを埋めようとするにもかかわらず、神と人間の間の大きな溝を依然として保持しようとするのである。

リチャード・トレクスラーによれば、このような性差の曖昧さの現れのひとつが変装である(53)。宗教画像において、それはコロビウムという衣服を着た大きなキリスト磔刑像に明らかに見られる。コロビウムとは裾の長いトゥニカのことで、ヴォルト・サント像やフランドルの「髭を生やした聖女」ウィルゲフォルテが身につけている衣だ。シュニュラーやリッツは、この磔にされた聖女という奇妙な像は、ある誤解から生じたものだという。実際、北方の人々はルッカの商人がもたらしたヴォルト・サント像にキリストのイメージを認めることはできず、顎髭が生えて長い外套を身につけた聖女の磔刑像と見なしたのであろう。このような解釈に対して、トレクスラーはジェンダー論との関係で人類学的問題を提示している。男性らしさ／女性らしさという言葉は、永遠不変の自然の産物ではなく、社会的慣習によって作りだされる流動的カテゴリーであると強調するのだ。またトレクスラーは、ヴォルト・サント像と、特に聖女ウィルゲフォルテは妊娠中の女性に崇敬され、産婦は自身をこの像に投影し、キリストの苦痛と自身の出産の苦しみを重ね合わせ、月経の血はキリストが流した受難の血に相応すると考えることができたとする。神との結びつきという曖昧な論理は、単に聖職者や神秘主義者の明晰な言説だけではなく、より視野を広げて共同儀礼の実践をも考察の対象にしてゆかねばならないのである。

旅芸人《ジョングルール》の奇跡譚についての分析はトレクスラーの解釈と合致する。キリストとシンデレラと『頌歌集』における妻、そして旅芸人《ジョングルール》と大胆な愛人と花嫁の履物を手に入れる若い婚礼の客、さらに司教と最終的に自らの権利を回復する花婿。彼らの間に見られる構造上の類似性はこの奇跡譚の究極の意味を明らかにしてくれる。それは、宗教的象徴という隠喩に移し替えられたキリストとの「婚姻による」、「性的」でさえある結合なのである。

毎年九月一三日に催される大ルミナリア祭はこの解釈を確かなものとする。キリストの右足が聖杯に浸された「履物」に差し込まれるとき、キリストの右脇腹にある傷口と同じ右側で、性的な結婚のシンボルである履物と、教会が絶えず再生される聖杯の中に満たされた生殖の女性的「精液」である血液の結合が、象徴的に果たされるのである。

聖杯が献金箱の働きを担い、履物を固定させるための楔の役割を果たすなどということはあり得ないのだ。右足が履物をつける時、神話であれ年に一度の祭礼の時であれ、その履物は、右脇腹の傷口から流れ出る聖なる血液を聖杯へと導いてくれるものとなる。履物を履かされたキリストはこの時、全き「母」である。祭礼と同じく物語において、この「結婚」は成就される。ルッカでは毎年、履物を履いたキリストとの神秘の「結婚」が祝われ、この都市がこの聖なる像を所持していることの正当性を再確認するのである。

以上のように、祭礼は旅芸人《ジョングルール》の奇跡譚と対応している。旅芸人《ジョングルール》の奇跡譚がヴォルト・サント像の起源と奇跡的奉遷の物語を裏付けていたように、物語、祭礼、そして画像は、ヴォルト・サント像がルッカの地で「自らの足に合う履物」を見つけたことを明らかにする。ヴォルト・サント像は、この都市の、この市政の、この地の聖職者の、そしてこの地に住む人々の申し分のない表象であり庇護者であり、そして正当なる「花嫁」なのである。

正当な「花嫁」であるが、しかしこの花嫁は、ルッカの市壁の中にずっと閉じこもっているわけにはゆかなかった。なぜならヴォルト・サント像の威光の源泉である「奉遷」は、中世を通じてあらゆる方法でキリスト教西欧世界の最も北の地へと広がっていったからである。聖なる像の伝播のあり方は仲介者の、むしろ実質的媒介者の役割を規定することになる。その役割を果たしているのはルッカの商人であり、ヴォルト・サント像の物語はおよそ決定的な社会的政治的文脈の中にどっぷりと浸かっているのである。

「ヴォルト・サント」の新たな旅

ヴォルト・サント像のコピー

ヴォルト・サント像の評判は、瞬く間にルッカの地からはるか遠くまで広まったが、それはルッカの人々にとってのこの聖なる像を嘲弄しかねないような批判でもって、近隣の都市の多くの証言から明らかになっている。ちなみに一三世紀初め、ブオンコンパーニョ・ダ・シーニャは、プラセンティヌス（一一九二年没）がこの磔刑像が蟻に食べられてしまったと笑いものにしたと語っている。さらに後に、フランコ・サケッティが伝えるところによると、シチリアのフランチェスコ会修道士ニコラウスが、やはり物笑いにしたという。

地方の祖国愛的ライバル意識や嫉妬深い郷土愛《カンパニリズモ》、そして教会内部における敵対する聖職者間の心境などによって引き起こされたこのような好意的ではない反応こそが、ヴォルト・サント像の伝播力を示している。ルッカの像の数多くのレプリカが西欧全体に拡散するのを止めることはできなかったのである(54)。これらの「コピー」のいくつかは、ルッカのヴォルト・サント像と同じ頃の古い制作と見られる。おそらく最初のヴォルト・サント像に基づくのちの像から派生したに相違なく、現在ルッカにある像も一二世紀から一三世紀に置き換えられたと思われる。他にブランシュバイクにあるイメルヴァルト、またはイゲルヴァルトの磔刑像（一二世紀末の作）(55)や、以前はルーニ司教区にあり、助祭レオビヌスの著作でも言及されているサルザナ司教区のボッカ・ディ・マグラのヴォルト・サント像などがある。ル・ピュイのサン・ミッシェル・デ・ギュイユ礼拝堂にある小さな聖遺物容器の磔刑像もこの時期に遡る。様式的な特徴や巡礼路の重要な宿営地にあったことを考慮すると、ヴォルト・サント像の重要な二つの特徴がル・ピュイに欠けているとはいえ、このル・ピュイの磔刑像はヴォルト・サントと大いに関係がある。欠けているのはすなわち、十字架の両腕を繋いでいる金色の弧とキリストの右足の下の聖杯である(56)。

同様の仮説は、ルッカの像の一三世紀のコピーと考えられてきたアブルッツォ山塊ボルゴ・サンセポルクロのサンタ・マリア聖堂にあるヴォルト・サント像についても当てはまる（図35）。ルッカの磔刑像には実施されていないが、このボルゴ・サンセポルクロの磔刑像については近年、アンナ・マリア・マエッケの指揮の下、炭素一四の年代測定による科学調査が行われた。その結果きわめて興味深いことが明らかとなった。この彫像に使われている木材は六七九年から八四五年の間に伐採されたと見られるのだ。ただ磔刑像の左腕のみがもっとのちの九〇四年から一〇一八年の間に伐採されたらしい。したがってこの彫像は、一三世紀に塗り直されたとはいえ、現存するすべてのカロリング期の作例の中で「全西欧中世において最も古いモニュメンタルな彫像」ということになる(57)。証拠に欠けるとはいえ、このカロリング期の彫像がルッカの彫像の原型であるとすると、ヴォルト・サント像がルッカの町に到着した時期についての助祭レオビヌスの記述と実際に一致することにもなる。その後の一二世紀から一三世紀の転換期に、この初代ヴォルト・サント像はボルゴ・サンセポルクロに奉遷され全体が新たに色塗りされる一方、ルッカの大聖堂には新たな磔刑像が代わりに置かれ、たちまちこの新しいヴォルト・サント像は同時代の人々の信仰心の高まりに与り、彼らの信仰心をさらに促すことになったのだろう。

図35　ヴォルト・サント像　8－9世紀？　ボルゴ・サンセポルクロ，サンタ・マリア聖堂

　一四、一五世紀になると、ヴォルト・サントの大成功を明らかにする数多くの壁画や板絵などが現存する。これらの絵画には磔刑像だけでなく奇跡の中で最初の最も重要な奇跡譚、つまりキリス

図36　旅芸人の奇跡　パルマ洗礼堂壁画　1370－1380年頃

トの右足の履物の贈与というかの旅芸人《ジョングルール》の奇跡も描かれている。一三七〇年から八〇年頃、この場面はパルマの洗礼堂に描かれた（図36）。奇妙なことにキリストが与えているのはルッカの物語に倣った右の履物ではなく左足の履物であり、ルッカからの距離は、本来語られている主題の大きな変更を許してしまったようだ。一四〇〇年頃には同じ場面が、王冠を戴き、彫師として働く四人の聖人と関連させて、カンピオーネ・ディターリア（ルガーノ）のサンタ・マリア・デイ・ギルリ聖堂に描かれた(58)。彫刻家の守護聖人であるニコデモの伝説が、旅芸人《ジョングルール》の奇跡譚とこの王冠を戴いた四人の聖人たちの物語を結びつけたのだろう。ヴァイセンブルク（フランコニア）には一五世紀のフレスコ画があり、「ルッカの聖なる十字架

(heilig cruz von lukg)」という銘文とともに同じ場面が描かれている(59)。

板絵のいくつかは、家庭や私的空間での祈りの形式を明らかにしている。例えば一四四〇年から五〇年頃、ケルンのシュテファン・ロホナー工房で制作されたと見られる小さな板絵は、私的な祈禱のためのサイズである（ルーヴル美術館所蔵）。一四九〇年頃のイタリアの板絵（ロサンジェルス）では、正面を向いたヴォルト・サントが描かれ、その右足は聖杯の中に伸びている(60)。ピエロ・ディ・コジモ（一四六二～一五二一）作とされる同時代の板絵（ブダペスト美術館所蔵）の場合も同様である。

他にもメダル、封印、巡礼の際に身につけたバッジなどにも注意を払うべきであろう。これらは、時にルッカから遠く離れた地、特にフランスでヴォルト・サントの評判が存続した証となっているのである(61)。

ヴォルト・サント像の普及とその信仰に関しては、きわめて微妙な難しい問題があり、北西ヨーロッパ（フランドル、ネーデルラント）や中央ヨーロッパ（オーストリア、ボヘミア、ポーランド）における同様の事例の女性版である聖女クメルニス（ウィルゲフォルテ、オントコマー、リベラータとも呼ばれる）と密接な関連がある。彼女の伝説はヴォルト・サントのそれと全く異なる。父親に強制的に勧められた結婚を拒んだ娘は、結婚志願者から逃れようと神に懇願して顎鬚が生えるようにしてもらうが、やがて彼女は磔の刑で殉教する。その磔刑の彼女を表した画像は、しかしヴォルト・サント像とそっくりなのだ。キリストのように髭を生やし、女物の長い衣を纏い、作例によっては十字架に環状が施されている(62)。旅芸人《ジョングルール》の先駆的奇跡もこの聖女伝説に寄与している(63)。とはいえ、前述のシュニュラーとリッツのお決まりの説明に満足してよいのだろうか。彼らによると、北方ヨーロッパの人々はヴォルト・サントの長衣に馴染みがなく、よく知られていた伝説をもつ髭の生えた聖女と混同してしまったのだという(64)。これまで述べてきたように、私はキリスト像特有の性的両義性を考慮に入れる別様の説を支持する。この説は、レオ・スタインベルクやキャロライン・バイナム、そしてトレクスラーなどの著作によってよく知られている(65)。

ヴォルト・サント兄弟団

巡礼路のみならずヨーロッパの富の集まる地域にヴォルト・サントの名声が広く知れ渡ったのは、ルッカの商人たち、特に絹商人のネットワークに拠る。彼ら商人たちの世界が形成され発展したのは一四世紀後半頃であり、ルッカが一三四九年にピサの管区から離れた後のことである。ルッカの商人たちはいたる所でヴォルト・サント兄弟団を設立し、異郷の土地における連帯感を強め、同時に同郷の同胞との強い繋がりを維持した(66)。

イタリアでは二つの強力なルッカ商人団体がジェノヴァとヴェネツィアに設立された。ヴェネツィアには一三五九年に「ヴォルト・サント同業者組合（Scuola del Volto Santo）」が聖母マリア下僕会の聖堂内に設立された。一時は十人会によって活動は停止されたが、一三六九年に再設された。一三七〇年頃、礼拝堂の中にヴォルト・サント像のレプリカを戴いた祭壇が置かれたが、レプリカの頭部は現在も残っている。同じ頃、画家ニコロ・セミテコロはその礼拝堂の壁にレオビヌス伝説を描いている(67)。

イタリア以外でも、ルッカの商人によって同じような兄弟団がアントウェルペン、ブルージュ、ロンドン（サザンプトン）、そしてパリに設立された。ブルージュでは一三六九年に兄弟団が設立され、七七年以降は四六人の会員を有している。一四七八年には兄弟団は新しいいくつかの彫像を所有し、それらは今日でも残っている。

パリにおいてもヴォルト・サント兄弟団はよく知られた存在であった。それは裕福なルッカ人ベローニ（ユーグ・ベロン）によって一三四三年、新しいサン・セプルクル（セポルクロ、聖墳墓）聖堂内に設立された（この聖堂自体も、一三二五年に「ロンバルディア」地区に王家の寄進によって建造されたものである）(68)。サン・セプルクル聖堂とヴォルト・サント礼拝堂の一三七九年の財産目録には、「大タピスリー」、「ガリアの冠」を戴いた石造の「大磔刑像」とあり、後者は間違いなくヴォルト・サント像のレプリカであろう。フランス革命前の一七八〇年の財産目録には、磔刑の伝説を描いた一〇枚の板絵について記されている。一四、一五世紀には、パリの共同体の中で最も有力なルッカ出身の富裕者のフランス語化された名前が知られている。エスクラ Esclat（Schiatta）、イスバール Isbarre（Sbarra）、リシャ Richas（Ricciardi）、ロネ Lonest（Onesti）、チェナミ、モリコーニなどだ。一五世紀初め、パリに居を構えたルッカ人のうち最も有力な人物は、疑いなくディノ・ラポンドとジャック・ラポンド（伊名ラポンディ）兄弟で、彼らは大商人であり金貸しであり、そして文芸庇護者であった。ディノ（一四一五年没）はブルゴーニュ公の館（施療院）の顧問のひとりでその頭でもあり、彼によって豊かな彩飾が施された写本が数多くもたらされた。パリにおける彼の活動はそれまでのルッカとの緊密な関係を妨げることはなく、実際、彼は一三七六年と九八年の二度にわたりルッカの顧問官に選出されている。ラポンディ兄弟の凋落はブルゴーニュ派のそれに連なるものであった。ヴォルト・サントの名声と信仰について、きわめて貴重でこれまで知られることのなかった情報を与えてくれる数多くの彩飾写本の制作を検証せねばならないのはこのような歴史的状況においてなのである。

彩飾写本にみるヴォルト・サント像

ヴォルト・サントの伝説と奇跡譚を記した最古のラテン語写本群（一二世紀末）が、ルッカでもイタリアのものですらなく、北西ヨーロッパ（ドゥーエかカンブレ）に由来することについてはすでに言及した。このような最古のヴォルト・サント写本の地理的起源は、イングランドおよびフランドルをイタリアと結びつける軸線上に位置するルッカの経済的流通と巡礼の交流における特権的状況を示している。

一四世紀後半以降から始まるヴォルト・サント像に関する彩飾写本制作は、ルッカまたはイタリア以外のヴォルト・サント信仰の高まりが、ルッカにおけるそれと同程度であったことを、明らかにしている。実際、一〇写本を数えることができるが、中でも最も古い一写本はルッカで制作された。これらの作例は次のように三つのグループに分類できる。

上 **図37　ヴォルト・サントの信奉者たちと本を捧げるレオビヌス**　1306年，トゥッチ・トネッティ写本／左頁 **図38　ヴォルト・サントの栄光の行列**　1306年，同写本

1　トゥッチ・トネッティ写本

最も古い写本は、ヴォルト・サント兄弟団が所有して

いたものであり、おそらく一三〇六年にこの兄弟団が創設された際に制作され、一四世紀中に完成されたと思われる。その挿絵は、兄弟団、男性と女性、聖職者と俗人、「団長」そして一般団員らの聖なる像をめぐる行列と礼拝を表した三つの表現に限られる。注目すべきは、兄弟団員たちが支え持つ大蠟燭とキリスト像の足への接吻である（図37、38）。行列の描写は、毎月第三日曜日に兄弟団に課せられていた行列に基づく。それは聖堂内で説教と共に行われたが、ルッカの宗教的公的権力者や市民が皆集まって催された司教座聖堂参事会による週一回の行列や、年一度の大ルミナリア祭の行列と区別されねばならない(69)。

2　独立した二写本

第二グループは、二冊の小写本からなる。互いに類似していないが、二冊ともヴォルト・サント伝説と奇跡のみを内容とする。

右上 **図39 L（レオビヌス）のイニシャル装飾**『ヴォルト・サント伝説』1364－1380年　ラテン語テクスト冒頭／右下 **図40 L（レオビヌス）のイニシャル装飾**　同イタリア語テクスト冒頭／上 **図41 ヴォルト・サントに祈りを捧げるルッカ出身の裕福な商人，パリのラポンディ兄弟** 1410年頃

ヴァティカン図書館レジーナ文庫ラテン語写本487番は一三六四年から八〇年頃に筆写され簡単な装飾が施され、おそらくイタリア北部の制作である。ヴォルト・サント伝説と奇跡がラテン語で記され、ヴォルト・サント兄弟団をヴェネツィアに迎え入れた「聖母マリア下僕会」員で「メディオラノのフランチェスコ会修道士」によるイタリア語がその後に続く。ラテン語版イタリア語版ともヴォルト・サント像が描かれたレオビヌスの頭文字Lで始まる（図39、40）。またどちらも画面構成は同じだが、配色が逆になっており、おそらく先に述

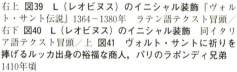

べたような聖顔布タイプ固有の複製の原理（例えば写真のポジとネガ）を示している。

同じくヴァティカン図書館パラティーナ文庫ラテン語写本1988番は、一四一〇年頃パリで編纂され、その来歴はよく知られている。それはディノとジャック・ラポンディ兄弟のために制作された写本であり、彼らはその扉絵に拝跪する姿で描かれている(70)（図41）。伝説に基づいて一三のエピソードがひとつの挿絵の中に表され、その後に一三の奇跡譚が一二の挿絵によって図示されている（ヴォルト・サント像の中に聖遺物があるというエルサレムでの啓示についての二つの奇跡譚はひとつの挿絵で表されている）。この写本には総計二六点の挿絵が施されており、これらの写本の中では最も豊かに彩飾されている。それはまた、パリにおけるルッカ商人共同体での熱烈なヴォルト・サント信仰を示す最も重要な資料でもある。

3　ヴォルト・サントの「新しい祝祭」

その他の七点の写本は、同様の性質をもってひとつのグループを形成し、最も古いものは一五世紀初めにパリで、最も新しいものは一五世紀中頃にフランドルからブルゴーニュにかけての地域で制作された。これらの写本はヴォルト・サント伝説と奇跡譚を含んでいるが、ひとつひとつが独立しておらず、『新しい祝祭』という論考集の一章を構成している。『新しい祝祭』は、一四〇一年ないしは〇二年にカルメル会修道士ジャン・ゴラン（一四〇三年没）が、ヤコブス・デ・ウォラギネ著『黄金伝説』のフランス語訳（一三五〇年頃、ジャン・ド・ヴィネイによる）に付け加えたものである(71)。したがってこのグループの写本は他とは異なり、テクストはもっぱらフランス語である。

ヴォルト・サントに関する章は決まってゴランが『黄金伝説』に付した『新しい祝祭』約四〇章の最後に当てられている。しばしば最終章に位置して小論考のように紹介され、他の章よりも挿絵が多い場合はますますその傾向は強い。他のテクストには通常ひとつしか挿絵が施されておらず、直立する聖人あるいは聖人の殉教場面が描かれることがほとんどであるが、『新しい祝祭』の章には、例えばマコン(72)やブリュッセル(73)にある写本には一二点の挿絵が、あるいはパリ(74)やミュンヘン(75)の写本には一〇点の挿絵が施されている。ただし他の三写本の場合は数が少なく、ジュネーヴ(76)の写本は二点、イエナの写本(77)やパリの別の写本(78)は一点のみである。

しかし写本の豊かさでは、故郷の都市ルッカの守護像の栄光のために入念に彩飾されたラポンディ兄弟の写本に優るものはない(79)。この写本の独自性は何よりヴォルト・サント奇跡譚の挿絵にあり、『新しい祝祭』写本群の少なくとも四冊はその同主題の挿絵を有するからだ。これら四写本はまた、奇跡譚の挿絵にきわめて限られた役割しか与えていない。というのも、テクストで言及されている一三の奇跡の内、概して最初の奇跡である旅芸人《ジョングルール》の話(80)と最後の奇跡、つまり若い男に誤って死刑判決が下されるものの絞首刑に際して間一髪で助かった話(81)、これら両方かあるいはどちらかが描かれるのに、ヴォルト・サント像となると、冒頭(82)や末尾(83)に描かれるばかりでなく、あらゆる説話場面から外れて登場する。

これらの写本において我々をとりわけ惹きつけるのはテクストの独特な配置、すなわちテクストとイメージが複雑に分割されていることだ。フランス語で記されたテクストはすべての写本で同一であり、レオビヌス作の伝説の精緻な翻訳に始まる。そして一三の奇跡譚が続くが、それぞれの冒頭には（場合によっては二つかいくつかの奇跡譚からなるグループの冒頭）、伝説の一エピソードの要約である「物語（hystoire）」が記されている。つまり、どの写本でもまず伝説がきちんと語られた後、特筆すべき一一のエピソードか各冒頭の「物語」での要約によって再度語られ、一一番目は絞首刑が奇跡的に執行されなかったという長い話で終わる。実際には、最後の奇跡譚は最後の「物語」と見なされ、他のエピソードに倣った挿絵がひとつ施されるのはそのためである（240頁図32参照）。先行する一〇の「物語」は、それぞれひとつないし複数の奇跡譚の導入部となっている。関連する挿絵は通常どおり「物語」を「図解」しているが、その後に続くひとつないし複数の奇跡譚には挿絵が施されていない。

「物語」、奇跡譚、そして挿絵は、以上のように入れ子構造、あるいは三つ編み構造をなしており、彩飾された一連の奇跡譚が伝統的構成に則り、伝説と奇跡譚の挿絵が展開するラポンディ兄弟の写本とは大きく異なっている。

フランス国立図書館所蔵フランス語写本２４２番３２８葉で例外的にも二挿絵が配置されているのは、この入れ子構造による。その挿絵のひとつが司教グァルフレドゥスの夢を表したもの（グァルフレドゥスは三番目の物語にも登場する）、もうひとつが最初の奇跡譚、つまり旅芸人《ジョングルール》の奇跡を描いたものであり、これによって旅芸人《ジョングルール》の物語は導入役という機能を果たすことになる。ミュンヘン図書館所蔵写本Gall３番も同様、七番目の物語である奇跡の航海の図（311葉）の直後に五番目の奇跡譚（黄金のテーブル）を描いた挿絵（311葉裏）が示され、挿絵の前にはその物語が記されている。

いくつもの例外的事例は、共通の手本に基づいた写本制作において、物語よりもその後に来る奇跡譚を描き出そうと彩飾絵師が革新的な試みをしたことを示している。先のミュンヘン写本においても、旅芸人《ジョングルール》の奇跡は第三の物語であるグァルフレドゥスの夢の画像に完全に取って代わっている。場合によっては画面構成の過ちを犯すこともあり、このミュンヘン写本では挿絵師は第八の物語に対応する画像を省略してしまっている。第八はより後方の314葉裏に描かれるのだが、そこは第一〇の物語、ヴォルト・サント像がルッカに凱旋する話の箇所である。そのためか第一〇の物語には挿絵が施されていないのである。

「新しい祝祭」					
ブリュッセル王立図書館写本9228番	パリ，フランス国立図書館フランス写本242番	ミュンヘン，バイエルン州立図書館写本 Gall. 3番	イエナ大学図書館写本 Gall. 86番	ジュネーヴ大学図書館フランス写本57番	パリ，フランス国立図書館フランス写本184番
			359 ヴォルト・サント	474v ヴォルト・サント 476	415v 旅芸人の奇跡
383 司教座に座すレオビヌス	324v 執筆するレオビヌス	307 木を伐るニコデモ		航海	
384 木を伐るニコデモ					
385v 像を彫る天使と眠るニコデモ	327 ニコデモと像を彫る天使	308v 眠るニコデモと像を彫る天使			
386v 司教グァルフレドゥスと天使	328 (1)旅芸人 (2)司教グァルフレドゥスと天使	309 旅芸人			
387 ヴォルト・サントの発見	325v ヴォルト・サントの発見	309v ヴォルト・サントの発見			
388 ヴォルト・サントの乗船	329 ヴォルト・サントの乗船	310 乗船			
389 航海	329v 航海	311 航海			
389v 航海(単独)	330 航海（単独）	311v 黄金のテーブル			
391 天使のお告げを受けるルッカの司教					
	331v 沿岸への接近。				
392v ヴォルト・サントの奉遷（牛車） 393v ルッカ入城	333 ヴォルト・サントの奉遷（牛車）	314ヴォルト・サントの奉遷(馬車)			
		314v 沿岸への接近			
395 立てられたヴォルト・サント像（自然の中で）	334 絞首刑の失敗 335v 立てられたヴォルト・サント像（と司教）	316 ヴォルト・サントの前での受刑者の祈り			

表　ヴォルト・サント像の彩飾写本

兄弟団	独立した写本			
ルッカ，トゥッチ・トネッティ写本	ヴァティカン図書館レジーナ文庫ラテン語写本487番	ヴァティカン図書館パラティーナ文庫ラテン語写本1988番	11(XI)の「物語」と13の奇跡譚	マコン市立図書館写本３番
2ヴォルト・サント 5v 行列	1ヴォルト・サント 27 ヴォルト・サント	IVv ヴォルト・サントの前で祈る寄進者		
		3説教するレオビヌス		219v 執筆するレオビヌス
6行列		2 v 天使とともに木を伐るニコデモ	I	222 木を指差す天使に起こされたニコデモ
		1磔刑像を彫るニコデモ	II 1	225v 磔刑像を彫るニコデモ
		8v 司教グァルフレドゥスと天使	III 1 bis	227v 司教グァルフレドゥスと天使
		6v ヴォルト・サントの発見	IV 2	228v ヴォルト・サントの発見
		7v 身廊の発見と装飾	V 3／4	
		4ヴォルト・サントの乗船	VI	230v ヴォルト・サントの乗船
		5ヴォルト・サントの航海	VII	232v 航海
			5	
		11v ルッカの司教の出発	6	
		12 沿岸への接近。ルッカとルーニの司教たち	VIII 7／8	233v 沿岸への接近。2人の司教
		13 ヴォルト・サントの下船と分与	9／10	237 下船と分与
		13v ヴォルト・サントの奉遷（牛車）	IX11／12	240v ヴォルト・サントの奉遷（馬車）
		14 ヴォルト・サントのルッカ入城	X	243 ルッカ入城
			XI 13	246v 絞首刑の失敗
		16v 旅芸人の奇跡		
		18v 夢と祈り		
		20v 1度目の啓示（2度目の啓示）		
		24v 黄金のテーブル		
		25v 盲目の子どもの治癒		
		29v 解放された子ども		
		31 扉から追放された悪魔		
		33 乾いた手の少女		
		343 匹の悪魔に苦しめられる少女		
		35v 燃える炭を吐き出す少女		
		37v 麻痺のある若いドイツ人		
		39 絞首刑の失敗		

これらの彩飾写本は二つの問題を生起させる。まず一五世紀初めのフランス語写本において、テクストと挿絵共にかくもヴォルト・サントの存在が大きいのはなぜであろうか。ついで物語、挿絵、奇跡譚が入れ子構造を作り出しているのをどのように説明しうるのかという問題である。

これらフランス語七写本はラポンディ兄弟所有のパリ写本と同時期のものである。どちらもルッカの裕福な商人の社会的政治的影響力が特にブルゴーニュ宮廷で絶頂にあったことを示す。初めはパリで（ここで論じている写本の大部分は同地で制作された）、続いてフランドルやブルゴーニュでその影響力を発揮したのであった（現在マコンにある写本はこの地で制作された）。ジャン・ゴランの『新しい祝祭』における「聖ヴォ（ヴォルト・サント）」の驚くべき存在感はパリにおけるルッカ商人共同体の影響力によってのみ説明されよう。フランス国王シャルル五世の側近でもあったカルメル会修道士ジャン・ゴランのイニシアティブは、ヤコブス・デ・ウォラギネの『黄金伝説』にもっと新しい、しかもフランス寄りの重要な聖人伝を加え、それはパリの兄弟団に「聖ヴォ（ヴォルト・サント）」を支持する機会をうまく与え、さらに本来『黄金伝説』の中核にあった聖十字架称讃の祝日がより盛大に祭られることになったのである。裏付けの史料はないが、パリのヴォルト・サントの運命は宗教的「ロビー活動」が興味深くも強力なものであったことを示す一例と言えよう。

一連の『新しい祝祭』写本の物語と奇跡譚との入れ子構造を理解するには、パリにおいてルッカ商人が形成していた共同体と故郷ルッカとの緊密な関係性を思い出さねばならない。ルッカのヴォルト・サント兄弟団が一三〇六年に起草した法令は、兄弟団員の義務として毎月第三日曜日に行われる行列に参加すること、そしてその最後に「ヴォルト・サントの奇跡譚のどれかひとつ」が言及される説教師の説教を傾聴するように命じている(84)。この月一回の定例義務が一三の奇跡譚と一一の物語との関係性、ヴォルト・

サントの『新しい祝祭』のテクストとイメージが形成する入れ子構造を特徴づけている関係性の中にも見出されると考えて間違いないだろう。これらの写本は商人社会において、あるいは貴重な写本を制作する際の出資者である王家という環境において行われていた祈りの習慣が、兄弟団において行われていた祈りの習慣と類似していたことを示唆している。個人であれ集団であれ、明確な奇跡とヴォルト・サント伝説を構成する物語のひとつひとつが関係づけられる中で、神的なものの起源やキリストの荘厳像が有する美徳について瞑想するのに適切な韻律を見出していたとしても不思議はないだろう。

ヴォルト・サント像が普及しその信仰が広まる中で、聖人像によって引き起こされた聖顔の諸問題があらゆる観点から明るみに出された。ヴォルト・サントのその後の成り行きは、西欧の最も著名な聖顔であるウェロニカのそれと同様であった。たしかにウェロニカの布の方が形式的特徴を有しており（聖画像《イコン》、しかも顔のみ）、またラテン西方キリスト教会の力関係の中央に位置していた傑出した役割を持ち得ていたのではあるが。

とはいえ、ヴォルト・サントとウェロニカはどちらも起源は大変古く、救世主の地上での存在の証と主張されたのである。両者はまた程度の差こそあれ、その始まりは神の意思によって何の媒介も経ずに創り出された「アケイロポイエトス」であったとされたが、それぞれ異なる伝説に従い、東方から西方への奉遷ということを利して、最初から普遍的画像という地位を勝ち得ることができたのである。

キリスト教の象徴世界において、これら二つの画像はどちらも東からはるばる西にまでやって来たが、複製が数多く普及しその名声が広がったことによって、ほどなくヴォルト・サント自身が、そしてウェロニカ自身が象徴世界を獲得するに至る。この際、経済的、政治的、そして宗教的関係性のネットワークが大いに利用された。ウェロニカの場合は教皇権力や教会の位階制度によってなされ、特に贖宥状販売による利益に負うことが大きい。またヴォルト・サントの場合はルッカ商人たちの繋がりと彼らによって構成された兄弟団による。彼らは各地の王侯に奉仕したが、あらゆる奉仕と引き換えに手に入れたその君主の影響力によるところが大きかったのである。

8　聖遺物と画像★

中世の画像研究はここ数年、重要な出版物の恩恵を受け、決定的に歴史人類学的方向性を与えられることになった。中でもベルティングの「大全（スンマ）」ともいうべき『イメージと信仰――芸術の時代以前の美術の歴史』が挙げられる(1)。このタイトルだけでも、これまでの伝統的な美術史研究とは一線を画そうとする著者ベルティングの意志がうかがえよう。彼によれば、中世において画像とはただひとつの美的機能によってのみでなく、何よりもまず、儀礼的信仰的機能によって規定されるものである。中世の画像は、「芸術」というより「信仰」あって存立しうるのであり、その点においてとりわけ聖遺物と密接な関係にある。聖遺物とその信仰に関する研究は近年、新しい観点でなされるようになった。特に本論に関係するのは、まずアントン・レグナーの業績である。そのひとつとして、一九八五年にケルンで催された意義深い展覧会「教会の装飾――ロマネスクの芸術と芸術家」があり、ついで、より近年においては総論的著作『聖遺物、その芸術と信仰――古典古代から啓蒙主義時代まで』が、聖遺物とその可視的な演出を担う芸術的形態との関係性について強く注意を喚起した(2)。この二つの例からわかるように、幸いなことに歴史家たちは今日、画像と聖遺物それぞれに投げかけられる問題を、中世キリスト教における信仰とその実践をめぐる研究と絡めて考えるようになった。

しかし、聖遺物と画像の接近は必然的にうまくゆかなかった。忘れてはならないのは、ステンドグラス、写本彩飾など、聖遺物のない画像が存在する一方、別様の、すなわち、よりはっきりと礼拝機能を有し聖遺物を内蔵する画像もある。彫像型聖遺物容器や荘厳像などがその著名な例である。また祭壇画など聖遺物を枠取る画像もある。さらにウェロニカの聖顔布、または、いわゆる聖ルカが描いた聖母の「肖像」など画像的性質と聖遺物的性質を同程度に有するものもある。実際、聖遺物と画像にはそれぞれ異なる歴史があるが、それぞれが一本の単純な進化の糸を辿ることはないながら、そのどちらも聖なる「もの」の滔々とした歴史の総体に与し、互いに絡まり合っているのである(3)。

私は聖遺物と画像を「物質的リアリティー」という視点で扱ってゆく。すなわち礼拝という機能において捉えられる二つのタイプの「もの」を比較考察することが肝要であるからだ。実際、宗教的経験とは、単に来世と神に対する信仰や想像力、また言葉や身振り（祈り、説教、儀礼など）ばかりでなく、性質、考慮の度合い、また、その機能が時代によってさまざまなあらゆる種類の「もの」の扱いから成り立つ。カロリング朝期の画像に関する西欧の論争において、聖人像と聖人の聖遺物を論じた近年の研究でデイヴィッド・アップルバイは、「東方地中海世界の聖像破壊論、あるいは聖像擁護論的な著作家によって限定された内部にとどまるよりむしろ、聖化された物質に対する西欧キリスト教世界の態度というより大きなコンテクスト」が考慮されるべきであると主張し、さらに「それ自体、聖なるものであり、また超越的で聖なる存在の象徴と見なされた物質、例えば、十字架、聖杯、また聖人の聖遺物などの物質的対象に対する西欧の態度」を研究することの必要性も訴えている(4)。カロリング朝のテクストそれ自体が、信仰の対象というより広大なヒエラルキーにおいて、聖遺物と画像それぞれの位置と、また両者の相互関係についての考察を促しているのである。このような方法論的必要性は、カロリング朝期の論争より以前、あるいは以後の時期についても有力であろう。

こうして中世キリスト教世界の物質的リアリティーの問題について、私は、それぞれが密接に関連したさまざまな「もの」の全貌を明らかにしたい。例えばそれは、礼拝のための高価な「装飾（ornatus）」（金、銀、宝石、水晶などで典礼容器、十字架、聖遺物、時には画像を装飾する）、聖人の聖遺物と聖遺物容器、そして画像（天然の宝石や聖人の身体とは異なり、直接、神によって創造されたのではなく人の手によって作り出されたもの）、さらに葡萄酒と聖別されたパン（ホスティア）、すなわち毎日、祭壇の上で復元され聖化されるキリストの血と身体という聖体などである。これらを貫く連続性に切れ目を入れることは不可能であることをぜひ示しておきたい。それは、人と神、神によって創造されたものと人の手によって作られたもの、具象的なものと抽象的なもの、死者と生者、可視的なるものと不可視なるものとの間にある一連の緊張によって互いを結ぶ連続性である。聖なるものの現在化と可視化の数ある形態の中でも、聖遺物と画像との相互関係、類似性、そして相違を問いたいのは、より広い、そしてこれまでの慣習的経験に基づくアプローチ（今後もこのアプローチに基づくつもりだが）よりも理論的な枠組みにおいてなのである。画像と聖遺物はいかに相異なるものでありながら相互補完的なのであろうか。そしてまた、他の宗教的対象といかに関連し合っているのだろうか。果たして、キリスト教の実践と信仰の歴史においてこれらの関係性の発展はいかに理解されるのだろうか。

図42　聖十字架の聖遺物　皇帝ハインリヒ２世の携帯用祭壇，1010年頃

キリストの身体という聖遺物

神は、子キリストにおいて人間の身体をもつ。生と死、そして復活を通して、神の子は十全に人間の物語に参与する。そしてキリストは、昇天することによってその物語と訣別する。自らの遺骸を残していないからだ。キリストの身体という聖遺物はしたがって、存在するはずはない。

　キリストの聖遺物の不在は、実際的というより論理的に明らかだが、接触による聖遺物の存在を否定するわけではない。その最初の例は真の十字架であり、それはキリスト教世界の端から端まで数多く存在する。十字架の木は、キリスト教紀元の最初の数世紀以来、まさにすぐれてキリスト教的な聖遺物であった。オットー朝皇帝ハインリヒ二世の携帯用祭壇がその好例である（図42）。キリストの身体や顔に触れたヴェールや布もまた同様であり、キリストが生きている場合であれ、死んでいる場合であれ、ヴェールや布に写し出された身体や顔は、あらゆるキリストのイメージの原型と見なされた。

　キリストの聖遺物、あるいは聖遺物としての画像の評価は、キリストの身体という聖遺物をめぐる伝統の広がりを助長した。その筆頭は聖血であり、とりわけブーローニュ、ブルージュ、マントヴァなどの教会の栄誉となっている。初期中世以降、尊い液体が入っているとされた容器は豊かに装飾された十字架の中に挿入された。他にもキリストの遺骸という聖遺物はその後も少しずつ増え、復活し昇天した救世主の身体ではなくとも、幼少期に剝離された身体の先端（陰茎）もそれであると考えられた。救世主の本質的身体からすれば余分なこれらの聖遺物は、キリストの死、復活、昇天と関係づけられていたわけではない。割礼の際に切り取られた包皮の場合は、シャルー、コンク、ラテラノなどがその所有を主張し、イエスの乳歯については、例えばソワッソンのサン・メダール修道院の修道士たちがこれを恭しく所持していたが、ノジャンのギベルトゥスはこのような信仰を意味のないことだと批判している。幼児キリストの授乳の際にこぼれ落ちたであろう聖母の母乳などはたくさんあり、そのうちのひとつ、レオンにあるそれは崇敬の対象になっている。

神学的見地から見ればこのような聖遺物が存在しないことは、特にノジャンのギベルトゥスによって体系的に主張されたが、実際は凄まじい勢いで普及し、キリスト教教義に組み込まれるまでに至ったことは容易に納得できるであろう。そもそも受肉という思想が、イエスの生涯、その人性、身体という概念の中に根付いているのである。受肉は単なる特別な教義というだけではなく、キリスト教特有のあらゆる表象と実践に影響を与える思考形態であり、犠牲、聖遺物、そしてイメージに関わるキリスト教概念なのである。

このようなキリスト教体系において、聖体／聖遺物は、相互補完的であり、かつ矛盾するものである。ノジャンのギベルトゥスが力説したように、キリストの身体の聖遺物の真正性という信仰は、昇天という教義、聖体をめぐる教義と相容れない。なぜならキリストの身体そのもの全体は天に昇り、いかなる偶発事に左右されることなく、キリストの身体と血液はいずれも地上に残存していないからこそ、ミサの際の聖体拝領の時に初めてホスティアと聖杯において真に現在するからである。さらに、司祭が自らを犠牲に捧げた神の御言葉を唱えるように、聖餐の身体（corpus）は生きている身体である。ホスティアは、聖遺物のように死んだ肉体でも単なる骨でもなく、崇敬に値し、有益なものである。

こうして疑いなく、聖遺物は視覚化され演出された典礼の諸形態において聖体の秘蹟の影響をますます受けることになる。逆に、キリスト聖体祭の際に、聖体顕示台の上に置かれるホスティアは「超・聖遺物」を想起させ、しばしば視界から隔絶されて金や宝石で飾られた聖遺物容器の中に隠されるが、目にし得なければそれだけ、霊験あらたかと考えられていた聖遺物は、やがて水晶の小さな窓を通して見られるようになってゆく。例えばオルレアンの聖アニアヌスの聖遺物を納めた車型聖遺物容器（一三世紀初）や聖女アタラの手を納めた聖遺物容器（ストラスブール、コレージュ・サンテティエンヌ所蔵、一三世紀）などがその例である。レグナーがオルレアンの車型聖遺物容器について述べているように、それは「聖体顕示台になった聖遺物容器」なのである。

この問題に関しても深遠な論理が作用している。聖体と同じく、画像もそうであるように、聖遺物は見えるものと見えないものとの弁証法に依拠するのであり、ここで目にしうるものとは、決して実際にあるものすべてではない。聖別後のパンと葡萄酒の形色は、それ以前と見た目は変わっておらず、聖遺物を示す「reliquae（形見、名残）」や「pignora（担保）」も、その名が示すように常に別の何か、つまり天上に生きる特定の聖人を示すか、その聖人の残したものかあるいは聖なる所以の証にすぎず、またおそらく夢の中においてしか現れることのないある聖人を指し示す用語である。画像もつまるところ、諸聖人、聖母マリア、そしてキリストを想起させる機能をもつ。これら聖なる者の容姿を喚起し、時には彼ないし彼女が有していた奇跡を引き起こす力をそのまま保持するが、しかし画像が聖なる者と混同されることは決してない。ヴェールを掛けたりはずしたりする儀式は、聖遺物、画像、そして聖体に共通する。聖遺物は戸棚に納められたり聖体顕示台に置かれ、画像の場合は規律に従って翼部が開閉される中世末期の祭壇にまで至り、聖体の場合は、聖体拝領の際の身振り、聖櫃を開閉する行為などを伴う。このような開示と隠蔽の儀式は、自分のものにしたいという信者たちの欲望に従うように見えつつも（「ホスティアを拝見したいという欲望」に対応する）、そこからするりと逃れる聖なる者が有する本質的な二重性が厳粛に明らかとなるばかりでなく、助長すらされる。こうした見たい、触れたい、食べてしまいたいという欲望は、頻繁な聖体拝領の拒絶、聖遺物の隠蔽、祭壇の閉鎖に抗うものである。聖なるものは、より欲望の対象となるように視界から遠ざけられる一方、聖職者は、聖なるものの管理の独占権を知らしめるために格子を降ろして自らの宝を隠すことになる。

聖人の聖遺物

聖人の聖遺物の正当性は、つまるところキリストの身体性と史実性にある。たとえて言うなら、聖人とはキリストが住まう「神殿」であり、聖人の死後、しかもそれが殉教という壮絶な死であるならば、彼らの遺骸に対する崇敬は正当化される。人は聖遺物によって聖人たちを想起する。というのも彼らは、キリストが血なまぐさい死を遂げながらその死に打ち勝ったことを証し、キリストの受難に倣っているからだ。聖人とキリストとの繋がり、より正確には、聖人の身体とキリストのそれとの関連性は祭壇で明らかとなる。祭壇とは聖遺物を納め、その上で聖体の秘蹟のミサが執り行われる場だ(5)。祭壇の上かその後ろには聖遺物容器が展示され、例えばコンクの聖女フィデス像（134頁図15参照）のように彫像の形に至った聖遺物容器もある。さらに、祭壇の背後に置かれる祭壇画（retrotabula）もこの一連の実践の流れに位置づけられ、祭壇画の内部や基底部、ないしは中心部に聖遺物が納められるようになり、やがて一三五〇年頃から、この祭壇画が建物の形態をとるに及ぶと、移動可能なこの建築物自体、聖体を保管する聖櫃となる。ミサとミサの間にその中に保管される際、聖別されたパンは、ミサによるキリストの犠牲の形見、聖遺物であると見なされた。繰り返すが、聖遺物、聖体、そして画像の三者は、相違点はあるものの一繋がりの輪を形成しているのである。

聖遺物は聖人の遺骸の一部だが、そのほとんどが骨、つまり身体の硬い部分であった。聖遺物の変化することのない存続は、広く認められていたとおり、聖人の身体が腐らないことの表れであり、キリスト教の偉人が永遠に人々に記憶され、天上の選ばれし者たちが肉体から離脱して長く在ることの証であった。聖遺物とは地上における永遠性のかけらなのである。

以上のような聖遺物の象徴的特性は、二つの基本的な文化的実践と結びついている。まず、聖遺物は際限なく細分化されるが、そのひとつひとつは完全なる身体が有していた「力（virtus）」を保持している。細分化された聖遺物は、聖人の身体とその身体が持っていた力の空間的、それ以上に社会的増殖を可能にした（多くの聖域において、聖職者たちや、時には対立する者が所有）。ついで、財産目録に見るように、さまざまな聖人の聖遺物は教会の宝物として集められたが、十字架や画像型聖遺物容器の中には表現された聖人とは別の聖遺物も納められていた。好例をひとつ挙げよう。イタリア中部スポレートの磔刑図（一二～一四世紀）の両脇の二枚の小さな板絵である。聖遺物が納められているのは、磔刑図ではなく一群の使徒と聖人が描かれた二枚の板絵の方であり、中に詰め込まれた真正とされたいくつもの聖遺物をのぞき見るように窓がうがたれている（図43）。一方、蒐集された聖遺物は見えず、伝承によって明らかにされている場合もある。例えば有名なフリードリヒ赤髭王の頭形聖遺物容器である（次頁図44）。彼の代父カッペンベルク伯オットーによってもたらされたこの聖遺物容器の中には、福音書記者ヨハネの聖遺物が納められ、「本物」と信じられているが、キリストの傷口から流れ出た血が少量、十字架の木の一片、キリストが着ていた

図43　聖遺物の集積，板絵による磔刑と聖遺物容器　サン・アロの画家，13－14世紀

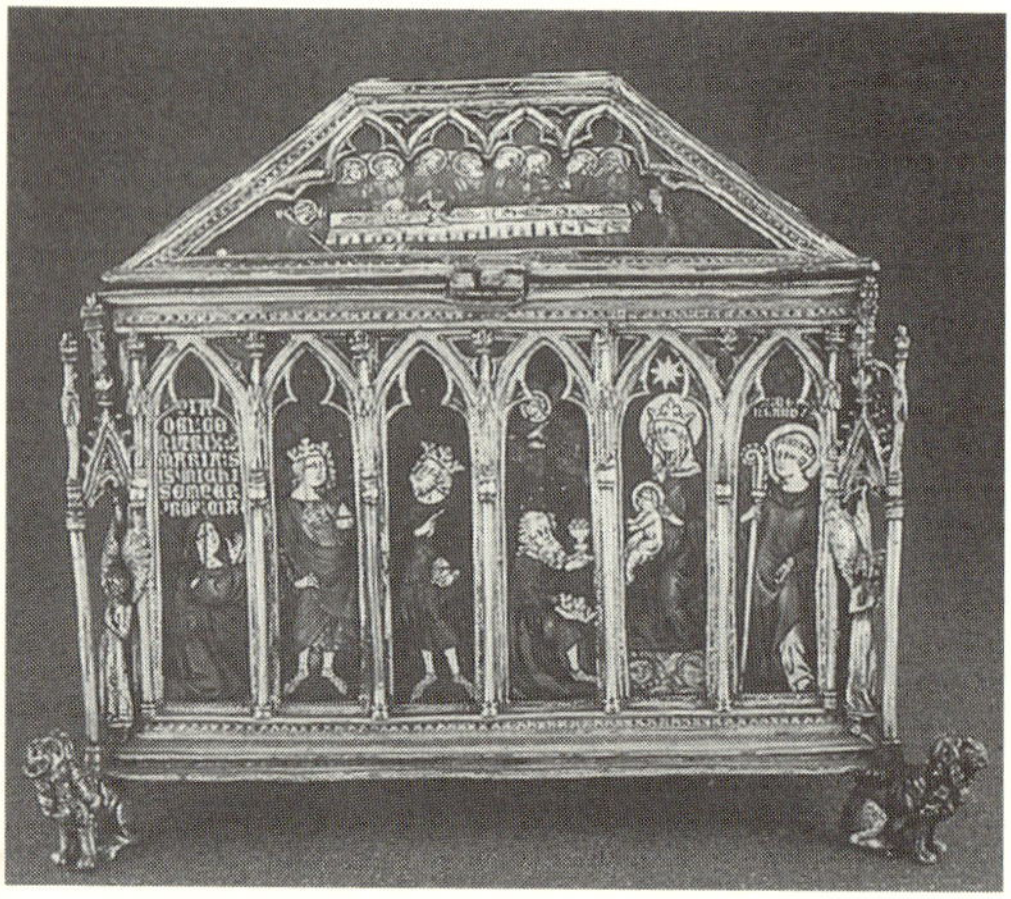

右 **図44　フリードリヒ赤髭王の頭部―洗礼者聖ヨハネ他の聖遺物容器**　12世紀／上 **図45　リヒテンタールの聖遺物容器**　14世紀／左頁 **図46　聖ゲレオンの腕型聖遺物容器**　13－14世紀，ケルン

衣服の切れ端、マリアの涙、マリアの頭髪、受胎告知の際にマリアが手にしていた百合の花、聖母が着ていた衣服の切れ端、福音書記者ヨハネの髭と頭髪、洗礼者聖ヨハネの血液が少し、聖アウグスティヌスの聖遺物、それから聖女カタリナの聖遺物が納められている[6]。「象徴的財産」の蓄積の例は他にも数多く挙げることができるが、それは奇跡の効力と社会的権威の高まりを保証しているのである。

　このような寄せ集めのリストの論理は、品目の単純な列挙自体が力の無尽蔵な蓄えを示唆しているものの、聖遺物の収集や、収集品を戸棚や祭壇画に一列に並べて展示することに適しているわけではない。宗教的実践としては、神への執り成しのために聖人の名前を連呼する連禱が同じ論理に立つ。信心の羅列という論理は、一連の「哀れみのキリスト《アルマ・クリスティ》」図像にも通じ、また念珠やロザリオをつまぐりながら唱える天使祝詞や主の祈りも同様である。聖人の聖遺物の場合、その効果の減少は、例えば幾千ものテーベ軍の殉教者、一万一〇〇〇人の乙女、虐殺された何人もの無垢なる聖幼児たちといった、数えき

れない聖人数という重要性によって補われる。さらに聖マウリティウスの聖遺物、あるいは聖女ウルスラや名の知れぬ一幼児の聖遺物のようなひとつの聖遺物は、世界中に散らばっていった殉教者や聖人の身体の集合を想起するに十分なのである。

無名であればそれだけ、骨は別人でありうる。聖遺物を聖遺物たらしめているのは、そのまたとない起源と力を保証する「真正性」である。聖遺物の真正性は、いわば社会的認知の証拠であり、制度的認知、すなわちその土地の司教の認知によって喚起されるか、少なくとも強化される。そしてこの一致した認識こそ、物質的でイメージ豊かな儀礼演出を要請するのだ。それが聖遺物容器と儀礼におけるその使用法（とりわけ聖体顕示台）の役割である。真正と認められた聖遺物が聖遺物容器を必要としているなら、その中にあるものを聖遺物たらしめているのは聖遺物容器であると言えよう。視覚的にも公的にも容器はその中身にまさっており、聖遺物を見るより、むしろ容器によってその存在を察するのである。そこには確かに、聖遺物容器と画像との親近性、聖遺物容器による画像の牽引がある。エマイユ細工の聖遺物容器の側面には、聖トマス・ベケット、聖女ヴァレリウス、または聖女ウルスラらの殉教譚やこれらの殉教譚の原型であるキリスト受難伝の諸場面が表現されている（図45）。聖遺物容器を取り囲むこのような画像は、その中にあるものを示し、その起源を想起させ、典礼、教義また信仰上の解釈を豊かにするのである。

聖遺物をイメージ化するもうひとつの形態は中世初期から普及しており、聖遺物の形を採用した実物大以上の大きさの聖遺物容器である。金や銀で作られた足、腕、指、上半身、そしてケルンの聖ゲレオンの場合のように二本の腕を象っている(7)。この貴重な聖遺物容器において注目すべきは、二本の腕はどちらも右手であり、まさしく父なる神のように、聖人ともなると左手はなく右手しか持ち得ないかのようだ(前頁図46)。このことは、説話的画像の場合でさえそうだが、聖人やその物語を表象するのみならず、単なる知覚の偶然性を超えた象徴的形象を常に提示するのはあらゆる形象の象徴的性格なのである。画像とは、聖遺物がそうであるように、この世にありながら神の世界の一部であり、だからこそ効力を有しているのである。

聖遺物はしばしば、ある画像に託されて生き延びてゆく。巡礼者は聖域で共にその画像を観想したいと願うだけでなく、各々が思い出とその効力を保つためにそれを持ち帰りたいと望むものなのだ。こうしてローマならばヴェロニカ、ルッカならばヴォルト・サント、サンティアゴ・デ・コンポステーラならば聖ヤコブ像がないためにその標章である帆立貝、といった聖遺物や聖遺物容器の形象が施された巡礼バッジを手に入れることになる(8)。

最後に極端な例を挙げよう。巡礼者があらゆる形象を拒否し、力そのもののしるしである威光のみで聖なるものの存在を示すという事例である。一五〇〇年頃、ハレでは、アルブレヒト・フォン・ブランデンブルク枢機卿のために、ハンス・ブルクマイアーが制作した木版画には聖遺物展観の様子が描かれ、そこには、太陽光線のような聖遺物の反射を捉えた鏡を手にしている巡礼者たちがいる。このように巡礼者たちは、聖遺物の画像よりはるかにその目に見えない力の発現の効果を持ち歩きたいと望んでいたのである。疑いなくこのような実践は、至上使命としてのヴィジョンの伝統的概念に由来し、視線の影響や「邪視」に対する信仰がその根底にある。おそらく聖遺物から身を守ろうと、間接的に映し出すことでよしとしたのであろう。聖なるものに視線を投げるのはただでは済まされないゆえに、画像や聖遺物という形式を用いたのである。

金、銀、そして貴石

高価な物質、金、宝石などは、教会堂の「装飾（ornatus）」、宝物、典礼、聖器や聖職者が纏う色鮮やかな大外衣の美しさ、そして聖遺物容器や画像などには欠くことができない。これらの物質は聖人たちと緊密な関係にある。そもそも比喩的には、聖人たちはキリスト信仰の「生きた石（lapides vivi）」であり、アントン・レグナーによれば、聖人たちは「金より価値のある」存在である。石、金、水晶は生気のない物質ではない。きらめき、色彩の効果、透明さ、アメジストや瑪瑙を貫く人の血液や筋の色彩を真似たかのような鉱脈は、これらの物質に生命観を付与している。祭壇の石は、肉体のような見かけで内蔵する聖遺物を覆い隠す。「黙示録」によれば天上のエルサレムの城壁の方々で使われているのはこのような貴石の数々であるため、これらは終末論的な価値をも有している。永遠の至福と豪華さを約束してくれるのだ。皇帝カール四世によってボヘミアに建造されたカールシュテイン城では、聖カテリーナ礼拝堂の壁面は不規則な形をした石板で覆われ、祭壇の神秘的性格と壁画の数々という至宝を生き生きとした高貴な素材である石が固定している。

石や金は画像と密接な関係がある。金は、写本画であれタブロー画であれ絵画の地によく用いられた。

いわば存在論的基盤に基づいているかのように線がはっきりと立ち現れ、その他の色が施されるのは金地の上においてなのである。一方、例えばフラ・アンジェリコによるフィレンツェのサン・マルコ修道院の廊下のように、「描かれた大理石」が敷き詰められた広々とした壁面は具象絵画の土台をなす。ジョルジュ・ディディ＝ユベルマンが適切に示しているように、大理石の表面にある色斑や脈は受肉に関するシンボリズムを有し、その色は受難の時の血にまみれたキリストの身体を喚起させ、歴史における神の子の到来という出来事を示す具象絵画の基底をなしているのである(9)。

金や貴石は、そもそもイメージに満ち溢れた聖遺物容器にとっても同じく本質的である。聖遺物という貴重なものを納めるに値するのはこうした素材以外には考えられないのだ。そのきらめきによって、金銀や貴石は聖遺物容器の活力を明らかにし、その力は聖遺物容器の内部から銀や貴石に伝わる。聖遺物に関する書『聖碑華集（*Flores epitaphii sanctorum*）』の第二章において、エヒテルナッハのティオフリドゥス（一一一〇年歿）は、聖人の遺骨や遺灰を金で作られた聖遺物容器に納めるという逆説について熟考しているという。彼がそこで主張しているところによると、ここで使われる金（aura）は魂の目で熟視すべきものであるという。なぜなら聖人の遺灰によって照らし出されるのは金の方であり、その逆ではないからだ(10)。さらに、この貴重な素材は聖遺物の肉体のようなものであり、これによって聖遺物は視線から包み隠される。アントン・レグナーは胸像形態の聖遺物容器をめぐって、そこで使われている金が輝ける皮膚の代わりとなり遺骨を覆い隠していると指摘したが、この指摘は全く正しい(11)。このように考えると、聖遺物容器とは、聖人の変容した、永遠に至福なる魂と結びつけられた身体の栄光をすでにこの世において先取りしたものであるといえるであろう。

画像から、画像型聖遺物容器へ

中世における画像は、キリスト教の神秘を表象するに留まらず「現前化」という役割を併せもつ。画像が喚起するもの、在らしめるものとは、物語的かつ天上的な想像界である。物語的な想像界とは、聖人やキリストの偉業を具現化したものであり、偉業の記憶を維持し、聖なる歴史を伝達する。天上的な想像界では聖人はあまねく存在し、永遠に生き続けると見なされていながら不可視の存在でもある。画像が転移（transitus）という機能を果たしているのは、この第二の意味においてであり、『カロリング文書』において異論の対象となったものの、その後の中世中期において十分に認められたことである。転移という機能によって、天上の存在である彼らに祈りを捧げ、仲介を依頼し、保護を求めるためにキリストや聖母、聖人などの画像に対して向かい合うことが可能となったのである。

この点において、画像の扱い方と聖遺物のそれとの間に根本的な差異は存在しない。人々は、ある時は聖人の遺骸に頼り、ある時は永遠に生き続ける聖人の画像に頼る。いずれの場合も、この聖なる対象は効果的に過去と現在とを結びつけてくれる。聖なる対象は、転移という意味において記念物（monumentum）、あるいは記録物（memoriale）である。なぜなら遺骸を収めているか、あるいは生き姿をした死者の肖像を想起させるからである。そしていずれの場合も、画像あるいは聖遺物は現在し、恩恵を待望する信者の身体と魂に影響を及ぼす力を媒介するメディアとなる。

聖遺物と画像のこのような類縁性は、ウェロニカ（Vera icona）の聖顔布のように、画像が聖遺物であるかのような事例の場合はより近しいものとなり、多くの場合そうであろうが、聖遺物容器が画像によって覆われている時も両者は近いものとなる。しかし、聖遺物と画像もひとつの本質的な相違によって隔てられる。聖遺物は神によって創造された人間の身体の名残であり、聖遺物がもつと考えられている力は、あくまでも創造主の行いの延長であり、聖人特有の徳目によって活性化される。それと対照的に画像については、たとえ独自の威厳が認められても、「人の手によらない（アケイロポイエトス）」として原型とほぼ不可分であるとするために、実際の起源や人の手によって作られたという事実は否定されがちだ。格別な画像であるなら、まずそれが聖遺物になるという神話が形成されないことはない。つまり、生けるキリストの顔に直接押し当てて写し取ったとされる聖顔布や、天使によって完成されることになるヴォルト・サント像などの事例が示す通りである。あるいは神が、新しく作られた画像が全く正当であるとするためにまさしく奇跡を起こし、いわば自らの手で署名していると言えよう。例えば九七〇年、ケルン大司教ゲロが、磔刑像の頭部の木材に入った亀裂に聖別されたパン（ホスティア）を恭しく差し込むとすぐにその亀裂が塞がれたというように。キリストの身体をその像と結びつける行為こそが、聖体に実際の身体と血が実在しているかのような生命力と効力のある「イメージの身体性（image-corps）」を十全に生み出すことになるのである。夢に導かれた羊飼いと罪なき幼な子によって、樹木の中、岩の下、泉の近くで奇跡的に発見された聖母子像は枚挙に暇がない。このような伝説は中世に満ち溢れ、その後、対抗宗教改革期に繰り返されることになる(12)。

聖遺物と画像は、年代的に一致するわけではなく、また東西キリスト教世界での大きな差異があるにしても、それらに対する信仰の歴史とそれらが引き起こす批判の歴史において等しく結びつけられてきた。

西方においてと同じく東方でも聖遺物に対する信仰は早くからあり、瞬く間にその重要性を増していった。おそらく、聖画像《イコン》に対する信仰より聖遺物に対する信仰の方が急速であったろうが、聖像破壊論争という危機があったために、これまでは聖画像《イコン》信仰の方に歴史家の関心が向けられていた。実際、最も反感を呼び起こしたのは画像の方であった。画像は聖堂装飾の頼りない一要素であった。しかし聖遺物に対する信仰が高まるにつれて画像にも危惧が抱かれ、躊躇も当然のこととなっていったのである。四世紀にはミラノのアンブロシウスは、聖人の聖遺物を拝むことと聖像崇拝を同一視したアキテーヌの一聖職者ウィギランティウスの見解を告発した。降っては一二世紀、クリュニー会修道院長ペトルス・ウェネラビリスによって反駁されたブリュイのペトルス以降、中世末期のロラード派に至るまで、中世の異端者たちは絶えずこのような聖遺物に対する議論を展開させていったのである。

画像信仰に対する異論のない賛同とその急速な発展は、画像の数々が二つの意味において人工的なものと見なされていた事実と相容れない。まずは、画像が神によってではなく人の手によって作られていること、ついでプラトン哲学以来の古い懐疑論に基づき、それはフィクションであってキリスト教がほどなく悪魔のしるしを認めるに至った人を惑わす幻影（イリュージョン）であるとするものである。カロリング朝の時代、七九三年の『カロリング文書』や八二五年パリでの『教会会議文書』が示すように、信仰に有効なものの中で画像が凡庸な位置に留まり、公式にそのように扱われていたことは、政治的な理由が他にあるもののこのような理由から説明されうる(13)。オルレアンのテオドゥルフスやフランク王国の他の高位聖職者たちにとって、画像とは、まず聖体、ついで十字架（十字架は画像ではなくキリストの記号）、そして聖遺物、聖器へと下るヒエラルキーにおいて、さらに下位に位置づけられるのである。聖人の逸話を想起させるには役立つので画像を根絶するわけにはゆかないが、聖遺物のようには崇拝の対象にはなり得なかったのである。

トリノ司教クラウディウス（八一〇～八二七活躍）は、それ以前では別個であった聖遺物と画像の問題を結びつけるよう、自身を誹謗するドゥンガルスついでオルレアンのヨナスを促しているが、逆説的にもそれは聖遺物信仰と画像信仰の双方を告発することとなった。クラウディウスの目から見ると、画像崇敬がそうであるように聖遺物崇敬もまさに偶像崇拝そのものであり、聖人の遺骨などは動物のそれより価値のあるものではあり得なかった。アップルバイが記しているように「（トリノの）クラウディウスは、『カロリング文書』やパリの『覚書（*Libellus*）』の著者が無視していた二つの段階を乗り越えたのである。まず神学的見地から画像と聖遺物を関連付け、フランク王国において展開された宗教画をめぐる議論を、聖人信仰をめぐる議論に変えてしまったのである。どちらにも崇拝に値するとの立場を認めなかったのだ。第二に司牧的見地から、彼は、装飾や記憶のため、そして教化と啓発のためであっても教会での画像や聖遺物の位置を認めようとしなかった」。『背徳トリノ司教クラウディウス説駁論（*Responsa contra perversas Claudii Taurinensis episcopi sententias*）』においてドゥンガルスは、画像が他の信仰の対象、特に聖遺物と相違するものではないと認識すると、『カロリング文書』をめぐる論敵が成し遂げた前進を後世のために記録した。画像と他の信仰の対象は共に信者にとって崇敬すべきものであり、それらを通じて崇拝されるのは神に他ならないのである。それらは司牧的教化的機能を分かちもっている。同様の意見はその後オルレアンのヨナスによるトリノのクラウディウスを反駁した『画像信仰について（*De cultu imaginum*）』において支持された。しかしヨナスは、信仰の対象を識別する際の司教の特権をより重視している点でドゥンガルスとは異なっていた。

トリノのクラウディウスが成し遂げたことは、信仰の場における画像の有り様と聖遺物のそれとを八世紀末よりも緊密に関連づけるようにキリスト教著述家を仕向けたことである。しばしばあることだが、論争は判断、意見、実践の発展を促すことになる。同様に一二世紀においても、西方教会にとっての画像の神学的価値を明確にすることを可能にしたのは反ユダヤ論争であった。信仰対象のヒエラルキーが画像の恩恵によって決定的に明確となり、受肉の教義によって正当化されたのはこうした状況においてであった。神の子、さらに聖母や聖人が人間の姿をとるのは、キリストが人間の特徴と肉体を備えて歴史の中に姿を現したゆえに正当である。別の言い方をするなら、画像と聖遺物をめぐる概念はキリスト教的身体に関するパラダイムに明確に組み込まれているのである。

とりわけ一〇世紀から一一世紀への移行期以降の聖女フィデスの荘厳像について考えると、画像に対する信仰は、公認されるべき聖遺物崇敬の最初の人気とその高揚の恩恵に浴していたといって間違いない。しかし、これら二つの信仰の関係性を指摘するだけでは十分ではなく、その内容が説明されねばならない。コンクの巡礼者が聖女フィデスを礼拝し、同時にその中に納められている聖女の遺骸の断片をも崇敬していたことが理解されうるのは、その根底にキリストの受肉思想があるのだが、それはキリスト教的身体のパラダイムを共有しているからだ。

この受肉という思想に基づく正当化に対して、ビザンティン世界では聖画像《イコン》を擁護するために別の正当化がなされた。偽ディオニュシオスによる新プラトン主義の概念に基づいて「一者からの流出」の中心に位置づけられているのは、聖なる人物だけではなく聖画像《イコン》という物質そのものであり、物質的イメージから神へと遡って上昇する祈りの移行（transitus）も保障されるのである。この新プラトン主義的解釈による画像の正当化はビザンティン世界に限ったことではなかった。西方においても宗教画像に対する評価は次第に高まっていったが、それは現前化という機能が認められたことを前提としていた。それは画像の物質性、聖画像《イコン》のように木や金属を幾層にも重ねたその厚みや、木芯があって荘厳像のように、貴重な金属が上に施され、きわめて強烈な色彩の光り輝く貴石が全体にはめ込まれたものまである。たとえその内部に聖遺物がなくても、それらは画像をして効力をあらしめることになる。画像とは単に聖人の姿を現すのではなく、この世における聖人の天上的リアリティーの一断片なのである。

その後、新たに画像は二つの意味、すなわち聖人を表象しているものの地上におけるその遺物はそこから遠く離れたところにあるという意味で、聖遺物とは別個に存在することが可能となった。アンドレ・ヴォーシェは次のように、中世末期において聖人信仰は聖人の墓に群れ集う巡礼という伝統的なしがらみから解放されようとしているとした。「概して、中世の最後の数世紀において聖人に対する崇敬は、聖遺物崇敬とは別個であろうとしていた。たとえ古くからの誓いの言葉に具体的な地名が言及されていようと」(14)。画像は何より、聖堂壁画が数多く描かれるようになったこと、祭壇画や多翼祭壇画が作られるようになったこと（特に聖フランチェスコのお蔭で）、さらに、一五世紀には宗教画像の販売と流通がいや増し大衆化されていったという事態の進展の恩恵を受けている。当世の聖人はしばしばこのような信仰における変化を助長した。例えば一三世紀、マシュー・パリスが著した聖人伝によると、聖エドモンド・リッチはケイツビーで信仰生活を営む二人の姉妹に自分のマント――接触による聖遺物となる――とキリストの受難を表した絵画もしくは彫刻を贈ったという。彼の死後、これらの贈物は彼女ら修道女が保管し、これらをめぐる数多くの奇跡のお蔭でフランスやイギリスからの巡礼者が数多くやってきた(15)。この場合、画像が聖人その人を表しているのではないが、聖人によってもたらされた画像がいかに奇跡をもたらしうる聖遺物のごときになってゆくのかを示している。一方シレジアの聖女ヘートヴィヒ（一二四三年歿）の場合は、まったく異なる例ではあるものの、画像の普及の有様を教えてくれる。この聖女は常に聖母子の小像のそばにいてこの像を特に崇敬し、訪れた病める貧者にはこの像に接吻するよう促した。彼女が亡くなった時、この聖母子像は彼女の遺骸の上に置かれ一緒に埋葬された。一三五三年に制作された聖女伝の写本挿絵に見るように（図47）、聖遺物を奉遷する際には、聖母子の小像は聖女ヘートヴィヒの頭蓋骨やその他の骨といった聖遺物のひとつとして扱われているのである(16)。

図47　聖遺物と共に奉遷される聖母子像『ヘートヴィヒの書』14世紀

画像と聖遺物との関連性という観点においては、これらとは別の考察対象も含まれる。貴石や貴金属、そしてホスティアや聖血である。実際、本質的な問題とは、聖性が賦与された「もの」それぞれの位置づけである。それらは、神の創造において、それぞれ特殊な位置を保ちながら関連し合うもの、すなわち、神が自然界において創造した驚異の素材（金、水晶、紫水晶など）、神による創造物である人間の身体（聖遺物もこの人間の身体からなるのだが）、反対に人間の手によるものの神的あるいは奇跡的起源を保証される画像、そして日々、ホスティアと聖杯の中で繰り返し出現するキリストの秘蹟の身体などである。これらのものが、信仰の場において相互補完的ながら不可分の役割を果たすのは、それらの位置づけが多様性に富むからである。おびただしい金と色彩によって飾られた中世末期の祭壇は、司祭と信徒に犠牲の台に納められた驚くべき聖遺物の積み重なりとなって現れ、ついでキリストの身体と血が献じられる聖杯と聖体皿となり、最後に聖遺物容器や聖櫃《タベルナクルム》の周囲に翼をつけて開かれる彫刻や絵画が施された祭壇画となって普及していった。

これらのものの関係は、視覚的秩序をもって儀礼という状況において位置づけられる。しかしこの秩序とは、見せるのではなく、むしろ覆っていたヴェールを取り除く、つまり示すためにこそ隠蔽し、通常とは異なる仕方でのみ開示されるのである。常に、神だけでなく聖人も肉体の目では見えないところで現在している。この不可視なるものを見通すために夢に身をゆだねなければならない。例えば聖変化の時に司祭が聖体を拝領するように、また聖遺物の発見（inventio）、奉挙（elevatio）、奉遷（translatio）、そして顕示（ostensio）において祭壇の翼部を開閉する動きは、典礼の流れの中で瞬間的な権限を象徴し具現化している。この開示と隠蔽の弁証法的な動きの中で、聖なるものが個人の信仰心と集団の動きをおしなべて儀礼の神秘への参入に駆り立てるのである。

考察の対象にしてきた時代を通じて、聖遺物と画像はこのような豊かな関連性を維持してきた。西欧の歴史においては、単純に進化論的な解釈、つまり聖遺物に対する信仰から始まって次第に画像の方が重要性を増していったという考えに還元されがちだ。聖遺物とは可視的な形態を通じてのみ存在し影響を与えるのであり、画像はいかなる聖人の身体の断片を納めていなくても、それは聖遺物のように物質的な形態のうちに不可視なるものとして出現するのである。紀元一〇〇〇年頃、聖女フィデスの荘厳像のように聖遺物は画像となり、一三世紀には聖女ヘートヴィヒの事例のように、画像はほぼ身体をもった聖遺物となったのである。

第Ⅲ部　夢、幻視、幻想

9　夢の図像学★

一二世紀以降の西欧中世の写本挿絵や彫刻における夢のイメージの増加は、当時のキリスト教美術全般の発展に与っている。それはまた、当時のキリスト教文化がもたらした夢に対する関心の増大のひとつの現れでもあろう。説話文学（聖人伝、奇跡譚〈miracula〉や驚異譚〈mirabilia〉、教訓説話集〈exempla〉、自伝、俗語奇譚小説）、あるいはより思弁的著作（聖書注釈書、神学や医学に関する著作）から判断すると、一二世紀、一三世紀は、これまで以上の重要性を夢に与えている。人々はこの時代、より体系的に夢を分類して解釈しようと努め、キリスト教徒と神との関係性における夢の価値を認め、個人、場所、信仰生活、そして社会的実践の正当化にあたっては特権的な手段を夢に見出したのである。

このような状況において増大していった夢の表現は、通常、それに伴い(1)、図示するテクスト（ほとんど写本の場合）か、または暗黙の了解に委ねられたテクスト（特に彫刻の場合）に基づいている。依拠するこのテクストとは伝統的に聖書の物語であるが、聖人伝、歴史年代記、また小説（oeuvre romanesque）の場合もある。

ここでは、中世盛期の聖書における夢のイメージに限定しよう。とはいえその量は膨大であるため、網羅的な研究を提示することも、すべての種類の夢を列挙することも難しい。我々が解明したいことは、これらの夢が、特に一二世紀から一三世紀における夢に対する態度の変化とどのくらい関連しているのか、どのようにそれらのイメージがその変化を説明し、その変化にどのように関与しているのかということだ。

このような問題を提示するために、まず、できるだけ聖書（ないしは、そうではない）に関するすべての中世の夢のイメージを蒐集し、その後で簡単な問いをいくつか設けた。つまり、中世における夢のイメージとは何なのか。そして、テクストにおけるように夢を分類し（例えば「真の夢」と「虚しき夢」）、さまざまな夢を比較するための原理をそこに見出しうるのだろうか。夢というのは、語られた物語によってはじめて夢として認められ、はじめて真に存在する。そのような夢の説話的次元をいかにして夢のイメージが表現しているのだろうか。同時代の自伝、医学書、文学などのテクストは、――時代錯誤という危険を冒してしまうことになるが――夢の心理学と呼びうるものに関わり始めたと言えるのだろうか。

これらの問いは、私のイメージ分析の指標であり、イメージを選択し整理する目安となっている。「イメージが辿ってきた道筋」はすべて必然的に主観的である。別の道筋もあり、したがって別の結論が導き出されることもありうるに違いない。

中世において、夢（somnium、しばしば複数形 somnia）は、眠り（somnus）に落ちている個人が見るヴィジョン（visionies というより大きなカテゴリーに属する）として定義される。説話文学においては、夢と、目覚めている者が「授かる」ヴィジョンや神の顕現といった他の超自然的表出とは注意深く区別されており、しばしば夢は、睡眠中（in somnis）に見られるとして明らかに描述されているし、あるいは物語によっては、ヴィジョンを見た後、その者は目覚めた（expergefactus）と記していれば、それは夢であったと結論づけられよう。

概して、中世における夢のイメージもまた明確に規定されている。いくつかの例外はあるものの、それらは以下のように、隣接し、あるいは、多かれ少なかれ混在した二つからなる。

一、眠る人物の表現

通常、地面か寝台で身を横たえ（腰掛けている人物像もある）、ほとんどの場合、頭は片方の手、あるいは肘に支えられ、目は閉じられている（開かれている場合もある）。

二、夢で見た人物や物の表現

夢の表現であると判断するには、当然、不確実性という大きな壁にぶつかる。実際、夢を見ている人の姿勢は、単に眠っている人、さらに臨終の人や死んだ人の姿勢と根本的に異なっているわけではない。人物像はしばしば、夢に見、あるいは客観的に現実において認識された対象と同じように表現される。その区別を可能にするのは、イメージに伴うテクストなのである。

中世の夢のイメージにはさらに第三の特性があり、それは夢を形成するこれら二つの表現の間に成り立つ関係性である。この関係性は、画像全体の構造に関わり、それによって二つの構成要素がひとつの共通した空間において統合される。一方で、この関係性は目立つものではないが、不明瞭な表現に拠る。例えば、夢見る者の身体や頭の姿勢であって、それは夢の対象に向かうか、反れている場合もある。眠りに陥っている者が、両目を閉じていることもあり、開いていることもあるが、目の開閉状態が必ずしも夢であることを妨げるものではない。夢見る者と夢の対象が対峙することもある。また、夢見る者と夢に現れる人物や物との間で交わされる身振りによって出来上がる関係性などもある。

中世における夢のイメージが有する特殊性をよりよく理解してもらうために、のちの時代、あるいは今日の夢についての理念により対応するイメージと比較対照してみたい。例えばロマン主義全盛の時代、ヨーハン・ハインリッヒ・フュースリ（一七四一～一八二五）は、青白い闇、不穏な雰囲気を醸す靄、激しい不安や願望のために動揺した眠りにある女ののけぞった身体や怪物などの不気味な出現を描いて、エロティックな夢、あるいは悪夢を表現した(2)。我々により見近な例をもって比較するならば、「税関吏」アンリ・ルソーが描いた二つの絵画《眠れるジプシー女》（一八九七）と《夢》（一九一〇）が挙げられよう(3)。前者に関してジャン・コクトーは、作品のタイトルや画家自身によるコメントを顧みることなく、そこに夢を認めている。つまり、眠っている女性のまわりの砂にひとつも足跡が残されておらず、彼女の身体は魔術によってそこに置かれたかのようであり、ことごとく、夢のみがなせることなのだ、と(4)。後者の作品では、ルソーははっきりとその意図を、赤い長椅子に身体を横たえる裸の女は魔法使いが奏でる音楽によって運び去られてしまう夢を見ている、と述べている(5)。

これら近代の画家たちは、彼らにとって驚異的な夢の性質、日常における認識の限界や理性の規範への侵犯、あるいは夢の心理学的次元を表現したかったのであろう。このような作例は、中世に形成された夢のイメージとは根本的に異なっている。中世においては、図像学的伝統と形象化の約束事、そして夢の概念は別様であった。これからいくつかの例を挙げてゆくが、中世における夢の形象化において際立った特性のいくつかを抽出するのみならず、その歴史的展開を明らかにしてゆきたい。

テクストとイメージの複雑な関係

『シュトゥットガルト詩篇』は、少なくとも挿絵の数の多さによって、現存するカロリング朝期の写本の中で最も傑出した作品のひとつである。九世紀末、北フランス（ランス近郊オートヴィル、あるいはサン・ジェルマン・デ・プレ）で制作されたこの写本は、一五〇章からなる詩篇すべてを含み、それぞれに多くて三点の彩色素描が含まれている。挿絵の数は三一六点に上る。そのうち三点が、問題となる夢と密接に関連した挿絵である。

「詩篇」56章5節「神は慈悲を遣わし、獅子の子らの中から私の魂を救い出してくださった。私は苦難の中で眠っていたのだ。人の子ら、彼らの歯、武器、槍という苦難の中で」（新共同訳　57章4－5に相当）（図48）。

画面右側には、山の上で腰掛ける救われた魂が描かれている。その下方には獅子がいて、魂がそこから逃れたことを示している。画面左側には、武装した騎士が退去している。詩篇書記者（正しき者）は、画面中央で眠っており、両目は閉じられ、右手で頬杖をついている。

テクストには、夢（somnium）について明確な言及はない。単に眠り（dormivi）について記されているが、それは混乱した眠り（conturbatus）である。ところがこの混乱は、眠っている者の身体には表れず、威嚇されているようにも乱されているようにも見られない。混乱しているのは魂なのである。魂は眠りに陥っている身体から離脱し、神の救いを懇願しているように描かれている。

中世初期のヴィジョンや夢の物語や異界旅行記の多くは、魂と身体との一時的な離脱を扱っており、魂は旅をするものの、身体の方はじっとしていて、まるで死んでいるかのようである。より思弁的著作の伝

上 **図48　義人たちの眠り（「詩篇」56章５）『シュトゥットガルト詩篇』**９世紀／下 **図49　義人たちの眠り（「詩篇」75章６－７）『同書』**

統では、魂とは、想像（imagi-natio）の在り処であり、想像とは知性（intellectus）と身体感覚とを結びつける仲介的能力のことである。それゆえ、夢の生成において本質的な役割を果たしているのである。言及されていないとしても、この「混乱した眠り」の表現に夢のイメージが認められないというわけではなく、夢の中にある正しき魂の苦悩に満ちた表現を認めてもよいであろう。ともあれこの挿絵は例外的であり、この解釈をもって最初の試論にするわけにはゆくまい。

「詩篇」75章６－７節「彼らは眠りに陥り、人は皆むなしくも富を手に入れようとする。あなたの命令のとおりに、ヤコブの神よ、馬の背に乗る者どもは眠りに陥る」（新共同訳　76章６－７に相当）（**図49**）。

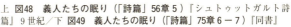

ここには二種類の異なる眠りが認められ、どちらもテクストに言及されている。画面左側には、馬の背に乗って眠りに陥る騎士が、画面右側には、普通の姿勢で横になり、左手で頬杖をついて眠っている悪しき男が描かれている。画面の右から左へと身体を横たえているため左手しか見えない。この身体の位置は、先の、また次に見る正しき者のそれと逆であり、それは決して偶然ではあるまい。「不吉な」方の手で頬杖をつくことで、この人物は負の特性を付与されているのである。このような人物はテクストに言及されていないが、眠りの中でも悪魔に攻撃されている。テクストから判断すると、我々は、睡眠中の悪しき人を見ているにすぎず、夢見る者を見ているのではない。しかしこの表現はある種の夢の表現に影響されているのであり、それは悪夢に相当する悪魔的起源をもつ中世の夢のイメージである。例えばこれを一世紀後の、ピラトの妻が見た夢の場面を描いた『逸楽の園』(Hortus Deliciarum）の挿絵と比較してみよう（図50）。眠りの最中、悪魔の勧告を真に受けた彼女は、夫ピラトに誤った忠告をしてしまうのである。『シュトゥットガルト詩篇』においては、このような図像学的伝統がイメージによるテクストの拡大解釈を推し進め、混乱した眠りに関する記述を悪夢のイメージへと変容させてしまったのである。しかしこの『シュトゥットガルト詩篇』の挿絵とフュースリの絵画とはあらゆる点で異なっている。『シュトゥットガルト詩篇』の挿絵においては、夢見る者と悪魔とが単に並置されているだけだからだ。

「詩篇」39章5節「主よ、私の行く末を、私の生涯の日数を教えて下さい」（新共同訳　39章5）（図51）。ここでは、眠りや夢についての言及はない。しかしその挿絵には、寝台で横たわるひとりの男が描かれ、右手で頭を支えながら両目を閉じている。雲の中から神の手が出て彼を祝福しているか、少なくとも

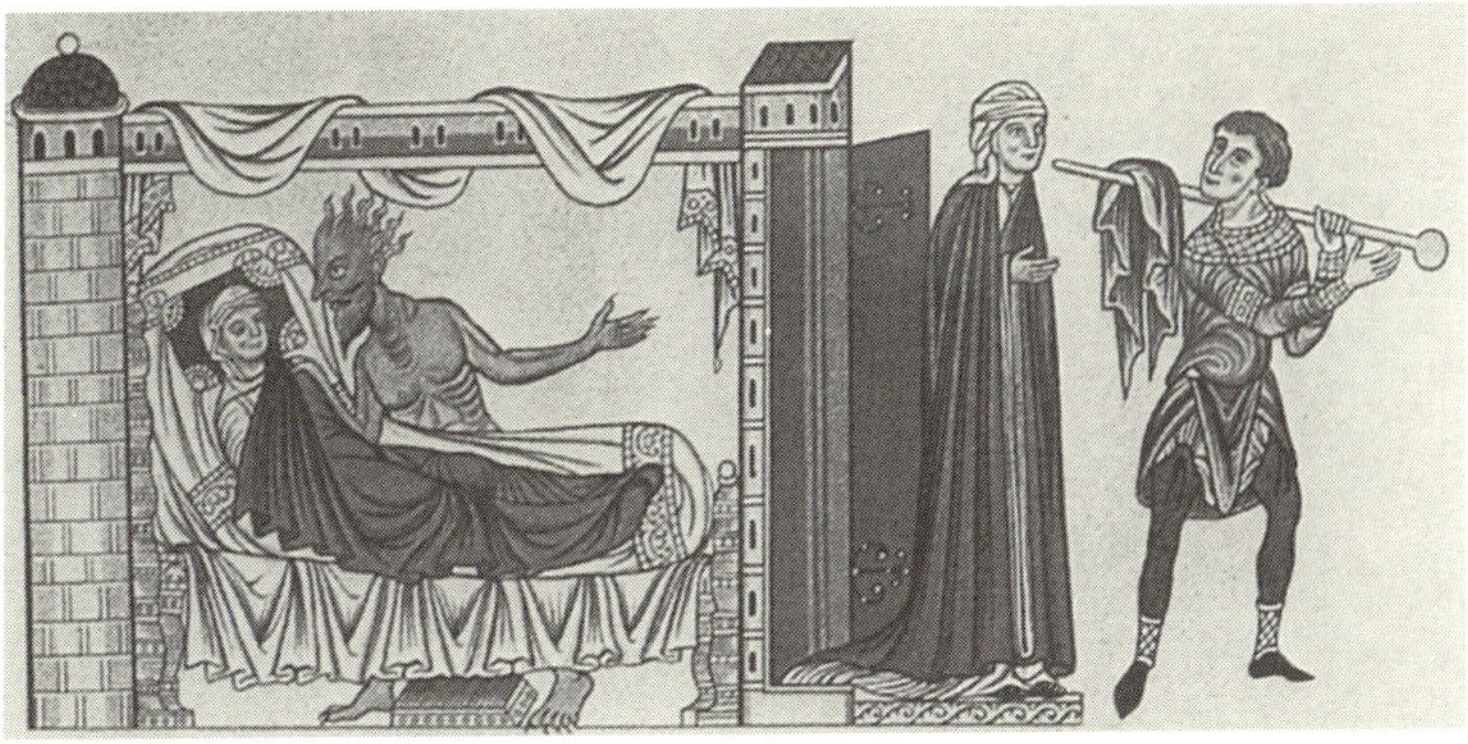

テクストに基づいて解釈するならば、彼に残された年月を教えていることになる。テクストとイメージの間に見られるこの乖離はきわめて大きい。テクストが神の預言という希望について語り、夢が何かの前兆、とりわけ死の前兆として通常扱われることから(6)、挿絵師は、このような神の呼びかけとして理解し、典型的な特徴をもった夢のイメージを描いたのである。ここにおいて、それ以前の作例とは反対に、夢で見られるもの、例えばこの場合ならば、神の手は雲の中に描かれている。この厚い雲は神の顕現を示す機能をもつ、言語学の用語を使うなら「標識」である。しかし雲は、神、キリスト、あるいは聖人などが人間のもとに現れるなど、あらゆる聖なるも

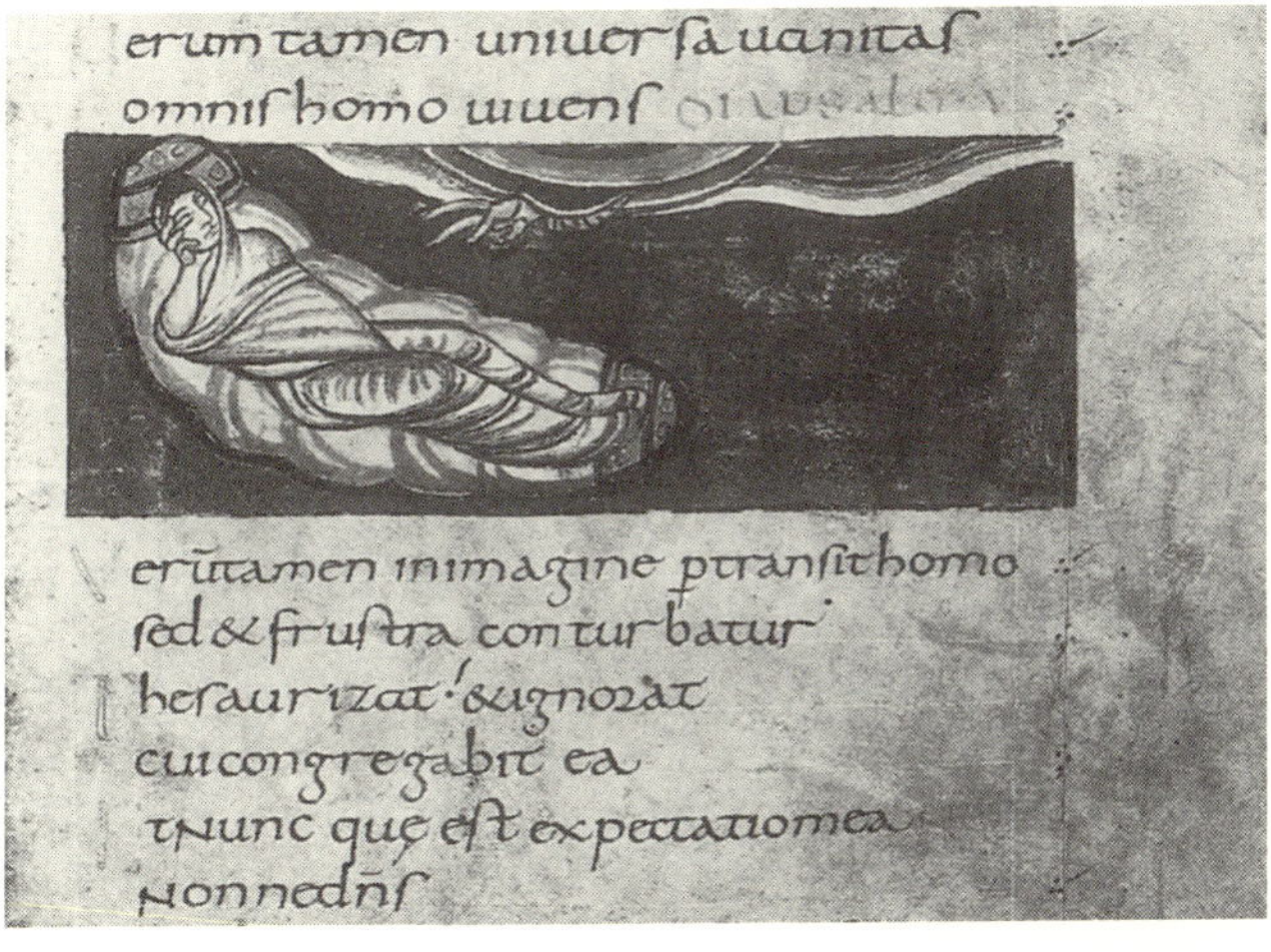

上 図50 ピラトの妻の悪魔の夢 ランデスベルクのヘラデ『逸楽の園』12世紀（1870年に破壊された12世紀の写本に基づく写し）／下 図51 残された人生の日数についての夢（「詩篇」39章5）『シュトゥットガルト詩篇』

のの顕現やヴィジョンにおいてもそのように表現され、夢のイメージの特性と言うまでには至っていない。中世文化において、夢は超自然的現象とされるとしても、中世の夢のイメージは逆説的にも、夢見る者の想像世界において、超自然の介在を特徴づける「標識」によって表現されることはなかったようだ。そこでは未だ、眠る者とその夢に出てくる対象を対置させるに留まっているのである。

イメージが夢を「考える」時

イメージは、テクストで述べられている夢を単に「図解する」だけでは飽き足らず、夢が夢であるか定かでなくなるような表現にまで導く。夢が数々の挿話のいくつかにすぎない物語に向き合う時、そこから夢のイメージを抽出しようとする画家は、必然的にそれらの夢を比較しようとする。ここに夢についての「形象的思考」といったものが出来上がるが、文字で記された注釈書と比較して、この「形象的思考」が有する自律性を過小評価してはならない。

例えば、一二世紀半ばに制作された『ウィンチェスター詩篇』の一葉には、一頁大挿絵があり、「マタイ福音書」（2章12－13）に連続して言及されている二つの夢の場面が二層構成の画面に描かれている（図52）。上部は東方三博士の夢の場面であり、彼らは天使から救世主が誕生したことを知らされている。下部はヨセフが見た夢の場面であり、キリストとマリアを避難させるためにエジプトに逃避せよという命を受けている(7)。この挿話は福音書で続けて語られている連続場面である。しかし、この二つを夢という主題に捧げられた同一頁において表現するのは画家の選択なのだ。画家はこうして二つの場面の対応関係を強調したのであり、上下どちらの場面も、右側の同じ位置に天使が配され、左側ではヨセフと東方三博士のうちのひとりが同じように身を起こしている。この動きは、夢見る人物が目覚めようとしているものではない。夢とは、精神の活発な活動状態であることを示しているのだ。身体の目は閉じられている（三博士の他の二人がそうである）一方、天使の介在に反応しようと魂の目は開かれているのである(8)。

ついで、二つの夢の場面を描いた別のタイプとして、一三世紀初めにパリで制作された『道徳教化聖書《ビブル・モラリゼ》』を取り上げよう(9)。このタイプの写本の慣例に則って、ここにおいても、聖書の一場面を描いたメダイヨンは、道徳的ないしは予型論的解釈を表現した他のメダイヨンと関連している。すなわち、天使が階段

図52　東方三博士の夢，マリアの夫ヨセフの夢幻『ウィンチェスター詩篇』12世紀

を昇り降りしている夢を見たヤコブの描写（「創世記」28章2）は、最後の晩餐の時にヨハネがキリストの懐にもたれかかって眠っている場面と関連して描かれている（次頁図53）。ヤコブの夢は、ヨハネのこの場面によって新約における成就と見なされているのだ。ヨハネの描写は、眠りを示し、夢の表現でないこ

図53　ヤコブの夢，聖ヨハネの幻視『道徳教化聖書』(部分)　13世紀

とは明らかである。しかし挿絵と共にある短いテクストには、ヨハネはこの時、単に眠っているのではなく、天の秘密をこれ以降見るようになり、のちに「黙示録」のヴィジョンが完全に開示されることになる、とある[10]。ところで、『道徳教化聖書』のこの二点一組の挿絵は、その構成への影響が認められているものの、転換期であるこの時代の注解書の図像学的翻訳ではない[11]。この革新的な写本挿絵については、視覚的注解とも言える独自性を生み出しているのは二点一組の画面構成であり、二つの夢を対応させるために、聖ヨハネの眠りを黙示録のヴィジョンの第一段階としていると考えられるのである。

イメージが物語るもの

前述の作例において、ヤコブの夢は、「創世記」の物語とは異なる別の場面と予型論的関係となっていた。しかし別の作例では、ヤコブの夢（「創世記」28章2）は、「創世記」の別の場面と説話的関係となっている。次の二つの作例である。ヤコブの夢はベテルの石に聖油を注ぐヤコブの話（「創世記」28章12）に、また、「創世記」のかなり後に出てくる物語だが、ヤコブと天使の格闘（「創世記」32章24－30）と関連づけられているのである。

天使との格闘

既に触れた『ウィンチェスター詩篇』の一頁は、この種の関係性を示す好例である（次頁図54）(12)。それは三層構造を成し、各層は左右に二分割されて物語が描かれている。最上層には、ヤコブの夢が天使との格闘と組み合わされている。中央層は、ポテパルの妻から逃れるヨセフと、夫に不正に密告するポテパルの妻（「創世記」39章16）が表されている。最下層は、兄たちに投げ入れられた穴からヨセフが救われる場面（「創世記」37章28）とヨセフに寵愛を示すファラオ（「創世記」41章14）が描かれている。ヨセフの物語における夢は、この一連の画面においては全く表現されていない。各層が左右に分割されるこの構成は、下の二層においては垂直にそそり立つ門によって、最上層においては、樹木によってさらに際立っている。物語表現は全体的に左から右へ、上から下へという方向に進むが、絶対的な規則があるわけではない。例えば、最上層においては、天使との格闘は夢見の場面に先行して描かれており、説話的順序よりも頁における構成的配置の方が優先されているといえよう。

ヤコブは夢を見ているが目は閉じられ、その顔は神の方を向き、まるで神が発する言葉に対して反応しているように右手を上げ、夢が精神の活発な活動であることを示すように足を折り曲げている。

ヤコブの夢と天使との格闘との関係性は別様にも表せる。一三世紀イングランドの詩篇書では、これら二つの場面が上下に配置されている（301頁図55）(13)。この画面構成では、二つの場面の意味、あるいは形式

上 図54　ヤコブの夢，ヤコブと天使の戦い『ウィンチェスター詩篇』12世紀／左頁上 図55　ヤコブの夢，ヤコブと天使の戦い　イングランドの『詩篇』13世紀／左頁下 図56　ヤコブの夢，ヤコブと天使の戦い『エイムズベリー詩篇』13世紀

の類縁関係が強調されることになる。それは中世初期からあり、例えば「受胎告知」「訪問」はどちらも左右対称的な人物配置に基づいた出会いの場面であるが、一方はマリアの前に現れる天使によって、もう一方は聖母の前で母親の胎内にいる洗礼者ヨハネの最初の動きによって救世主の到来を告知する(14)。同様に天使との格闘は、神がヤコブに真の名前イスラエルを与えることを許して選ばれし者となることを示しているのである。形式的にではなく意味論的に、この二つの場面の関連は正当化されているのだ。

一二五〇年頃のイングランド写本『エイムズベリー詩篇』第80章2節「私たちの力の神に喜び謳い、ヤ

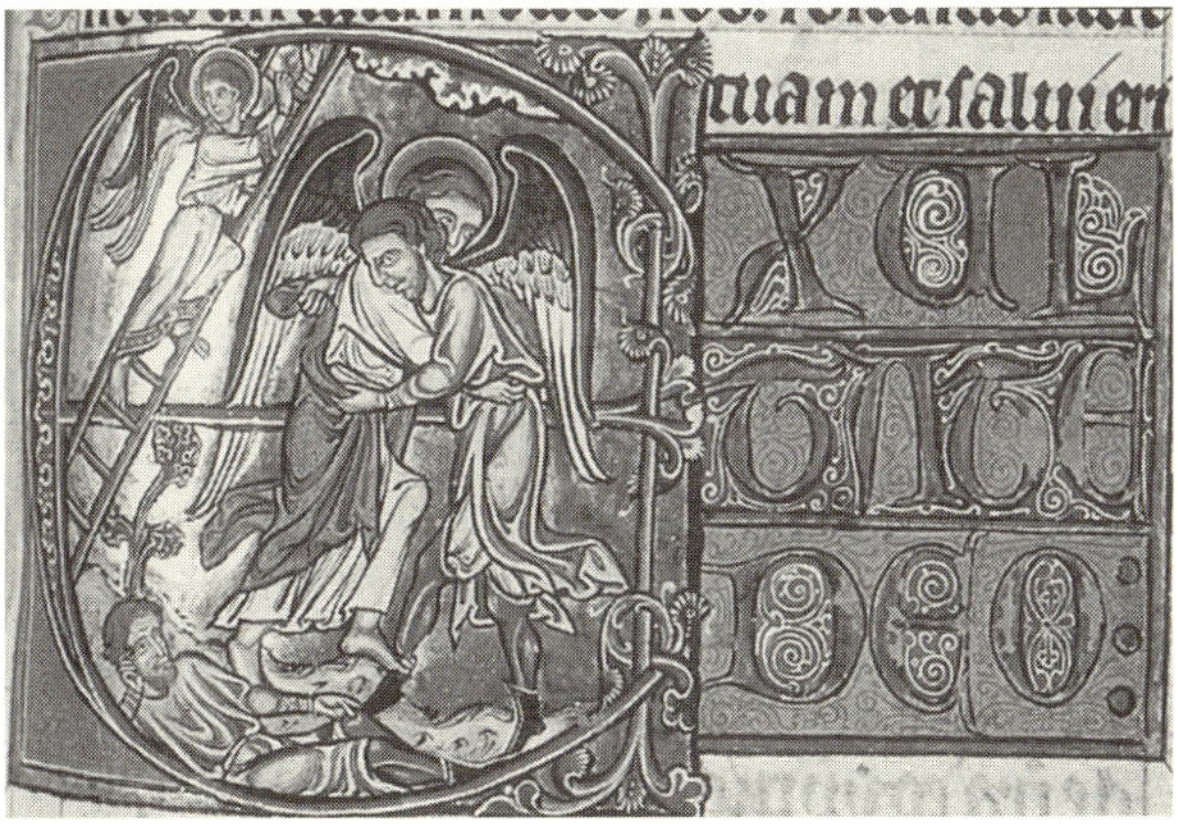

コブの神に喜びの叫びをあげよ（Exultate Deo adjutori nostoro, jubilate Deo Jacob）」（新共同訳　81章1）の絵入りイニシャルは、関連し合う場面を表現した第三のタイプの例である（図56）（15）。地面に横たわるヤコブは、顔を梯子から背けて両目を開き、天使と格闘している自身を見ているかのようだ。天使との格闘はそれだけが切り離されて描かれるのではなく、梯子を昇り降りする天使の場面と入り組んでいる。ヤコブは天使の肩越しに視線を送り、まるで夢を見ている自分を見るために天使と格闘しているかのようだ。夢見

の場面と格闘の場面は融合し、天使との格闘を予見するヤコブ、すなわち、神によるヤコブの最終的な選択と夢の予言的な力の確認という斬新な画像を生み出すに至っているのである。ここで梯子はもはや夢の対象ではなく、この場面を認識させるための単なる手がかりに過ぎない。夢の対象は全く別であり、天使との格闘よりむしろ神を見るヤコブの状態なのである。

ベテルの石

一一五〇年頃制作された『ランベス大型聖書』には、「創世記」に取材した三つのエピソードが同頁に描かれている（図57）（16）。上部には、マレムの樫の木の下、アブラハムのところに三人の天使が現れる場面（「創世記」18章）、その下の画面右側には、イサクの犠牲、左側にはヤコブの夢、ベテルの石に油を注ぐヤコブが表現されている。ヤコブは、顔を後ろの梯子の方に向けているが、目は閉じられている。梯子の上には神がおり、胸元の巻物に

図57　ヤコブの夢，ベテルの石への塗油『ランベス大型聖書』12世紀

は神の言葉が記されている(17)。その文字と巻物の形態そのものが、二つの場面を密接に結びつけている。よくあるこのような表現は、次の写本挿絵に見る配置の斬新さをより際立たせることになる(18)。一世紀後に制作されることになる『聖王ルイ詩篇』がそれだ(19)。

この写本は、一二五四年から七〇年の間にフランス国王ルイ九世のためにパリで制作され、王室礼拝堂に置かれた。版型は小さいが（約210×145 mm）、写本は二六〇葉を収め、その最初に全頁大挿絵が七八点ある。一葉の裏に一点、対面する葉表にもう一点が施されたこの対面頁挿絵には、それぞれ二つの場面が描かれ、互いに関連し合っている。挿絵が施されたすべての頁はこの画面構成を反復し、「ゴシック」様式の建築枠組みがそれを際立たせている。一本の細長い小円柱が繰り返し場面を二つに分割し、それぞれに破風をいただいている。表現されているのは、すべて旧約聖書の場面であり、特に「創世記」からの場面が二八点ある。それぞれには表題があり、挿絵頁の裏に一三世紀の古フランス語で記されている。夢に関する挿絵は四点、ヤコブの夢、ヨセフの夢、ファラオに仕える者たちの夢、そしてファラオ自身の夢である。

葉裏に描かれた夢を描いた最初の挿絵は、ヤコブの夢とベテルの石への塗油のエピソードが組み合わされている（30頁図5参照）。対面する頁には、ヤコブと天使の出会い、天使との格闘が描かれている。説話的連続性はここで完結している。夢見と石の塗油との関連性は、いくつかの方法によって生み出されている。一方から他方への移行において、ヤコブが着ている衣服の色は青に統一され、両者の関係性を確かなものにする一方、連続した動きの表現は画面全体を生き生きとさせている。すなわち、まず神の顔から梯子の下まで下降上昇する動き、二回描かれているヤコブを辿って、最後に石に油を注ぐという動きである。石の表現には変化がある。画面右下においては、寝ているヤコブの頭を支えるにすぎないが、画面左では、儀礼という機能にふさわしい見事な四角形となっている。以下のように、顕著な三つの点がこの挿絵を特徴づけている。

一、建築的枠組みから外にはみ出し、その上をまたいで表現されるのは同写本においてこの挿絵だけであり、それは梯子と神の顔である。

二、夢を見ているヤコブの頭には何も被せられておらず、その帽子は首から細い紐によってぶら下げられ、頭の後ろの方にまわされている。

三、ヤコブの顔が見えないようになっている。ヤコブは夢の中で見ているもの、つまり梯子と天使の方を向いており、この写本を見る者の方には背を向けている。

これら三つの特性は相互依存的であり、ひとつの強力な意味を共有しているように思える。ヤコブの頭に何も載せられていないのは、神に対する敬意を意味するというより（なぜなら後に見るように、同写本において夢を見るヤコブは被り物をしているから）、夢の起源である神と夢を見る者、とりわけ夢を見る者の魂との直接的な接触を図る手段となっている。頭とは魂の宿りの場である。実際、神と、神によって選ばれし者との間で大切なことは、この挿絵を見ている我々をも含む他のいかなる者も排して対面することであり、ヤコブに倣って夢という経験を通じて、挿絵と写本所有者すなわち聖王ルイとが対面することが重要なのである。ここで展開されるのは単に聖書の物語の図解ではなく、日常の経験が形作る枠組みを夢がいかに侵犯しているか、夢が非日常的な起源を有し、また主体の精神活動に基づいていることをはっきりさせているのである。夢を描いたというより、夢について考えるイメージと言った方が適切であろう。

ヨセフとファラオ

ヨセフの物語と関連する夢の表現は、その内省的な特性を明らかにしてくれる。まずヨセフは、太陽と月と一一の星と一二の穀物の束の夢を見、父にその夢が意味していることを説明する。つまり兄たちに語ったと同じく、自身を尊ぶよう夢が告げていると言うのである（「創世記」37章6－14）（図58）。寝台に横たわり、右の肘に頭を載せているヨセフの身振りは、よくある夢を見る人の姿である。ヨセフは夢見ているものから目を逸らし、ユダヤ人の帽子を被っているのに対し、図5（30頁参照）においてヤコブは梯子の方に顔を向け、帽子は被っていない。夢見る者の頭部の重要性とその意義は以上のように明確である。この挿絵を見る者は、帽子の先端と挿絵の縁との間にできる黒い三角形、おそらくは一般に眠りと夢の時間である夜であることを示し、しかも聖書では言及されていない三角形を見ると、ますますこの表現に惹きつけられる。夢を見ている者の容貌はほとんどわからず、おそらくその箇所だけ描写が消されてしまったようだ⒇。

図58　ヤコブの夢とその解釈『聖王ルイ詩篇』13世紀

ファラオに仕える者たちが見た夢と彼らの夢をヨセフが解釈している挿絵も特筆すべきである。各々三人の人物を仕切る二つの場面が監獄の中で展開する（図59）。最初の場面は、あまり見られない複雑な様相を呈しており、物語における四つの時間が同時に混在している。

一、二人の従者が眠り込み、夢を見ている。

二、彼らが夢の中で見ているもの、つまり、給仕役が夢の中で見ている葡萄の房三つ、料理役が夢の中で見ている三つのパン籠、その籠のところにやってきて、パンを貪り食う三羽のカラス。

図59　ファラオの給仕役と料理役の夢『聖王ルイ詩篇』13世紀

三、夢の解釈。ここではその内容が先んじて表されている。給仕役は、眠りに陥っているというのに、上体は起こしている。というのも、彼の夢は喜ばしいものであったからだ（その後、彼は給仕の職に復帰することになる）。一方、料理役は背中を曲げている。彼の夢は不吉なものであったからだ（その後、彼は殺されることになる）。

四、最後に右端にのぞくヨセフ

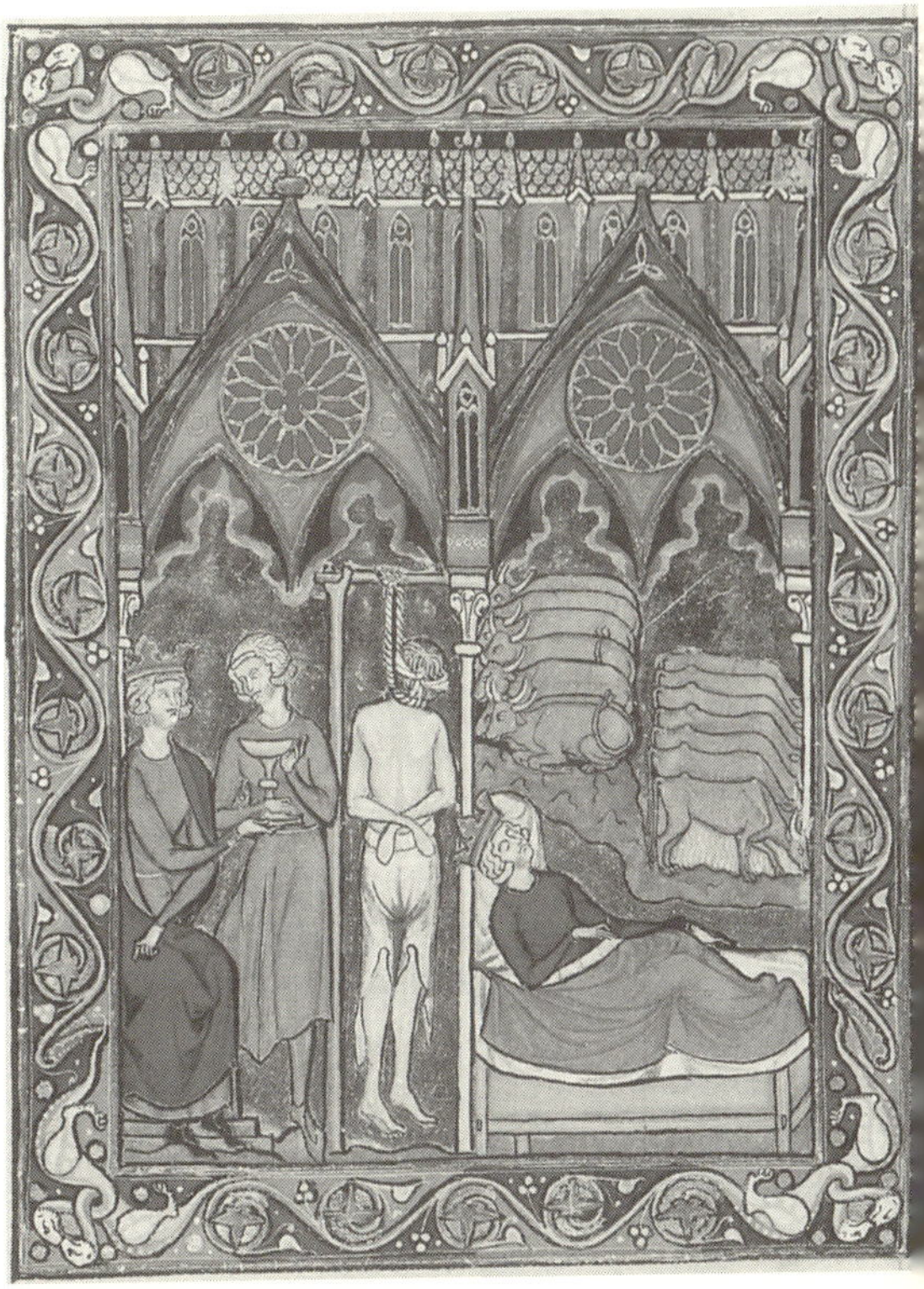

図60　給仕役と料理役の夢の実現（左），ファラオの夢（右）
『聖王ルイ詩篇』

の顔である。夢見る者たちを眺め、とりわけ彼らの夢の意味を読み解いている。この挿絵において、給仕役のまっすぐな上半身、料理役の曲がった背中を説明しているのは、ヨセフのまなざしである。

この挿絵の右側の部分では、ヨセフはその仲間たちに「見」、理解したことを説明している。この夢の結末が描かれているのは、この挿絵の裏頁である。ヨセフが与えたとおりの解釈に従って、ファラオが再び給仕役から酌してもらう一方、背中が曲がっているように描かれていた料理役は、絞首台に吊り下げられている（図60）。この挿絵と関連するのは、七頭の痩せた雌牛と七頭の肥えた雌牛の夢を見ているファラオの描写である。それは、ファラオが見た二つの夢のひとつを表したものであり、もうひとつの干からびた七つの穂、実の入った七つの穂の夢はこの写本には表現されていない。

聖書に記されている夢のイメージはすべて、中世盛期のキリスト教美術に共通する諸問題を提起する。

すなわち、説話的次元での発達、そしてテクストとイメージとの複雑な関係性に関する問題である。しかしまた、いくつかの斬新な特性も明らかにしてくれる。夢それ自体がイメージの造り手である限り、絵師は独特の、きわめて難しい諸問題に直面することとなる。つまり、芸術という手段によってそれら夢をいかに表現すればよいのか。夢の生成過程をどのように形象化すればよいのか。すべての様相、すなわち夢の超自然的起源、その主観的次元、その性質、その意味、さらにはその解釈、その効果作用などすべてを同時に有機的に構成するにはどうしたらよいのか。一二世紀や一三世紀に多くの例がある夢の物語に見られるように、夢物語が語りや文字の通時的な流れの中でさまざまな時や様相を区別しうる一方、イメージは凝縮させたり、結合させたり、並置することによって、それらを一挙に示すことができる。物質的イメージと夢のイメージがきわめて近しく、根本的には言語の論理と違っているのはこの意味においてなのである。

このような諸問題を提起し造形美術特有の解釈を与えながら、写本挿絵師たちは、その時代を特徴付けている夢に関する思索の大いなる発展に寄与することになった。それは自伝や医学書、宮廷文学などを通して、夢の主観的次元や心理学的次元を探求する入念な思索である。『エイムズベリー詩篇』とより系統だった『聖王ルイ詩篇』は、このような努力と探求の成果であると言えよう。

これまで見てきた写本が夢の図像学に導入した革新性は、別種の彩飾写本、特に俗語の文学作品において再び見出されることになる。とはいえ、これまで考察した聖書写本において革新性が見られるのは驚くべきことであろう。なぜならきわめて古い画像と関わっているからだ。例えば、ヤコブの夢の表現はカタコンベの壁画に遡る。こうしてイメージが伝統を革新する限りにおいて、それは一度ならず、中世文化が最も伝統的な「思考の道具」（言語）を用いつつ変化し、新しい試みをなし得たのかを示してくれるのである。

10　ビンゲンのヒルデガルト、あるいは夢の拒絶★

ビンゲンの女子修道院長ヒルデガルトにより具体化され、その指示に基づいて存命中に制作されたルーペルツブルクの著名な写本『スキヴィアス（道を知れ）』が始まるのは、一点の挿絵からである（図61）。序文の前に置かれたこの挿絵では、ヴィジョンを見ているヒルデガルトが中央に描かれている。ビンゲンの修道院と思しき建物のアーチの下に着座した彼女は、背筋を伸ばして両足を足台の上

右頁 **図61 ビンゲンの聖ヒルデガルト**『スキヴィアス（道を知れ）』扉絵，12世紀（ヴィースバーデンの消失した写本）／上 **図62 ビンゲンの聖ヒルデガルト**『神の御業』13世紀

に載せ、目覚めた状態で葦ペンを手にし、神のお告げを蠟板に書き留めようとしている。神のお告げは五枚の赤い舌で表され、そのインスピレーションは彼女の頭、目、口、首を舐めるようにして表現されている。画面では真横に描かれているものの、彼女の前には忠実な書記者フォルマールが座っている。彼は壁の向こう側に座っているのだが、その頭と驚愕のまなざしは壁を通過し、その手は啓示の言葉を集めた冊子本の上に置かれている。フォルマールは直接このヴィジョンを享受しているわけではないが、ヒルデガルトのヴィジョンの公開を確約する証人である(1)。ルッカにある『神の御業』の挿絵にも同様のモティーフが描かれている。つまり、独居房や修道院という閉ざされた空間に幻視者が配され、着座して蠟板に筆記し、神の啓示は天の開口部から流れ出る炎で表され、その炎は彼女の頭を舐めている。その中の一点では、フォルマールが、同じく厚い壁の向こうに配されているものの、やはり視線と声によってヒルデガルトと結ばれている（図62）。ヒルデガルトの横には、第二の証人である修道女リヒャルディスがおり、両手を腹部で組み合わせて待機、あるいは服従の身振りを示している(2)。以上が幻視者ヒルデガルトの典型的なイメージである。このように彼女は、眠っているのではなく着座した覚醒状態で描かれることで、そのインスピレーションの源が神にあり、その神の啓示は広められるべきものであり、

それは「精神的ヴィジョン」であって、夢とは全く異なることを示しているのである(3)。

「精神的ヴィジョン」――否定による定義

『スキヴィアス』序文とそれを導く挿絵の完璧な一致は、ヒルデガルトが自身のヴィジョンの特性にいかなる疑問も差し挟まれないように望んでいたためと考えられる。このテクストの特徴のひとつは、否定に基づくレトリックとでも言えよう。ヒルデガルトの経験とは、基本的にすべては全く存在しないことによって定義されている。ヒルデガルトは、自身は取るに足らない存在であり文字も知らないと告白している。ヒルデガルトのヴィジョンは人間本来のものではなく、神から下ったものなのだ。『スキヴィアス』の冒頭に記されているように、天の声は次のように告げているのである。

「人間の言葉ではなく人間的作為の認識にも人間的解釈の意思にもよらずして、汝が高みにおいて、天において、神の奇跡において見、聞いたことに基づいて、それを言え、また書け」と。

ヒルデガルトおよび中世のヴィジョンに関する著作を研究する歴史家はめったに取り上げないが、このようなヴィジョンを受け取ったヒルデガルトは、次のように重要な観察を付け加えている(4)。

「私が見たヴィジョンは、夢の中でも、眠りや妄想において見たものでも、肉体の目や人間の表面に備わった耳によってでもなく、隠れた場所で目にしたものでもない。そうではなく、覚醒し、すべての注意力をもって、人間の内にある目と耳によって、開かれた場所で、神の意思に従って、私はそれらを受け入れたのです」。

そしてヒルデガルトは、聖パウロの「コリント信徒への第一の手紙」(2章14)にあるように締めくくっている。

「どのようにしてそうなったのか、肉の人間がそれを見つけることは難しい」(5)と。自身の状態とその体験とを区別するこのような執拗な言説は、『神の御業』の序文にもほとんど同じく繰り返されている。「ヴィジョンを作り出しているのは汝ではない。他のいかなる人間でさえ、それを思い描くことはできなかった。世界の始まり以前に、すべてを決定しているのは私である」と天の声が言うのである。ヒルデガルトも自身、繰り返し述べている。「実に最初のヴィジョンの時に記したすべて、その後私が習得した知識のすべて、私が負ったことは、天の神秘の数々です。ヴィジョンを見た時、私は全く意識がはっきりし、身体も覚醒していました。私のヴィジョン、それを伝えてくれたのは、魂の内なる目、内なる耳なのです。この前のヴィジョンの時にも私は次の点を主張してきました。つまり、私は仮死状態では絶対になかったのです。また魂が興奮状態にあったのでもありません。誓って申し上げますが、私は人間の認識の領域で受け入れたものは何ひとつ書き留めておりません。ひたすら、私に差し出された天の秘密のことごとを開示しているのです」(6)。

彼女のヴィジョン体験の特質を規定する唯一のこだわりは否定的であらざるを得なかったにせよ、ヒルデガルトが明確にしようとした差異の重要性が明らかとなろう。それを彼女自身が確信するのは、ちょうど啓示を書き記すよう神の命を受けて五年しか経ていない一一四六年から四七年以降、クレルヴォーのベルナルドゥスに宛てた書簡においてである。彼女はそこにおいてこのようにしたためている。

「私は、魂の奇跡において現れ、肉体の目では決して見ることのできないヴィジョンということについて、とても心を奪われています。私は惨めで、女性という状態にあるだけに惨め以上です。幼少の時から、大いなる奇跡を幾度となく見てきましたが、信じよと、神の御心が私に教えて下さらなければ、私の舌は、それを口外することはなかったでしょう」(7)。

さらに後の一一七五年から七六年、この頃には彼女の幻視者としての評判は知れわたっていたのだが、ジャンブルーのギベルトゥスとヴィリエのシトー会修道士たちが送った書簡で挙げられている質問にも全く同様の表現がなされている。つまり、「あなたは寝ていた時に夢の中でヴィジョンを見ていたのですか。それとも目覚めているものの、精神の法悦状態において見ていたのですか?」(8)。「肉体的なものは精神的な目によって見られるのでしょうか。逆に精神的なものは肉体の目によって知ることができるのでしょうか?」(9)。

それに答えてヒルデガルトは再び、精神的なヴィジョンは肉体の表面にある感覚といっさい関わりがないし、法悦状態とも、ましてや夜眠っている時に見る夢とも全く共通点がない、と答えている(10)。

これらの指摘はすべて、「見る」という行為のさまざまなあり方をはっきりと対比させることによってる二分法を用いたヴィジョンをめぐる文化人類学的領域の実に根幹をなす。「見る」という行為は、基本とな「visio」という言葉がもつ曖昧さを解消する試みである。「見る」という行為についての考察は、ヴィジョンの起源（人間的か、神的ないしは悪魔的かの区別）、その対象（肉体的か精神的かの対比）、その真正性（真／偽の二分法による）、そのヴィジョンを見る者のまずは意識の状態（目覚めているか眠っているか、あるいは覚醒と睡眠の間の状態か）、また魂と肉体との関係（内的／外的）、さらに倫理的性格（罪／徳）などに関わっている。

まず最初にアウグスティヌスの用語を用いるなら、ヒルデガルトは、ヴィジョンと視覚との混同、一方では「身体的ヴィジョン」「肉体の目」「外的」感覚、他方では「精神的ヴィジョン」「精神の目」「内的」感覚との混同を回避している。彼女のヴィジョンの数々は、病的状態や肉体的病、ましてや精神的病や精神病（phrenesis）などに由来するものではない。それらは悪魔に呼び起こされたものでも、幻想（fantasmata）でも、悪魔が天使的な力を発揮して睡眠中の人間の精神に呼び起こす幻覚でもない。

このような疑惑は、ヒルデガルトがヴィジョンを見たのは、就寝中でも夢を見ている時でもなく、常にはっきりと目覚め、肉体的にも意思においても知的能力においても全き状態にあったと主張しているゆえに容易に回避されよう。彼女のヴィジョンはまた公的であり、隠され、孤立した、「閉ざされた」場ではなく、周知のように「開かれた」場において、すなわち修道院という共同体で、彼女は公然と見たのである。したがっていかなる改竄も、人間によってであれ悪魔によってであれ、いかなる計略の疑いもないはずだ。

彼女は、神の意思によって彼女に課せられたヴィジョンと天上的聴覚、啓示を授かったが、しかし彼女が明らかにしているように「精神に浸っている（in excessu mentis）」状態であったのではない。幻視文学においてはしばしば重複することがあるが(11)、ヒルデガルトはここで、経験した「精神的ヴィジョン」と法悦とを明確に区別しているのである。

こうして、ヒルデガルトのヴィジョンの有効性に投げかけられる疑念はすべて回避されることになろう。彼女は狂気でもなく、眠って夢を見ていたのでもなく、悪魔の餌食になっていたのでもなく、大袈裟な身振りゆえに教会権威を脅かして疑念を引き起こす法悦状態に与かっていたのでもない。彼女のヴィジョンは、肉体の目で見たのでも狂気によるものでも夢の中で見たのでも、法悦状態において見たのでもなく、神の啓示の公然とした開示であるならば、それでは何によって成り立っているのだろうか。ヒルデガルト自身の告白によると、それはとても言いがたいというのだ。歴史家の立場としては、彼女が言ったこと、言わないことから判断するしかない。ヒルデガルトは他の著作『病因と治療』(12)において、ヴィジョンのすべてのタイプと、とりわけ夢について長々と説明しているだけに、その否定はなおさら興味深い。

同書では、例えば「狂乱状態（frenesie）」は、性的欲望の満足によっても解消されないメランコリアの危険があるとする(13)。「悪魔的幻想」は、目覚めている時でも眠っている時でも、夢を見ている時でも、昼夜を分かたず人間を脅かす(14)。このような記述に続けて彼女は、そこから解放されるにはへら鹿の皮と鉄の鎖で身体を巻き、多くの感謝を捧げるべしとしている。同書においてとりわけヒルデガルトが詳述しているのは、驚くべきことだが、眠りと夢に関する倫理的心理的生理学であり、一文一文読み進めてゆくと、そこにはいわば首尾一貫性があるように見える。彼女の理論の根本にあるのは、骨髄の増加と減少の交互の繰り返しに関する考察であって、それは月の周期や季節に応じた植物の周期と類似しているという。一日の疲れは骨髄を衰弱させる。つまり、血管と脳に及んで人間を「無感覚で意識を失った状態」にする息を放出しながら骨髄は減少する。こうして眠りに陥るが、しかし魂は覚醒時のように活力ある息を導き続ける。睡眠中、魂は新たに骨髄を増殖させ、骨髄の熱でまるで食物のように肉体を加熱調理し、容貌に生彩を与える。睡眠中、魂はその日のいかなる労苦にも囚われることなく、「いわば夢の中で両目を開いている」。そしてまさに、悪魔が最もたやすく理性の防御をなくした精神に干渉しうるのはこの時である。睡眠中と夜の間のこの脆弱さは原罪の結果である。最初の父母以来、罪は眠る人間の精神を「不活発にした」。原罪がなかったなら、堕落以前のアダムがまさしくそうであったが、人間は夢の中で真に預言の才を享受したであろう(15)。しかし堕落以降、人間は夢を警戒せねばならなかった。とは言え、すべてが偽りではなく、しばしばよき考えをもって眠る者は神の啓示によって真実の物事を見、それはやがて起こることになる。一方、肉欲をもって眠る者、中でも鯨飲馬食の徒は睡眠中に悪魔の餌食となってしまう。そのような者たちは夜の汚染に浸りやすく(16)、生きている、ないしはすでに死んだ人間ばかりでなく、獣とも性交する夢を見るのである。

したがって夢の「真実性」、すなわち神に由来するのかを即断することはできない。疑惑は常に夢に付きまとう。疑念は夢に強く働きかける。だから夢を避けるのがよい、としたのがヒルデガルトの場合であり、彼女は夢のメカニズムを熟知していたのである。彼女は夢を見ていないと主張したが、精神的能力を全開にし、狂乱状態でも「神の息吹（excessus mentis）」に浸っているでもなく、覚醒した状態で「公的に」ヴィジョンを享受したのである。

確かに、彼女の経験が正確に何であったのか我々にはわからない。特筆すべきは彼女の慎ましさであろう。「私は見た」「私は聴いた」と彼女は語るだけだ。彼女は彼女を満たす神の光のために、ついで神の声が彼女に注釈を促すイメージの開示のためにのみ、「目」を持っている。そして彼女自身について、彼女のヴィジョンを取り巻く状況については、語ってはいないのである。そこで語られていることは自伝的ではないのだ。いやむしろ明らかに自伝の対極にある。ヒルデガルトの『生涯』を信じるなら、彼女は自らについて記そうとは望んでいなかったこと、そして神が自分に与えてくれた事柄について記しておいたと明言している。

「賢明はその愛の光の中で私を導き、どのように私がこのヴィジョンに辿り着いたのか語るように命じました。私の主題についてこれらの言葉を発しているのは私でなく、私にこのように語らせているのは真の賢明なのです。「聞きなさい、ああ人間よ、この言葉を、そして自身に従うのではなく、私に従いなさい。そして私に学び、汝の主題についてこのような仕方で語りなさい」」(17)。

かくして、ヴィジョンをめぐる主題は完全に神性の領域に入ろうとしているのである。

ヒルデガルトは特に夢を見ていたのではないと主張したが、我々もそれを認めねばなるまい。しかし彼女は、誰とでも同じく夢を見ていた可能性はある。しかしその場合、彼女はその反対のことを言い、おそらく悪魔的幻覚ではないかという疑惑を呼び起こさないために、夜の夢ではなく昼のヴィジョンについて話すことを選択したのかもしれない。それは我々歴史家の仕事を難しくする。なぜなら、もし、我々が夢というものを知っていようが、ヒルデガルトが描いてみせたような「精神的ヴィジョン」は知る由もないし、もはや知ることもないからだ。したがって我々はヒルデガルトのレトリックを参照したのであって、それはすべてのレトリックと同じく、規則に則り、社会的イデオロギー的規範と権威の価値基準に従っているのである。

シェーナウのエリーザベトの法悦

一二世紀の他の幻視家たちは、ヒルデガルトと同じように敬意を集めていたが、別様に自身を語り、別の選択をした。

例えばシェーナウのエリーザベト（一一二九頃～六四頃）は、ヒルデガルトと書簡を交わし、彼女から影響を受けているが、同じく一人称で自身のヴィジョンを語り、シェーナウの修道士エクベルトに書き取らせている。ヒルデガルトのヴィジョンに関する著作と同じく、その『幻視の書』は伝記的な詳細に満ちている(18)。エリーザベトが語ったところによると、最初に神の「御訪問」があったのは、一一五二年五月三一日、彼女が二三歳の時であった（因みに、ヒルデガルトの場合は五歳の時である）。彼女の兄の証言によると、ヴィジョンはエリーザベトが亡くなる一一六五年六月一八日まで終わることはなかったという。したがって「一三年と一八日」続いたことになる。エリーザベトのヴィジョンは時系列に記され、典礼暦年の祝祭日ごとにリズムを醸しており、自身のヴィジョンやそれに対する注釈が論理的に筋道を立てて配列されて一連の著作が真の神学論となっているヒルデガルトの場合とは異なる。エリーザベトにおいても寓意、つまり象徴的注釈がヴィジョンの叙述と混在しており、その量的配分も無視できない。ペーター・ディンゼルバッヒャーが計算したところによると、エリーザベトの記述において解釈的な箇所はヴィジョンの内容を記す箇所に比べて八倍の長さになるという。しかし寓意は、彼女の著作の中ではヒルデガルトの場合のように体系的と言えるまでに至っておらず、その点でもヒルデガルトの場合はきわめて独創的な例なのである。ディンゼルバッヒャーも以下のように指摘している。「ヒルデガルトの啓示は、中世幻視世界において、あらゆる点で聖性を帯びた一塊をなしており、類い稀な複雑さと象徴的意味の体系化において際立っている」(19)。詰まるところヒルデガルトの著作はヴィジョンに関する神学論であり、一例においては、七年に及ぶほど何年にもわたって続けられた「書く」という長く困難な仕事の成果なのである(20)。一方エリーザベトのヴィジョンは、何より、寓意的注釈が重要な位置を占めているものの個人的な物語である。彼女が特に心を配っているのは、ヴィジョンを見た時の具体的状況、ヴィジョンの展開の大団円、超自然と出会った時の空間的時間的与件についてなどである。具体的体験に再構成された主観的経験が神学的説明に優先しているのである。

ヒルデガルトの場合と同じくエリーザベトも、「精神的ヴィジョン」を肉体的視覚に対比させているが(21)、後者が終始一貫して過小評価されているわけではない。ある日のミサの最中、彼女はキリストの顕現に浴した。それは精神が見た（in intuitu mentis）虹のヴィジョンで終わったが、すぐさま彼女はこの「精神的ヴィジョン」の現実性をより明らかにしたいと、「肉体の目」でも見たいと望んだ。果たせるかな、彼女と他の修道女たちはほどなく「肉体の目」で虹を見るのである(22)。彼女のヴィジョンの等閑しがたい部分を形成しているのは、ヒルデガルトの神的啓示の定義によれば排除されるべき悪魔の出現である。例えば、聖マクシマンの祝日、終課ついで朝課の時に悪魔の幻惑（fantasmata）がエリーザベトを襲った。それは小さな修道士の姿をし、次に怪物のような人間、ついで恐ろしい犬の姿をし、ミサの直前には「大きく恐ろしい雄牛」の姿をしていたという(23)。語りによれば、エリーザベトが夢を見ていなかったのは明らかである。彼女曰く「『幻惑的な精神』に襲われたのは、目覚めている状態のことだった」(24)。エリーザベトが自発的に悪魔の「出現と関連させているこのようなタイプのヴィジョンは、ヴィジョン」としては数少ない。というのも悪魔の出現の直後、彼女は「法悦に浸り」、聖母マリアと付き添いの二人の天使、聖ベネディクトゥスと天上の「若き者」という心身を回復させてくれるヴィジョンを見たと明記しているからである(25)。エリーザベトのヴィジョンの数々はほとんど、「法悦」か「精神の誘拐」という語りぶりなのである。

表現の多さと用いられている言葉の多様さは、エリーザベトにとってこの種のヴィジョンがきわめて大切であったこと物語っている。法悦の状態（extasis, mentis excessus, raptus）に、彼女は「なり（veni in extasim : ut venirem in mentis excessus）」、「陥り（incidi in extasim）」、そして「浸った（rapta sum in extasim）」。ついで、自分の魂が「無理やり身体から引き離されて高みへと持ち上げられる」ように感じながら、法悦の状態にあることを（cum essem in extasi）知る(26)。最後に「その法悦の状態から戻ってくるが（ab extasi reversa sum）」、ほどなくもう一度、あるいは何度もその状態に回帰する（rursus in extasim veni : rursus in extasi facta）。法悦は繰り返される。その深度も語られ、彼女は「だんだんと深く（amplius）」そこに陥ってゆくようになる。しばしば逆に、彼女は自身が未だ法悦の「近く」にしかいないとも感じるのである(27)。

法悦はエリーザベトが目覚めている時に突如やってくる。しかし、乖離していたように思えた精神が肉体と結びつく時、ある種の眠りから目覚めるように、彼女は覚醒するという感覚をもってそこから脱する(28)。

「法悦の休息（quies extasis）」という表現がしばしばなされるように、法悦はまた休息という概念と結びついていたようだ。「私は法悦の休息に入っていった…」(29)と、エリーザベトは繰り返し述べている(30)。しかし法悦は眠りや夢と関連してはいない(31)。彼女は細心の注意を払って、自分が法悦を感じるのは覚醒時であるとしている。「私は祈りを捧げて夜を過ごしているけれども、夜通し満ち溢れるのを見ているその光の眩いばかりの輝きゆえに、自分の身体が眠りに陥ることはありません…」(32)。『神の道の書（*Liber viarum Dei*）』においても同様である。「その後、私は小さな寝台で休みますが、突然、主の霊が訪れて、口をその御言葉で満たした時、私はまだ眠っていませんでした…」(33)。また別の箇所でも彼女は次のように思い出している。「八月の五日、朝課の後、私は小さな寝台に横たわっていましたが、寝入ってはいなかったところ、突然、主の御遣いが私の前に現れました…」(34)。

要するに、エリーザベトのヴィジョンに関する表現の特徴は、ヒルデガルトと同じく夢の拒絶にある。しかし一方でヒルデガルトと異なり、エリーザベトは法悦、「精神の離脱」、そして簡単にではないものの「精神的ヴィジョン」について語り、自身の経験の具体的状況についてもそれは詳細に満ちている。

ドイツのルペルトゥスの小さな寝台の中で

語り（物語）の重要性は、ベネディクト会修道士ドイツのルペルトゥス（一〇七五〜一一二九）によるヴィジョンに関するいくつものテクストにも認められ、ウォルター・ベルシンの表現に倣うと、中でもきわめて独特な著作は彼の「自伝」を形成している(35)。ルペルトゥスが庇護者であり友人であるジークブルク司教クーノに捧げた『人の子の栄光と栄誉について（*De gloria et honore Filii Hominis super Mattheum*）』である(36)。一三冊からなるこの注釈書は、「マタイ福音書」の章立てに沿っているが、ルペルトゥスは、キリストの四つの神秘、すなわち受肉（第1～9書）、受難（第10～11書）、復活と昇天（第13書）を順次四部作として構成している。そしてその中核をなすのは、十字架上の死の瞬間と対応する第12書である。しかしルペルトゥスは、まさにここにおいて「マタイ福音書」27章、および32章から50章までの磔刑に関する箇所に注釈することを控えている。これらは彼の注釈における盲点であり、沈黙であるが、その箇所をルペルトゥス自身とそのヴィジョンを語ることで埋め合わせているのである。この重要な瞬間の注釈を見合わせることで、ルペルトゥスを救世主の犠牲という超越的真理に至らしめたのはヴィジョンという経験であることを示しているのである。この第12書は、ヒルデガルトやエリーザベトの場合のように、一人称で詳細に語られる個人的ヴィジョンの少なくとも九つの(37)物語を含んでいる。

彼以前の他の著作家と同じように、解釈がヴィジョンの語りと混合しているものの、ルペルトゥスがクーノに捧げたこの書はひとつの「物語」である(38)。物語は同書の特に最終部を占めている。ルペルトゥスは、例えば聖霊の「御来訪」の場合のように、ヴィジョンに「visiones」や「visitations」という言葉を用いている(39)。彼はシェーナウのエリーザベトに反して、「法悦（extasis）」や「精神の恍惚（excessus mentis）」については一言も触れていない。実際、彼の物語を読み進めて行くと、詳述されている経験の数々は全く別の性質であることがわかる。天上の権能者や、しばしば悪魔の来訪は、精神の恍惚の状態ではなく、眠っているか、あるいは半覚醒(40)といった方がよい状態においてなのである。

ルペルトゥス曰く、「彼が見たヴィジョンは、「人の内なる子宮、魂の子宮」に作用する」(41)。彼はまた、その知覚が「内的目」によって輝きを失ってしまう「肉体の目」で見たものと、ヴィジョンを対比させている(42)。彼はまた肉体による視覚が精神的なヴィジョンを準備し、それの始まりになるとも言う。ルペルトゥスが、やがてキリストが彼の方に顔を傾げて唇に接吻してくれたのを見たと信じたのは、磔刑像から視線を離さなかったからである。

こうしてルペルトゥスのヴィジョンは、シェーナウのエリーザベトの法悦とは反対に、肉体と精神の乖離によって許されたのではなく、反対に、覚醒と睡眠との場合のように、肉体と魂の曖昧さと不確実性に満ちた近似の状態においてなのである。彼が見たほとんどのヴィジョンは、彼の「小さな寝台」で見た夢であった。「いつもの祈りの時間に眠りに身を委ねていたので、私の小さな寝台で半分眠っていた時、私は、太陽が私の上に没するかのように大いなる光を見ました」(43)。しかしそれが夢の始まりであったのか、終わりだったのか、はっきりしたことは記されていない。最後に、夢から抜け出たと思った彼は、悪しき精神が自分に襲いかかり、完全に目覚めるまでそれに囚われていたことに気づいた。聖パウロの言葉の引用はルペルトゥスの当惑を物語っている。「このヴィジョンがあまりにまばゆく光り輝くものだったので、それが私の身体の中で感じられたのか、それともその外で感じられたのか私にはわかりません。神のみがそれをご存知です」(44)。寝台から飛び出て、祈りを捧げている修道士たちを捕まえようとしたと思った彼は、自分が裸であることに気づき、夢を見ていたのだとわかった。

「ヴィジョンの最初に、私は私の小さな寝台から抜け出て、夜を徹する者たちのいつもの道を通って、まっすぐに聖堂に駆けて行ったと思います。でもヴィジョンの最後の方では、聖堂から出て行く者たちを追いたかったけれどそれは許されず、自分が裸で、着ていた物はすべて奪われていたことに気づき、大急ぎで元いた場所に駆け戻ったのです。私の小さな寝台に戻ったその時、私は目が覚めました」(45)。一度目覚めてしまっても、ヴィジョンの思い出はいつまでも効力を有し、魂を幸福で満たし続けたのである。「胸が締め付けられるほどではないにしても、私はこの眠りに動揺し、心地よい重さと歓びを感じながら一度目覚めてしまったのですが、それをどのように言えばよいのでしょうか?」夢の解釈が始まるのはこの時だ。「正気に返って、徹夜課の間のこの甘美なヴィジョンを思い起こすと、私はこのような解釈を与えてしまったのです…」(46)。

女性のヴィジョン、男性の夢

ビンゲンのヒルデガルト、シェーナウのエリーザベト、そしてドイツのルペルトゥスの事例から、一二世紀の幻想文学における「精神的ヴィジョン」の本質的で対照的な三つの特性を把握してきた。ヒルデガルトは、そのすべての知的能力が完璧に覚醒し制御されているため、視覚的啓示に恵まれ、神の奥義と人間の最期に対して果敢であった。この啓示は、象徴的、神学的、預言的開示形態をもって展開するため、ヴィジョンをめぐる状況を説明する物語が副次的に追いやられる。エリーザベトの場合は、逆に、解釈や寓意が重要であっても、幻視者の主観的経験への周到な注意はよりはっきりとしている。彼女は、精神と肉体の瞬時の分離の描写において頂点に達するが、それはヒルデガルトがきっぱりと退けていたことだ。しかしヒルデガルトと、悪魔のヴィジョンさえ見ているエリーザベトの場合も、見たものが夢だとは認めていない。それがルペルトゥスの場合は、見ているものはほとんど夢のヴィジョンか、あるいは夢かヴィジョンの間の不確実で欺かれやすい半眠の状態である。悪魔の頻繁な攻撃は、彼にとって夢というレトリックに大いに訴えやすいものであったが、それは体系的に十分には説明されてはいない。なぜなら、それらの有効力は彼に夢として現れているからである。ルペルトゥスが夢を退けなかったのは、何より彼が自身のこと、彼が感じていることを最も忠実に話そうとしているからである。彼のこの自伝的関心は、同時代の修道士や聖職者にも通じる。例えばザンクト・エンメラムのオトローや、ノジャンのギベルトゥスであり(47)、彼らも自身の内省や夢を優先的に語っている。

夢と自伝は、神の強力なまなざしの下でしか自身を考えることができないキリスト教的主体という全く新しい発見という点で歩を一にしている。ヒルデガルトやエリーザベトのような女性も、「新しい主体の発見」――私には「個人の発見」よりも正確な表現と思える――と言う当時の状況から外れたものではなかった(48)。そしておそらく彼女たちは、男性たち――ノジャンのギベルトゥスやドイツのルペルトゥスのような権威に支えられている修道院長――よりも夢について語ることを禁じられていたのであろう。なぜなら彼女たちは、夢に対する不信の念を伝統的に作り上げてきた悪魔的欺瞞の疑念を呼び覚まし、それらの啓示の真正性に対する疑念もまた引き付けていたであろうからである。彼女たちが、啓示は神から直接授かったと主張しても、おしなべて女性は従属的立場にあることを思い知らされたのである。ヒルデガルトは、絶えず自分が卑小な者であり、無学であると憚ることなく公言していた。彼女の膨大な知識は我々にとって実に印象深いが、彼女はクレルヴォーのベルナルドゥスに宛てた書簡で、「私は惨めで、女性という状態にあるだけに惨め以上です」としたためている。また、ヒルデガルトは自身よりも、その力で自分を意のままにし、自分を通じて語らせる神の知恵について多くを語っている。シェーナウのエリーザベトの場合、法悦のレトリックは、精神と肉体が分離する時の人格の瞬時の喪失によって成り立たなくなるのではないだろうか。法悦はこの点で自己の全き発見に対立する。「小さな寝台」で夢を見ていた男としてルペルトゥスだけがありのままであり、夢のおかげで善悪や神と悪魔の戦いが問題であると気づくのである。

イメージとなったヴィジョン

一二世紀の三人の幻視者の比較を経たところでイメージの問題に回帰しよう。ヒルデガルトの『スキヴィアス』と『神の御業』の挿絵は、彼女の幻視状態を単に肯定的に描いたと理解してはなるまい。むしろ、彼女のレトリックに対して消極的に応じた夢の「反イメージ」ではなかろうか。

ドイツのルペルトゥスの夢のイメージは見つかっていない(49)。しかし、中世の図像学における伝統的な夢の形象化についてはよく知られている(50)。例えば、同時代のムーズ河とライン河流域で制作された多くの写本に見られるように、聖書に記される主な夢の場面の表現を挙げることができる。神の御遣いの天使が昇り降りする天まで届く梯子を夢で見たヤコブである（図63）(51)。他にもヨセフやファラオの夢、また新約聖書の聖母マリアの夫ヨセフの夢などを挙げることができよう。ヴィジョンを見る時には常に覚醒し、座しているヒルデガルトの著作挿絵と比較しての大きな違いは、ヤコブは横たわって右手や腕に頭をのせて目を閉じ、眠っていることである。さらに彼の魂と超越的形姿の神との関係は、ヤコブの頭と頭光が、天上へ導いてくれる梯子と接触していることで表現されていると言えよう。中世の夢の特色は、夢を見る者（ここではヤコブ）と夢見られている対象（梯子や天使など）が同時に描かれていることである。さらに、夢で見られたことの結果、図63ではヤコブがベテルの石に油を注ぐ場面など、聖書の物語のかなり後に記される事柄までもが同時に描かれることがしばしばある。さらにヤコブと天使の格闘まで同じ場面に描かれることも珍しくない。これとは対照的に、『スキヴィアス』や『神の御業』の挿絵ではヴィジョンの対象を最重要視している。「黙示録」に基づく天上のエルサレム、終末などである。『スキヴィアス』においてヒルデガルトは序文に一度だけ登場しているが、その後は描かれていない。ルッカ本『神の御業』では、彼女は繰り返し描かれているが、常に主要な挿絵の下の小さな枠組みの中で別個に描かれている。

図63　ヤコブの夢　モザン写本　1160－1170年頃

　これまで見てきた写本挿絵と一二世紀の法悦を描いた画像と比較してみるのも面白いだろう。シェーナウのエリーザベトの体験に該当するものはないようだ(52)。とはいえ、一三〇〇年頃に制作された『ロスチャイルド聖歌集』の法悦を表した一連の特殊な挿絵を取り上げてみよう（次頁図64）。ジェフリー・ハンバーガーによれば、この写本はフランドルかラインラントの修道女、あるいはベギン修道女らの周辺で制作されたと見られている(53)。まず目をひくの

図64　神秘の恍惚『ロスチャイルド聖歌集』1300年頃

は、修道女の服装をした神秘の魂であり、受難のキリストが、その心臓に棲まうようにと、右脇腹の傷口に槍を突き刺すよう彼女を促している。ついで画面右下、「小さな寝台」（ここではキリストの心臓を象徴）に横たわる若い女性の姿をしたその神秘の魂が法悦の状態にある。彼女はその頭上に、星が散りばめられた厚い雲から姿を見せる三位一体を迎え入れようとして仰向けの姿勢をとっている。彼女は眠っていない。両目は開かれ、法悦に浸っている(54)。しかし次には彼女の姿は消えてしまい、法悦的ヴィジョンにおいて見られたもの、すなわち三位一体だけが描かれ、幻視者の「魂の目」の前で変容し、すっかり炎の燃え立つ輪に囲まれているきわめて珍しい挿絵が来る。（147頁図18）したがってこの一連の挿絵は、ヒルデガルトの作例と同じ結論を導くことになる。というのも両者において、夢の表現において認められた夢を見る者と見られている対象との間のバランスが、ヴィジョンにおいて見られる対象を描くことに重きが置かれることによって崩れてしまっているからである。そこでは、ヴィジョンを見る主体あるいは法悦状態にある主体の場が失われているか、あるいは、あっても副次的な場（ルッカ写本の場合）にすぎない。このような特徴は、我々がこれまで見てきたビンゲンのヒルデガルト、シェーナウのエリーザベト、ドイツのルペルトゥスのテクストとの比較で辿り着いた結論と符合する。特にヒルデガルトは主体的経験の詳細に最も大きな重要性を与えた。ヒルデガルトの精神的ヴィジョンとエリーザベトの法悦状態においては、主体は観想に浸って神の言葉を聴いており、神の主体の中で自身の主体を喪失しているが、対してルペルトゥスは、神との関係、他者との関係という二重の関係性において夢を真の省察の機会としているのである。

より一般的な美術の歴史を開陳してみると、このような指摘は逆説的である。というのも我々の知る限り、ヒルデガルトは『スキヴィアス』で彼女のヴィジョンを描かせて見せたとはいえ、中世のいかなる画

図65　《洪水の夢》　アルブレヒト・デューラー，1525年

家も彫刻家も彼ら自身の夢を表現したことはなかったからである。夢物語の記述は、男性修道院という主体の心的エネルギーを対象に結びつける場ではかなり早かったが（ザンクト・エンメラムのオトロー、ノジャンのギベルトゥス他）、反対に、聖書の数多くの形象化に全面的に捧げられた中世の夢の画像は、大変古い伝統の強力な模範からは容易に解き放たれることはなかったと思える。アルブレヒト・デューラーは、一五二五年、自分を飲み込んでしまう大洪水の個人的な夢、より正確には悪夢を描いた（図65）。その下に彼は夢を記述し、日付とサインを記している。ウィーンにあるこの有名な水彩画は、デューラーが描いた他のいくつかの自画像と比較検討しうると考えられる「夢による自画像」と呼びうるであろう[55]。思うにこの夢の絵は、ドイツのルペルトゥスの『人の子の栄光と栄誉について』に挿入された「夢による自伝」の「準用（mutatis mutandis）」なのである。しかもデューラーは、ルペルトゥスが彼の夢を語った四世紀ものちにこの水彩画を描いた。いわばそれは、この分野におけるルネサンス特有の絵画表現と修道院の伝統的な内省的注釈との差異（価値判断を含む「遅れ」という言葉は避けたい）なのである。言うまでもなく、この二つの媒体が同じ歴史を辿ってきたわけではなく、異なるリズムで展開しているのだ。なぜならこれらは同じ文化的社会的環境によってもたらされたのではなく、異

なるイデオロギー的視点を示しているからである。一一世紀から一二世紀にかけて、キリスト教的主体性を自身の内に見出したのは修道士であり、この発見において、悪魔的誘惑に対する夢の格闘は、重要な役割を演じることになる。一方、一六世紀初めに教会の管轄から逃れ、新しい種類の主体性の勝利、新しい「職業」を体言する誇りを宣言したのは芸術家だったのである。

幻視者としてのビンゲンのヒルデガルトは、我々が他の同時代人と比して彼女の態度の特異性を考察し、神の啓示の歴史における指標としうるものであり、それはまた、西欧におけるキリスト教的主体の歴史でもある。このような例外的事例から始めたものの、この歴史は複雑であり、一様の歩みではなかったことは重要であろう。その様態（ヴィジョン、法悦、夢）は多様であり、それぞれ独自のリズムをもった歴史が形成されているのである。その表現の場もさまざまであり、テクストの歴史の上に形象的表象の歴史を被せてよしとされるものではない。そして、このような歴史の問題点のひとつは、社会と教会における性差の問題、男女の権威の分配の不平等性である。ヒルデガルトは、女性にもかかわらずその言葉が真正であると認められるためには、女性であったがゆえに、夢ではなかったことを語ってイメージで示さねばならなかったのだ。

11　想像力の有効性★

まず初めにいくつかの定義づけを行うことは不要ではあるまい。というのも「イメージ」「想像力」「想像界（imaginaire）」という語はきわめて類似しており、時折これらの用語が入れ替わって使われることによって混乱を引き起こしかねないからである。

「想像界」からは、神秘的逸話や仮構《フィクション》、そしてイメージで構成され、社会的行為者によって共有された集合的現実が理解される。あらゆる社会や組織化された集団は、そのアイデンティティ結束を保証する「想像界」や集団の夢を生み出す(1)。ジャック・ル・ゴフが指摘しているように、「想像界」の概念は少なくとも部分的には、何らかの様相や機能を表す表象や象徴、イデオロギーの観念と重なっている(2)。例えばある国、あるいはある国家特有の「想像界」は、イデオロギーに非常に近い意味で語りうるだろう。しかしイデオロギーは、より意識的でより知的な構造を想定する。一方、「想像界」は情熱や感情的な反応により訴えるのである。それはしばしばイデオロギーの血肉となるということができるかもしれない。例えば現代史においては、バルカンの例がそれを大いに示している。

一方、想像力からはまず心理的で個別の現実が理解される。ジャン＝ポール・サルトルは、いかに想像力が現実を「非現実化する」ために外的現実を捉えるかを示そうと「想像力の現象学的な心理」を提示した。そのためにサルトルは、このプロセスを真に説明するというよりむしろ経験的に叙述したのである。この点においてジークムント・フロイトは逆に無意識に主眼をおき、そこに欲望の抑圧を位置づけた。夢は想像力の「非現実化」の力を直に摑み取ることができるのである(3)。

中世の時代において、「想像力（imaginatio）」という言葉は身体感覚（とりわけ視覚〈visus〉を筆頭に挙げることができる）と理性的知性（mens, ratio）を介在する認識機能を示している(4)。聖アウグスティヌスが「身体的、精神的、知性的」という三つの「ヴィジョン」を提示したのはこの観点においてであり、この体系的な提示は中世を通じて重きをなした。「想像力」は理性の支配下に置かれるが、それというのもこの理性こそが「神の似像」として構想された唯一の存在である人間を他の地上の生物と区別するものだからである。しかし病気であったり眠っている間などに、ひとたび理性が警戒を緩めると、幻覚や幻想（illusiones, fantasmata）が、それもとりわけ悪霊に影響を受けながら、無防備な状態の想像力を侵略し始める。

一二世紀、一三世紀にはアラブ世界や古代の科学、そしてアリストテレスの自然科学の影響により、身体内部の「精神（spiritus）」の循環の観念に焦点をあてた「想像力」の「心理的生理学」の展開が、次第に根強く、各学派の中で推し進められた。「精神」は心臓から脳へ、脳から目へ、そして長い間「外送（extramissio）」理論において特権的な位置に置かれていた視覚の概念に従って、目から外的事物へと循環し、再び目から脳へと戻り、非物質的イメージ、あるいは記憶（memoria）の中に蓄えられた「想像（imagines）」

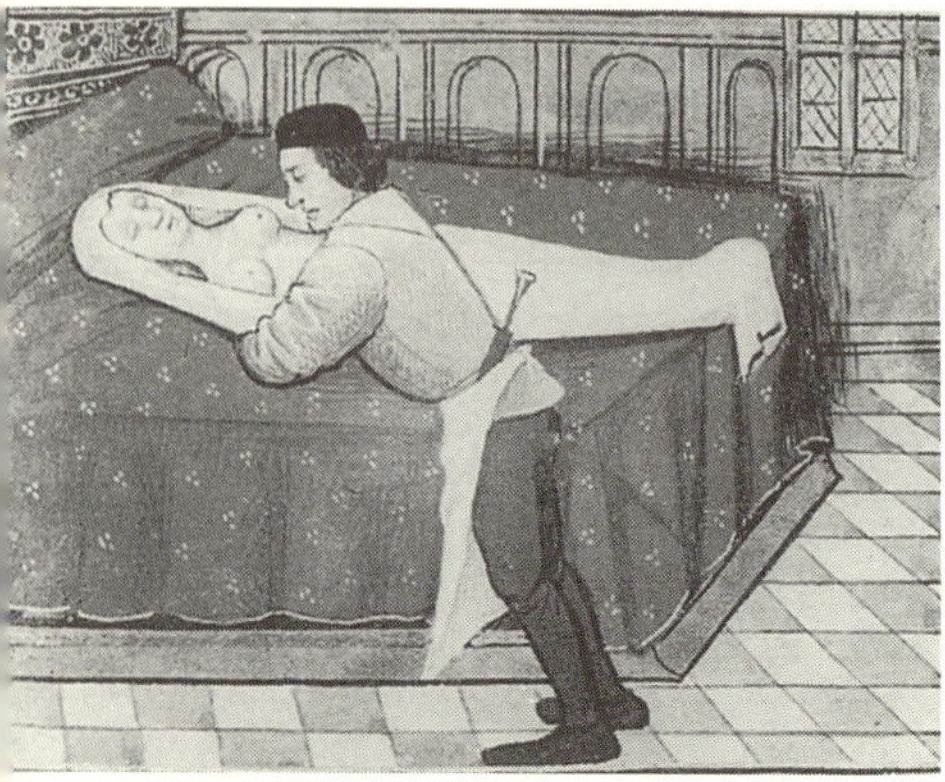
図66　彫像に恋するピュグマリオン『薔薇物語』15世紀

を生起させる。それらは理性によって査定され、時には「夢の中（in somniis）」に再び現れうるのである。この「心理的生理学」においては、例えばサン・ヴィクトールのフーゴー『肉体と魂の結合について（*De unione corporis et anime*）』やクレルヴォーのアルケル（『霊と魂についての書〈*Liber de spiritu et anima*〉』）におけるように、心理現象と身体の間には、我々の科学的観念や現代医学とは逆に、いかなる境界も実際には存在しないのである(5)。

ジョルジョ・アガンベンは、この中世の心理的生理学がいかにして、大学の中に孤立することなく、「ミンネザンク」思想や愛の文学理論（アンドレアス・カペラヌス、『薔薇物語』、『神曲』など）に影響を与えたかを見事に示した(6)。それは、愛の対象が人ではなく、思いのままに想像の世界で用いて耽溺する「幻想」であるという事実を意識することを可能にした(7)。「肉体的似像（similitudo corporis）」はかくして、客観的現実よりもはるかに現実的にして従順に見える。『薔薇物語』全体が、当時の多くの文学作品のように夢物語のようであっても偶然ではない。夢の内部では語り手は徐々に進んでいき、ナルキッソスのような別の神話を思い起こす。ナルキッソスはそれが自分の姿の幻影、手に入れられない反映像にすぎないという事実を知って、取り乱し死に至る。物語の最後で、語り手はピュグマリオンの話を喚起する。ウェヌスは、彼が作り終えて恋に落ちた彫刻に生命を与えたのである(8)。二重の幻想がそこにある。すなわちピュグマリオンは自身が作り手である模像という「薔薇」を摘みたがるが（図66）、その錯乱は、物語を構成する夢の中で彼自身が演じるのである。

想像力は、内的で非物質的イメージからなる。しかしそれは感覚で知覚され、今度はそれ自体が非現実化され、多くのやり方で適用される外的で物質的イメージにより育くまれる。中世における「想像力（imagi-natio）」はそれを知らずにいたわけではなかった。中世の教会が、信仰や祈禱の中でイメージに増大する役割を与えたとすれば、信者の想像力に決定的で有利と判断される作用を及ぼしたのは、読書はごく少数に限られていたゆえに説教師の言葉であり、それよりもなおイメージだったのである。ここでは二つの問いが一緒に提起される。中世においては、イメージと想像力の相互作用はどのように考えられていたのか。また人間存在と、その身体と魂に対する効果はどのように認識されていたのだろうか。さらに、人間とイメージの間のこの相互的なプロセスをイメージ自体はどのように形にし、演出したのだろうか。

ラバンの雌羊

聖書の記述（「創世記」30章25－43）ではヤコブがラバンのもとを去る時、ラバンの家畜の群れから黒い羊と斑のある山羊を報酬として確保したと語っている。ヤコブが家畜の前の水桶の中にあらかじめ樹皮を白い帯状に剝いだ何本かの木の枝を置くと、「水を飲みに来た動物たちは交尾をした」。その後に縞模様と斑点やぶちのある子を産んだ。彼は縞模様の子たちも立派な体つきになるよう木の枝の前に丈夫な家畜が来るように注意した。「こうしてすべての弱い家畜はラバンに、すべての丈夫な家畜はヤコブのものとなった」。

この聖書の物語は、一二世紀のサン・ヴィクトールのフーゴーのような中世の聖書注解者たちによって広範に注解された(9)。続く世紀には、『道徳教化聖書』において挿絵を付され、その予型論的な意味が明らかにされた（図67）。すなわちヤコブはキリスト教会の説教者たちを表わし、雌羊は信者たちである。水は聖書であり、木の枝のさまざまな色彩は教父たちの教えの多様性を象徴している。枝の色彩と同じ仔羊

図67　ヤコブとラバンの雌羊『道徳教化聖書』13世紀

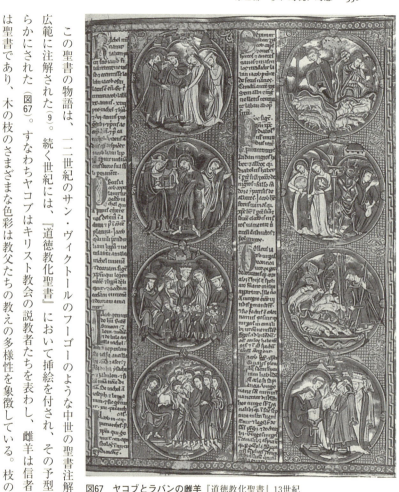

や仔山羊の誕生は、キリスト教徒の「創造の多様な業（multiplex effectus operum）」であり、キリスト教徒が教会の教えに従って、善行を成しうることを意味する(10)。

これらの解釈は聖アウグスティヌスを典拠にしている。著書『神の国』(11)においてウァロに言及しながら、アウグスティヌスは古代エジプト人が当初はアピスという名の牛を崇拝していたと説明する。この牡牛が死亡した時、彼らは後継ぎを探したが無駄に終わった。そのため彼らはある雌牛の前に縞のある牡牛のイメージを置き、そうすることで母牛の望みが、胎児の身体の上にやがて現れ出るものを引き寄せるようにしたのである。アウグスティヌスは他の二つの例によって、視覚や想像力の身体への影響を裏付けている。悪魔は人間を幻覚（phantasia）によって惑わすことができ、それが「夜の闇の汚染」の始まりである。そして聖書に語られているように、ヤコブは樹皮を剝いだ木の枝によって縞のある家畜の群れを作り上げたのだった。

一三世紀にはヤコブス・デ・ウォラギネが、視覚と想像力、身体の間の相互関係にまさに権威を与えるこの最後の話を、アッシジの聖フランチェスコの聖痕に関する説教のひとつで再び取り上げた(12)。彼によれば、五つの「強力な」理由がこの驚くべき前代未聞の出来事を説明する。聖ヒエロニムスが「創世記」30章に与えた注釈に従って、それらは想像力（imaginatio）、愛（dilectio）、驚嘆（admiratio）、瞑想（meditatio）そして聖人の同感受難（compassio）の気持ちであると解された。雌羊たちは、水桶の中の縞のある木の枝だけを見たのではなく、水面に映った雄羊の影も同時に見たに違いなかった(13)。水底の木の枝の影ですっぽり覆われることで、水を欲する気持ちと雄に交尾されたいという二重の欲求で色めき立った雌たちの想像力を刺激し、続いて、縞のある子供が生まれてくるのを可能にするのであった。水桶の中の二つのイメージが再び覆われるのを認識することで、雌羊が欲した覆われたいという気持ちが身体的な結果として影響を受けたのであった。聖ヒエロニムスはまた、ローマの既婚婦人がベッドに横になっている時にエチオピア人の姿を瞑想したために、黒人の赤ちゃんを産んだというクインティリアヌスの記述を引用した。ここにおいて、身籠っている女性の「欲望」という類似のテーマが認められる。例えば身籠った女性は苺を欲することも控えなければならない。というのも生まれてくる子供の顔の上に苺模様がついている危険があるからである。ヤコブス・デ・ウォラギネは時代の潮流に倣ってアリストテレスの『動物誌』の一部を付け加える。すなわち雄鶏であると想像する雌鶏には鶏冠や蹴爪が生えてくるというのである(14)。ここでは、現実の行為に影響を与えるのは雌雄の役割の反転への欲求なのである。

羊、エチオピア人、雌鶏という異なった起源でありながら、一様に動物界と人間界から借用したこれらの議論はすべて、想像力による聖フランチェスコの聖痕を説明するために無用ではあるまい。「聖フランチェスコは彼が受け取ったヴィジョンの中で、磔にされたセラフィムを想像し、この想像の行為があまりにも強かったために、彼の肉体に受難の傷痕が刻まれた」のである。言葉に注意しよう。「驚異(milabilia)」と「奇跡（miracula)」が部分的に交換可能とはいえ、ドミニコ会士ヤコブス・デ・ウォラギネは、聖フランチェスコの聖痕について奇跡であるとははっきりとは述べていない。アリストテレスを引用したすぐ後に、彼は驚異、すなわち一三世紀に理解されていたような学問世界に及ぶ意味論の領域に属するこの言葉を用いている。ヤコブス・デ・ウォラギネが委ねるのは、真に心理的生理学的な実証である。受難の奇跡的な聖痕をしるしづけられた僕を称えようとするキリストの意思については、触れられていない。逆にフランチェスコのキリストへの愛が決定的なのだ。「すなわち救世主の受難への愛がフランチェスコの心の中で熱烈に燃えていたので、彼は自分の身体に驚異的な証を作り出したのである」。雌羊の場合と同じように、ここでも欲望（desiderium）や愛（amor）の熱い気持ち（calor, ardebat）が、一方では肉体の、他方は霊的という違いこそあれ、想像力による物理的な効果を可能にしたのである。

この想像力の力を説明するのは愛あるいは愛情（affectio）の「伝染」である。この言葉によって議論の別の側面が見えてこよう。すなわち原罪の伝播である。この点に関して、ヤコブス・デ・ウォラギネはペラギウス派のエクラヌム司教ユリアヌス（三八〇頃〜四四五頃）に対するアウグスティヌスの論を引用している(15)。アウグスティヌスによれば、原罪は、肌の色のように両親の身体的特徴がまさに子供に伝わるのと同様に、肉の「伝播」によって伝わるという。同様に、これはより賞讃（mirabilius）すべきことであるが、「感覚のイメージ」は想像力に伝わり、それから肉体へと刻まれるとアウグスティヌスは述べる。「イメージが身体から魂へと移るように、魂からも身体へと移行するのである」(16)。再度ヤコブの雌羊の話を引用しながら、しかしここでは一世紀の医者ソラヌスのテクストと次のように結びつける。「暴君ディオニュソスは厳《いか》つい身体つきであったが、彼はこの上なく美しい子供を望み、妻の目の前に、愛を交わす際に素晴らしいイメージを置いた。欲望（concupiscendo, afficiendo）の効果によってその美しさが胎児に伝わることを望んだからであった」。この場合、イメージの効果はあらゆる親子の類似とは無関係である。子々孫々へと先祖代々の斑点が伝わるような形姿的な性質ではなく、美しさの質こそが両親から生まれてくる子へと受け継がれるべきものである。暴君の妻に関してここで引用された「現世の欲」は、初期教会の教父たち以来、エヴァの過ちという根本的な理由のために、与えられた以上に結果をもたらすことになる(17)。

原罪の伝播に関する神学的な議論や生殖に関する医学的な注釈も、この時代「創世記」30章のヤコブの雌羊に関する注解や聖フランチェスコ伝には全く登場しない。あまりにも異なるテクストであるためにそれらを関連付け結びつけることはできないといわんばかりである。実際、身体と魂の相互的な浸透性や媒介としてのイメージの役割の問題（ここで言うイメージとは皮を剝いだ枝であり暴君によって妻に示されたイメージのことだが）に関して、これらのテクストはまさに議論の宝庫なのである。

イメージを見る

ヤコブス・デ・ウォラギネが聖痕の顕現を説明したのは熾天使《セラフィム》のヴィジョンの強烈さによってである。一方、聖フランチェスコの最初の聖人伝を著したフランチェスコ会士、チェラーノのトマスは『奇跡論』の中で別の理由を述べ、聖フランチェスコの改宗の初めの瞬間から、磔刑の光景があまりにも強烈に彼の想像力の中にキリストの傷を刻み込んだので、それらの傷が後になって彼自身の身体の上に突然現れたのだろうと説明している。聖フランチェスコはサン・ダミアーノの廃墟と化した聖堂の磔刑像の前で祈りを捧げていた時、キリストが「像の口を通して」彼の名を呼んで話しかけ、聖堂を修復せよと命を言い渡すのを聞いた。磔刑の強烈な光景は聖フランチェスコの心に深く救世主の受難の記憶を刻みつけ、最終的に聖痕という形で、身体的効果をもたらしたのである(18)。

チェラーノのトマスは別の、否定的であるが想像力の媒介による身体へのイメージの影響の例を挙げている。そのイメージは他でもない聖痕のある聖フランチェスコであり、そのイメージの前でポテンツァの聖堂参事会員が聖痕の信憑性に疑いを抱いたところ、あたかも矢を受けたかのように左手に傷を負い、まず精神的な、続いて身体的な回復に二日間の祈禱を要したのであった(19)。

聖フランチェスコの同様のイメージに関して、トマスはその証として別の奇跡を語っている。イメージが身体にしるしを付けうるだけではなく、反対に見る者の視線がイメージを変容しうるのである。トマスは、寝室で聖フランチェスコの画像を崇敬するローマのある既婚夫人を個人的に知っていたと述べている。彼女はある日、その聖痕の形を注意深く見つめようとしたところ、画家がそれを描くのを忘れていることに気づいた。幾日もの間、彼女は悲嘆にくれたまなざしを時折、画像の方へと向けながら、その心は悲しみで覆われていた。すると奇跡が起こり、「神聖なる力が誤りを犯した人の技に取って代わることで」突然、聖痕があるべき場所に現れ出たという(20)。

こうして神の奇跡を呼び起こす想像力が働きかけ、まなざしを通してイメージを変容させるのである。一五世紀半ばにはニコラウス・クザーヌスが個人的な体験から類似の用語を用いて、視線とイメージの相互作用を叙述することになる。クザーヌスは家にウェロニカの画像――「キリストの聖顔」を持っていて、神がそれを通して彼を見つめていると信じて熱心に祈りを捧げていた。というのも「神の似姿」として創造されることで、それは神の像の鏡であったからである。神の唯一の原型へと向かわせるウェロニカの画像と人間という神の似像の相互作用は、瞑想の行為において明らかな効果を生む。実際、クザーヌスが画像の前を移動する時、神の視線が右へ左へと彼について動くのを見たのであった(21)。

イメージに入りこむ

イメージと想像力、そして身体の間の積極的で相互的な関係について、これまではテクストを元にしてのみ扱ってきた。今や、これらの関係を中世のイメージがそれなりのやり方で形象化し、「思考する」ことができたのかを問う時がきた。

一二六七年から七六年の間に編纂された『レーゲンスブルクのドミニコ会聖十字架聖句集』(22)の挿絵は

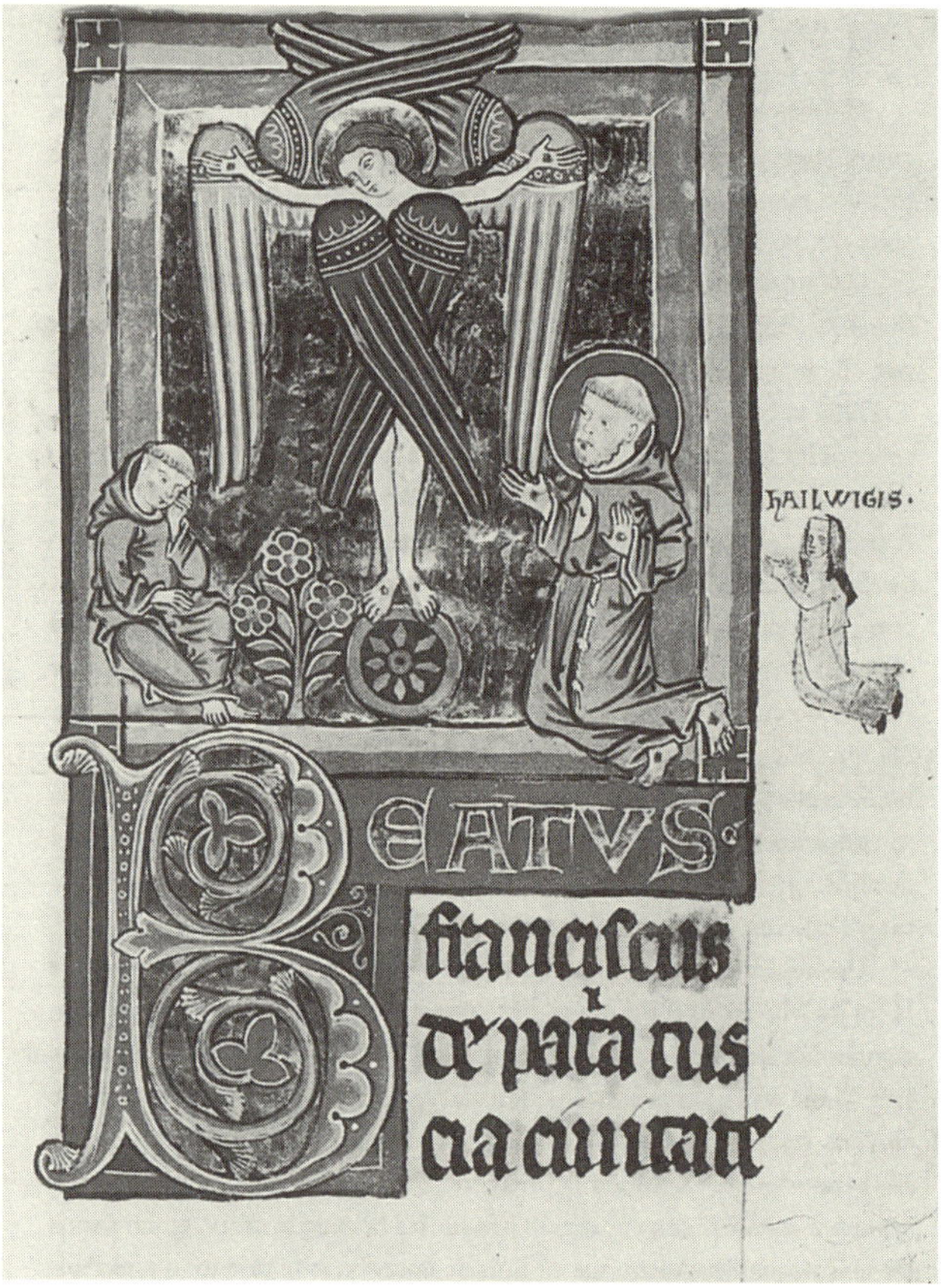

図68　聖痕を受ける聖フランチェスコの像を瞑想する修道女ハイルウィギス『レーゲンスブルクの聖十字架聖句集』1267－76年

聖フランチェスコの生涯を聖痕を受ける場面によって紹介している。そこでは、聖フランチェスコが跪いてセラフィムを瞑想し、聖痕を受けている（図68）。この挿絵には別の聖人伝に関するのと同様にドミニコ会修道女の小さな姿が描かれている。彼女の名前はその姿の下に記され、「ハイルウィギス（HAILWIGIS）」と読める。彼女は跪いて聖人の前で祈りを捧げているる。彼女の姿勢と身振りがまさに聖フランチェスコを真似ていることは一目瞭然である。二人の身体は平行に置かれ、聖フランチェスコの背後の修道女は聖フランチェスコを見つめ、一方、聖人は神の顕現を凝視している。左側で修道士レオンのまどろむ様子が聖フランチェスコと修道女のはっきりと覚醒した様子と対照をなしている。修道女「ハイルウィギス」は自らが姿を表し、名を刻んだこの画像を長い間見つめていたのは疑いあるまい。すなわち、祈禱という行為の中に三つの視線が集中しているのである。挿絵へのドミニコ会修道女の視線、描かれたドミニコ会修道女の聖フランチェスコへの視線、そして聖フランチェスコの熾天使への視線である。

このような画像とその機能は中世末期に典型的となる。しかしカロリング朝の時代にはすでに、フルダ大修道院長ラバヌス・マウルスが十字架の前で跪いて祈る「自身の姿」を描いたよく知られた写本挿絵を挙げることができるだろう（図69）(23)。それは彼の指示に従って描かれ、彼の名を記す銘（Rabannus）で覆われている。そこでは自身の信仰心が一人称で語られている。十字架の横木にはどちらから読んでも同じに読める「汝、祭壇たる（十字架の）枝に祈らん。我をその上に連れ行き給え（Oro te ramus aram ara sumar et oro）」という一文がある。修道院長は銘を刻まれた全身で懇願する。「我ラバヌスを裁きの日まで守り給えり寛大なるキリストよ（Hrabanum memet clemens rogo christe tuere opie judicio）」。ラバヌスが作らせ、いわば視線を委ねた自身の像と十字架との関係性は非常に強いものであるだけに、この大修道院長は直接十字架を眺めず、逆にそれを避けているような姿で描かれている。ラバヌス・マウルスが

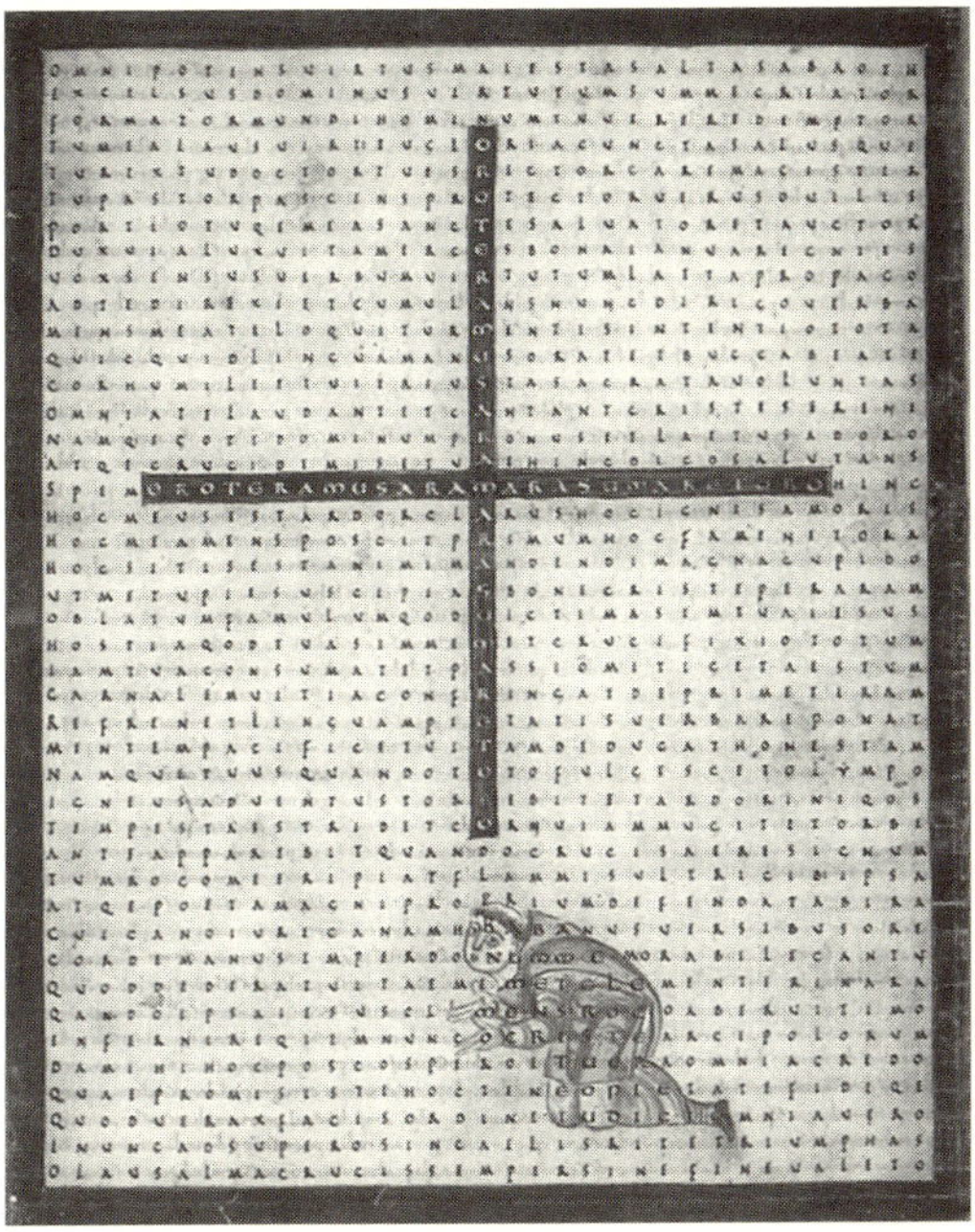

図69　十字架を礼拝するラバヌス・マウルス・マグネンティウス　ラバヌス・マウルス・マグネンティウス『聖十字架の頌歌』9世紀

図70　降誕場面を瞑想するピーテル・ブラデリン　ロヒール・ファン・デル・ウェイデン《ミッデルブルフの祭壇画》1460年

見つめる先にあるのは物質的な十字架ではなく、最後の審判であり、魂の救済なのである。そこで投じられた視線は身体的なものではなく終末論的なものであるゆえに、視線は何の対象にも定められていないのだ。

この視線の回避は中世末期の多くの祭壇画の中央パネル（「磔刑」や「降誕」）に描き込まれた寄進像に特徴的である。例えばロヒール・ファン・デル・ウェイデンによって描かれた《ミッデルブルフの祭壇画》中央パネル《降誕》場面の注文主ピーテル・ブラデリンの肖像もその一例である（図70）[24]。聖母マリアと聖ヨセフに匹敵する大きさから、注文主は降誕の登場人物のひとりであるという印象を与えるが、視線がわずかに逸らされることで距離感が表され、自身の瞑想に耽っているように見える。

中世と一七世紀の美術とでは「視線の刻印」という問題はまさに別のやり方で提示されている[25]。ここでは、絵画の外にある視線が作品を

構成する一部であるというような、視覚の積極的な役割や観者の社会的な地位価値付けをするのではなく、信者と、あるイメージの天上的なプロトタイプ、つまりベルティングが見事に言い表したようにそれ自体が信仰の対象である画像との間の精神的な関係性を表現することが問題なのである。これらの画像で問題となるのは「身体的な目」ではなく、「心の目」である。「心の目」は見えるものの彼方の見えないものを、この世の彼方の終末を「見る」のである。それらをよりよく見るために、そして「身体的」にではなく「精神的」に、感覚ではなく「想像力」によって見るために、ラバヌス・マウルスやピーテル・ブラデリンはイメージの中で、実際に視線を十字架や降誕から逸らしているように思われる。

　この想像上の関係には現実的な変容が期待される。確かに身体への聖痕の顕現自体が聖フランチェスコの特権というわけではなく、ラバヌス・マウルスが述べるように、その恩恵とは最後の審判の時の、来世におけるよりよい運命である。また、裕福な資産家であったピーテル・ブラデリンにとっては自分の罪に許しを請う行為であった。ブラデリンは祭壇画の背景に描かれているミッデルブルフの聖堂の建設に自分の資財を投じたのであったが、この聖堂は自身が埋葬されたいと望んだ葬儀用礼拝堂とされていた。ブラデリンのために、ロヒール・ファン・デル・ウェイデンはスウェーデンの聖女ビルイッタが一世紀前、ベツレヘムへの巡礼の最中の降誕のヴィジョンを見た物語に想を得て《降誕》の場面を描いた。ピーテル・ブラデリンは厩の前の聖なる人物のいる空間を占めるという特権を「買った」のである。彼は幻視者という役割を演じている。自分の祭壇画を見ながら、ブラデリンは身体の目、というよりもそれを通して「魂の目」によって自らの魂が救済されるよう、ビルイッタの啓示へと参加することを望んでいたのだ。

『マリ・ド・ブルゴーニュの時禱書』の二点の挿絵も負けず劣らず知られた重要な作例である(26)(図71・72)。マリが時禱書の14葉裏を開くと、自身が座って時禱書を読む姿を見る。そして彼女のいる窓の向こうには、広い教会の中で聖母子の前で跪き祈りを捧げる自身の姿を再び見出す。マリ・ド・ブルゴーニュの二つの画像の類似性は、衣服やとりわけ髪型が同じことで強調されているが、寄進者像を二分化する意図を強調している。この挿絵はその機能において三つの明白な視線を維持している。マリ・ド・ブルゴーニュが時禱書を開く時の現実の視線、描かれたマリが同様に時禱書を見つめる視線、そして最後に聖堂の中の二人目のマリが自分と同名の聖母マリアとキリストに向ける視線である。この連続性の中で、この作品の非現実化の過程、あるいはさらに言うならば精神化の過程は聖堂の非現実的な性質によって強調されている。聖堂は北側から照らされた光を受けているが、それは実際にはあり得ない。マリ・ド・ブルゴーニュが自分の姿を投影しているのは、聖母と神の連れ添う天上の教会の中なのである。

上 図71，左頁 図72 『マリ・ド・ブルゴーニュの時禱書』挿絵 1470年

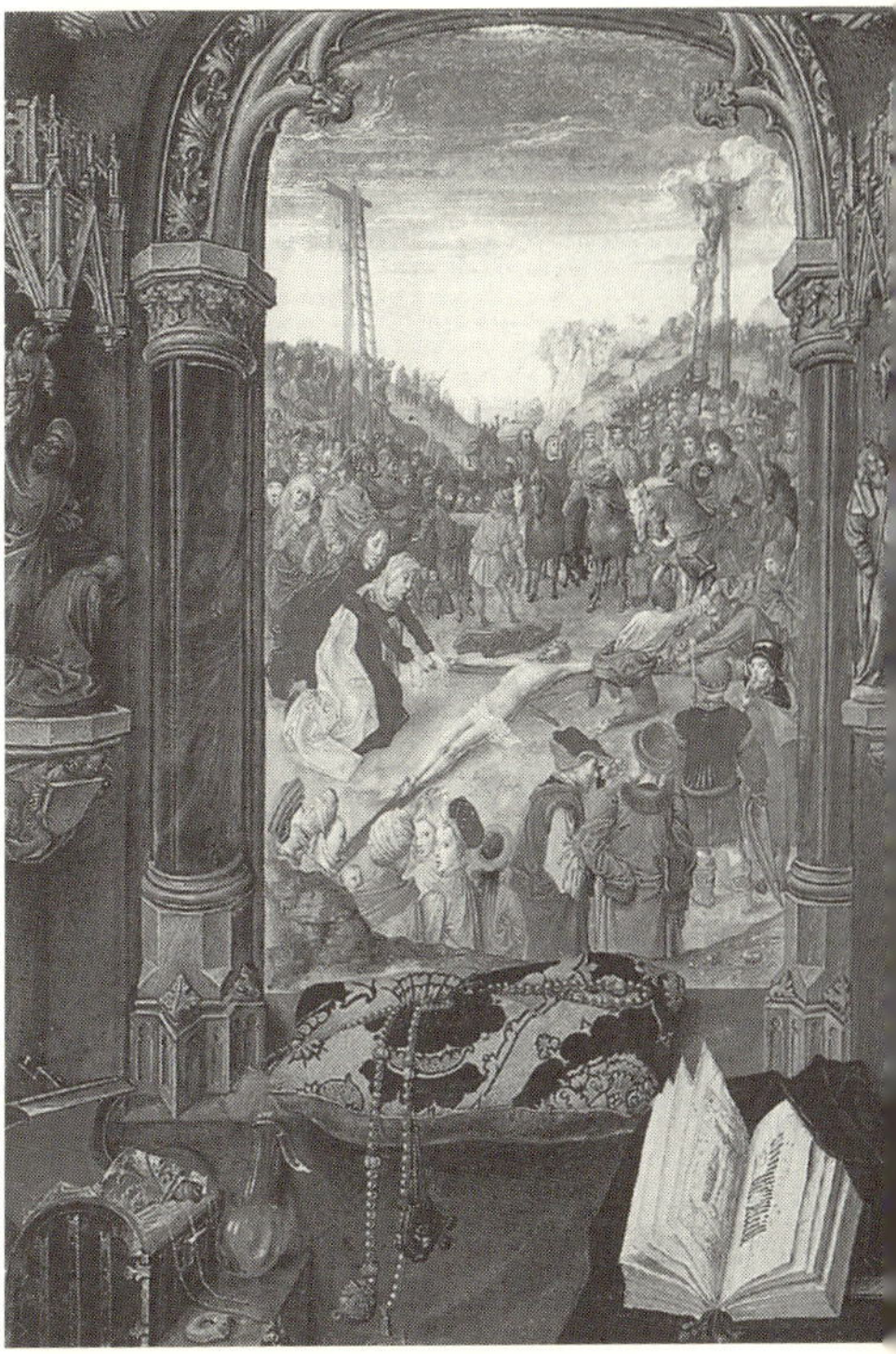

彼女の『時禱書』はさらに万全を尽くしている。43葉裏では再び窓のモティーフが採用され、ここでは磔刑図の場面に面して開かれている。窓の前のクッションの上に置かれた時禱書は開かれ、窓からは聖母と聖ヨハネに囲まれたキリストの磔刑の場面が見える。しかしそこにはマリ・ド・ブルゴーニュの姿はない。彼女の場所とおぼしきところには小さな宝石箱があるのみなのである。開かれた宝石箱は、注文主であるマリが放棄したこの世の虚栄（ウァニタス）を象徴している。とは言え、マリ・ド・ブルゴーニュの姿はこの画面においても登場しているようだ。窓の向こう側のキリスト磔刑の場面に参加する人々の中で、おそらくは実際に時禱書を読んでいる現実のマリと視線を交わそうとしてこちらを振り返る人物が彼女であろう。絵の中のマリは、自身に倣い、彼女のように窓を越えて磔刑の苦しみを非常に近くで体験するようにと促しているのではないだろうか。この仮説はもっともらしい。というのも、イメージの力は魂に至るまで、その存在を変形することにあるからである。読み、こちらでも向こうでも（窓の両側で）祈り、姿を消したと思えば、突如、磔刑の側に現れるというように、マリ・ド・ブルゴーニュの姿の連続性によってひとつの挿絵から他の挿絵へと続くという演出は、読書とイメージの瞑想に支えられた悔悛と魂の救済の行程なのである。

中世末期において、聖なるイメージを見ることは単なる感覚（sensus）の操作ではなく、身体やさらに魂において存在の様態を変えようとする想像力の行為であった。イメージを前にした観者にとって、まるで一方から他方への流出のごとくそこには断絶はなく、想像力はイメージへと立ち戻りながらそれを変えてゆくのである。

訳者あとがき

本書は、Jean-Claude Schmitt, *Le corps des images. Essai sur la culture visuelle au Moyen Âge*（Le Temps des Images）,Paris, Gallimard, 2002 の全訳である。

パリ、社会科学高等研究学院において現在も中世西欧歴史人類学研究を牽引しているジャン＝クロード・シュミット教授の著作については、これまで以下の邦訳がある。

（1）«Les superstitions», chapitre 4, Jacques Le Goff et René Remond（sous la direction de）, *Histoire de la France religieuse*, tome 1, *Des dieux de la Gaule à la papauté d'Avignon*（*des origins au XIVe siècle*）,Paris, Seuil, 1988, pp.417-551.

『中世の迷信』松村剛訳、白水社、一九九八年。

（2）*La Raison des gestes dans l'Occident médiéval*, Paris, Gallimard, 1990.

『中世の身振り』村松剛訳、みすず書房、一九九六年。

（3）*Les revenants et les morts dans la société médiévale*, Paris, Gallimard, 1994.

『幽霊——中世社会における生者と死者』小林宜子訳、みすず書房、二〇一〇年。

（4）*Le corps, les rites, les rêves, le temps. Essais d'anthropologie médiéval*, Paris, Gallimard, 2001.
『中世歴史人類学試論　身体・祭儀・無限・時間』渡邊昌美訳、刀水書房、二〇〇八年。

またインタビューの翻訳として「中世の記憶と忘却――幽霊をめぐって」松村剛訳、草光敏雄・小林康夫編『未来のなかの中世』東京大学出版会、一九九七年（一九七～二〇六頁）がある。

以上の内（2）～（4）はガリマール社の「歴史学叢書（Collection «Bibliothèque des Histoires»）」に収められている。他の代表的な著書・論文については（1）の松村剛氏のあとがきに、そしてシュミットの経歴については、（2）の同氏のあとがきに詳しく、合わせて（3）の小林宜子氏のあとがきを参照されたい。

「歴史学叢書」と同じくガリマール社から出版された本書は、一九九六年に創刊された«Le Temps des images»（イメージの時）に収録されている。同シリーズでは、シュミットと、社会高等研究院での同僚でギリシア古代史を専門とするフランソワ・リサグラの監修により、歴史学においてイメージ解釈がいかになされるかを問う興味深い著作が出版されている。たとえば、ミッシェル・ヴォヴェル『煉獄の魂』（Michel Vovelle, *Les Âmes du Purgatoire*, 1996）をはじめ、ハンス・ベルティング『真のイメージ』（Hans Belting, *La vraie image*, 2007）、同『フィレンツェとバグダード』（*Florence et Bagdad*, 2012）、ジョルジュ・ディディ＝ユベルマン『開かれたイメージ』（Georges Didi-Huberman, *L'image ouverte*, 2007）など、周知のとおり美術史学の尖鋭たちの著作も含まれるきわめて刺激的なシリーズであり、このシリーズ自体が、本書の目指す中世歴史人類学研究と中世美術史との新たな連携を示すものであると言えよう。

本書の概要

本書は一九八七年から二〇〇〇年までにヨーロッパ各国で講演また出版された論文を収録した論文集であり、初出については各章の注冒頭に記載しているが、まとめると以下のようになる。

第Ｉ部　長い歴史

1　歴史家とイメージ（一九九七年）、2　第二ニカイア公会議からトマス・アクィナスまで（一九八七年）、3　テクストとイメージ（一九八八年）、4　西方における画像の解放と規範（二〇〇〇年）

第Ⅱ部　イメージの信仰

5　紀元一〇〇〇年前後における新しいイメージの正当化（一九九四年）、6　画像の奉遷と力の移動／ウォルサムの石造磔刑像（一九九九年）、7　磔にされたシンデレラ／ルッカのヴォルト・サントについて（一九九八年）、8　聖遺物と画像（一九七七年）

第Ⅲ部　夢、幻視、幻想

9　夢の図像学（一九八九年）、10　ビンゲンのヒルデガルト、あるいは夢の拒絶（一九九八年）、11　想像力の有効性（一九九七年）

以上のように、とくに一九八〇年代以降、シュミットが歴史学そして歴史人類学の分野におけるイメージの有効性という問いかけをつねに抱いていたことが見てとれる。そこには、そもそも文字資料を至上とする歴史家とイメージの分析を主体とする美術史家との歩み寄りは果たせるのだろうか、という一九世紀以来の歴史学と美術史学、さらに美的判断に価値をおく感性的認識の学を出発点とした美学との関連性、そしてそれぞれの方法論の相違に関する根本的な問題意識がある。これについては本書の導入をなす「歴史家とイメージ」に詳しい。まさにこの問題意識こそが、脱領域的・領域横断的な歴史人類学のために、鬱蒼としたイメージの森を新たな視座をもって開拓しようと試みるシュミットの出発点であったと思われる。

さて、人類の創造的にして想像的歴史を語るはずのこの「文字」と「イメージ」は、シュミットの言うように、一見、相互補完的でまるで姉妹のごとくであるが、西洋ではつねに、理性と感性のどちらを優位とするかという二元論的縛りにかけられ、両者の幸福な歩み寄りの機を逸してきた。では果たして、文字を扱う歴史学とイメージを扱う美術史学は、いかなる歩み寄りができるのだろうか？　第Ⅰ部はそのような両者の歩みを歴史的に辿るものであり、第Ⅱ部、第Ⅲ部はそれぞれ編年的に具体的事例を取り上げて、イメージの機能と役割、その自律性について分析した論考である。そこでは、イメージを美術史的ないしは図像学的に解釈するだけではなく、政治・社会・宗教信仰における意味とその実践的機能という射程で捉えることにより、歴史学のみならず他の既存分野にも開かれた美術史学の可能性があるとする。そして、イメージの生成と変容につねに関わる「中心と周縁」という中世研究には欠かせないパラダイムが論の展開の要となっている。

すべての章は、むろんイメージの歴史人類学の可能性と結びついて有機的に展開する醍醐味を有しているが、おそらく、本書の基幹となるのは第Ⅰ部である。第Ⅰ部では何より、これまで日本では十分に論じられてこなかった第二ニカイア公会議前後の東西世界におけるイメージの拒絶と受容、そして六世紀のローマ教皇グレゴリウスのイメージ（画像）をめぐる言説の実に複雑な議論の展開が、文書（文字）を通じてかなり詳らかにされているからである。とくに第Ⅰ部第2章「第二ニカイア公会議からトマス・アクィナスまで」は、注の初出にあるように、一九八七年、パリにおいて開催された国際的シンポジウム「第二ニカイア公会議――七八七年から一九八七年」における発表論文であり、本書の論文の中でもきわめて専門性の高い、しかも複雑な内容をもつ。訳に当たっては、最小限の言葉を補足して、できる限りわかりやすくなるよう工夫をしたが、何分、私自身の神学および他分野の知識の不足もあり、十分な文章となったかはなはだ覚束ない。そこで、ここでは同章以降も含め、第二ニカイア公会議とそれに対応する西欧側、とくに『カロリング文書』をめぐる論争、およびグレゴリウスをめぐる言説によって、いかに西欧にイメージ（画像）がまずは拒絶され、ついで受容され、さらに変容していったかを簡略に整理してみたい。

中世キリスト教における画像の受容と拒絶の問題

キリスト教美術は、当初より不可視なるものの可視化という禁忌とその実現への大きな課題を抱えて歩みを始めた。その理由は何より、旧約聖書「出エジプト記」に記される「十戒」第二戒律「聖なるものの造形と崇拝の禁止」（20章4－5）にある。しかし神、子であるキリスト（イエス）、そして被造物である人間の相似性に関する聖書の諸記述、それに関する新プラトン主義的解釈にもとづき、肉体性を彷彿させる三次元的造形すなわち彫像は否定されながらも、平面である絵画は許容されてきた。

しかし八世紀には、台頭するイスラームと近接していたビザンティン帝国では、当時の政治的宗教的状況もあり、七三〇年シリア出身の皇帝レオン三世によって聖像禁止令が出され、以降、八四三年に終焉を迎えるまで、断絶はあるもののほぼ一〇〇年間にわたる聖像破壊運動（イコノクラスム）が起こる。七八七年の第二ニカイア公会議は、このイコノクラスム期間中に開催された聖像肯定を決定する会議であった。

一方、西方ではフランク王国カロリング朝期にあったが、この聖像肯定に反対する『カロリング文書』として知られる勅令集が発布された。前述のように、従来はその経緯について美術史では詳らかに解説されることはなかったと言えよう。しかし、のちに彫像をも含む造形の華々しい展開を見る西方キリスト教世界は、なぜ、この時に聖像肯定論に反発し、ビザンティン帝国の決定を拒絶したにもかかわらず、ほどなく、造形行為の肯定へと方向転換したのであろうか。この辺りの状況を、本書は明るみに出してくれる。

まず、七三〇年に始まるビザンティン帝国での聖像破壊運動に対し、西方ではそれを非難する態度をとった。シュミットに従い、第一期、第二期、第三期、第四期と区分して時系列的に整理すると以下のようになる。

［第一期（第一世代）第二ニカイア公会議以前］

七二六年、教皇グレゴリウス二世はローマに教会会議を招集、続いて七三一年、七三二年に教皇グレゴリウス三世、さらに七六九年には教皇ステファヌス三世がローマにて教会会議を開催し、聖像破壊を非難する立場を明らかにした。またフランク王国でもピピン王は七六七年、ジェンティイにおいて教会会議を招集し、同じく聖像破壊反対の立場を取った。

この世代の反聖像破壊論（聖像肯定）の根拠となっているのは、教皇大グレゴリウス（在位五九〇～六〇四）の画像に関する言説、すなわち「文字の読めない人々のための絵画」である。大グレゴリウスはあくまでも二次元の絵画を教育のために容認しているのであって、彫像には言及していない。

［第二期（第二世代）第二ニカイア公会議前後］

七八五年、教皇ハドリアヌスは、ビザンティン皇帝コンスタンティノス一世とその母皇妃イレネ宛に画像信仰を擁護し、要請する書簡を送った。その書簡には根拠となる画像についての教父アウグスティヌスやアンブロシウスの言説、そして大グレゴリウスの『セレヌス宛書簡』が引用されていた。ついで七八七年、教皇ハドリアヌスの要請により、二人の教皇使節出席のもとにコンスタンティノポリスで第二ニカイア公会議が開催される。教皇ハドリアヌスはこの会議のラテン語訳をフランク宮廷に送るものの、以降、消失。このラテン語訳を受けて、カロリング朝王カロルス（のちのカール大帝、シャルルマーニュ）は七八八〜七八九年、「公会議に対する章令《カピトゥラリア》」を発布（しかしこれも消失。カピトゥラリアはカロリング朝特有の意見書で、本書では章令と訳した）。この異議申し立てを旨とする文書に対し、教皇ハドリアヌスは苦言を呈した書簡を送るが、フランク宮廷では、アルクイヌスやオルレアンのテオドゥルフスらによって体系的な反駁が用意されていた。それは七九一年から七九四年にかけて『カロリング文書』として結実、作成される。フランク宮廷のこの決定的な画像否定の根拠は、「画像は聖なるものの序列リストには入らず、すなわち画像は「力（virtus）」を転移（transitus）させない」という理由にあった。

［第三期（第三世代）第二ニカイア公会議以降八〇〇年から八四〇年］

八〇〇年にカールが西ローマ帝国皇帝として戴冠すると、東西の断絶は顕著になる一方、皇帝ミカエルの画像信仰に対する躊躇もあり、再びビザンティン帝国は聖像否定へと向かう。この間、フランク王国では画像をめぐる独自の論争が展開していった。それは七九四年フランクフルト教会会議で断罪されたトレド大司教エリパンドゥスとウルヘル司教フェリクスのキリスト養子説の影響下で起こった聖像破壊運動として火ぶたを切った。この破壊運動の中心的論者はトリノ大司教クラウディウスである。クラウディウスは十字架をも否定する激しい聖像否定論者であったが、その言説は文書として残されておらず、彼の誹謗者であったオルレアン司教ヨナス、サン・ドニの神学者ドゥンガルス、ライヘナウ修道院長ヴァラフリド・ストラボらの反駁文書によって知られるのみである。クラウディウスは、画像に対する嫌悪感をあらわにしていたリヨン大司教アゴバルドゥスとともに、ヨナス、ドゥンガルス、ストラボに対峙していた。トレド大司教エリパンドゥス、ウルヘル司教フェリクス、そしてトリノ大司教クラウディウス、リヨン大司教アゴバルドゥスらが、こぞってスペイン出身者であったことは、イベリア半島におけるイスラームの侵入とその後の中世スペインの哲学神学思想そして美術を知るうえできわめて示唆に富んでいる。ちなみにオルレアン司教テオドゥルフスもスペイン出身である。

さて、このような「スペイン問題」とも言える対立抗争の中での異端問題や聖像破壊運動の脅威があったとはいえ、西方では、画像が十字架や聖遺物と同じく擁護されるに至るが、そこには、語彙(adorare, venerare, colere)の意味についての議論などによって、『カロリング文書』に至るギリシア語からラテン語への翻訳の要となった問題の再検討が試みられた背景がある。しかし何より、教皇グレゴリウスの権威があったと言えよう。

八二四年ルートヴィヒ一世(ルイ敬虔王)はビザンティン帝国皇帝ミカエル二世から聖像崇拝の展開を告発されるが、八二五年のパリ教会会議において、グレゴリウスの『セレヌス宛書簡』『セクンディヌス宛書簡』を権威として提示し、画像擁護を進めた。

〔第四期(第四世代)八四〇〜八七〇年〕

八四三年、ビザンティン帝国では皇妃テオドラによる聖像肯定派の勝利によって破壊運動は終焉を迎える。八六〇年以降、教皇ニコラウス一世は一〇年間にわたり、ビザンティン帝国皇帝ミカエル三世、コンスタンティノポリス総大主教フォティオスおよび東方の聖職者らに多くの書簡を送り、その中には画像問題があったものの、やがて問題は「フィリオクェ」(聖霊の発出を子イエスからも認めるか否か。東方では発出は父からのみとして否認、西方ではスペインにおいてすでに五八九年、トレドでの司教会議でフィリオクェが成文化されていた)へと移行し、東西教会の決定的分離に至るのである。この間、八六三年、教皇ニコラウス一世によるローマ教会会議において画像の合法性が明確化、画像の色彩の機能は、福音書の言葉と同等に置かれるまでになった。

しかしつまるところ、東西不一致の論争は、画像（イメージ）より、フィリオクェなどをめぐる言説、すなわち文字（テクスト）解釈の問題に終始してゆくのである。聖書解釈が何より特権的優先事項だったのである。

つぎに、西方で画像擁護の要となった教皇大グレゴリウスの書簡を整理したい。

取り上げられているのは（1）『マルセイユ司教セレヌス宛書簡』、（2）『隠修士セクンディヌス宛書簡』（五九九年五月）、（3）『カリアリ司教ヤヌアリウス宛書簡』（五九九年七月）の三書簡である。

グレゴリウスはそれぞれの反対者に対し、（1）では画像の機能について述べられ、（3）では画像の価値が強調されていて、グレゴリウスの画像に対する肯定の態度を裏付けるものであるが、問題は（2）であろう。この『隠修士セクンディヌス宛書簡』は画像についての言及があるわけではなく、七六九年以前に言及されることはなかったが、同年、ラングル司教ヘルルフによってラテラノ教会会議に持ち込まれて以降、取り上げられた。この書簡の問題点は、何より八世紀に加筆されていることである。その加筆によると、教皇グレゴリウスが隠修士セクンディヌスの依頼を受けて二枚の板絵を送ったが、そこにはまずトゥールのグレゴリウスが言及するような、聖母マリア、聖ペテロと聖パウロ、十字架、小さな鍵が描かれていたとされる。そしてこの書簡の真贋が問題とされた大きな要因は、浴場に赴く愛する人の姿を見たいと焦がれて、先回りするように画像を求めるという、異教的背徳的な記述にある。かくしてグレゴリウス書簡は、画像を擁護するために用いられ、加筆されるものの、その権威ゆえに画像の展開の可能性が与えられたと言えよう。さらに、グレゴリウスが「悔恨の念を起させるために」画像を容認したことは、造形美術における激情的な宗教感情の表出を促した一方、グレゴリウス自身の人間像そのものも変容していったのであった。
まさに時代を画するかのように紀元一〇〇〇年以降、西欧社会における信心の新たな形態とその組織化、都市の発達とそれを結ぶ人と物の交流は、聖遺物を含む「イメージ」そのものの在り方をも変容させてゆく。そこに至るまでに、諸民族の抗争と融合の中でヨーロッパを築いていった西方は、イメージをめぐる熱い言説の温床を胚胎していたのである。

西洋中世美術史は、本書でも紹介されているようにハンス・ベルティングの著作によって大きな展開を迫られている。本書は、その展開を促すための歴史人類学という視座の必要性と可能性、そして何より魅力を確認させてくれよう。すでに日本でも中世美術研究では、秋山聰氏『聖遺物崇敬の心性史』（東京大学出版会、二〇〇九年）、木俣元一氏『ゴシックの視覚宇宙』（名古屋大学出版会、二〇一三年）、水野千依氏『キリストの顔』（ちくま選書、二〇一四年）、などが上梓され、欧米でのこのような動きに連動している。また『カロリング文書』（序文、全4巻）の序文と第4巻第18章は以下に訳出されている。解題を含む貴重な原典資料である。「『カロリング文書』（Libri Carolini）」翻訳・解題　秋山学氏『西洋美術研究　特集　イコノクラスム』6、三元社、二〇〇一年（一五四〜一六一頁）。今後の中世美術史研究の展開を大いに期待したい。
なお、秋山聰氏には図版46　聖ゲレオンの腕型聖遺物容器の画像データを拝借し、原書の聖ゲオルギウスの腕型聖遺物容器と差し換えた。さらに表紙「開閉式聖母像」（フランス国立クリュニー中世美術館）は、このテーマの研究家石井真理さんの撮影による。お二人に感謝申し上げる。

翻訳に当たっては数々の訳語で苦労した。とくに本書のキーワードである「イメージ」については、絵画を主とする場合は画像とし、聖遺物、夢などを含む場合は「イメージ」、彫刻については「彫像」としたが、厳密に区別できない場合もあった。また、各論文は、歴史学そして宗教学、神学はむろん、法制史など多分野に及んでおり、不適正な訳語となった個所もあるかと思う。

翻訳作業の当初においては、美術史の若き研究者であった古本高樹さん（学習院大学大学院博士課程満期退学）、廣川暁生さん（お茶ノ水女子大学大学院博士課程満期退学・現在　東急Bunkamuraザ・ミュージアム学芸員）のお二人にお手伝いいただいた。さらに古本さんには注のベースを、また廣川さんには本文と注の照合や図版の確認など、細かい作業をお願いした。翻訳はもとより、引用や注も含め原典の調査や訳語の検討など、最終的にはすべて小池が行ったが、力不足のための遺漏や誤解、誤読など不十分な点が多々あることと覚悟している。ご叱正を頂ければ幸いである。

本書の翻訳をお引き受けしてから実に一〇余年が経つ。ここまで出版が遅れたのは、これもまた、ひとえに小池の責任である。訳し終えて自身の力の限界を痛切に感じているが、少しでも西洋中世美術史を学ぶ方たちの参考となればこれにすぐる幸せはない。

ようやく刊行までに至ったのは、何より、刀水書房の中村文江さんのたゆまぬ根気強い励ましと、そして緻密な校正作業による。ここに伏して御礼申し上げたい。

最後に、長きにわたり翻訳の完成と刊行を楽しみにしておられた刀水書房元社長　桑原迪也氏は、二〇一四年早春にご逝去なさった。ここに改めてご冥福をお祈りいたすとともに、本書を捧げます。

二〇一四年師走

小池寿子

《訳者紹介》

小池寿子（こいけ　ひさこ）

1956年群馬県生まれ。お茶の水女子大学文教育学部卒業。同大学大学院人間文化研究科博士課程単位取得満期退学。文化女子大学助教授などを経て，現在，國學院大學文学部教授。専攻，西洋美術史。

著書に，『死者たちの回廊』（福武書店，のち平凡社ライブラリー），『屍体狩り』（白水社，のち白水Uブックス），『死を見つめる美術史』（芸術選奨文部大臣新人賞受賞。ポーラ文化研究所，のちちくま学芸文庫），『描かれた身体』（青土社），『「死の舞踏」への旅』（中央公論新社），『内臓の発見』（筑摩選書）ほか。

人名索引

人名索引への注記
1：訳書独自に作成した
2：項目は本文からのみ抽出、原注を含めていない
3：原書表示に合わせて限定的に[聖][聖女]を付した。
　列聖された人名を網羅していない
4：現代の研究者に限り別立てとした

ア 行

カ 行

サ　行

タ　行

ナ 行

ハ 行

研究者名索引

図版出典一覧

図1（28頁） 荘厳の王 『オットー3世の福音書』1000年頃，ミュンヘン，バイエルン国立図書館所蔵写本，CLM4453, fol. 24.
図2（28頁） 荘厳のキリスト 『オットー3世の福音書』1000年頃，ミュンヘン，バイエルン国立図書館所蔵写本，CLM4453, fol. 34v.
図3（29頁）《神秘の葡萄圧搾機（アンスバッハの祭壇画）》1511年頃，ザンクト・グンベルト聖堂蔵
図4（29頁） イニシャル装飾 『グラティアヌス教令集』1300年頃，ボルティモア，ウォルターズ・アート・ギャラリー所蔵写本，Ms W. 133, fol. 123.
図5（30頁） ヤコブの夢，ベテルの石への塗油 『聖王ルイ詩篇』1250年頃，パリ，フランス国立図書館所蔵写本，ms.lat. 10525, fol. 13v.
図6（30頁） ヤコブの夢，ヤコブと天使の戦い 『聖王ルイ詩篇』1250年頃，パリ，フランス国立図書館所蔵写本，ms.lat. 10525, fol. 14v.
図7（31頁） 恩寵の玉座 『詩篇』13世紀，ケンブリッジ，トリニティ・カレッジ所蔵写本，Ms.B.II, 4, fol. 119.
図8（34頁） 神の手の前でひれ伏す聖女フィデス（フォア） サン・ピエール聖堂（聖女フォア大修道院付属聖堂）ティンパヌム（部分），12世紀，コンク
図9（37頁） ハインリヒ獅子公とマティルダの戴冠式 『ハインリヒ獅子公の福音書』1185年頃，ヴォルヘンビュッテル，ヘルツォーク・アウグスト図書館所蔵写本，Cod.Guelf. 105, Noviss. 2°, fol. 171v.
図10（38頁） 荘厳の神と天地創造 『ハインリヒ獅子公の福音書』1185年頃，ヴォルヘンビュッテル，ヘルツォーク・アウグスト図書館所蔵写本，Cod. Guelf. 105, Noviss. 2°, fol. 172.
図11（106頁） 聖母マリアの聖画像（イコン） 12－13世紀，ローマ，サンタ・マリア・マジョーレ聖堂（画像：筆者蔵）
図12（110／111頁） 教皇グレゴリウスの行列（聖母の聖画像はない） 『ベリー侯の豪華時禱書』「悔悛詩篇」1413年頃，シャンティイ，コンデ美術館所蔵写本，ms. 65, fol. 71v－72.
図13（116頁） ゴーティエ・ド・コワンシー『聖母の奇跡譚』挿絵 13世紀，パリ，フランス国立図書館所蔵写本，ms.fr. 22928, fol. 94.
図14（133頁） ゲロ大司教の十字架 970年頃，ケルン大聖堂
図15（134頁） 荘厳の聖女フィデスの聖遺物容器 10世紀，コンク，宝物館蔵
図16（145頁） アンゲラン・カルトン《聖母戴冠》（部分）15世紀，ヴィルヌーヴ=レ=ザヴィニョン美術館蔵
図17（146頁） 三位一体のヴィジョンの変化 『ロスチャイルド聖歌集』1300年頃，ニュー・ヘヴン，イェール大学，バイネキ稀覯本・手稿図書館所蔵写本，Ms. 404, fol. 75.
図18（147頁） 三位一体のヴィジョンの変化 『ロスチャイルド聖歌集』1300年

頃，ニュー・ヘヴン，イェール大学，バイネキ稀覯本・手稿図書館所蔵写本，Ms. 404, fol. 84.
図19（148頁）　受胎告知　ティンパヌム，ザンクト・マリーア礼拝堂　15世紀初頭，ヴュルツブルク
図20（150頁）　開閉式聖母像　15世紀，パリ，フランス国立クリュニー中世美術館
図21（179頁）　モザ修道院長ロベルトゥスの幻視とクレルモンの荘厳の聖母子像　10世紀，クレルモンフェラン，市立図書館所蔵写本，ms. 145, fol. 130v.
図22（183頁）　荘厳の聖女フィデス（図15の部分）　10世紀，コンク，宝物館蔵
図23（185頁）　聖女に本を渡す写字生の描かれたイニシャル装飾　『聖女フィデスの奇跡の書』12世紀，セルスタ（低地ライン地方），人文主義図書館所蔵写本，ms. 22, fol. 5v.
図24（194頁）　ニコデモが眠っている間にヴォルト・サント像の顔を彫る天使　ヤコブス・デ・ウォラギネ　『黄金伝説』（フランス語版）　15世紀，マコン，市立図書館所蔵写本，ms. 3, fol. 225v.
図25（194頁）　ヴォルト・サント像の奇跡の奉遷　ヤコブス・デ・ウォラギネ　『黄金伝説』（フランス語版）　15世紀，同上，ms. 3, fol. 243.
図26（198頁）　「ウォルサムの聖十字架」のある巡礼者の記章，ウォルター・ド・グレイ・バーチ　『ハロルド伝』より
図27（200頁）　モンタキュートで発見された石の十字架を受け入れるために，誇り高きトヴィにより続けて選ばれた場所
図28（202頁）　ニュー・ミンスターの祭壇の上に十字架を捧げるクヌートとエジルフ　『ニュー・ミンスターの生命の書』11世紀末，ロンドン，大英図書館所蔵写本，Stowe Ms. 944, fol. 6r.
図29（204頁）　アングロ・サクソンの十字架型の聖遺物容器　1000年頃（185×134mm），ロンドン，ヴィクトリア&アルバート美術館蔵
図30（222頁）　反転した２点の聖顔　ヨアンネス・クリマコス　『天国への梯子』11世紀，ローマ，ヴァティカン・アポストリカ図書館所蔵写本，Codex Rossinensis gr. 251. fol. 12v.
図31（237頁）　ボアズに靴を渡すルツ　『聖書』13世紀初頭，ミュンヘン，バイエルン国立図書館所蔵写本，CLM835, fol. 104v.
図32（240頁）　足で罪のない者を救うヴォルト・サント像　ヤコブス・デ・ウォラギネ　『黄金伝説』（フランス語版）　15世紀，マコン，市立図書館所蔵写本 ms. 3, fol. 246v.
図33（240頁）　旅芸人（ジョングルール）の奇跡　『ルッカのヴォルト・サント伝説』パリ，1410年頃，ローマ，ヴァティカン・アポストリカ図書館所蔵写本，Codex Pal. Lat. 1988, fol. 16v.
図34（241頁）　ヴォルト・サント像　1200年頃，サン・マルティーノ大聖堂，ルッカ（画像：筆者蔵）

図35（249頁）　ヴォルト・サント像　8－9世紀？，ボルゴ・サンセポルクロ，サンタ・マリア聖堂（画像：筆者蔵）
図36（250頁）　旅芸人（ジョングルール）の奇跡　パルマ洗礼堂壁画　1370－1380年頃（画像：筆者蔵）
図37（254頁）　ヴォルト・サントの信奉者たちと本を捧げるレオビヌス　1306年，ルッカ，聖堂参事会図書館所蔵写本，ms. Tucci-Tognetti, fol. 2.
図38（255頁）　ヴォルト・サントの栄光の行列　1306年，ルッカ，聖堂参事会図書館所蔵写本，ms. Tucci-Tognetti, fol. 5v.
図39（256頁）　L（レオビヌス）のイニシャル装飾　『ヴォルト・サント伝説』1364－1380年，ラテン語テクスト冒頭　ローマ，ヴァティカン・アポストリカ図書館所蔵写本，Reg. Lat. 487, fol. 1.
図40（256頁）　L（レオビヌス）のイニシャル装飾　『ヴォルト・サント伝説』1364－1380年，イタリア語テクスト冒頭　ローマ，ヴァティカン・アポストリカ図書館所蔵写本，Reg. Lat. 487, fol. 27.
図41（256頁）　ヴォルト・サントに祈りを捧げるルッカ出身の裕福な商人，パリのラポンディ兄弟　1410年頃，ローマ，ヴァティカン・アポストリカ図書館所蔵写本，Pal. Lat. 1988, fol.IVv.
図42（268頁）　聖十字架の聖遺物　皇帝ハインリヒ2世の携帯用祭壇　1010年頃，ミュンヘン，レジデンツ，宝物館蔵
図43（273頁）　聖遺物の集積，板絵による磔刑と聖遺物容器，サン・アロの画家　13－14世紀，スポレート，絵画館蔵
図44（274頁）　フリードリヒ赤髭王の頭部―洗礼者聖ヨハネ他の聖遺物容器　12世紀，カッペンベルク城美術館蔵
図45（274頁）　リヒテンタールの聖遺物容器　14世紀，ニューヨーク，ピアポント・モーガン図書館蔵
図46（275頁）　聖ゲレオンの腕型聖遺物容器　1220／30頃，ケルン，聖ゲレオン聖堂
図47（285頁）　聖遺物と共に奉遷される聖母子像　『ヘートヴィヒの書』14世紀，マリブ，ポール・ゲティ美術館蔵，Ms. 83, MN 126, fol. 137v.
図48（293頁）　義人たちの眠り（「詩篇」56章5）『シュトゥットガルト詩篇』9世紀，シュトゥットガルト，ヴュルテンベルク州立図書館所蔵写本，Biblia Folio 23, fol. 68v.
図49（293頁）　義人たちの眠り（「詩篇」75章6－7）『シュトゥットガルト詩篇』9世紀，シュトゥットガルト，ヴュルテンベルク州立図書館所蔵写本，Biblia Folio 23, fol. 88v.
図50（295頁）　ピラトの妻の悪魔の夢　ランデスベルクのヘラデ『逸楽の園』12世紀（1870年に破壊された12世紀の写本に基づく写し），fol. 143, ストラスブール，市立図書館所蔵写本
図51（295頁）　残された人生の日数についての夢（「詩篇」39章5）『シュ

トゥットガルト詩篇』9世紀，シュトゥットガルト，ヴュルテンベルク州立図書館所蔵写本，Biblia Folio 23, fol. 50.
図52（297頁）　東方三博士の夢，マリアの夫ヨセフの夢幻　『ウィンチェスター詩篇』12世紀，ロンドン，大英博物館所蔵写本，Nero CIV, fol. 13.
図53（298頁）　ヤコブの夢，聖ヨハネの幻視　『道徳教化聖書（ビブル・モラリゼ）』（部分）13世紀，オクスフォード大学，ボードリアン図書館所蔵写本，Bod. 270 b, fol. 17.
図54（300頁）　ヤコブの夢，ヤコブと天使の戦い　『ウィンチェスター詩篇』12世紀，前掲写本，Nero CIV, fol. 5r.
図55（301頁）　ヤコブの夢，ヤコブと天使の戦い　イングランドの『詩篇』13世紀，ミュンヘン，バイエルン国立図書館所蔵写本，CLM835, fol. 13r.
図56（301頁）　ヤコブの夢，ヤコブと天使の戦い　『エイムズベリー詩篇』13世紀，オクスフォード，オール・ソウルズ・カレッジ所蔵写本，Ms. 6, fol. 96r.
図57（302頁）　ヤコブの夢，ベテルの石への塗油　『ランベス大型聖書』12世紀，ロンドン，ランベス宮殿所蔵写本，ms. 3, fol. 6.
図58（305頁）　ヤコブの夢とその解釈　『聖王ルイ詩篇』13世紀，パリ，フランス国立図書館所蔵写本，ms. lat. 10525, fol. 15v.
図59（306頁）　ファラオの給仕役と料理役の夢　『聖王ルイ詩篇』13世紀，パリ，フランス国立図書館所蔵写本，ms. lat. 10525, fol. 20r.
図60（307頁）　給仕役と料理役の夢の実現（左），ファラオの夢（右）『聖王ルイ詩篇』13世紀，パリ，フランス国立図書館所蔵写本，ms. lat. 10525, fol. 21v.
図61（310頁）　ビンゲンの聖ヒルデガルト　『スキヴィアス（道を知れ）』扉絵　12世紀，ヴィースバーデンの消失した写本
図62（311頁）　ビンゲンの聖ヒルデガルト　『神の御業』13世紀，ルッカ，市立図書館所蔵写本，Cod. Lat. 1942.
図63（327頁）　ヤコブの夢　モザン写本　1160－1170年頃，ベルリン，国立版画素描館蔵，プロイセン文化遺産財団，KK Inv. Nr. 78 A6.
図64（328頁）　神秘の恍惚　『ロスチャイルド聖歌集』1300年頃，ニュー・ヘヴン，イェール大学，バイネキ稀覯本・手稿図書館所蔵写本，Ms. 404，fol. 18v., 19, 65v., 66.
図65（330頁）　アルブレヒト・デューラー《洪水の夢》　1525年，水彩，ウィーン美術史美術館蔵
図66（334頁）　彫像に恋するピュグマリオン　『薔薇物語』15世紀，オクスフォード大学，ボードリアン図書館所蔵写本，Ms. Douce 195, fol. 149.
図67（336頁）　ヤコブとラバンの雌羊　『道徳教化聖書』13世紀，オクスフォード大学，ボードリアン図書館所蔵写本，Ms. 270 b, fol. 18.
図68（342頁）　聖痕を受ける聖フランチェスコの像を瞑想する修道女ハイルウィギス　『レーゲンスブルクの聖十字架聖句集』1267－76年，オクスフォード，ケーブル・カレッジ所蔵写本，Ms. 49, fol. 222.

図69（343頁）　十字架を礼拝するラバヌス・マウルス・マグネンティウス　ラバヌス・マウルス・マグネンティウス『聖十字架の頌歌』9世紀，アミアン，市立図書館所蔵写本，ms. 223, fol. 33v.
図70（344／345頁）　降誕場面を瞑想するピーテル・ブラデリン　ロヒール・ファン・デル・ウェイデン《ミッデルブルフの祭壇画》1460年，ベルリン，国立美術館，絵画ギャラリー蔵　プロイセン文化遺産財団
図71（346頁）『マリ・ド・ブルゴーニュの時禱書』挿絵　1470年，ウィーン，オーストリア国立図書館所蔵写本，Cod. 1857, fol. 14v.
図72（347頁）『マリ・ド・ブルゴーニュの時禱書』挿絵　1470年，ウィーン，オーストリア国立図書館所蔵写本，Cod. 1857, fol. 43v.

原　注

略　語

AA.SS. : *Acta Sanctorum*（67 vols. 1643～）.

AA.SS. Ord. Ben. : *Acta sanctorum Ordinis Benedicti*.

Mansi : J. D. Mansi, *Sacrorum conciliorum nova et amplissima collectio*（Firenze, Venezia, 1759-1798, 31 vols.）.

MGH : *Monumenta Germaniae Historica*, etc.（Hannover, Berlin, 1826～）.

PG : J.-P. Migne, *Patrologiae cursus completus. Series graeca*, Paris, 1857-1866, 166 vols.

PL : J.-P. Migne, *Patrologiae cursus completus. Series latina*, Paris, 1844-1864, 222 vols.

序

(1) Régis Debray, *Vie et Mort de l'image. Une histoire du regard en Occident*, Paris, Gallimard, 1992.

(2) この基本的留意点に関しては，次の論文の序を参照。Jean-Claude Schmitt, *Le Corps, les rites, les rêves, le temps. Essais d'anthropologie médiévale* Paris, Gallimard, 2001〔ジャン・クロード・シュミット『中世歴史人類学試論──身体・祭儀・夢幻・時間』渡邊昌美訳，刀水書房, 2008年〕.

(3) Gerhart B. Ladner, *Ad imaginem Dei, The Image of Man in Medieval Art*, Latrobe, The Archabbey Press, 1965. R. Javelet, *Image et resemblance au XIIe siècle de saint Anselme à Alain de Lille,* Paris, Letouzé et Ané, 1967, 2 vols. この序では，次の論文のいくつかの問題が再びとりあげられている。«Imago : de l'image à l'imaginaire», Jérome Baschet et Jean-Claude Schmitt (dir.), *L'image. Usages et fonctions des images dans l'Occident médiéval*, Paris, Le Léopard d'Or, 1996.

(4) Guibert de Nogent, *Autobiographie*, éd. E.-R. Labande, Paris, Les Belles Lettres, 1981. ノジャンのギベルトゥスの母親の真に精神的な美に関しては，とりわけ12～13頁を参照：「確かに束の間の美は気まぐれさゆえに変わってしまうとはいえ，完璧なる創造主のふるまいを思うと，彼女はよろしくないわけはありますまい」。

(5) *Lector et complilator. Vincent de Beauvais, frère prêcheur. Un intellectual et son milieu au XIIIe siècle*, sous la direction de Serge Lusignan et Monique Paulmier-Foucart, avec la collaboration de Marie-Christine Duchenne, Grâne, Édition Créaphis, 1997.

(6) Jean-Claude Schmitt, *La Raison des gestes dans l'Occident médiéval*, Paris, Gallimarrd, 1990〔ジャン－クロード・シュミット『中世の身ぶり』村松剛訳，みすず書房, 1996年〕.

(7)　Georges Didi-Huberman, *Fra Angelico, Dissemblance et figuration*, Paris, Flammarion, 1990〔ジョルジュ・ディディ＝ユベルマン『フラ・アンジェリコ神秘神学と絵画表現』寺田光德・平岡洋子訳，平凡社, 2001〕.

(8)　Hans Belting, *Bild und Kult. Eine Geschichte des Bildes vor dem Zeitalter der Kunst, München*, 1990；仏語訳，*Image et culte. Une histoire de l'art avant l'époque de l'art,* Paris, Le Cerf, 1998.

(9)　ウルガタ訳においては，彫像（sculptilia）あるいは少なくとも3次元という忌むべき特性を有する像はできるだけ禁止されていることに留意。

(10)　Jean-Claude Schmitt, *Le Corps, les rites…op.cit.,* p.263 *sq*.〔シュミット『中世歴史人類学試論』前掲書, 232頁以降〕.

(11)　Jeanne Ancelet-Hustache, «Les *Vitae sororum* d'Unterlinden, édition critique du ms 508 de la bibliothèque de Colmar», *Archieves d'histoire doctrinale et littéraire de Moyen Âge*, 1930–1931, pp.317–517 : «Quod, nec una quidam vice, turpi aliqua cogitacione in animo pulsata fuerit, quam *ymaginari* atque *configere* se nescire, etiam si vellet, constanter affirmavit». Élisabeth Vavra, «Bildmotif und Frauenmystik. Funktion und Rezeption», Pieter Dinzelbacher, Dieter R. Bauer（dir.）, *Frauenmystik im Mitterlater,* Ostfildren bei Stuttgart, Schwabenverlag, 1985, pp.201–203.

(12)　Giorgio Agamben, *Stanze. Parole et fantasme dans la culture occidentale*, Paris, Christian Bourgois, 1981（仏語訳）, pp.150–167（第2版，Rivages, 1994；初版，伊語版, 1977）〔ジョルジョ・アガンベン『スタンツェ——西洋文化における言葉とイメージ』岡田温司訳，ちくま学芸文庫，2008年，第三章「言葉と表象像《ファンタスマ》」特に第三節「想像の精気《スピリトゥス・ファンタスティクス》」, 192〜197頁〕.

(13)　Jeffrey F. Hamburger, *The Visual and the Visionary. Art and Female Spirituality in Late Medieval Germany,* Zone Books, New York, 1998 ; *Id*., *Peindre au couvent. La culture visuelle d'un couvent médiéval,* New York, Gérard Monfort, 2000（初版，英語版, 1997）.

(14)　F. O. Büttner, *Imitatio Pietatis*, *Motive der christlichen Ikonographie als Modelle zür Verähnlichung,* Geb. Mann Verlag, Berlin, 1994 ; Sixten Ringbom, *The Rise of Narrative Close-up in Fifteenth Century Devotional painting*, Äbo, Äbo Akademi, 1965.

(15)　Hans Belting, *op. cit.,* p.553 *sq*.

(16)　Joanna Cannon, André Vauchez, con un contributo di Céline Pérol, *Marguerita da Cortona e i Lorenzetti*, Roma, Città Nuova, 2000. シレジアの聖女ヘートヴィヒに関しては次の文献を参照。*Księga Jadwiżańska*. Międzynarodowe Sympozjum Naukowe (1993), Wrocław, Wydawnictwo Uniwersytetu Wrocławskiego, 1995.

(17)　本書第Ⅰ部5章「紀元1000年前後における新しいイメージの正当化」を参照。Chiara Frugoni, «Le mistiche, le visioni e l'iconografia : rapporti ed influssi», *Atti del convegno su La Mistica femminile del Trecento*, Todi, 1982, pp.5–45. Monica Chiellini Nari, «La contemplazione e le immagini, il ruolo dell' iconografia nel pensiero della beata Angela da Foligno», *Angela da Foligno, Terziara francescana*, atti del convegno storico nel VII centenario dell' ingresso della beata Angela da Foligno nell' Ordine

Francescano Secolare (1291–1991), Foligno (17-18-19 novembre 1991), a cura di Enrico Menesto, Spoleto, Centro Italiano di Studi sull'Alto Medioevo, 1992, pp.227–250. このような現象をより一般的な文脈に位置付けるためには次の文献を参照。Caroline W. Bynum, *Jeûnes et festins sacrés. Les femmes et la nourriture dans la spiritualité médiévale*, Paris, Le Cerf, 1994 (*Holy Feast and Holy Fast. The Religious Significance of Food to Medieval Women*, Berkeley, The University of California Press, 1987の仏語訳)；André Vauchez, *Les Laïcs au Moyen Âge. Pratiques et expériences religieuses,* Paris, Le Cerf, 1987, pp.239–286.

(18) Jérôme Baschet, Jean-Claude Schmitt (dir.), *L'image. Usages et fonctions des images dans l'Occident médiéval,* Le Leopard d'Or, Paris, 1996. 代表的な研究としては，Jérôme Baschet, *Le Saint du père. Abraham et la paternité dans l'Occident médiéval*, Paris, Gallimard, 2000；Christiane Klapische-Zuber, *L'Ombre des ancêtres. Essai sur l'imaginaire médiéval de la paranté*, Paris, Fayard, 2000；Jacques Le Goff, Éric Palazzo, Jean-Claude Bonne, Marie-Noël Colette, *Le Sacre royal à l'époque de Saint Louis*, Paris, Gallimard, 2001.

(19) Jean-Claude Schmitt, «La culture de l'imago», *Annales. Histoire, Sciences sociales*, 1996, 1, pp.3–36.

第Ｉ部　長い歴史

1　歴史家とイメージ

★初出：«L'historien et les images», *Der Blick auf die Bilder. Kunstgeschichte und Geschichte im Gespräch*, Beiträgen von Klaus Krüger und Jean-Claude Schmitt, Göttingen, Herausgegeben von Otto Gerhard Oexle, 1997, pp.7–51.

(1) 筆者はここにおいて中世文化におけるイメージの地位と機能に関心を抱く社会歴史学者の観点から自らの考えを表明する。

(2) Francis Haskell, *History and its Images. Art and the Interpretation of the Past*, New Haven-London, 1993.

(3) この概念を扱う近年の主要な考察として次の雑誌論文を挙げておく。Jean-Claude Schmitt, «Représentations», Claudie Duhamel -Amado, Guy Lobrichon (éds.), *Georges Duby. L'écriture de l'Histoire* (Bibliothèque du Moyen Âge 6), Bruxelles, De Boeck-Université, 1996, pp.267–278.

(4) 特に近代以降，イメージが表現する唯一の現実とは表象であるとするイメージの適性については，近年ヴィクトル・ストイキツァとクラウス・クリューガーによって研究されている。Victor I. Stoichita, *L'instauration du tableau. Métapeinture à l'aube des Temps modernes*, Paris, Méridiens-Klincksieck, 1993〔ヴィクトル・I・ストイキツァ『絵画の自意識──初期近代におけるタブローの誕生』岡田温司・松原知生訳，ありな書房，2001年〕. Klaus Krüger, «Der Blick ins Innere des Bildes. Ästhetische Illusion bei Gerhard Richter», *Pantheon* 53 (1995), pp.149–166.

(5)　ジャン・ユベールによって次の文献に引用されている。Charles Samaran（éd.), *L'Histoire et ses méthodes*, Paris, Gallimard, 1961, pp.317–320.

(6)　場合によっては，20世紀の歴史が多くの事例を提供しうるイデオロギーの逸脱を伴う。これに関しては，エリック・ミショーの秀逸な研究を参照。Éric Michaud «Nord-Sud (Du nationalisme et du racisme en histoire de l'art. Une anthologie)», *Critique*, no. 586, mars 1996, pp.163–187.

(7)　Louis Pressouyre, «Histoire de l'art et iconographie», *L'Histoire médiévale en France. Bilan et perspectives*, Paris, Le Seuil, 1991, pp.247–268.

(8)　Emile Mâle, *L'Art religieux du XIIIe siècle en France. Étude sur l'iconographie du Moyen Âge et sur ses sources d'inspiration*, Paris, 1898, 第 8 版，Paris, Armand Colin, 1948〔エミール・マール『ゴシックの図像学』田中仁彦・池田健二・磯貝辰典・細田直孝訳，国書刊行会，1998年〕, p.24, n.5（重版，Paris, Le Livre de Poche, 1993).

(9)　Ulrich Raulff, *Ein Historiker im 20. Jahrhundert : Marc Bloch*, Frankfurt am Main, S. Fischer Verlag, 1995, p.938.

(10)　マーティン・ジェイの仮説に従った。Martin Jay, *Downcast Eyes. The Denigration of Vision in Twentieth-Century French Thought*, Berkeley, University of California Press, 1993.

(11)　Jean-Claude Schmitt, «Façons de sentir et de penser. Un tableau de la civilisation ou une histoire-problème? », Hartmut Atsma et André Burguière（éds.), *Marc Bloch aujord'hui. Histoire comparée et sciences sociales*, Paris, Éditions de l'EHESS, 1990, pp.407–418.

(12)　この論考は次の全集に収録。Marc Bloch, *Histoire et historiens*, textes réunis par Étienne Bloch, Paris, Armand Colin, 1995, 特に pp.167–190.

(13)　この点については，ハスケルが著書（*History and its Images..., op.cit.*）においてアナール派は概して歴史家にとっての芸術の重要性にあまり注意を払ってこなかったと指摘（英語版，p. 8，n. 21，p. 496を参照）することの論拠となっている。このような見解は，ジョルジュ・デュビーの著作が示すように，最近の世代まで受け継がれている。

(14)　Erwin Panofsky, *La Perspective comme forme symbolique et autres essais,* précédé de *La Question de la perspective* par Marisa Dalai Emiliani, Paris, Éditions de Minuit, 1975〔エルヴィン・パノフスキー『〈象徴《シンボル》形式〉としての遠近法』木田元・川戸れい子・上村清雄訳，筑摩書房，2009年〕.

(15)　Otto Gerhard Oexle（ed.), M*emoria als Kultur*, Göttingen, Vandenhoeck & Ruprecht, 1995, introduction, p.25.

(16)　Michael Diers, «Mnemosyne oder das Gedächtnis der Bilder. Über Aby Warburg», Oexle（éd.), *Memoria als Kultur, op.cit*., pp.79–94, p.87.

(17)　Erwin Panofsky, *Architecture gothique et pensée scolastique,* précédé de *l'Abbé Suger de Saint-Denis. Traduction et postface de Pierre Bourdieu*, 第 2 版，Paris, Éditions de Minuit, 1967〔アーウィン・パノフスキー『ゴシック建築とスコラ学』前川道郎訳，筑摩書房，2001年〕.

(18)　Hubert Damisch, «Art (Histoire de l')», Jacques Le Goff, Roger Chartier, Jacques Revel (éds.), *La Nouvelle Histoire*, Paris, Retz, 1978, pp.68-77.

(19)　Pierre Francastel, *La Figure et le lieu. L'ordre visuel du Quattrocento,* Paris, Denoël-Gonthier, 1967 ; Meyer Schapiro, *Words and Picture. On the Literal and the Symbolic in the Illustration of a Text*, Den Haag-Paris, Mouton, 1973.

(20)　Pierre Francastel, *op.cit.*, p.351.

(21)　ミュンヘン，バイエルン州立図書館所蔵写本，Clm 4453, fol.24, 34v.

(22)　Danièle Alexandre-Bidon (éd.), *Le Pressoir mystique, actes du colloque de Recloses* (27 mai 1989), Paris, Le Cerf, 1990, p.4 (《アンスバッハの祭壇画》ザンクト・グンベルト聖堂, 1511年頃，デューラー派).

(23)　ボルティモア，ウォルターズ・アート・ギャラリー所蔵写本　Ms W. 133, fol. 123 (『グラティアヌス教令集』パリあるいは北フランス, 1300年頃). 次の文献も参照。Jean-Claude Schmitt, «Le miroir du canoniste. Les images et le texte dans un manuscrit médiéval» *Annales ESC* 48 (1993), pp.1471-1495.

(24)　パリ，国立図書館所蔵写本，ms lat. 10 525, fol.13v., 14r (『聖王ルイ詩篇』パリ, 13世紀半ば).

(25)　図56を見よ。夢を見るヤコブと天使と闘うヤコブの2人の人物が装飾文字の中で統合されている。オクスフォード，オール・ソウルズ・カレッジ所蔵写本，Ms 6, fol.96r (『エイムズベリー詩篇』13世紀). cf. Jean-Claude Schmitt, «La culture de *l'imago», Annales. Histoire, Sciences sociales*, 51 (1996), pp.3-36 (p.8, fig.1).

(26)　パリ，国立図書館所蔵写本，ms. esp. 353, fol. 13 (『愛の聖務日課書』14世紀).

(27)　ケンブリッジ，トリニティ・カレッジ所蔵写本，Ms B.11.4., fol.119 (『詩篇』13世紀)　次の文献も参照。François Boespflug, Yolanta Zaluska, «Le dogme trinitaire et l'essor de son iconographie en Occident de l'époque carolingienne au IVe Concile de Latran (1215)» *Cahiers de civilisation médiévale* 37 (1994), pp.181-240.

(28)　Jérôme Baschet, «Inventivité et sérialité des images médiévales. Pour une approche iconographique élargie», *Annales, Histoire, Sciences sociales* 51 (1996), pp.93-134 ; *Id., Le Sein d'Abraham et la paternité dans l'Occident médiéval*, Paris, 2000.

(29)　Jean-Claude Bonne, *L'Art roman de face et de profil. Le tympan de Conques*, Paris, Le Sycomore, 1984.

(30)　画像を索引化するさまざまなシステムが近年提案されたが，我々独自の試みとしてはその単純化にある。*Thesaurus des images médiévales,* publié par le Groupe d'anthropologie historique de l'Occident médiéval, Paris, 1993.

(31)　これらの点に関しては次の文献を参照。Jérôme Baschet et Jean-Claude Schmitt (éds.), *L'Image. Fonctions et usages des images dans l'Occident médiéval,* Paris, Le Léopard d'Or, 1996.

(32)　Hans Belting, *Bild und Kult. Eine Geschichte des Bildes vor dem Zeitalter der Kunst*, München, 1990 ; Hans Belting, Cristiane Kruse, *Die Erfindung des Gemäldes. Das erste Jahrhundert der niederländischen Malerrei*, München, Hirmer Verlag, 1994.

(33)　Meyer Schapiro, «On the Aesthetic Attitude in Romanesque Art», *Id., Roman-*

esque Art, Selected Papers, London, Chatto and Windus, 1977, pp.1-27に収録（再版，London, Thames and Hudson, 1993）。

(34)　この主題に関しては次を参照。Jean-Claude Bonne, «Pensée de l'art et pensée théologique dans les écrits de Suger», Christian Descamps（éd.）, *Artistes et Philosophes : éducateurs ?*, Paris, Centre Georges-Pompidou, 1994, pp.13-50; «Formes et fonctions de l'ornemental dans l'art médiéval（VIIe-XIIe siècle）. Le modèle insulaire», Jérôme Baschet et Jean-Claude Schmitt（éds.）, *L'image…* , *op.cit*., pp.207-249. ; «Les ornements de l'histoire（à propos de l'ivoire carolingien de saint Rémi）», *Annales. Histoire, Sciences sociales*, 51（1996）, pp.37-70.

(35)　Jean-Claude Schmitt, «La culture de *l'imago*», *op.cit*., p.4.

(36)　Andrea von Hülsen-Esch, «Zur Konstituierung des Juristenstandes durch Memoria : Die bildliche Repräsentation des Giovanni da Legnano», Otto Gerhard Oexle（dir.）, *Memoria als Kultur*, *op.cit*., pp.185-206.

(37)　Pierre Francastel, *op.cit*., p.195.

(38)　Michel Foucault, *L'Archéologie du savoir*, Paris, Gallimard, 1969, p.13 *sq*.〔ミシェル・フーコー『知の考古学』中村雄二郎訳，河出書房新社，1970年；『知の考古学』慎改康之訳，河出文庫，2012年〕. ここで筆者は「史料の検討」と「文化学」にかなり近い「一般史」的構想との関係性を打ち立てている。「史料／記念碑」の概念を中世のイメージに適用する考え方は次の著作を参照。Jérôme Baschet, «Les images : des objets pour l'historien?», Jacques le Goff, Guy Lobrichon（dir.）, *Le Moyen Âge aujourd'hui. Trois regards contemporains sur le Moyen Âge ; histoire, théologie, cinéma. Actes de la rencontre de Cerisy-la-Salle, juillet 1991,* Paris, Le Léopard d'Or, Cahiers du Léopard d'Or, 1997, pp.101-103.

(39)　アウグスティヌス『告白』10巻８章「すると私は，記憶という野原，宏大な広間にはいるのです。そこには，感覚によってはこびこまれたさまざまな事物についての数かぎりない心象（imago)の宝庫があります」〔山田晶訳，「世界の名著14」，中央公論社，1968年，338頁〕。次の文献も参照。Patrick J. Geary, *Phantoms of Remembrance. Memory and Oblivion at the End of the First Millenium*, Princeton, 1994, pp.16-19, p.159 *sq*. ザンクト・エンメラム修道院のアルノルト修道士の事例は記憶とイメージの関係において非常に興味深い。

(40)　次を参照。Oexle（dir.）, *Memoria als Kultur*, *op.cit*. すでに挙げたその他の研究も参照。A. von Hülsen-Esch（n.36）, Bernhard Jussen, «Dolor und Memoria. Trauerriten, gemalte Trauer und soziale Ordnungen im späten Mittelalter», pp.207-252, Martial Staub, «Memoria im Dienst von Gemeinwohl und Öffentlichkeit, Stiftungspraxis und kultureller Wandel in Nürnberg um 1500», pp.285-334.

(41)　Otto Gerhard Oexle, «Das Evangeliar Heinrichs des Löwen als geschichtliches Denkmal», Dietrich Kötzsche（éd.）, *Das Evangeliar Heinrichs des Löwen. Kommentar zum Faksimile*, Frankfurt am Main, Insel Verlag, 1989, pp.9-27 ; Joachim M. Plotzek, Jochen Luckhardt, Franz Niehoff（éds.）, *Heinrich der Löwe und seine Zeit. Herrschaft und Repräsentation der Welfen 1125-1235. Katalog der Ausstellung, Braunschweig*

1995, Bd.1, München, Hirmer Verlag 1995, pp.206–210.

(42) Georges Duby et Michel Laclotte（éds.）, *Histoire artistique de l'Europe. Le Moyen Âge*, Paris, Le Seuil, 1995. Georges Duby の他，ヨーロッパ 5 か国, 26人の著者の共著。

(43) Millard Meiss, *La Peinture à Florence et à Sienne après la Peste noire. Les arts, la religion, la société au milieu du XIVe siècle*（Georges Didi-Huberman の序文掲載）, Paris, Hazan, 1994（初版：英語版，Princeton, 1951）〔ミラード・ミース『ペスト後のイタリア絵画――14世紀中頃のフィレンツェとシエナの芸術・宗教・社会』中森義宗訳，中央大学出版部, 1978年〕.

(44) Georges Didi-Huberman, *Devant le temps, Histoire de l'art et anachronisme des images*, Paris, Éditions de Minuit, 2000〔ジョルジュ・ディディ＝ユベルマン『時間の前で――美術史とイメージのアナクロニズム』小野康男・三小田祥久訳，法政大学出版局, 2012年〕.

(45) Jérôme Baschet, *Les Justices de l'au-delà. Les représentations de l'enfer en France et en Italie*（*XIIe–XVe siècle*）, Roma, École française de Rome, 1993, p.293 *sq.*; *Id.*, «Image et événement : l'art sans la peste (1340–1400)», *La peste nera : dati di una realtá ed elementi di una interpretazione*, Spoleto, 1994, pp. 25–47.

(46) Michael Camille, *The Gothic Idol. Ideology and Image-Making in Medieval Art,* Cambridge, Cambridge University Press, 1989.

(47) 本書第Ⅰ部 2 章「第 2 ニカイア公会議からトマス・アクィナスまで――西欧における宗教画像の解放」を参照。

(48) Daniel Barbu, «L'image byzantine : production et usage», *Annales. Histoire, Sciences sociales* 51（1996）, pp.71–92（pp.74–75）.

(49) *Ibid.*, p.79.

(50) Gilbert Dagron, *Empereur et prêtre. Étude sur le «césaro-papisme» byzantin*, Paris, Gallimard 1996.

(51) *Lexicon der christlichen Ikonographie,* vol.3, Freiburg i. Br., 1971, col.241–242, "Melchisedech"の項目を見よ。とりわけクロスターノイブルクのニコラ・ド・ヴェルダンの祭壇では，皇帝の冠を戴くメルキゼデクが祭壇にホスティアと聖杯の供物を捧げている。一方，西欧の君主たちの鏡におけるメルキゼデクの政治的文脈での使用への抵抗に関しては次の文献を参照。Jacques Le Goff, *Saint Louis*, Paris, Gallimard, 1996, pp.127, 403, 578〔ジャック・ル・ゴフ『聖王ルイ』岡崎敦・森本英夫・堀田郷弘訳，新評論, 2001年, 153, 497,721頁〕.

(52) Horst Bredekamp, *Kunst als Medium sozialer Konflkte. Bilderkämpfe von der spätantike bis zur Hussitenrevoluion*, Frankfurt am Main, Suhrkamp, 1975 ; Olivier Christin, *Une révolution symbolique. L'iconoclasme huguenot et la reconstruction catholique*, Paris, Éditions de Minuit, 1991.

2　第2ニカイア公会議からトマス・アクィナスまで

★初出：«L'Occident, Nicée II et les images du VIIIe au XIIIe siècle», François Boespflug, Nicolas Lossky (éds.), *Nicée II, 787–1987* , Paris, Éditions du Cerf, 1987, pp.271–301.

(1)　次の考察はEHESSのセミナーの題材に着想を得た。ジャン＝クロード・ボンヌ（Jean-Claude Bonne）をはじめとし，参加者すべての指摘や示唆に対して謝意を表したい。

(2)　Mansi, XII, Venise, 1769, 再版，Paris-Leipzig, 1901, pp.267, 297–298, 299–300,701–722.

(3)　Einhardus, *Annales*, G. H. Pertz（éd.）, *MGH, Script. Rer. German. in usum scolarium,* Hannover, 1845, pp.9–10, Mansi, *op.cit.,* pp.677–678.

(4)　Hadrianus Ier, *Epistola ad Constantinum et Irenem* ou *Synodica*, Migne（éd.）, PL 96, 1215 C–1234 C.

(5)　*Ibid*., 1224 B.*«Imagines [...] ab omnibus fidelibus honorantur, ut per visibilem vultum ad invisibilem divinitatis majestatem mens nostra rapiatur spirituali affectu per contemplationem figuratae imaginis secundum carnem quam Filius Dei pro nostra salute suscipere dignatus est».*

(6)　次の文献を参照せよ。L. Wallach, *Diplomatic Studies in Latin and Greek Documents from the Carolingian Age*, Ithaca-London, Cornell University Press, 1977.

(7)　MGH, Epistolae, V. Berlin, 1899, pp.5–57, PL 98, 1248–1292.

(8)　H. Bastgen（éd.）, MGH, Concilia, II, Supplementum, Hannover-Leipzig, 1924, PL 98.

(9)　MGH, Concilia, II, I, Hannover-Leipzig, 1906, pp.165–171.

(10)　PL 98, 1087–1088.

(11)　W. Schmandt, *Studien zu den Libri carolini,* Mayence, 1966, p.82.

(12)　周知のように，偽ディオニュシオスの新プラトン主義的著作に関するスコトゥス・エリウゲナの論考は12世紀まで西方世界においては非常に孤立していた。

(13)　ミカエル2世とテオフィロスの書簡（824年4月10日付）において，偶像崇拝として告発された儀礼と比較せよ。MGH, Epistolae V, n.7, pp.478–479.

(14)　*Ibid*., pp.107–115.

(15)　Jean-Claude Bonne, «Rituel de la couleur. Fonctionnement et usage des images dans le "Sacrementaire" de Saint-Étienne de Limoges», *Image et signification*, Rencontres de l'École du Louvre, Paris, La Documentation française, 1983, pp.129–139.

(16)　MGH, Epistolae, II, X, 10, Berlin, 1957, pp.269–272, PL 77, 1128–1130.

(17)　J. Pegon, *Dictionnaire de spiritualité*, II, 2, 1312–1321. *compunctio*（悔恨）という言葉はハドリアヌス1世が皇帝コンスタンティノスとその母イレネに送った書簡（785年）の中に見出せる。*Epistola...*, *op.cit*., 1221 C：ハドリアヌス1世は教皇および皇帝たちの態度について，記憶のための画像と絵画は観者に敬虔なる悔恨の念をおこす，と記す。*«easdem imagines atque picturas ob memoriam piae compunctionis*

venerantes observaverunt».

(18)　PL 71, 728–729.

(19)　599年5月の年記をもつ書簡のオリジナル部分については，MGH, Epistolae, II, Berlin, 1957, pp. 147–149. そこでは，PL 77, 990–991とは異なり加筆の部分がはっきりと識別される。Paul Ewald, «Studien zur Ausgabe des Registers Gregors I», *Neues Arciv,* III, 1878, pp.431–625. 現代の研究には加筆の真偽を考慮に入れていないものもある。W. R. Jones, «Art and Christian Piety : Iconoclasm in Medieval Europe», J. Gutman (éd.), *The Image and the Word. Confrontations in Judaism, Christianity and Islam*, Missoula（Montana）, Scholars Press, 1977, p.79.

(20)　MGH, Epistolae, IV, Berlin, 1895, pp.610–613および PL 105, 459–464.　また PL 104, 199–228に掲載されている大司教アゴバルドゥスの論は決定的な理由はないように思われるものの，P. ベレによってトリノのクラウディウスに帰された。P. Bellet, “El liber de imaginibus sanctorum bajo el nombre de Agobardo in Lyon, obra de Claudio de Turin”, *Analecta Sacra Tarraconensia* 26, 1953, pp.151–194. しかしながら両者の位置づけは同一というわけではない。一方で，ドゥンガルスとヨナスの論考はそれぞれ PL 105の465–530と106, 305–388に掲載されている。ウァラフリド・ストラボの反証についてはあまり展開が見られない。例えば *De rebus ecclesiasticis*, VIII, PL 114, 927, D–930 B を参照。

(21)　この関係性はイコンに関するビザンティン神学の核心である。例えば Christoph Schönborn, *L'Icône du Christ, Fondements théologiques*, 第3版, Paris, Le Cerf, 1986. を参照。

(22)　Dungalus Reclusus, *op.cit.*, 527：«*Omnium sanctorum adversarius et blasphemator, inimicus crucis Christi sanctaeque ejus destructor et conflator imaginis ac per hoc gradatim ascendens, incarnationis et passionis ejus derisor et contemptor*».

(23)　*Libellus synodalis parisiensis*, MGH, Concilia Aevi Carolini, I, II, Verminghoff (éd.), pp.475–480.

(24)　*Ibid*., pp.523–532および PL 98, 1299 D–1350 A.

(25)　*Op.cit.,* p.528 «*Sed quia hic ordo verborum ita praeposterus atque a non intelligentibus confusus videri potest, ut nisi caute consideretur, ita a non nullis minus capacibus intelligi possit, quasi beatus Gregorius id, quod prius omnibus inlicitum esse praedixit, se fecisse sibique faciendi licitum esse testetur, quod quam absurdum quamque contra sanctae Dei ecclesiae religionem de tanto ecclesiastico doctore sentire intelligendum sit, nullus, qui dicta eius scrutando vel legendo cognovit, ignorare permittitur*».

(26)　MGH, Epistolae Karoli aevi, VI, E. Perels（éd.), 1902,（再版，1976), p.433 *sq*. ニコラウス1世からミカエル3世宛書簡（860年，862年，865年），フォティオス宛書簡（862年），コンスタンティノポリス聖職者宛書簡（866年），アジア聖職者宛書簡(866年)など。次の文献も参照。D. Stiernon, *Constantinople IV* («Histoire des conciles œcuméniques», V), Paris, 1967.

(27)　Mansi, XVI, 109–110.　870年2月28日公布のコンスタンティノポリス公会議第3カノンに関しては D. Stiernon, *op.cit*., p.280を参照。

(28) MGH, Epistolae..., VI, *op.cit.*, 100, pp.600–609, PL 119, 1152–1161. ヒンクマルスの書簡，コルビーのラトラムヌスの返信はPL 121, 223–346, パリ司教アエネアスの返信に関しては同書685–762を参照。ボーヴェ司教オドの返信は現存せず。ドイツの高位聖職者たちからの返信に関してはPL 119, 1201以降を参照。

(29) 1054年，コンスタンティノポリスに使節として訪れた際の報告の中で，ローマ教皇特使シルヴァ・カンディダ（あるいはモワイヤンムティエ）のフンベルトゥスは，ギリシア人のところで見た死せるキリストのイコンを異端と見なした。これについては次の文献を参照。Hans Belting, *Das Bild und sein Publikum im Mittelalter, Form und Funktion früher Bildtafelen der Passion*, Berlin, 1981, p.220. しかしギリシアの離教派の見解における徹底的な反証において，画像の問題が扱われていないことは重要である。PL 143, 911 *sq*.同じく12世紀の『ギリシア人駁論』では「フィリオクェ」を第1に扱い，画像については言及されていない。Anselme, PL 158, 551–554. Hugo Eterianus, PL 202, 227–396.

(30) ここでは非常に複雑なこれらの観点すべてに関して長く述べることはできない。次の文献を参照。P. Thoby, *Le Crucifix des origines au concile de Trente*, Nantes, 1959. 宝石をはめこまれ，聖遺物を内蔵した彫刻された金の大十字架の著名な例がある。カロリング朝の十字架（ベランジェの十字架，アルデンヌの十字架など）以降，紀元1000年頃の十字架としては，帝国の十字架，アーヘン大聖堂の宝物であるロタールの十字架，テオファノ修道院の十字架，ゲルトルート伯爵夫人の2つの十字架，女子大修道院長マチルダの第2の十字架，オヴィエドの勝利の十字架などがある。しかし当時は，磔刑が浮彫で正面に表わされた十字架が数多く作られた。例えば，エッセンの磔刑像，いわゆるハンガリーのジゼールの磔刑像，ヴィクトリア&アルバート美術館所蔵の磔刑像「ゲロの十字架」など。Jean Taralon の論考を参照。L. Grodecki, F. Mütterich, J. Taralon, F. Wormald, *Le Siècle de l'an mil*, Paris Gallimard, 1973, p.254 *sq*.〔L. グロデッキ・F. ウォーマルド・J. タラロン・F. ミュータ－リッヒ『紀元千年のヨーロッパ』吉川逸治・柳宗玄訳，新潮社，1976年〕. G. Duby, *Adolescence de la chrétienté occidentale 940–1140*, Genève, Skira, 1967, p.185. 例外なく，歴史家は対象の文化的形態より自身に意味のある造形的形態に固執する。Carol Heitz, «"Adoratio crucis", Remarques sur quelques crucifixions préromans en Poitou», *Mélanges E. R. Labande. Études de civilisation médiévale, IXe–XIIe siecle*, Poitiers, CESCM, 1974, pp.395–346. および Étienne Delaruelle, «Le crucifix dans la piété populaire et dans l'art du Ve au XIe siècle», (*La Piété populaire au Moyen Âge*, Torino, Bottega d'Erasme, 1975, pp. 27–42に再録)。十字架信仰における同時代の比較しうるテクストに関しては本書の後半において考察する。

(31) Jean Hubert, Marie-Clotilde Hubert, «Piété chrétienne ou paganism? Les statues-reliquaires de l'Europe carolingienne», *Christianizzazione ed organizzazione ecclesiatica delle campagne nell' alto medioevo : espansione e resistenze*, Spoleto, 10–16 avril 1980, Settimane di Studio del Centro italiano di studi sull' alto medioevo, XXVIII, Spoleto, 1982, pp.235–275. Ilene H. Forsyth, *The Thorne of Wisdom. Wood Sculptures of the Madonna in Romanesque France*, Princeton University Press, 1972.

(32) Hugues de Poitiers, *Historia vizeliacensis ab an.* 846 *ad an.* 1147, PL 194, 1659-1661（この物語は1156年から67年の間に書かれた）.

(33) R. Rigodon, «Vision de Robert, abbé de Mozat, au sujet de la basilique de la Mère de Dieu», *Bulletin historique et scientifique de l'Auvergne* 70, pp.27-45.

(34) Jean-Claude Schmitt, «Rêver au XIIe siècle», Tullio Gregory（éd.）, *I sogni nel medioevo*, Roma, Ateneo, 1985, pp.291-316,（*Le Corps, les rites...* pp.263-294に再録。〔シュミット『中世歴史人類学試論』前掲書，「ギベール・ド・ノジャンの夢」200～226頁〕.

(35) *Liber miraculorum sancte Fidis*, A. Bouillet(éd.), Paris, 1897.

(36) Huguette Taviani, «Naissance d'une hérésie en Italie du Nord au XIe siècle», *Annales ESC*, 5, 1974, pp.1224-1252.

(37) Petrus Venerabilis, *Contra Pertrobrusianos*, PL 189, 719-850.

(38) Arno Borst, *Les Cathares*（1953）, 仏語訳, Paris, Payot, 1974〔アルノ・ボルスト『中世の異端カタリ派』藤代幸一訳，新泉社, 1975年〕.

(39) 教会会議の公式文書は司教から別の司教，おそらくリエージュ司教が異端の危険に対して警戒するよう宛てた書簡によって知られる。PL 142, 1306-1307およびMGH, SS, VII, p.486.

(40) PL 142, 1306 C : «*Non enim truncus ligneus adoratur, sed per illam visibilem imaginem mens interior hominis excitatur, in qua Christi passio et mors pro nobis suscepta tanquam in membrana cordis inscribitur, ut in se unusquisque recognoscat quanta suo Redemptori debeat[...]*».

(41) 最初の論考は, 12世紀前半のプロヴァンス地方のユダヤ人によって記された。Josephe Kimhi, *le Sefer ha-Berit ou Livre de l'Alliance*, éd. The Book of the Covenant, Tronto, Pontifical Institute of Mediaeval Studies, 1972, pp.71-72. 後世の論考に関しては次の文献を参照。David Berger, *The Jewish-Christian Debate in the High Middle Ages. A Critical Edition of the Nizzahon Vetus*, Philadelphia, The Jewish Publ. Society of America, 1979, pp.213-214および331-332.

(42) F. Vernet, «Controverses avec les juifs», *Dictionnaire de théologie catholique*, VIII, 1870-1914. Bernhard Blumenkranz, *Juifs et chrétiens dans le monde occidental*（430-1096）, Paris, Imprimrie nationale, 1960, part. pp.162, 280-286 ; *Id.*, *Les Auteurs chrétiens latins du Moyen Âge sur les juifs et le judaïsme*, Paris-Den Haag, Mouton, 1963.

(43) PL 104, 88 A. 8世紀にはアイオナ司教アダマナスの木彫聖母像に関するあるユダヤ人の冒瀆的な行為に関する短いテクストが挙げられよう。しかし明らかにこの事件はコンスタンティノポリスに伝えられたと考えられている。Adamnanus, *De locis sanctis*, III, 5, PL 88, 722 *sq.*

(44) Bernhard Blumenkranz（éd.）, Utrecht-Antwerpen, Spectrum, 1956. 特に pp.65-68.

(45) PL 156, 489-528. part. 524-525.

(46) PL 170, 599-610. part. 601-608.

(47) PL 170, 803-836. cf. Jean-Claude Schmitt, «L'autobiographie rêvée», *Problèmes et*

méthodes de la biographie, actes du colloque（mai 1985）, Paris, Sources Travaux historiques, Publications de la Sorbonne, 1985, pp.153-166．次の著作において，このテクストの内容を再び取り上げる予定である。

(48)　Bernardus Claraevallensis, *Apologia*, *Opera*, III, J. Leclercq, H.-M. Rochais（éds.）, Roma, 1963, p.63 *sq*. 特に pp.104-107。次の文献も参照せよ。G. Duby, *Saint Bernard. l'art cistercien*, Paris, AMG-Flammarion, 1976.

(49)　*S. Bernardi Vita prima*, PL 185, 420.「聖ベルナルドゥスが祭壇の前にひれ伏していると，聖人の前，同じ地面の上に磔刑像が顕れた。聖人が磔刑像を崇拝し，口づけを浴びせ始めるとキリストは十字架から腕を外し，腕を聖人の首のまわりに回した」。

(50)　初期の世紀に関しては Christoph Schönborn の秀逸な著作（前掲書）を参照。

(51)　次の著作における，12世紀のあるイスラーム人に関する興味深い示唆を参照。André Miquel, *Ousâma. Un prince syrien face aux croisés,* Paris, Fayard, 1986, p.89.「しかしながらフランク人たちの愚かさは，まさに信仰ということになるや否やさらに拍車がかかるのである。私はある日，エルサレムにムーイン・アルディン・アヌール（Mouîn al-Din Anour)とともにいた。岩の聖堂に着いたとき，ひとりのフランク人がやってきて彼に「幼児キリストが見たいか」と尋ねた。それからマリアと膝の上で祝福のポーズをとる幼児キリストが描かれた画像を私たちに持ってきた。「ごらん，幼児キリストだよ」と私たちの案内人が恍惚として言った。幸運にも我々は悟った。高位の御方は不敬というべきことのすべてを意に介さないということを」。

(52)　A. Lecoy de La Marche（éd）, *Œuvres de Suger,* Paris, 1867, «Société de l'histoire de France», 42．スゲリウスの芸術に関するテクストは，英語訳されてアーウィン・パノフスキーのコメント付きで再版。Erwin Panofsky, *Abbot Suger on the Abbey Church of Saint-Denis*, Princeton, 1946〔以下に序文のみ邦訳：アーウィン・パノフスキー「サン・ドニ修道院長シュジェール」『視覚芸術の意味』美術名著選書18, 中森義宗・内藤秀雄・清水忠訳，岩崎美術社，1976年（２刷），103〜151頁〕.

(53)　Ph. Verdier, «Réflexions sur l'esthétique de Suger. À propos de quelques passages du *De Administratione*», *Études de civilisation médiévale*（*IX*^e^*-XII*^e^ *siècle*）. *Mélanges offerts à Éd.-R. Labande*, Poitiers, Centre d'études sur la civilisation médiévale, 1974, pp.699-709.

(54)　A. Lecoy de La Marche, *op.cit*., p.198, *"Unde, cum ex dilectione decoris domus Dei aliquando multicolor gemmarum speciositas ab extrinsecis me curis devocaret, sanctarum etiam diversitatem virtutum, de materialibus ad immaterialia transferendo, honesta meditatio insistere persuaderet, videor videre me quasi sub aliqua extranea orbis terrarum plaga, quae nec tota sit in terrarum faece, nec tota in coeli puritate demorari, ab hac etiam interiori ad illam superiorem anagogico more Deo donante posse transferri».*

(55)　*Ibid*., p.11.

(56)　Burchardus Wormatiensis, *Decretorum libri* XX, III, XXXV-XXXVI, PL 140, 678-679.

(57)　*Concilium Eliberitanum seu Illiberitanum*, PL LV, 1019.「聖堂内部に絵画はあるべきではなく, そのような絵画が敬われたり, 崇拝されてないように」(Placuit picuturas in ecclesia esse non debere, ne guod colitur et adoratur in parietibus depingatur)(訳者補遺)。

(58)　Ivonis Camutensis, *Panormia,* II, LV–LV, *De pictura ecclesiarum,* PL 161.

(59)　*Decretrum*, IV CXXII, CLIX, 194, 302.

(60)　Alanus ab Insulis, *Contra haereticos libri, IV*, IV, 11, PL 210, 428.　著者はまたユダヤ人や新たに「サラセン人たち」による画像に対する敵意に反駁しようとしている。

(61)　*The Summa contra haereticos ascribed to Praepositinus of Cremona*, J. N. Garvin, J.A. Corbett (éd.), University of Notre-Dame Press, 1958, «Publ. of Medieval Studies», 1S, pp.222–224.

(62)　Thomae Aquinatis, *Summa theologiae*, III, 25, 3, ad 4. ダマスカスの聖ヨハンネスがその著『正統信仰論』において引用した聖バシレイオスの有名な三段論法を再び取り上げている「「似像の崇敬は原型，すなわち範型 exemplar にまでとどく。」しかし，範型そのもの，すなわちキリストは敬神の礼拝によって礼拝すべきである。それゆえ，彼の肖像も同様である」〔トマス・アクィナス『神学大全』第三部第25問題第3項（4），稲垣良典訳，創文社，2010年，192頁〕。

(63)　*Id*., IIa IIe, 94, 2〔トマス・アクィナス『神学大全』第二–二部第94問題第2項，稲垣良典訳，創文社，1991年，314頁〕。

(64)　*Id*., *Sent.*, III IX, 1, 2, 7. スコラ哲学（ここでは ratio という言葉が多くの意味を持つ）やグレゴリウスの教義における「理性的」方法での体系的な論の展開に留意。«*Fuit autem triplex ratio institutionis imaginum in Ecclesia. Primo ad instructionem rudium qui eis quasi quibusdam libris edocentur. Secundo ut incarnationis mysterium et sanctorum exempla magis in memoria nostra essent, dum quotidie oculis repraesentartur. Tertio ad excitandum devotionis affectum qui ex visis efficacius incitantur quam ex auditis*».

(65)　Hans Belting, *op.cit*., pp.220–223.

(66)　15世紀イタリアは当然ながら研究において特権的な場を形成している。特に刷新された芸術という観点から以下の文献を参照。M. Baxandall, *Painting and Experience in Fifteenth Century Italy*, Oxford, Oxford University Press, 1972〔マイケル・バクサンドール『ルネサンス絵画の社会史』篠塚二三男・池上公平・石原宏・豊泉尚美訳，平凡社, 1989年〕. また儀礼に関する歴史人類学的な著作については，Richard C. Trexler, *Public Life in Renaissance Florence*, New York-London , Academic Press, 1980を参照。しかし年代的ずれや地域的特性はあるものの，同様の展開はヨーロッパ全土で見られる。

(67)　Johannes Belethus, *Summa, de ecclesiasticis officiis*, H. Douteil (éd.), Turnholt, Brepols, 1976. «Corpus Christianorum. Continuatio Medievalis», A, 85, pp.154–155. しかし「ギリシア化する」イコンという言葉の非常に稀な使用法に注目。イメージの異なる位置に定められた言葉の区別（*intra ecclesiam, extra ecclesiam*），救世主を表

す三様態，聖堂装飾の3タイプもまた非常に特徴的である。これらはすべて，ドゥランドゥスによって再び提唱された。

(68) Guillermus Durandus, *Rationale divinorum officiorum*, I,3, Napoli, 1859, pp.22–27.（初めの22段落）

(69) *Ibid*., p.24. "*Pictura namque plus videtur movere animum quam scriptura. Per picturam quidem res gesta ante oculos ponitur; sed per scripturam res gesta quasi per auditum, qui minus movet animum, ad memoriam revocatur. Hinc etiam est, quod in Ecclesia non tantam reverentiam exhibemus libris, quantam imaginibus et picturis* ».

3　テクストとイメージ

★初出：«Écriture et image : les avatars médiévaux du modèle grégorien», Emmanuèle Baumgartner et Christiane Marcello-Nizia (éds.), *Théories et pratiques de l'écriture au Moyen Âge*, Centre de recherches du département de français de l'université de Paris X-Nanterre, Centre Espace-Temps-Histoire de l'École normale supérieure de Fontenay-aux-Roses-Saint-Cloud, 1988, pp.119–154.

(1) Paul Zumthor, *La Lettre et la Voix. De la "literature" médiévale,* Paris, Le Seuil, 1987.

(2) Aurelius Augustinus, *In Johannis Evangelium tractatus* XIV, 2（PL 5, col.159）〔『アウグスティヌス著作集23　ヨハネによる福音書講読説教1』教文館〕. 当該箇所はシャピロによって次の文献中に引用されている。Meyer Schapiro «On the aesthetic Attitudes in Romanesque Art»（1947）, *Romanesque Art.* Selected Papers（再録）, London, Chatto and Windus, 1977, p.25（再版，London,Thames and Hudson, 1993）.

(3) この変革の全体像に関しては，本書第I部2章「第2ニカイア公会議からトマス・アクィナスまで──西欧における宗教画像の解放」を参照。

(4) この画像は，大グレゴリウスの最も初期の伝記にすでに言及されている奇跡の逸話を典拠とする。エゼキエルのヴィジョンの注釈を描き出そうとしたところ聖霊の鳩が顕われるのである。8世紀にボーヴェのウィンケンティウスは大グレゴリウスによって記された本を列挙し，偉大な著述家にふさわしい2つの奇跡の逸話に触れている。鳩の逸話と，失われ諦められていたものの再発見された写本『モラリア』の逸話である。締めくくりには教皇グレゴリウスの『司教規則書（*Regula pastoralis*）』や他の著作が引用されている。*Speculum Historiale*（『歴史の鑑』），XXII, cap. 24 à 27（de Douai〈éd.〉, 1624, p.868 *sq*.）を参照。書物を持つグレゴリウスの肖像は，彼の著作の豊かさと価値を物語る。cf. PL 75, 487–500, トゥールのグレゴリウスからホノリウス・アウグストドゥネンシスに至る，大グレゴリウスの著作を称える9人の著者からの引用あり。

(5) Gerta Teler（éd.）, *Die altfranzösische Gregoliuslegende nach der londoner Handscrrift*, Münster / Paris, 1933（Arbeiten zur romanischen Philologie 5）. A.-H. Krappe, «La légende de saint Grégoire», *Medium Aevum* XLVI, 1936, pp. 161–177. Mario Roques, «Notes pour l' édition de la Vie de saint Grégoire», *Romania* LXVII,

1956, pp.1－7 : «La légende de saint Grégoire»（『聖グレゴリウス伝』）の要約。ラテン語版は以下を参照。*Gesta Romanorum* cap.81（73）, H.Oesterley（éd.）, Berlin 1872, pp.399－409．グレゴリウスはある王とその妹の近親相姦の愛の結果生まれたといわれている。父の死後，偶然にもグレゴリウスは自分の母と結婚する。このあらたな近親相姦が発覚すると，グレゴリウスは17年間島に閉じこもった。神が亡き教皇の後継者に彼を指名したので，司祭たちはその島に彼を探しにやってきた。この逸話については次の文献以降参照。Anita Guerreau-Jalabert, «Grégoire ou le double inceste. Le rôle de la parenté comme enjeu（XIIe－XIXe siècle）», *Réception et identification du conte depuis le Moyen Âge*, acte du colloque de Toulouse, janvier 1986, Toulouse, Université de Toulouse - Le Mirail, 1987, pp.21－49.

（6） MGH, Epistolae II, X, 10, Berlin, 1957, pp.269－272, および PL 77, col.1128－1130. 本論考では，知覚認識過程におけるイメージの問題を故意に脇に置いた。このテーマは以下の文献において，クロード・ダジャンによって取り上げられている。Claude Dagens, *Saint Grégoire le Grand, Culture et expérience chrétienne,* Paris, Études Augustiniennes, 1977, pp.202－212.

（7） *«Nam quod legentibus scriptura, hoc idiotis praestat pictura cernentibus, quia in ipsa ignorantes vident, quod sequi debeant, in ipsa legunt qui litteras nesciunt ; unde praecipue gentibus pro lectione pictura est».*

（8） *«Ut nescientes litteras ipsam historiam intendentes ad hanc instructionem…».*

（9） *«Ex visione rei gestae ardorem compunctionis percipiant et in adoratione solius omnipotentis sanctae Trinitatis humiliter prosternantur».*

（10） J. Pegon, *Dictionnaire de Spiritualité*, II, 2, 1312－1321.

（11） MGH, Epistolae II, IX, 195, *op.cit.*, pp.182－183.

（12） *Ibid.*, IX, 147, pp. 147－149. PL 77, col.990－991, ここでは真筆の部分と加筆の部分が区別されていない。

（13） とりわけ767年のジャンティイの教会会議においてである。

（14） PL 71, col.728－729.

（15） 聖パウロ「コロサイ人への手紙」１章16節および「ヘブライ人への手紙」11章３節。

（16） *«Et dum nos ipsa pictura quasi scriptura ad memoriam filium Dei reducimus, animum nostrum aut de resurrectione laetificat, aut de passione emulcat».*

（17） PL 96, col. 1221.

（18） *Ibid.*,98, col.1229－1290. および MGH, Espitolae, V, Berlin, 1889, pp.55－56.

（19） MGH, *Concilia*, t. II, Supplementa, H. Bastgen（éd.）, Hannover - Leipzig, 1924, pp.81－82.（*Libri carolini* II, cap.23）.

（20） MGH, Concilia Aevi Carolini, t. II, Pars I, Hannover - Leipzig, 1906, p.528（*Libellus Synodalis Parisiensis*825, nov.1）.

（21） Dungalus Reclusus, *Responsa contra perversas Claudi Taurinensis ep. sententias,* PL 105, col. 468. Jonas Aurelianensis, *De cultu imaginum*, *ibid.*, 106, col. 322（Serenus et Januarius）. Agobardus, *Liber contra eorum superstitionem qui picturis et imag-*

inibus sanctorum adorationis obsequinm deferendum putant, *ibid*., 104, col. 218.

(22) Burchardus Wormatiensis, *Decretorum libri XX*, Lib.III, cap.36, «Alius est enim ...», PL 140, col.679. Ivonis Camutensis, *Panormia* II, LVI ; *ibid*., 161, col.1094. および *Decretum* III, 41（隠修士セクンディヌスの名を用いた『セレヌス宛書簡』の引用）; *ibid*., col. 206-207., Gratianus, *Decretum* III, Dist. III, 27 ; *ibid*., 187, col.1360.

(23) Johannes Belethus, *Summa de ecclesiaticis officiis*, cap.85, H. Douteil（éd.）, Turnhout, Brepols（Corp. Christ. Contin. Mediev. XLI A）, 1976, p.154. Guillermus Durandus, *Rationale Divinorum Officiorum* I, 3, 4（Napoli, 1859, p.24）：この著作の中で画像に与えられた地位は，それ以前と比べて13世紀キリスト教信仰において画像が得た重要性を明らかにする。

(24) *Bibliotheca Hagiographica Latina*, pp.542-544, n°3636-3649. および *Supplementum*, 3645 bis を参照。*Vies des Saints et des Bienheureux,* les RR PP bénédictins de Paris, t. III, Paris, 1941, p.262 *sq*.より。Bibliotheca Sanctorum, Roma, 1966, VII, col. 237-238.

(25) PL 71, col.527-529.

(26) *Liber Pontificalis*, L. Duchesne, 第２版, Paris, De Boccard, 1955, t. I, pp.312-313.

(27) *The Earliest Life of Gregory the Great by an Anonymus Monk of Whitby*, édition et traduction B. Colgrave, Lawrence, The University of Kansas Press, 1968; Bede, *Hist, Eccl. Angl.*, I, 230 *sq*., II, 1, ed. Plummer, Oxford, 1896.

(28) Paulus Diaconus, *Vita S. Gregorii*, PL 75, col. 45, *id*., *Historia Langobardorum*, MGH, ad usum scholarium, vol.48, Hannover-Leipzig, 1878, III, 23, pp.127-128.

(29) AA. SS., Mars II（12 mars）および Dom J. Mabillon, AA. SS. Ord. Ben., I,385 *sq*., PL 76, col.80 *sq*. に再録。

(30) 大グレゴリウスの書簡の中で，このときの彼の説教は，9月の４つの日付にわたっている。Gregorius Magnus, *Registrum epistolarum*, P. Ewald, L. M. Hartmann（éds.）, Berlin, 1899, t, II, p.367.

(31) Paul Meyer, «La vie de saint Grégoire le Grand traduite du latin par Frère Augier, religieux de Sainte Frideswide», *Romania* XII, pp.145-208.

(32) Gregorius Turonensis, *op.cit*., col.529：

(1) 殉教者聖コスマと聖ダミアヌスの聖堂からは，聖職者が第６地区の司祭たちと出発。

(2) 殉教者聖プロタシウスと聖ゲルウァシウスの聖堂からは，大修道院長が第４地区の修道士と司祭たちと出発。

(3) 殉教者聖マルケリヌスと聖ペトルスの聖堂からは，女子修道院長が，第１地区の女修道士，司祭たちと出発。

(4) 殉教者聖ヨハネスと聖パウルスの聖堂からは，子供たち全員が第２地区の司祭たちと出発。

(5) 殉教者の元祖聖ステファヌスの聖堂からは，俗人たちが第７地区の司祭たちと出発。

(6) 聖エウフィミアの聖堂からは，未亡人たち全員が第５地区の司祭たちと出発。

(7) 殉教者聖クレメンスの聖堂からは，妻たち全員が第3地区の司祭たちと出発。〔トゥールのグレゴリウス『フランク史』杉本正俊訳，新評論，2007年，507頁〕参照。

Paulus Diaconus, *Historia Langobardorum, op.cit.*, pp.127–128：(1) 最初に聖職者全員の合唱隊　(2) 大修道院長と修道士　(3) 女子修道院長とその信心会　(4) 子供たち　(5) 平信徒たち　(6) 未亡人たち　(7) 花嫁たち

Johannes Diaconus, Mabillon, *op.cit.*：(1) 洗礼者聖ヨハネ聖堂からは聖職者たち　(2) 殉教者マルケルスの聖堂からは男たち　(3) 最初の殉教聖人ステファヌスの聖堂からは花嫁たち　(6) 殉教聖人ウィタリウスの聖堂からは未亡人たち　(7) 殉教聖女チェチリアの聖堂からは貧者と子供たち

古代および中世のローマの宗教区分における7地区に関しては，12地区（rioni）が現れる11世紀に至るまで，以下の文献を参照。Léon Homo, *Rome médiévale*, 46–1420, Paris, 1934, p.119.

(33) Gregorius Magnus, *Registrum epistolarum*, *op.cit.*, Berlin, 1891, t, I, p.102.

(34) *Ibid*., t, II, pp.365–367.

(35) *Ibid*., Berlin, 1899, t. II, pp. 165–166, juin 599.

(36) *Liber Pontificalis*, L. Duchesne, éd., Paris, 1892, II, pp.4, 35, n.17.

(37) この聖母被昇天の日の行列は，すでに教皇レオ4世（847～855年）のもとで承認されていた。*Liber Pontificalis*, *op.cit.*, II, p.110.

(38) R. Valentini, G. Zuchetti, *Codice topografico della Città di Roma*, III, Fonti per la Storia d'Italia, vol.90, Roma, 1946, pp. 220, 221, 266. 定められたルートは以下の通り。ラテラノ大聖堂—サン・マルコ聖堂—サン・クレメンテ聖堂—サンタ・マリア・ノーヴァ聖堂—サン・マルコ聖堂—パリロン通り—サン・ピエトロ聖堂—コルティナ通り—サン・ピエトロ聖堂。

(39) Alcuinus, *Liber de divinis officiis,* cap. XXII および XXIII, PL 101, col.1224–1225. Amalarius Metensis, *Liber officialis*, IV, cap. XXIV-XXV, J. -M. Manssens（éd.）, t. II, Città del Vaticano, 1958, pp.481–483. Bernold, *Micrologus*, PL 151, col, 1018. Rupertus Tuitiensis, *De divinis officiis*, IX, cap.V, PL 170, col.248–250.Honorius Aug., *Speculum Ecclesiae*, PL 172, col.951. Johannes Belethus, *op. cit*., p. 232. Guillermus Durandus, *op. cit*., Lib. VI, cap. CII *De rogationibus*（Napoli, 1859, pp.602–606）.

(40) テクストでは「不治のペスト（pestis inguinaria)」と述べているが，この年代では，本当のペストではない。中世初期に聖グレゴリウスが鎮圧したという伝承に基づく。

(41) Hugo Farsitus, *Miracula Bastae Virginis Suessionensis*, PL 179, col.1777–1800. このテクストはゴーティエ・ド・コワンシー『聖母の奇跡』で用いられている。「アラスで治癒されし婦人」(D'une femme qui fut guérie à Arras), v. 217 *sq*.:「かくも凄まじき地獄の炎に捕えられ，あまねくアルトワ人のその心もて，誰しも繰り返すは，汝，殉教者を知らぬものかと。すべて逆らいし者どもの喧噪と叫び」。そしてキリストが聖母を民衆の治癒のために送るのである（v. 230）。

(42) この年記はアラン・ブーローによって提案されている。Alain Boureau, *La Lég-*

ende dorée. Le système narratif de Jacques de Voragine（*†1298*）, Paris, Le Cerf, 1984, p. 32.

(43) Jacobus de Voragine, *Legenda Aurea,* Th. Grasse（éd.）, Dresden-Leipzig, 1890 cap.XLVI, pp.190–192.〔ヤコブス・デ・ウォラギネ『黄金伝説Ⅰ』前田敬作・今村孝訳，平凡社ライブラリー，2006年，477，478頁〕，本文では邦訳を若干変更している。Th. de Wyzema, Paris, 1900, pp.168, 169.

(44) Jean de Mailly, *Abrégé des gestes et miracles des saints,* 仏語訳，A. Dondaine, Paris, Le Cerf, 1947（Bibliothèque d'Histoire dominicaine I）, pp.152, 153, 174–176.

(45) 最終的には以下の文献を参照。A. Dondaine, «Barthélemy de Trente o.p.», *Archivum Fratrum Praedicatorum* 45, 1975, pp.79–105.

(46) Vincentius Bellovacensis, *Speculum Historiale*, II, cap.I ; Douai, 1624, p.864.

(47) Guillermus Durandus, *op.cit*.,VI, cap.89 : *De septem diebus post Pascham.* B. Pesci, «Il problema cronologico della Madonna di Aracoeli alla luce delle fonti», *Rivista di Archelogia cristiania*, XVIII, 1, p.53, n.1. この章では，サンタ・マリア・マジョーレの名前は15世紀（1459年, 1473年そして1482年）以降サンタ・マリア・イン・アラコエリ聖堂によってとってかわられたことが注記されている。サンタ・マリア・イン・アラコエリ聖堂にも，原型となる聖母のイコンが保持されていた。この逸話は，Ch. バルテルミーによって『聖務論』仏語訳において取り上げられた（Paris, 1854, vol.4）。一方ペシは，おそらくマリアーノ・ダ・フィレンツェ『都市ローマ旅行記』1517年）の影響で，『聖務論』の年記を誤っている（1236年ではなく1284年）。マリアーノ・ダ・フィレンツェはG. ドゥランドゥスがヤコブス・デ・ウォラギネからイコンの行列の逸話を「知った」という（p.55）。

(48) «Mes, quant il fut tout confermé, /Si con j'ai dit et affermé,/Et cele grant mortalité /Degastoit encor la cité,/Il resumt les devocions/Des gens, et les processions/Fist que pasquerez ordena,/Et entour Romme les mena/En cantant la grant letanie./L'ymage a la vierge Marie,/Qui a Romme est encor gardee,/Plusors gens l'i ont regardee,/Fist porter pour l'enemy veincre/Que saint Luc, le tres noble peintre, /Fist de sa main a la semblance/De la mere Dieu sans doutance./Saint Gregore, le bon, le sage,/Fist tant devant porter l'image/Hautement par grand reverence/Que toute celle pestillence,/Qui maint homme avoit ja hurté/Et de l'air toute l'oscurté,/Ce pout chescun apercevoir,/Donna lieu a l'image voir/Aussi con se par tres grant crainte / Fuïst devant l'ymage sainte,/Et sembloit que la pestilence/N'osast remaindre en la presence/Du saint ymage nostre dame [...] /Et, quant s'ymage hors chacha/Les teniebres et esfacha,/Et fut de tel auctorité/Qu'elle osta la mortalité...» A. de Montaiglon, «La Vie de Saint Grégoire le Grand», *Romania*VIII, 1879, pp.509–544, p.527, vv.744–800.

(49) Helmut Hager, *Die Anfänge des italienischen Altarbildes. Untersuchungen zur Entstehungsgeschichte des toskanischen Hochaltarretables*, München（Veröffentlichungen der Bibliotheca Herziana 17）, p.47, 50, 118およびB. Pesci, «La Madonna di Aracoeli et le traduzione romane del suo tema iconographico», *Rivista di archeologia cris-*

tiania, XVIII, 1, pp.65–96：サン・シスト聖堂のイコン（1219年以降に承認），アヴェンティーノの丘のサン・アレッシオ聖堂，サンタ・マリア・ディ・カンポ・マルチオ聖堂，サンタ・スザンナ聖堂，サンタ・マリア・イン・ヴィア・ラータ聖堂のイコン，そして当然，アラコエリとサンタ・マリア・マジョーレのイコンである。以下の文献を参照。Gerhald Wolf, *Salus Populi Romani. Die Geschichte Römischer kultbilder im Mittelalter*, Weinheim, VCH, 1990.

(50)　Hans Belting, *Das Bild und sein Publikum im Mittelater. Form und Funktion früher Bildtafeln der Passion,* Berlin, Gebr. Mann Verlag, 1981, 特に pp.220–223.

(51)　12世紀，シトー会は木製の彩色された十字架しか認めなかった。リーヴォーのアエルレドゥスが，聖母と聖ヨハネを左右に配した磔刑の救世主像について語っているが，修道院聖堂の祭壇上の絵であろう。（*La vie de recluse*, Ch. Dumont（éd.), Paris, Le Cerf, Sources Chrétiennes 76, 1961, pp.104–107）.シトー会は1237年以降，十字架の代わりに磔刑像を用いるようになるが，それは描かれた持ち運び可能な画像のことである。

(52)　ハンス・ベルティングは，聖母マリアと聖ヨハネを伴う磔刑図の最初の板絵は1138年としている。

(53)　1236年，ギュンタ・ピサーノはアッシジのフランチェスコ修道会士のために，聖母マリアと聖ヨハネを伴う磔刑図の板絵を描いた。13世紀の終わりには，ジョットが同様にフィレンツェのサンタ・マリア・ノヴェッラ聖堂のドミニコ会士のために制作している。ドゥッチョは，サンタ・マリア・ノヴェッラ聖堂のラウデージのために《玉座の聖母子》を，そして1310から11年にはシエナ大聖堂のために《荘厳の聖母》を描いた。1315年にはシモーネ・マルティーニがシエナ市のために《荘厳の聖母》を描いた。

(54)　*Bibliotheca Sanctorum*, VIII, s.v. S. Luca, Roma, 1996, col.188–222. H. Leclercq, *Dictionnaire d'archéologie chrétienne et de liturgie*, IX, col.2614. Louis Réou, *Iconographie de l'art chrétien*, PUF, 1958（Krauss Reprint, 1988), III, 828, *Lexikon der christlichen Ikonographie*, VII, 1974, col.449. 聖アウグスティヌスが記した『三位一体論』（*De Trinitae* VIII, 6, 7）では，「聖母の顔を知る」ことができるという考えは拒絶されていた。しかし6世紀以降，読師テオドロスによって，聖母の「肖像を描いた」聖ルカの伝説が広まった。サンタ・マリア・マジョーレ聖堂の画像は1.17m×0.79mの大きさであり，ギリシア文字で同定されている。かつては大きなキボリウムに入れられ，祭壇の上の円柱の上に載せられていた。複製に関しては，H. Hager, *op. cit.*, PL 46および G. Biasiotti, «L'immagine della madonna detta di S. Luca a S. Maria Maggiore a Roma», *Bolletino d'Arte*, 1916, 231–236。聖母像は1613年にはポリーヌ・ボルゲーゼ礼拝堂に移された。D. Taccone-Galluci, *Monografia della Patriarcale Basilica di S. Maria Maggiore*, Roma, 1911, pp.137–140. F. Fabi-Montani の次の著作，*Dell antica immagine di Maria Santissima nella basilica liberiana e del suo culto,* Roma, 1861および P. Cellini, *La Madonna di S. Lucca in S. Maria Maggiore*, Roma, 1943は慎重に扱われるべきである。著者は大グレゴリウスの時代にその原型を遡らせ，イコンの古さを示そうとしているからである。*Liber Pontificalis* «Vie de Pascal Ier»

(817-824), *op.cit.*; II, p.61は，サンタ・マリア・マジョーレ聖堂の画像について言及しているが，そこでは，この教皇（パスカリス1世）が，画像を造らせたことになっている（聖ルカへの言及はない）。8世紀には，グレゴリウス3世がサンタ・マリア・マジョーレ聖堂の聖母像（*imaginem sancte Dei genitricis antiquam*）を再び銀細工で造らせたが，それがおそらくパスカリス1世の聖母像のことであろう。*Liber Pontificalis, op.cit.* t. I, XCII, p.419. しかし「ホデゲトリア型」のコピーではありえない。

(55) R. Valentini, G. Zucchetti, *Codice topografico*..., IV, Fonti per la Storia d'Italia, vol. 91, *op.cit.*, p.338. イングランドの巡礼者ジョン・カプグラーヴ（『汝巡礼者の魂』John Capgrave, *Ye Solace of Pilgrimes*）はおそらく，1450年の聖年の際にローマを訪れたのであろう。また，フィレンツェ人ジョヴァンニ・ルチェライ著『ローマの美と古物について』(Giovanni Rucellai, *Della bellezza e anticaglia di Roma*)（1459）においては，イコンが保管されていたキボリウムについての記述があり，フィレンツェのオルサンミケーレのイコンと比較している。両者とも聖ルカが描いた画像であろうと主張している。

(56) この研究の続行には，ローマのジェローム・バシェ氏より大変親切な情報を得た。ここに深く謝意を表したい。

(57) Fra Mariano da Firenze, *Itinerarium urbis Romae*, P. Enrico Bulletti（éd.）, Roma, Pointif. Istituto di archeologia, Cristiana, 1931（Studi di Antichità Christina, II），(B. Pesci により引用。«Il problema cronologia...», *op.cit.*, pp.52-55.)

(58) *Ibid.*, p.70.

(59) *Ibid.*, p.136.

(60) *Ibid.*, pp.188-190.（B. Pesci により引用。«Il problema cronologia...», *op.cit.*, pp. 52-55).

(61) Ms Eton, Lib. Eton College, 124, fol.122, Fulda, Landesbibl.; Ms A. a. 39, fol.70.

(62) *Lexikon der christlichen Ikonographie*, VI, 1974, col.438：14世紀のガッディ派の作品，ヴァティカン国立博物館所蔵。アンドレア・ディ・ブレニョ派，1469年，ローマ，サン・グレゴリオ聖堂所蔵。G.B.ロンベルデッリ，1580年，ローマ，サン・ミケーレ・イン・ボルゴ聖堂所蔵。

(63) 興味深いことにフランチェスコ修道士のひとりは1987年6月にこの画像について尋ねられ，大グレゴリウスや590年の疫病（ペスト）を否定している。一方でその間にアラコエリのイコンが描かれた「黒死病（黒いペスト）」は問題とされるべきであろう。教皇が当時アヴィニョンに居住していたとはいえ，目にすることができなかったわけではない（この情報は，ジェローム・バシェ氏によって提供いただいた)。

(64) Caroline W. Bynum, *Holy Feast and Holy Fast. The religious Significance of Food to Medieval Women*, Berkeley - Los Angeles - London, University of California Press, 1987, p.68, 331, n.153. 著者は聖グレゴリウス伝で述べられている古いテーマの変容について述べている。初期の「聖グレゴリウス伝」では，確かに聖体の秘蹟が含まれている。それは「グレゴリウスが授けた聖体が「キリストの身体」たりうるとい

う考えを嘲笑した女性の前にキリストの指が現れた」という逸話であるが，「聖グレゴリウスのミサ」のテーマとは異なる。

(65) Hans Belting, *op.cit*., pp.66–67, pp.282–283およびill. ; 14. Carlo Bertelli, «The Image of Pity in Santa Croce in Gerusaleme», *Essays in the History of art presented to R. Wittkover*, London, 1967, p.40 *sq*. また，Louis Réou, *Iconographie de l'art chrétien*, PUF, 1958（Krauss Reprint, 1988）, III, 2, p.614も参照。この画像の名声に関しては，アラコエリのイコンと比較しうる。以下参照。B. Pesci, «La Madonna di Aracoeli ...», *op.cit*.

(66) 中世からプロスペル・メリメに至るまで極めて豊かに語り継がれたこの伝統に関しては，以下を参照。Paul Franklin Baum, «The Young Man betrothed to a Statue», *Publications of the Modern Language association of America*, XXXIV, 4（new Series, XXXVII, 4）, 1919, pp.523–579.

(67) Guillermus Malmesburiensis , *Gesta regum anglorum*, II, 205 : «De anulo statuae commendato», W. Stubs（éd.）, Rolls Series, London, 1887–1889, I, pp.256–258.

(68) 13世紀初め，このヴァージョンは，ウェンドーヴァーのロジャー『歴史の華』（Rogeri de Wendover, *Flores Historiarum*）に正確な年代で再録。すなわち1058年頃，対立教皇ベネディクトゥス10世が教皇ステファヌス９世を継承した頃である（Rolles Series, 1, pp.498–500）。この物語は続いてボーヴェのウィンケンティウスによっても1107年の年記とともに取り上げられた（*Speculum Histriale*, XXVI, 29）。

(69) *Kaiserchronik eines Regensburger Geistlichen*, v. 13085–13376, Edward Schröder（éd.）, MGH *Deutsche Chroniken* I, 1, 初版，1892，第３版，Dublin-Zürich, pp.318–324.

(70) さらに379年から395年まで治世が続いたことがわかっている。

(71) おそらく海の底で真珠を集めるモティーフは『フィシオログス』の伝統から生じたのだろう。

(72) このモティーフは，パネアス（現バニヤース）のキリストの像の足もとに生えた奇跡の草のモティーフを思わせる。それについては，カエサレイアのエウセビオスが記し（*Hist.Eccl*., VII, 18），ルフィヌス（４世紀　Tyrannius Rufinus）とトゥールのグレゴリウスによって再び取り上げられた（*De Gloria martyrum*, I, 21）。

(73) F. Koenig（éd.）, Genève, Droz, 1955–1970, Pierre Kunstmann, *Vierge et merveille. Les miracles de Notre Dame narratifs au Moyen Âge*, Paris, Union générale d'éditions, 10/18, 1981, pp.86–95. このヴァージョンはボーヴェのウィンケンティウスによって『歴史の鑑』VII, 87に再び取り上げられた。婚姻を望みながら，教皇の助言に従い聖女アグネスの祭壇に婚姻指輪を置いたときにはその欲望が消えうせていた若き聖職者の話はそれと関連付けることができよう。聖女の「描かれた画像」は手を伸ばし，婚姻指輪を掴んだ。すると指輪は以降薬指にはめられていた。この逸話はトリエントのバルテルミーの著作にも現れ，ヤコブス・デ・ウォラギネの『黄金伝説』24章，「聖女アグネスの生涯」でも取り上げられている（Th. Grasse（éd.）, p.116〔邦訳『黄金伝説Ⅰ』前田敬作・今村孝訳，人文書院，1979年。平凡社ライブラリー，2006年，295，296頁〕）。

(74) それは，画像に反対する人々によって告発された古き伝統である。『カロリング文書』III, 26（PL 98, col.1170–1175）は，画像崇敬の正当性を主張するために夢に根拠を求めようとしたミュルのテオドロス司教の主張を拒絶している。本書第II部5章「紀元1000年前後における新しいイメージの正当化」156頁参照。

(75) Paul Meyer, «Version en vers des Vies des Pères», *Histoire littéraire de la France* XXXIII, 1906, pp.254–328. ここでは以下の版を使用。Méon*, Nouveau Recueil de fabliaux et contes,* Paris, 1823, II, pp.293–313（Slatkine, 再版, Genève, 1976）. この詩は, 662の詩句を含む。«L'ymage qu'il ot espousee/Par son gieu li fist tel anui/Qu'en travers se coucha lez lui/Si que durement le greva».

(76) 実際, 7世紀に遡るある有名なイコンを所持していた。cf. H. Hager, *op. cit.*, p.44.

(77) Gregorius Magnus, *Registrum Epistolarum*, P. Ewald, L. M. Hartmann,(éd.), Epistolae, II Berlin, 1899, p.331. 加えて以下の文献を参照。Michael Camille, *The Gothic Idol : Ideology and Image-Making in Medieval Art*, Cambridge, Cambridge University Press, 1989.

(78) Joannis Salisberiensis, *Polycraticus*, C.I. Webb（éd.）, Oxford, 1909, II, pp.370–371.

(79) *De Mirabilibus Urbis Romae*, R. Valentini, G. Zucchetti（éd.）, *Codice Topografico* …, III, Fonti per la Storia d'Italia, vol.90, *op.cit.*, pp. 145, 149, 153. 別の同時代の証言としては，Martinus Oppaviensis（Martin le Polonais OP）, C*hronicon Pontificum et Imperatorum*, L. Weiland（éd.）, MGH SS XXII, Hannover, 1872, p.422.

(80) 「異教の偶像の破壊者」としてのグレゴリウスの伝説，ルネサンス期の彼の受容と16世紀の教皇たちの芸術上の政策に対する影響に関しては以下の文献を参照。Timann Buddensieg, «Gregory the Greate, the Destroyer of Pegan Idols. The History of a Medieval Legend Concerning the Decline of Ancient Art and Literature», *Journal of the Warburg and Coutauld Institutes*, 28, 1965, pp.44–65.

(81) この大きな問題について，最終的には以下を参照。R. Dragonetti, *Le Mirage des sources. L'art du faux dans le roman médiéval*, Paris, Le Seuil, 1987.

(82) Guillermus Durandus, *Rationale Divinorum Officiorum,op.cit.*, I, 3, 4, p.24. «*Pictura namque plus videtur movere animum quam scriptura. Per picturam quidem res gesta ante oculos ponitur sed per scripturam res gesta quasi per auditum, qui minus movet animum, ad memoriam revocatur. Hinc etiam est quod in ecclesia non tantam reverentiam exhibemus libris quantam imaginibus et picturis*».

(83) ここで考察する時代より後の世紀に関しては，マイケル・バクサンダールの著作を参照。M. Baxandall, *L'Œil du Quatrocento, L'usage de la peinture dans l'Italie de la Renaissance*, 仏語版, Gallimard, Paris, 1985.（初版：英語版, Oxford, 1972）。同書は「視覚芸術」とその含意に関する概念への重要な考察の模範例を提供している。

4　西方における画像の解放と規範

★初出：«Normen für die Produktion und Verwendung von Bildern im Mittelalter», Doris Ruhe und Kerl-Heinz Spieβ, *Prozesse der Normbildung und Normveränderung*

im mittelalterlichen Europa, Stuttgart, Franz Steiner Verlag, 2000, pp.5-26.

(1)　ここではアイケ・フォン・レプゴウ編『ザクセンシュピーゲル』写本（1225年）に関する R. Schmidt-Wiegand の多数の研究に言及するだけで十分であろう。

(2)　Robert Jacob, *Images de la justice. Essai sur l'iconographie judiciaire du Moyen Âge à l'âge classique*, Paris, Le Léopard d'Or, 1994. Jean-Claude Schmitt, «Le miroir du canoniste. Les images et le texte dans un manuscript médiéval», *Annales ESC*, 1993, pp.1471-1495も併せて参照されたい。

(3)　Hélène Toubert, *Un art dirigé. Réforme grégorienne et iconographie*, Paris, Le Cerf, 1990.

(4)　Rudolf Berliner, «The Freedom of Medieval Art», *Gazette des Beaux-Arts*, 6e Série, vol.XXVIII, 1945, pp.263-288.この重要な研究の手がかかりを示してくれたゲルハルト・ウォルフ氏に感謝する。

(5)　とりわけ F. Boespflug, N. Lossky（éds.）, *Nicée II, 787-1987. Douze siècles d'images religieuse*, Paris, Le Cerf, 1987を参照。

(6)　Molanus, *Traité des saintes images*, F. Boespflug, O. Christin, B. Tassel による翻訳（序文，注記，索引付き）Paris, Le Cerf, 1996, 2 vols.

(7)　筆者には非常に重要に思われるが，この２つの書簡における加筆の問題はしばしば『セレヌス宛書簡』に多くの注記を加えている歴史家たちには無視されている。しかしこの問題に関して長い伝統を追うのは肝要である。本書の第Ⅰ部２章「第２ニカイア公会議からトマス・アクィナスまで──西欧における宗教画像の解放」および M. Camille, «The Gregorian Definition revisited : Writing and the Medieval Image», J. Baschet, Jean-Claude Schmitt（éds.）, *L'Image. Fonctions et usages des images dans l'Occident médiéval,* Paris, Le Léopard d'Or, 1996, pp. 89-108.

(8)　Gilbert Dagron による翻訳。*Histoire du christianisme*, J.-M. Mayeur 監修 Ch. et L. Pierti, A. Vauchez, M. Vénard, t. 4, *Évêques moines et empereurs*（610-1054）, Paris, Desclée, 1993, p.65.

(9)　*Livre des miracles de sainte Foy*, 1094-1994（ファクシミリ版，テクストの仏語訳）, Obernai, Les Amis de la Bibliothèque humaniste de Sélestat, 1994, p.40（chap. I. 13）. ラテン語版は以下を参照。*Liber miraculorum sancte Fidis*, A. Bouillet（éd.）, Paris, 1897, pp.47-48.

(10)　*The Waltham Chronicle, An Account of the Discovery of our Holy Cross at Montacute and its Conveyance to Waltham*, edited and translated by L. Watkiss and M. Chibnall, Oxford, Clarendon Press, 1994. この部分の解釈に関しては，C. R. Dodwell, *Anglo-Saxon Art : a New Perspective*, Manchester, Manchester University Press, 1982を参照。また本書の第Ⅱ部６章「画像の奉遷と力の移動」を参照。

(11)　M. Zoubouli, «L'esthétique et la sacré : l'iconographie dans la pensée spéculative et dans la vie quotidienne», *Études balkaniques*, 2, 1995, pp.91-99.

(12)　Alphonso X el Sabio, *Cantigas de Santa Maria*, Cantiga, LXXIIII, fol.109 r.

(13)　*Acta synodi Atrebatensis*（anno 1025）, PL 142, col.1304-1307.

(14)　Petrus Venerabilis, *Contra Petrobrusianos*, PL 189, col.783 D : «*Non est igitur*

honoranda ab hominibus[...] Non est glorificanda a mortalibus[...] Non est ut vitalis et salutifera adoranda [...]. Et plane, velint nolint haeretici, vitalis quia vitam, salutifera quia salutem, honorabilis quia honorem, amabilis quia amorem, admirabilis quia admirarionem, felix quia felicitatem, nobilis quia nobilitatem, beata quia beatitudinem, gloriosa quia gloriam praestat aeternam».

(15) *Ibid*., 784 B : «*Cum ergo irrefragabili auctoritate et invicta ratione honoranda, collaudanda, glorificanda crux Christi a christianis esse probetur, quod et adorari debeat, sicut a quibusdam haereticis negatur, sic utrum fieri debeat, a quibudsdam catholicis quaeritur*».

(16) *Epistola Trajectensis Ecclesie ad Fridericum Episcopum Coloniensem de Tanchelmo seductore*, *Vita S. Norberti*, AA. SS. Juillet III, p.832. 以下の文献も参照。Ilene H.Forsyth, *The Throne of Wisdom. Wood Sculptures of the madonna in Romanesque France*, Princeton, Princeton University Press, 1992, p.46 *sq*.

(17) Lucae Tudensis episcopi, *De altera vita fideique controversiis adversus Albigensium errores libri III,* in Bibliotheca Maxima Veterum Patrum, t. 25, Lyon, 1677, pp.223–236, 特に IX～XI 章，XX 章。この著者については *Dictionnaire de théologie catholique*, s. v. Luc de Tuy, col.1001–1002を見よ。

(18) 我々のテクストと同じく，『雅歌』の１節（「私は黒いが美しい」）を想起させつつ，「黒い聖母」の場合であっても変わることのない聖母マリアの美しさを強調する巧みなレトリックを挙げることができる。以下の文献も参照。Klaus Schreiner, *Maria Jungfrau, Mutter, Herrscherin*, München-Wien, C. Hanser Verlag, 1994, pp.239–242.

(19) ヴォルト・サントと足の問題については，実はきわめて本質的な問題だが，本書の第Ⅱ部７章「磔にされたシンデレラ」209頁を参照。

(20) Marie-Christine Sepière, *L'Image d'un Dieu souffrant. Aux originls du crucifix*, Paris, Le Cerf, 1994.

(21) E. Kirschbaum, *Lexikon der christlichen Ikonographie*, vol.2, s. v. «kruzifixus»（磔刑）の項目 col.688–689では，P. Thoby の古典的著作（*Le Crucifix, des origines au concile de Trente, Étude iconographique*, Nantes, 1959, no 255）に倣い，1230年頃の最初期の例として，ヴェクセルブルクの例，ついで13世紀半ばのナウムブルクの中央身廊の磔刑像，1260年頃のピサ洗礼堂のニコラ・ピサーノによる説教壇のレリーフを挙げている。トュイのルカの反異端的論考は，以下に引用。Jean Wirth, *L'Image à l'époque romane*, Paris, Le Cerf, 1999, pp.265–266.

(22) H. R. Hahnloser, *Villard de Honnecourt. Kritische Gesamtausgabe des Bauhüttenbuches ms. Fr. der Pariser National Bibliothek*, 第２版, Graz, 1972, no 42 b, p.127, *passim*. 邦文文献としては，〔藤本康雄『ヴィラール・ド・オヌクールの画帖に関する研究』Ⅰ（1991年）・Ⅱ（2001年）・Ⅲ（2014年），中央公論美術出版〕。

(23) E. de Bruyne, *Études d'esthétiques médiévale*,（1946）, nouvelle édition, Paris, Albin Michel, 1998.

(24) Erwin Panofsky, *Architecture gothique et pensée scolastique*, précédé de *l'Abbé*

Suger de Saint-Denis, Paris, Éditions de Minuit, 1967（元の英語版は1948年，1946年に発行）〔アーウィン・パノフスキー『ゴシック建築とスコラ学』前川道郎訳，平凡社，1987年，（ちくま学芸文庫，2001年）〕.

(25)　Bernardus Claraevallensis, *Apologia ad Guillelmum abbatem,* J. Leclerq, H. M. Rochais（éds.）, *Opera*, Roma, 1963, pp.81–108〔クレルヴォーのベルナルドゥス『ギヨーム修道院長への弁明』，『中世思想原典集成 10 修道院神学』上智大学中世思想研究所編，平凡社，1997年，459～489頁，特に482頁〕. 以下の文献も併せて参照。M. Schapiro, «On the Aesthetique Attitude in Romanesque Art»（1947）, *Romanesque Art*, I, London, 1977, pp.1–27. ベルナルドゥスのテーマ体系はシトー会リーヴォーのアエルレドゥスによって再び取り上げられ発展させられた。Sanctus Aelredus Rivaevallensis *Speculum charitatis*, PL 195, col.572 *sq*.

(26)　Petrus Damianus, *Opusculum XXXV, De picturis principum apostolorum*, PL 145, col.5896596.

(27)　Guillermus Durandus, *Rationale divinorum officiorum*, I., III, éd., C. C. C. M., t. 140,Turnhout, Brepols, pp.34–42.

(28)　Johannes Gratianus, *Decretum*, IV, CXXII, CLIX, 194, 302. また，本書第Ⅱ部7章「磔にされたシンデレラ」209頁を参照。

(29)　Jeffrey Hamburger, *The Rothschild Canticles, Art and Mysticisme in Flanders and the Rhineland ca. 1300*, New Haven（Connecticut）, 1990.

(30)　E. Guldan, «"Et verbum factum est". Die Darstellung der Inkarnation Christ im Verkündigungsbild», *Römische Quartalschrift für christlichen Altertumskunde und Kirchengeschichte,* Bd. 63, 1968, pp.145–169. また以下の文献も参照。Rudolf Berliner, op cit., *passim*.

(31)　Antonius Florentinus, *Summa Theologica*, Vérone, 1740, col.321 (Pars IIIa, Titulus 8, cap. IV, 76–87. «De diversis generibus arrificum et de aurificibus cum eorum ministris et pluribus aliis artificibus et demun de agricolis», §XI[…] «De pictoribus»). また以下の文献も参照。C. Gilbert «The Archbishop on the Painters of Florence, 1450», *The Art Bulletin* XLI, 1959, 1. pp.76–87.

(32)　三位一体の図像に関しては以下を参照。F. Boespflug, Y. Zaluska, «Le dogme trinitaire et l'essor de son iconographie en Occident de l' époque carolingienne au IVe Concile de Latran（1215）», *Cahiers de civilisation médiévale*, XXXVIIe année,3, juillet-septembre 1994, pp.182–240.

(33)　Jean Gerson, *Œuvres complètes*, éd. Mgr Glorieux, vol. VII, *L'Œuvre française. Sermons et discours(340–398)* , Paris, Tournai, Roma, New York, Desclée, 1968, p. 963，以下の前掲論文も参照。E. Guldan, op. cit. pp.164–165.

(34)　Hans Belting, *Image et culte, Une histoire de l'art avant l'époque de l'art*（1998）, Paris, Le Cerf, 1998, chap. 17, p.473 *sq*.

(35)　これらのイメージは特に比較社会史や信仰体系史に適応する。以下の文献を参照。*Le Comparatisme en histoire des religions*, sous la dir. de F. Bespflug et F. Dunand, Actes du Colloque international de Strasbourg（18–20 septembre 1996）,

Paris, Le Cerf, 1997. Jean-Claude Schmitt, «Pour une histoire comparée des images religieuses », pp.361-382（«Plädoyer für eine comparative Geschichte der religiösen Bilder », *Zeitsprünge. Forschungen zur Frühen Neuzeit*, 1 〈1997〉, 2, pp.244-269. に再録）。以下の文献における筆者による序論も参照。Jean-Marc Sansterre, Jean-Claud Schmitt（dir.）, *Les Images dans les sociétés médiévales : pour une histoire comparée,* Bruxelles - Roma, *Bulletin de l'Institut historique belge de Rome*, LXIX, 1999, pp.9-19.

第Ⅱ部　イメージの信仰

5　紀元1000年前後における新しいイメージの正当化

★初出：«Rituels de l'image et récits de vision» *Testo e immagine nell'alto medioevo*,Settimane di studio del Centro italiano di studi sull'alto medievo, XLI（15-21aprile 1993）, Spoleto, 1994, pp.419-459.

（1）特に Chiara Frugoni, «Le mistiche, le visioni e l'iconografia : rapporti ed influssi», *Atti del Convegno su «La Mistica femminile del Trecento»*, Todl, 1952, pp.6-45 ; Jeffrey Hamburger, «The Visual and the Visionary : the image in Late Medieval Monastic Devotion», *Viator Medieval and Renaissance Studies*, 20（1969）, pp.161-182, 24 fig.

（2）Eusebios, *Vita Constantini*, I, XXVIII-XXXI, PG, t. 20, col.943-45〔エウセビオス『コンスタンティヌスの生涯』秦剛平訳，西洋古典叢書，京都大学学術出版会，2004年，45～50頁〕.

（3）Lactantius, *De morte persecutorum*, XLIV, in PL, t. 2, col.261.

（4）Eusèbe (Eusebios), *Histoire ecclésiastique*, IX, IX, 10, G. Baldy（éd.）, Paris, Le Cerf, 1958（Sources chrétiennes 55）, pp.63-64〔エウセビオス『教会史』全３巻，秦剛平訳，山本書店，1986-88年，（講談社学術文庫，上下巻，2010年，236頁）〕.

（5）Gregorius Turonensis, *De Gloria martyrum*, cap. XXI, PL 71, col.723（ヨルダン川の源の近くパネアス（バニヤース）においてカエサレイアのエウセビオスが建立した奇跡をひき起こすキリストの像に関する物語）．および XXII, *ibid*., col.724（キリストの「イコン」に対するユダヤ人の冒瀆的な暴力行為の物語）. *De virtutibus sancti Martini*, I, cap. XV, H. L. Bordier（éd.）, Paris, 1860, II, p.49（聖マルティヌスの「像」の下で灯るランプの奇跡の油に関して。この物語はラヴェンナ起源）.

（6）Hans Belting, *Bild und Kult. Eine Geschichte des Bildes vor dem Zeitalter der Kunst*, München, Verlag C. H. Beck, 1990, p.348 *sq*. Gerhard Wolf, *Salus Populi Romani. Die Geschichte römischer Kultbilder im Mittelalter*, VCH Acta Humaniora, Weinheim, 1990（*Liber Pontificalis*, p.314の数節を参照）.

（7）*De Gloria martyrum, op. cit*., cap. XXIII, col.724-25.

（8）ベーダの場合は，これとは逆である。『イングランド人の教会史』３巻２章の中で，730年頃，聖十字架について言及しており，それは磔刑の十字架ではなく，戦を前にしたオスワルド王が建立した十字架であった。その時，彼はコンスタンティヌ

ス帝のことを考えずにはおれない状況にあった。オスワルド王の十字架は，奇跡を起こしたものの，ヴィジョンとしては現れなかった。

(9) M. Swanton, *The Dream of the Rood*, Manchester, 1970（再版，Exeter, 1987）. フランス語訳とその概略は，André Crepen, *Poèmes héroïques en vieil anglais. Beowulf, Judith, Maldon, Plainte de l'Exilée, Exaltation de la croix*, Paris, Union générale d'éditions, 10/18, 1981, pp.185-190. この詩の構成や語彙の分析，現代英語訳は，Bernard F. Huppe, *The Web of Words. Structural Analyses of the Old English Poems : Vainglory, The Wonder of Creation, The Dream of the Rood and Judith*, Albany, State University of New York Press, 1970, pp.65-112. 最後に紹介する文献は，*Il Sogno della cruce e Liriche del Duecento inglese sulla Passione*, a cura di Domenico Pezzini, Parma, Pratiche Editrize, 1992. 詩のイタリア語訳と紹介文，完璧な文献一覧が37頁以降に掲載されている。

(10) ノーサンブリアの修道院生活における十字架をめぐる典礼について，またエルサレムの聖十字架聖堂で行われていた聖金曜日の行列の影響に関しては，次の論文を参照。E. O. Carragain, «Liturgical Innovations Associated with Pope Sergius and the Iconography of the Ruthwell and Bewcastle Crosses», *Bede and Anglo-Saxon England*, R. T. Farrell（éd.）, Oxford, 1978（British Archeological Reports 46）, pp.131-47. より概説的なものとしては，Veronica Ortenberg, *The English Church and the Continent in the Tenth and Eleventh Centuries. Cultural, Spiritual and Artistic Exchanges*, Oxford, Clarendon Press, 1992, p.194.

(11) M. Bonnet（éd.）, *Supplementum codicis apocryphi. II. Acta Andreae cum laudatione contexta et martyrium Andreae graece et Passio Andreae latine, Analecta Bollendiana* XIII, 1647, p.47. このテクストを記した写本の長い伝統に関しては，*Catalogus codicum hagiographicum latinorum antiquiorum saeculo XVI qui asservantur in Biblitheca Nationali Parisiensi*, Hagiographi Bollandini, Bruxelles, 1889-93, 4 vol., *passim*.

(12) トゥールのグレゴリウスは偽アンデレ行伝を参照しているが，十字架への讃歌には言及していない。おそらく，受難伝との無用な重複を避けようとしたのだろう（*Liber de miraculis B. Andreae Apostoli*）。B. Krusch（éd.）, MGH Script. rer. merov. I, 2, 36, Hannover, 1886（再版，1969年）, p.395. あるいは，*De gloria martyrum* [31, PL, col.731-733]. イングランドにおいては，ベーダが聖アンデレの祝日のために一篇の讃歌を作成。「幸いあれ，栄光のトロパイオン，幸いあれ，勝利の奉納物」（*«Salve, tropaeum gloriae/Salve, sacrum victoriae…»*）。使徒アンデレの祈りの言葉が26行を占めるが，十字架を前にしたこの使徒の内面については何も語られていない（*Carmen In Natali sancti Andreae*, PL 94, col.633）。1025年，カンブレの何人かの司教によって編まれた行伝には，アラスの異端者たちに対する司教ゲラルドゥスの議論の展開の中で，聖アンデレの十字架讃歌について言及している。やはりここでも殉教者アンデレの心情には触れられていない。

(13) Meyer Schapiro, «The Religious Meaning of the Ruthwell Cross», *The Art Bulletin* 26（1944）, pp.232-245.

(14) *Libri carolini*, III, XXVI, PL 98, col.1170–1173.

(15) Gilbert Dagron, «Rêver de Dieu et parler de soi. Le rêve et son interprétation d'après les sources byzantines», *I Sogni nel Medioevo*, Seminario Internazionale (Roma, 2 - 4 octobre 1983), a cura di Tullio Gregory, Roma, Edizioni dell' Ateneo, 1985 (Lessico Intelletuale Europeo XXXV), pp.37–55，特に pp.42–43. 610年後間もなく，神学者にして修道士，エルサレム総主教ソフロニオスが『アレクサンドリアの聖キルスと聖ヨハンネスの奇跡』で挙げている事例については，以下の文献を参照。Jean-Marie Sansterre, «Apparitions et miracles à Menouthis : de l'incubation païenne à l'incubation chrétienne», Alain Dierkens (éd.), *Apparitions et miracles*, Institut d'étude des religions et de la laïcité, Bruxelles, Éditions de l'Université libre de Bruxelles, 1991, pp.69–84. 600年頃に普及したテサロニキのディミトリオスの伝説も挙げておく。彼は夢の中で聖堂に行くよう命じられ，そこに赴くと，彼に顕現した聖人の特徴をイコンに認めた。「狂信者」聖アンドレアス・ホ・サロス（コンスタンティノポリスのアンドレアス，10世紀）の生涯におけるヴィジョンとイメージの関係に関しては，以下の書を参照。Hans Belting, *op. cit*., p.73, p.625, n.41，および *ibid*., p.567.

(16) John Mitchell, «St. Silvester and Constantine at the SS. Quatro Coronati», *Federico II e l'arte del Duecento italiano*, Gulatino, 1980, II, pp.16–32. なお，ここで言及されているような，使徒を描いた小さな板絵はコンスタンティヌスとシルウェステルの時代にはまだ存在していなかったことについては，Hans Belting, *op. cit*., p.165.

(17) *Libri carolini*, II, cap. XIII, *op. cit*., col.1078 B. «*Detulit non ut adoraret, quem a simulacrorum cultu abstrahere et ad solam Dei adorationem convolare hortabatur compelleret, sed ut idem imperator quos in somnis videret, eorum vultus in picturae fucis cognosceret*».

(18) Paulus Diaconus, *Historia Langobardorum* IV, 17, A. Giacomini, E. Bartolini (éds.), Electa Editrici Venezia, 1970 :「他の者たちが祈っている時，彼は，いくつかの絵を眺め始めた。聖サヴィヌスを描いた板絵の前に来ると，彼は，まさにこの聖人が戦いで救ってくれたのだと確信した」。

(19) Agobardus, *Liber contra eorum superstitionem qui picturiset imaginibus sanctorum adorationis obsequium deferendum putant*, XXII, PL 104, col.217 B–C : «*ex recordatione ipsius agnovisse*».

(20) Albert Castes, «La dévotion privée et l'art à l'époque carolingienne : le cas de sainte Maure de Troyes», *Cahiers de civilisation médiévale*, XXXIII (1990), pp.4–18. この重要な文献を教示いただいたエリック・パラッツオに感謝する。ただし誤りがあることは看過できない。ミシェル・C. フェラーリによる指摘だが，同じく感謝する。

(21) 諺のようなこの表現は，聖書に由来するものではない。これは画像に対する崇敬というコンテクストにおける肉欲的な愛を表現しており，時代を考えるとますます驚かざるをえない。

(22) Prudentius Trecensis, «Sermo de vita et morte gloriosae virginis Maurae», PL 115, col.1367–1375（col.1372 AD）.

(23) A. Castes, *op. cit.*, p.11,. Ilene H. Forsyth, *The throne of Wisdom, Wood sculptures of the Madonna in Romanesque France*, Princeton, Princeton University Press, 1972, p.70 : 725年，ウェセックス王イネは救世主，使徒，聖母の金と銀で作られた彫像を献上した。『教皇儀典書』によれば，聖母，キリスト，使徒の金製あるいは銀製の彫像が，ステファヌス２世（757年没），グレゴリウス３世（731～741年），レオ３世（795～816年），パスカリス１世（817～824年），ベネディクトゥス３世（855～858年）の在位に造られたという。これらの彫像がイタリアで制作されたのなら，コンクの聖女フィデスの荘厳像の制作年代はより以前，864年から875年まで遡ることもありうる。これについては，Jean Taralon, *Les Trésors des églises de France*, Paris, Caisse nationale des monuments historiques, 1960, p.292を参照。なおトロワの立像に関しては，1188年の大火災によって消失した可能性が高い。

(24) この論争については，以下の文献を参照。F. Boespflug, N. Lossky（éds.）, *Nicée II, 787–1987. Douze siècles d'images religieuses,* Paris, Le Cerf, 1987.

(25) Rabanus Maurus Magnentius, *De laudibus sancte crucis*, Amiens, Bibliothèque municipale, ms 223, fol.33v.

(26) Johann Autenrieth, «Purchards Gesta Witigowonis im Codex Augiensis CCV», K. Bierbrauer, P. K, Klein, W. Sauerländer（éds）, *Studien zur mittelalterlichen Kunst 800 – 1250. Festschrift für Florentin Mütherich zum 70. Geburtstag*, Prestel Verlag, München, 1985, pp.101–106, fig. : «Rusticus poeta»という銘によって同定される修道士が，聖母子の足下，Augia（ライヘナウのラテン語名）の寓意像の面前でひれ伏しているが，それは十字架を前にするラバヌス・マウルスの身振りとまったく同じである。この事例に私の関心を導いてくれたエリック・パラッツォに感謝する。

(27) Einhardus, *Quaestio de adoranda cruce*, K. Hampe（éd.）, MGH, Epistolae, V, Karoli aevi III, Berlin, 1899, pp.146–149. cf. Jean-Claude Schmitt, *La Raison des gestes dans l'Occident médiéval*, Paris, Gallimard, 1990, pp.292–293〔J.-C・シュミット『中世の身ぶり』松村剛訳，みすず書房，1996年，298～300頁〕.

(28) Einhardus, *Translationes beati Christi martyrum Marcellini et Petri*, II.21, PL 104, col.550A B. cf. Christian Beutler, *Statua, Die Entstenhung der nachantiken Statue und des europäischen Individualismus*, München, Prestel Verlag, 1982, pp.33–42. 本論文で言及しているものは現存しないが，エインハルドゥスの作品と比較してみることはできるだろう。銀製の基部のある「エインハルドゥスの凱旋門」といわれるもので，830年頃に建造された。パリ，国立図書館所蔵写本 ms. fr.10440の素描（17世紀）によると，それは古代の凱旋門の形をし，その上に大きな十字架が載せられていた。この十字架はマーストリヒトの聖セルヴァティウスに捧げられた。一方，「シャルルマーニュの障立」はサン・ドニ修道院聖堂主祭壇の聖遺物容器の上に載っていた(Paris, BN, Cabinet des estampes)。cf. Victor H. Elbern, «Die "Libri carolini" und die liturgische Kunst um 800. Zur 1200. Jahrfeier des 2. Konzils von Nikaia 787», *Aachener Kunstblätter* 64–55（1986–87）, pp.15–32. この重要な研究を私に紹

介してくれたエリック・パラッツォに感謝する。『カロリング文書』の置かれた状況から，カロリング朝の画像に対する組織的な消極的姿勢（同文書が言及しているものが壁画であれ，モザイクであれ，あるいは象牙浮彫，十字架，聖器，聖遺物容器であれ）を推論するのは困難であることがこの研究によって示される。

(29)　V. H. Elbern, *op. cit*., pp.19–21.

(30)　M. Vieillard-Troiekouroff, «La cathédrale de Clermont du Ve au XIIIe siècle», *Cahiers archéologiques* IX（1960）, pp.199–247. Jean Hubert et Marie-Clotilde Hubert, «Piété carolingienne ou paganisme? Les statues-reliquaires de l'Europe carolingienne», *Settimane di studio del Centro italiano di studi sull'atto medioevo*, XXVIII（Spoleto, 10-16 aprile 1980）, Spoleto, 1982, pp.236–275. Ilene H. Forsyth, *op. cit*., p. 96 *sq*.

(31)　Dominique Iogna-Prat, «La Vierge en majesté du manuscrit 145 de la bibliothèque municipale de Clermont-Ferrand», *L'Europe et la Bible*, Clermont-Ferrand, Bibliothèque municipale et interuniversitaire, 1982, pp.87–108（p.88）.

(32)　*Ap*.5, 6, cf. Dominique Iogna-Prat, *op. cit*., p.96.

(33)　Michael Camille, *The Gothic Idol. Ideology and Image-Making in Medieval Art*, Cambridge, Cambridge University Press, 1989, p.197 *sq*.（クレルモンの事例については引用されていない一方，コンクの事例は扱っている）.

(34)　ラテン化したクリスモンの十字架に関しては，以下を参照。H. Leclercq, art. «Chrisme», *Dictionnaire d'archéologie chrétienne et de liturgie*, III, 1, 1913, col.1516–17（特にダゴベルト王の貨幣を参照。*ill*. n°2868）.

(35)　Jocundus, *Translatio S.Servatii* 41, R. Koepke（éd.）, MGH *Scriptores* XII, Hannover, 1856, p.105 : «*In una autem dierum, quibus dux in hoc desudabat edificio,apparuit ei in visione beatus Servatius, et blande illum alloquens, cur aliud quam a se positum est fundamentum locaverit, diligenter quesivit. At ille agnito eo ex imagine, que deformata in auro erat in sanctuario, respondens ait* : ...». cf. Jean Hubert, Marie-Clotilde Hubert, *op. cit*., p.267, n.68.

(36)　*Liber miraculorum sancte Fidis*, A. Bouillet（éd.）, Paris, 1897. Jean Wirth, *L'Image médiévale. Naissance et développement*（*VIe–XVe siècle*）, Méridiens-Klincksieck, Paris, 1989, p.171 *sq*., Amy G. Remensnyder, «Un problème de cultures ou de culture? La statue-reliquaire et les *joca* de sainte Foy de Conques, le *Liber miraculorum* de Bernard d'Angers», *Cahiers de civilisation médiévale*, XXXIII（1990）, pp.361–379.

(37)　*Liber miraculorum, op cit*., I, I, pp.6–15. 巡礼の真の高まりの出発点であるこの奇跡は985年頃起きたとみられる。

(38)　*Ibid*., I, II, pp.17–21.

(39)　*Ibid*., II, I, pp.90–93.

(40)　*Ibid*., I, XIII, p.47「私は祭壇の上に置かれている純金ともっとも高価な石で立派に飾られた聖ゲラルドゥスの彫像を見た。正確に人の顔立ちに造られていたので，それを見ている実に多くの農夫たちを注意深く鋭く凝視し，目の前で祈る彼らの祈禱を反射するその目でやさしく受け入れているように見えた」。聖女フィデス像の

目は「色は暗い青色で半透明，形は半球，中に気泡が入った飾り焼結ガラスで作られている。角膜は白いすりガラスの板2枚を熱することなくはめ込んでペンチで形を整えたもの」。cf. Jean Taralon, *op. cit.*, p.293. ガラス技法は象牙板に象られた天上の人物像の目にも利用されていた。cf. John Mitchell, «A Carved Ivory Head from San Vincenzo al Volturno», *Journal of the British Archeological Association* 145 (1992), pp.66–76, pl. AC.

(41)　*Liber miraculorum*, *op cit.*, II, X, pp.118–119：フィデスは，夢の中で伯爵夫人リカルデスに金のフィブラ（古代や中世の衣服の留金）を欲しがった。「彼女くらいの若い娘であるなら魅了され，欲望の念が掻き立てられてしまうものだが，フィデスの場合はすっかり心が奪われているかのようだった…。実際，彼女が殉教するのも一番感受性が敏感な年齢であった」。

(42)　*Ibid.*, Livre I, chap. I, II, XIII, XVI-XIX, XXI, XXV, XXVI, XXIX, XXX, XXXII, XXXIII；Livre II, chap. I, II, V, VII, X；Livre III, chap. IV-VIII, XIV, XV；Livre IV, chap. I, V-VIII, X, XV, XVII, XXIII.

(43)　*Ibid.*, I, II, p.18.

(44)　*Ibid.*, III, VI, p.138.

(45)　*Ibid.*, I, XXV, p.65. 別の事例では，聖女フィデスは手に杖（virga）をひとつ持って現れ，聖女の像を侮蔑し，また聖女が求めるものをなかなか供えない信者をその杖で叩くのである。cf. I, XIII, p.48.「次の夜，彼はすっかり酔いつぶれて休んでいると，夢の中でひとりの婦人が彼の前に威嚇するように立ち現われて言った。「汝，罪深き者よ，なぜ私の像を侮蔑したのだ」。こう言うと彼女は，右手に持っていた杖をとり打ちつけて去っていった。彼は，ともかく翌日この話をするまで生き長らえた」。同様の事例は，*Ibid.*, IV, XVII, p.205にある。傷を負って眠り込んでいた騎士の傷口から悪臭のする体液を抽出する際に用いたものも1本の杖だった。

(46)　*Ibid.*, I, XXV, p.66：«*Huic per visum sancta Fides, non in puelle quidem sed preter solitum in sacre imaginis specie, visa fuit apparere, aurumque districtius a dissimulante exigens, ac si commota recedere*».

(47)　*Ibid.*, I, XVII, p.54：«*…apparens singulis per somnium, in pulcherrime necdum adulte puelle specie*». この点について，私はエラート・ダールと意見を異にしている。エラートは夢の中での影像の出現と聖母の出現との間に密接な対応関係があるのではないかとする。E. Dahl, «Heavenly Images. The Statue of Saint Foy of Conques and the Signification of the Medieval "Cult-Image" in the West». *Acta ad Archaeologiam et Artium Historiam pertinentia*, VIII (1978), pp.175–191, 特に pp.181–182.

(48)　*Ibid.*, I, II, p.18.

(49)　*Acta Sancte Fidis, Acta Sanctorum* Oct. III, pp.288–284：«*Juvenis quidem tempore passionis erat aetate, sed sensu et opere senex manebat, virginitatis quoque candore formosissima vultusque hilaritate serena*».

(50)　*Passion de sainte Foy et de saint Caprais*, A. Bouillet (éd.), *Sainte Foy vierge et martyre*, 1900, pp.707–711：«*Tunc vidit super sanctam Fidem coronam universis lu-*

centibus et coruscantibus gemmis atque celestibus margaritis ornatam et columbam de nubibus descendentem super caput sancte Fidis intullisse ataque ipsam beatam martirem niveo splendidoque habitu decoratam immenso luminis splendore fulgenti jam secura palma triumphali et bravium salutis fuisse victorie consecutam».

(51) *Liber miraculorum, op. cit.*, I, XVI, p.52.

(52) 以下に図版とその解説がある。*Rouergue roman*, La-Pierre-qui-Vire, Zodiaque, 1963, p.143および ill.

(53) Jean-Claude Bonne, *L'Art roman, de face et de profil. Le tympan de Conques*, Paris, Le Sycomore, 1984, pp.243–251.

(54) Ms de Sélestat, fol.5v. 写字生が自分の書物を聖女フィデスと聖カプラシウスに献呈している場面が装飾文字に描かれている。次の書にその図版が掲載されている。E. de Solns, *Sainte Foy de Conques*, La-Pierre-qui-Vire, Zodiaque, 1965, pl.34.

(55) *Rouergue roman, op. cit.*, ill. p.28.

(56) *Liber miraculorum, op. cit.*, III, XIV, p.153.

(57) *Ibid.*, I, XIII, p.47.

(58) *Ibid.*, I, II, p.20：*«Cerneres inter antiquas stigmatum cicatrices pupillarum micare gemmas, inque prioris nature modum restitutos contra naturam oculos non vitreos sed carneos resplendere».*

(59) Chiara Frugoni, *op. cit.* {note1}. Monica Chiellini Nari, «La contemplazione e le immagini：il ruolo dell'iconografia nel pensiero della beata Angela da Foligno», *Angela da Foligno, Terziaria francescana*, Atti del Convegno storico nel VII centenario dell' ingresso della beata Angela da Foligno nell' Ordine Francescana Secolare（1291–1991), Foligno, 17-18-19 novembre 1991, a cura di Enrico Menesto, Spoleto, Centro Italiano di Studi sull' Alto Medioevo, 1992, pp.227–250.

6 画像の奉遷と力の移動／ウォルサムの石造磔刑像

★初出：«Translation d'image et transfert de pouvoir. Le crucifix de pierre de Waltham（Angleterre, XIe–XIIIe siècle)», Jean-Marie sansterre, Jean-Claude Schmitt, *Les Images dans les sociétés médiévales : Pour une histoire comparée*（Roma, 10–20 juin 1998), *Bulletin de l'Institut Belge de Rome*, LXIX. 1999, pp.244–264.

(1) Marlène Albert-Llorca, Jean-Pierre Albert, «Mahomet, la Vierge et la frontière», *Annales, Histoire, Sciences sociales*, 1995,4, pp.855–886.

(2) 本書第II部5章「紀元1000年前後における新しいイメージの正当化」156頁を参照。

(3) *The Waltham Chronicle. An Account of the Discovery of our Holy Cross at Montacute and its Conveyance to Waltham*, edited and translated by L. Watkiss and M. Chibnall, Oxford, Clarendon Press, 1994.

(4) *Vita Haroldi. The Romance and Life of Harold, King of England*, edited and translated by W. De Gray Birch, London, 1885.

(5) これら3つの史料に加えて証書が挙げられる。誓約と十字架のある祭壇上への

条文の保管に関するこれらの証書は，ウォルサムの十字架の権威を確証する。Rosalind Ransford (ed.), *The Early Charters of the Augustinian Canons of Waltham Abbey, Essex, 1062–1230*, Woodbridge, The Boydell Press, 1989, *passim*.

(6) Nichols Rogers, «*The Waltham Abbey Relic-list*», Carola Hicks (ed.), *England in the Eleventh Century*, Proceedings of the 1990 Harlexton Symposium, Paul Watkins, Stanford, 1992 (Harlexton Medieval Studies, II), pp.157–181.

(7) C. R. Dodwell, *Anglo-Saxon Art : a new Perspective*, Manchester, Manchester University Press, 1982, repris par M. Chibnall. カロリング期の 1 文書を根拠に，トゥルネ地域産の「黒い石」の島嶼への移入を考慮に入れ，この石が大陸に由来すると示唆している。

(8) *Vita Haroldi…, op. cit.*, p.59.

(9) James P. Carley, *The Chronicle of Glastonbury Abbey. An Edition, Translation and Study of John of Glastonbury's «Cronica sive Antiquitates Glastoniensis Ecclesie»*, Bury St. Edmunds, 1985, pp.180–181.

(10) *The Waltham Chronicle…, op. cit.*, cap. XII, p.22 : «"*Me tibi devotum constituo, quecumque mancipia, quocumque modo acquisita, libera tibi imperpetuum trado, villam presentem scilicet Waltham, et Chenleuedene, Hicche, et Lamhee, Lukentune et Alwaretone, ad sustentamentum tibi servituris in perpetuum do", et hiis dictis ensem quo primo fuerat accinctus miles factus circumcinxit ymagini, amodo militaturus illi ; et applicato eo super crucem ligneam laminis argenteis fecit involui, quia se clavis nullo modo permisit infigi*».

(11) Barbara Raw, «What do we mean by the Source of a Picture?», Carola Hicks (éd.), *England in the Eleventh Century, op. cit.*, pp.285–300. Jan Gerchow, «Prayers for King Cnut : The Liturgical Commemoration of a Conqueror», *ibid.*, pp.219–238. Jan Gerchow, *Die Gedenküberlieferung der Angelsachsen. Mit einem Katalog der Libri vitae und Nekrologen*, Arbeiten zur Frühmittelalterforschung, XX, Berlin-New York, 1988, pp.155–185.

(12) C. R. Dodwell, *op. cit.*, pp.119–121.

(13) N. Rogers, *op. cit.*, p.159.

(14) Paul Williamson, *The Medieval Treasury. The Art of the Middle Ages in the Victoria and Albert Museum*, London, Victoria and Albert Museum, 1986, pp.96–97.

(15) D. Talbot-Rice, *English Art, 871–1100,* Oxford, Clarendon Press, 1952, pp.95–109. 特に次の図版を参照。figures 11a (Langford : Crucifixion, 1020–1050), 11b (Wormington : Crucifixion, 1020–1050), 13 (Romsey : the Rood, c.1010), 17 (Lagford : the Rood, c.1020).

(16) C. R. Dodwell, *op.cit.*, p.100.

(17) *Ibid.*, p.122.

(18) 本書第Ⅰ部 4 章「西方における画像の解放と規範」125頁を参照。

7　磔にされたシンデレラ／ルッカのヴォルト・サントについて

★初出：«Cendrillon crucifiée. À propos du *Volto Santo* de Lucques», *Miracles, prodiges et merveilles au Moyen Âge*. XXVe Congrès de la Société des historiens médiévistes de l'enseignement supérieur（Orléans, juin 1994）, Publications de la Sorbonne, Paris, 1995, pp.241–272,および«Les images d'une image. La figuration du Volto Santo de Lucques dans les manuscrits enluminés du Moyen Âge», Herbert L. Kessler and Gerhard Wolf（eds.）, *The Holy Face and the Paradox of Representation*, Bologna, Nuova Alfa Editoriale, 1998（Villa Spelman Colloquia, vol.6）, pp.205–227.

（1） Hans Belting, *Bild und Kult. Eine Geschichte des Bildes vor dem Zeitalter der Kunst*, C. H. Beck, München, 1990.

（2） 以下，参考文献として次の書を挙げる。Gustav Schnürer, Josef M. Ritz, *Sankt Kümmernis und Volto Santo*, Düsseldorf, L. Schwann, 1934. 1200周年を機に刊行されたカタログには新たな仮説がいくつか提示されている。C. Baracchini, M. T. Filieri（dir.）, *Il Volto Santo. Storia e culto. Catalogo della mostra*, Lucca, 1982. 次の書も参照。Michele C. Ferrari, «Il Volto Santo di Lucca», Giovanni Morella e Gerhard Wolf, *Il Volto di Cristo*, Catalogo della mostra organizzata dal Palazzo delle Esposizioni et della Biblioteca Apostolica Vaticana（Roma, 9 decembre–16 aprile 2001）, Milano, Electa, 2000, pp.253–275.

（3） Gervasius Tilberiensis, *Otia imperialia*, G. W. von Leibnitz（ed.）, Hannover, 1707（Scriptores rerum brunsvicensium）, t.I, pp.881–1006. 仏語訳，Gervais de Tilbury, *Le Livre des merveilles*, Annie Duchesne（éd.）, Paris, Les Belles Lettres, 1992〔ティルベリのゲルウァシウス『皇帝の閑暇』，叢書「西洋中世奇譚集成」，池上俊一訳，青土社，1997年（講談社学術文庫，2008年）〕.

（4） L. Tondo, «Le monete di Lucca con l'immagine del Volto Santo», *Il Volto Santo*…, *op. cit.*, pp.133–140.

（5） Giraldus Cambrensis, *Speculum Ecclesiae*, IV, 6, J. S. Brewer（ed.）, London, 1873（Rerum Britannicarum Medii Aevi Scriptores, 21/4）, p.261 *sq*. 筆者とその著作については，次の3書を参照のこと。Robert Bartlett, *Gerald of Wales 1146–1223*, Oxford, Clarendon Press, 1982；Michael Richter, *Giraldus Cambrensis. The Growth of the Welsch Nation*, Aberystwyth, 1976；Jeanne-Marie Boivin, *L'Irlande au Moyen Âge. Giraud de Barri et la Topographia Hibernica*（1188）, Paris, H. Champion, 1993.

（6） Mâcon, Bibliothèque municipale, ms 3, fol.225v. この『黄金伝説』の写本において，ヴォルト・サントの伝説と奇跡譚は，fol. 220から247までを占める。仏語訳は Jean de Vignay による。同時代の写本がもう1冊あり，やはりフランドル・ブルゴーニュ文化圏で制作された。テクストは同一だが，絵師や挿絵順に相違が見られ，図像的にはかなり異なっている。Bruxelles, Bibliothèque royale, ms 9228, fol.83–395. 特に fol.385v の挿絵では，天使が磔刑像を彫刻し，一方，ニコデモは草の上で寝入っている。これらの写本と現在ニューヨークにあるマコンの写本との書誌学的比較については，以下の書を参照。J. M. Caswell, «A double Signing System in the

Morgan-Mâcon Golden Legend», *Quaerendo. A Quarterly Journal from the Low Countries Devoted to Manuscripts and Printed Books*, 10/2（1980), pp.97–112. シエナの商人ラポンディ兄弟のために1400年から1415年にかけてパリで制作されたヴァティカン図書館所蔵写本 Pal.lat.1988には，ジャン・ゴラン（Jean Golein）によって翻訳された『ルッカのヴォルト・サント伝説』の仏語訳だけが収められている。cf. I. Belli Barsali, «Le miniature della Legende de Saint Voult de Lucques», *Lucca, il Volto Santo e la Civiltà medioevale. Atti. Convegno internazionale di Studi, Lucca, 1982,* Lucca, Maria Picini Fazzi, 1984, pp.123–156. この写本の fol. 1の挿絵では，ニコデモが工房の中で座ったまま眠っている。周囲には工具が沢山置かれている。天使は飛行しながら磔刑のキリストの頭の上に冠を載せている。他より挿絵数が多いこの写本には伝説や奇跡に関する27の挿絵が描かれている。

(7) Mansi, XIII, ann.787–814, Paris-Leipzig, 1902, col.580. 4世紀初めのアレクサンドリア司教アタナシオスに誤って帰されている説教は，ベイルートのユダヤ人がキリスト像を傷つけた件に関するものであるが（PG, t.28, col.795 *sq*.），これをキプロス島コンスタンティア司教コンスタンティヌスが，787年のニカイア公会議の際に読み上げた。その内容は聖像破壊派を悲嘆させた。反対派には受け入れがたい議論であり，それが『カロリング文書』に明白に再録されることはなかった。『カロリング文書』は，しかし，画像崇拝を擁護しようとアタナシオスを利用する者を非難している（Livre II, chap. XIV)。MGH, Leges, Sectio III. Concilia, t. II, Supplementum, Hannover-Leipzig, 1924. このテクストの伝承に関しては，以下の書を参照。E. Galtier. «Byzantina», *Romania*, 29（1900), pp.501–527. 12世紀以降，これらの写本において，ベイルートの奇跡はしばしば助祭レオビヌスのものとされるヴォルト・サントの伝説と結び付けられている。

(8) Ernst von Dobschütz, *Christusbilder. Untersuchungen zur christlichen Legende*, Leipzig, 1899, I, pp.197–262 ; Hans Belting, *op. cit*., pp.200–203. ローマ教会の信仰に関しては，次の書を参照。Gerhard Wolf, *Salus Populi Romani. Die Geschichte Römischer Kultbilder im Mittelalter*, Weinheim, VCH, 1990, pp.80–86. 教皇インノケンティウス3世は，目の前で起きたキリストのイコンの奇跡「事程左様に御額は下に御髭は下になりたまえり」により，ウェロニカへの信仰を促進させた。これについてはマシュー・パリスが1240年から53年頃にかけて叙述している。Matthieu Paris, *Chronica Majora*, H. R. Luard（ed.), London, 1876（Rer. brit. Med. Aevi Script., 57/3[a.d.1216–1239]). p.7.ケンブリッジの写本には，頭が3つ，すなわち，聖母子の頭部，死せるキリストの傾いた頭部，そして正面を向いて両目を見開いたウェロニカの聖顔布のキリストの頭部が描かれている（*Corpus Christi* 26, fol.VII)。cf. S. Lewis, *The Art of Matthew Paris in the «Chronica Majora»*, Berkley-Los Angeles, University of California Press, 1987.

(9) Gerhard Wolf, *op. cit*., pp.38–63, p.328,ギラルドゥスのテクストでは，この画像と聖顔布に関しての記述があるが，奇妙なことに，ヴォルト・サントをめぐる記述は削除されている。図1，20，21はラテラノのイコンの複製図版。M. Andaloro, «L'acheropita», C. Pietrangeli (dir.), *Il Palazzo apostolico lateranense*, Firenze, Nardini

Editore, 1991, pp.81–89.

(10) *«Lucas vero Evangelista medicus erat, tam corporum egregius quam animarum eximius, et pictor quoque mirabilis ; qui cum matri Jesu post ascensionem adhaesisset, inquit ei Maria : "Luca, quare non depingis Filium meum?". Cum ergo ipsa indicante prius singula membra pinxisset et post multarum deletionum correctiones tandem in unam imaginem conjuncta matri obtulisset, ipsa imaginem diligentius intuita subjunxit : "Hic est Filius meus." Tales fecit duas vel tres, quarum una habetur apud lateranensem ecclesiam, scilicet in Sancta sanctorum».*

(11) Miri Rubin, *Corpus Christi. The Eucharist in Late Medieval Culture,* Cambridge, Cambridge University Press, 1991.

(12) 視線による相互作用という問題に関しては，『聖女フィデスの奇跡の書』で適切に提示されている。本書第Ⅱ部５章「紀元1000年前後における新しいイメージの正当化」も参照。

(13) Robert de Clari, *La Conquête de Constantinople*, P. Lauer（éd.）, Paris, 1924（CFMA, 40）, p.82 *sq*.〔ロベール＝ド＝クラリ『コンスタンチノープル遠征記　第４回十字軍』伊藤敏樹訳・解説，筑摩書房，1995年，106頁〕. 著者に関しては，次の書を参照。*Dictionnaire des Lettres françaises, Le Moyen Âge,* nouvelle édition, Paris, Fayard, 1992, pp.1283–1285. 屍衣に関しては，次の書を参照。Odile Célier, *Le Signe du linceul. Le Saint Suaire de Turin : de la relique à l'image*, Paris, Le Cerf, 1992, p.36 *sq*.

(14) Biblioteca Apostolica Vaticana, Codex Rossinensis gr.251, fol.12v（XIe siècle）. 修道士ダニエルが著した『シナイ山のヨハンネス・クリマコス伝』にその画像がある。上にある銘はギリシア文字で PLAKES PNEUMATIKAI，すなわち「霊的（石）板」と記され，モーセの十戒を記した石板を示唆し，キリストの人性における新らたな契約を示している。聖顔を表したこれら２つの画像は，ケスラーによって，一方がマンディリオン（布で縁飾りがついている），もう一方がケラミオン（テラコッタの瓦）とされている。Herbert Kessler, «Pictures Fertile with Truth : How Christians Managed to Make Images of God without Violating the Second Commandment», *The Journal of the Walters Art Gallery*, 49–50（1991–1992）, pp.61–62. この画像に私の関心を促してくれたオディール・セリエに感謝する。

(15) これこそ『ヨランド・ド・ソワッソンの時禱書』に至るウェロニカ画像の機能である。New York, Pierpont Morgan Library, ms M729（v.1275–85）, fol.15,ベルティングの著書に複製図版掲載。Hans Belting, *op. cit.*, fig.30, p.104.

(16) W. Foerster, «Le Saint Vou de Lucques», *Mélanges Chabaneau*, 1907（Romanische Forschungen, 22）, p.41, v.357／*sq*. 本文中の語句は以下。«Tout le primier a fait Nicodemus :／Quant ot mis sus et l'argent et l'asur,／Garde a son nes et voit qu'il fu boçus,／Oster en vot, mes ne plot a Jhesu.／Li sains Espris est ou Vu descendus :／"Nicodemus, dist il, n'en taille plus!／Se plus m'adoises ne de fer ne de fust,／Je sannerai si comme fist Jhesus,／Quant de la glave fu ou costé ferus."／Nicos l'entent, mout en fu esperdus,／Il chiet a tiere maintenant estendus.／Quant se redraiche, si

est u Vou venus,／Si li baisa les piés cent fois et plus».

(17) *Ibid*., v.399.『リュのヴゥ（le Voult de Rue）』は消失。サン・テスプリ聖堂礼拝堂に保管されていた。13世紀から15世紀にかけて建立されたこの礼拝堂は，幸い現存している。

(18) Hans Belting, *op. cit.*, *Id.*, *Das Bild und sein Publikum im Mittelalter. Form und Funktion früher Bildtafeln der Passion*, Berlin, Gebr. Mann, 1981, p.199 *sq*.

(19) Robert de Boron, *Roman de l'Estoire du Graal*, W. A. Nitze（éd.）, Paris, 1927（CFMA 57）, v.1483 *sq*. 著者については，以下の事典を参照。*Dictionnaire des Lettres françaises, op. cit.*, pp.1280–1281.

(20) «Qui a Lueques avés esté Veü l'avés et esgardé», *The Continuation of the Old French Perceval of Chrétien de Troyes,* vol. III, 1, *The First Continuation, Redaction of Mss A, L, P, R, S,* W. Roach（éd.）, Philadelphia, 1952, v.7604 *sq*. 以下の事典も参照。*Dictionnaire des Lettres françaises, op. cit.,* pp.1127–1128.

(21) アンジェのベルナルドゥス著『聖女フィデスの奇跡の書』中のロデス司教区会議に関する以下の見聞談を参照。「その地方の慣習にのっとって，司教は同じ教区の修道士ならびにさまざまな修道院の聖堂参事会員に対して，各々の聖人の聖遺物や聖遺物容器を持参するよう命じ，牧草地に建てられた東屋や天幕の中に持ってきたものを置いて並べさせた。金や銀，貴石で飾られたきらびやかな聖遺物容器が並ぶ様は，まるで輝かしい天上の軍団のようであり，極めて壮麗な様相を呈していた」。Sélestat, Bibliothèque humaniste, ms 22, fol.44. ファクシミリおよび翻訳は，*Livre des miracles de sainte Foy, 1094–1994*, Sélestat, Les Amis de la bibliothèque de Sélestat, 1994, p.48.

(22) *Il Volto Santo…, op.cit.*, p.104 *sq*. 9月13日の行列を描いた挿絵は次のルッカ写本に3点ある。Lucca, Bibl. Statale, Deposito Tucci-Tognetti（v.1312）, fol.5v, 6. その複製図版は，*Ibid*., pp.156–157, fig.16–17. 大聖堂の外に豪華な衣服を身にまとい，手には火のついた蠟燭を持った男女がおり，いくつかのグループを形作っている。一方，大聖堂の内部では，礼拝堂の中に立つヴォルト・サント前で，聖職者が在俗の高官2人に先導されている。2人はおそらくコムーネから提供されたより大きな蠟燭を持っている。

(23) Léon Mirot, *Études lucquoises*, Paris, 1930, A. Esch, «Viele Loyalitäten, eine Identität. Italienische Kaufmannskolonien im Spätmittelalterlichen Europa», *Historische Zeitschrift*, 254（1992）, pp.581–608（特に p. 591 *sq*）.

(24) André Vauchez（dir.）, *La Religion civique à l'époque médiévale et moderne*（*Chrétienté et Islam*）, actes du colloque de Nanterre（21-23 juin 1993）, Roma, École française de Rome, 1995.

(25) *Cf. infra*.

(26) G. Sforza, *Bibliografia storica dellà Città di Luni e suoi Dintorni*, 1910（Memorie della R. Accademia delle Scienze di Torino, s. II, LX）, Parte II, p.261 : «*Iter diei a Luna Lucam ducit.Hic est sedes episcopalis ad ecclesiam Mariae*［*cor.Martini*］*ubi asservatur effigies, quam ad ipsius Christi vultum fabricare fecit Nicodemus, quae bis locuta*

fertur, altera vice pauperi calceos ［*sic*］ *dans, altera pro viro accusato testimonium ferens»*.

(27) Gustav Schnürer, Josef M. Ritz, *op. cit*., pp.163-164.

(28) W. Foerster, *op. cit*., pp.5-6.

(29) Gustav Schnürer, Josef M. Ritz, *op. cit*., pp.159-160.

(30) W. Foerster, *op. cit*., p.43, v.403 *sq*.

(31) 古代ギリシアに関しては次の文献を参照。Walter Deonna, «Monakrêpides», *Revue de l'histoire des religions*, 89 (1935), pp.50-72 ; Jean-Pierre Vernant, «Le tyran boiteux : d'Œdipe à Périandre» (1981).以下に再録 Jean-Pierre Vernant, Vidal-Naquet, *Mythe et tragédie. Deux*, La Découverte, Paris, 1986, pp.45-69 ; Pierre Vidal-Naquet, «Épaminondas ou le problème tactique de la droite et de la gauche»,以下に再録 Le *Chasseur noir. Formes de pensée et formes de société dans le monde grec*, Maspero, Paris, 1981, pp.95-121. より一般的な人類学的見地で書かれたものとしては，Robert Hertz. «La prééminence de la main droite. Étude sur la polarité religieuse», 以下に再録 *Sociologie religieuse et folklore*, Paris, 1979, p.84 *sq*. ; R. Needham, «Unilateral Figures», *Reconnaisssances*, Toronto-Buffalo-London, University of Toronto Press, pp.17-20, 以下による修正 Françoise Héritier-Augé, «Moitiés d'hommes, pieds déchaussés et sauteurs à cloche-pied», *Terrain*, 18 (1992), pp.5-14 ; Carlo Ginzburg, *Le Sabbat des sorcières*, traduction française, Paris, Gallimard, 1992, pp.213-267〔カルロ・ギンズブルグ『闇の歴史――サバトの解読』竹山博英訳，せりか書房，1992年，365～473頁〕.

(32) Stith Thompson, *Motif Index of Folk-Literature*, recense le motif D1622. «Image indicates favor to suppliant».互いに頭を傾け合う磔刑像と聖母マリア像と，「懇願する者たちへの好意のしるしとして，自らの金の履物を落ちた状態のままにしている」聖人像とを区別している。物語集を参照（Wesselski, Bolte-Polivka)。

(33) Hugo Farsitus, *Libellus de miraculis B. Mariae Virginis*, PL 179, col.1773-74. 特に次の奇跡 III (*De puella sanata per soccum*), V (*De illa quae momordit soccum*),XXXI (*De quodam ab aegritudine pedis mirabiliter liberato*) ; Gautier de Coinci, *Les Miracles de Notre Dame*, V. F. Koenig (éd.), Genève, Droz, 1970, pp.190-244. この彩飾写本の中でも以下を参照。Paris, BNF, ms fr.22928, fol.222v.

(34) München, Bayerische Staatsbibliothek, CLM 835, fol.104v（13世紀初め）. ここでは左から右へ，6場面の最初の2つは，寝ているボアズを見守るルツ，親戚から靴を受け取るボアズ，ボアズとルツの婚姻などが描かれている。『道徳教化聖書』の該当箇所も参照。Wien, Oestereichische Nationalebibliothek, ms 2554, fol.34v（13世紀).

(35) H. Fichtenau, *Lebensordnungen des 10. Jahrhunderts. Studien über Denkart und Existenz im einstigen Karolingerreich*, 第2版, München, 1992, p.60. ジェフリ・コジオルも註解を加えている。Geoffrey Koziol, *Begging Pardon and Favor. Ritual and Political Order in Early Medieval France*, Ithaca-London, Cornell University Press, 1992, p.302.

(36)　Arnold Van Gennep, *Manuel de folklore français contemporain*, t. I, vol. II. *Du berceau à la tombe*, Paris, A., J. Picard, 1946, p.406 *sq*.; E. Hoffmann-Krayer, H. Bächtold-Staübli, *Handwörterbuch des deutschen Aberglaubens*, Berlin-Leipzig, t. VII, 1935-36, s. v. *Schuh*. トスカナ地方における婚礼に関する以下の情報はクリスティアーヌ・クラピッシュ・ズベール（*Christiane Klapisch-Zuber*）による。1355年，1384年，1388年，1415年に発せられたフィレンツェの法令，『覚書（*ricordanze*）』によると，花嫁となる女性は自らの家族から些少な金額を受け取り，それを婚礼の際に「彼女の靴を脱がせるであろう者」に渡すことになっている。例えばパリアーノ・ディ・ファルコ・パリアーニの娘であったが親を亡くし孤児となったニコロッサ（コジナ）という娘は，1417年に結婚するが，彼女の後見人は「夫の許に赴く時にコジナ・ディ・パリアーノに3フロリン。素足になった者に婦人の履物を履かせるために」とする。Firenze, Archivio di Stato, Strozziane IVa Serie 366（Rede di Paliano di Falco Paliani, 1411-1422), fol.163, fol.169. これらの法令には，「花嫁を素足にして（*per lo scalzare della sposa*）」という言葉が繰り返し用いられている。P. Emiliano -Giudici, *Storia politica dei municipi italiani*, Firenze, 1851, Appendice, p.433.『婚礼（*Li Nuptiali*）』（1504年頃）の中で，アルティエリ（M. A. Altieri）は，父方母方の家系も貴族である青年（*mammolo*）について言及している。彼はローマの儀礼にのっとって花嫁の両足を洗ったところ，靴の中にチャボアザミがいくつかあるのを見つけた。対話の話し手は，羞恥心ゆえにこの慣例のシンボリズムを口にすることをためらった。

(37)　ルッカのみならずイタリア全土とゲルマン諸国にも数多く認められる。以下の書を参照。*Il Volto Santo..., op. cit*,. fig.5, 10, 15, 17, 18, etc. ルーヴル美術館所蔵，シュテファン・ロッホナーの弟子に帰される小板絵《聖ヴルトの奇跡》(ケルン，1440-50年頃)（RF2556bis)。しかし，ヴォルト・サント像のいくつか，またヴォルト・サントから派生した磔刑像には左足に重きを置いたものがある。マトライアのヴォルト・サント（ルッカ）は左足の下に聖杯が置かれている。ルッカのヴォルト・サントとは逆の足である。両聖堂は距離が近いことから，あえて逆にして両者を区別したとも考えられる。*Il Volto Santo..., op. cit*., p.147, fig.4, および口絵 fig. 21.

(38)　Mâcon, BM, ms 3, fol.246v.

(39)　Bibl. vat., ms Pal. lat.1988, fol.16v.

(40)　L. Tondo, *op. cit*., n.5. また，レオビヌスの頭文字Lの中にヴォルト・サントが描かれた2つのイニシャル文字（2か国語写本）を参照。Bibl. vat., Reg. lat.487, fol. 1（ラテン語版，赤字に青いイニシャル文字), fol.27（イタリア語版，青地に赤いイニシャル文字).

(41)　*Il Volto Santo..., op. cit*., p.178, fig.64, 65.

(42)　Chiara Frugoni, «Una proposta per il Volto Santo», *Il Volto Santo..., op. cit*., pp.42-44, fig.8,9. P. Thoby, *Le Crucifix des origines au concile de Trente. Étude iconographique*, Nantes, 1959. PL XXVII. Musée national du Moyen Âge-Thermes de Cluny（11世紀の象牙彫刻), PL XXIV, n°53. 11世紀前半のトングル（トンゲレン，ベルギー）参事会聖堂の象牙彫刻.

(43) Bibl. vat., ms Pal. lat.1988, fol.8v. ルッカ司教ヨハネスはルーニ司教に聖血の入った容器を譲渡した。比較参照すべき場面は，Mâcon, BM, ms 3, fol.237.

(44) Gustav Schnürer, Josef M. Ritz, *op. cit*., p.171.

(45) Gustav Schnürer, Josef M. Ritz, *op. cit*., p.160 : *«Ut autem huius tanti miraculi nullo tempore mentibus audientium scrupulus masceretur dubitationis, sed posteris perpetuum remanet indicium, divina actum est dispensatione, quod calciamentum illud dextro reverendissimi crucis pedi ulterius apte non adhesit et nullo humano artificio ita sicut prius adaptari potuit»*.

(46) Bibl.vat., Reg. lat.487, fol.8v : *«[...]divina actum est dispensatione,quod calciamentum illud dextro reverendissime crucis pedi ulterius hactenus adhesit, quod nullo humano artificio ita sicut prius potuit agitari»*. fol.36v の翻訳から，奇跡が起こった後では，以前の場合のように，ヴォルト・サントの足から「靴を脱がせたり履かせたりすること」は問題ではないことがわかる。*«[...] addevene per la divina dispensatione che quel calçaio lo quale davanti la demostratione del detto miracolo si potea levare et rimettere nel humano artificio si poe levare et rimettere nel detto piede, si sa costo per cotal maniera nel detto piede del volto santo che poi per nimo humano artificio si poe levare ne scoffare»*. fol.59の巻末にはメディオ・ラノのフランチェスコ会士がラテン語からトスカナ訳に翻訳したと記している。*«Ego frater Francischus de Medio Lano ordinis servorum sancte Mariae scripsi et transtuli istum librum de latino in linguam tuscam sicut minus male scrivi»*.

(47) Gustav Schnürer, Josef M. Ritz, *op. cit*., p.174, n.2.

(48) 中世の信仰において「しるし（*signum*）」が果たした機能に関しては次の書を参照。Jean-Claude Schmitt, *Les Revenants, les vivants et les morts dans la société médiévale*, Paris, Gallimard, 1994〔ジャン＝クロード・シュミット『中世の幽霊――西欧社会における生者と死者』小林宜子訳，みすず書房, 2010年〕.

(49) Escorial, ms T. I.1., fol.94. 以下を参照。*El «Codice Rico» de las Cantigas de Alfonso X el Sabio, ms T. I.1. de la Biblioteca de El Escorial*, Edilan, Madrid, 1979, n°64, pp.139–140 ; *Cantigas de Santa Maria*, J. Filgueira Valverde（ed.）, Madrid, 1985, pp. 116–118. 古い時代のスペイン文学（より古い『頌歌64』の原典が存在しないとしても）における語 calças，また動詞 calzar が持つ性的シンボリズムについて検証する意欲を私にもたせてくれたアンドレ・ミハルスキー（カナダ，マギル大学）に感謝したい。同じ系譜として，ポール・クローデル作『繻子の靴』では，ドニャ・プルエーズが恋人ロドリッグと再会した際，自分の靴を聖母に捧げる場面がある。「悪へ向かって走る時には，片方の足が萎えておりますように」プルエーズはさらに（聖母に）述べる。「ですからお守りください，わたくしの可哀想な小さな靴を，しっかりとお胸に抱いて，お守りください，おお，偉大なる御方，恐るべき母様！」〔ポール・クローデル『繻子の靴』渡辺守章訳，岩波文庫（上），63頁〕より。

(50) シンデレラ物語は，アールネ・トンプソンの分類法に基づけば，物語510A タイプとなる。Antti Aarne, Stith Thompson, *The Type of the Folktale*, 第 2 版, Helsinki,

1973. フレデリック・タバックによれば，中世文学における例話（*exempla*）において，これに対応するものは見当たらない。Frederic Tubach, *Index exemplorum. A Handbook of Medieval Religious Tales*, Helsinki, 1969. 知られている最も古い異本は，1634から36年，イタリアにおけるバシリウスのものである。*Pentamerone*, 1re Journée, conte 6, la *Gatta Cenerentola*. 1世紀後にシャルル・ペローが童話集を編んでいるが，著名なその物語に採り入れられたのがこれであるかは確かではない。次の書を参照。Marc Soriano, *Les Contes de Perrault. Culture savante et traditions populaires*, Paris, Gallimard, 1968, 第2版，1977, pp.141–147. 当時の口承文学の伝統において，例えばフランスでは，異本が数多く存在した。Paul Delarue, Marie-Louise Teneze, *Le Conte Populaire français*, t. II, Paris, 1977, pp.245–255. シンデレラや片方だけの履物に関しては，次の書を参照。Nicole Belmont (sous la direction de), *Cendrillon*, 1989（*Cahiers de littérature orale*, 25).

(51) Caroline W. Bynum, *Jesus as Mother. Studies in the Spirituality of the High Middle Ages*, Berkeley-Los Angels-London, University of California Press, 1982. *Jeûnes et festins sacrés. Les femmes et la nourriture dans la spiritualité médiévale*（1987），仏語訳，Paris, Le Cerf, 1994. Leo Steinberg, *La Sexualité du Christ dans l'art de la Renaissance et son refoulement moderne*（1983），仏語訳，Paris, Gallimard, 1987. 次の論評も参照されたい。Jérôme Baschet, Jean-Claude Bonne, Jean-Claude Schmitt, «Les images médiévales（Quatre notes critiques)», *Annales ESC*，2（1991), pp.335–380.

(52) Jean Wirth, *L'Image médiévale. Naissance et développements*（*VI*[e]–*XV*[e]*siècle*), Paris, Méridiens-Klincksieck, 1969, p.322 *sq*., fig.51–53.

(53) Richard C. Trexler, «Habiller et déshabiller les images : esquisse d'une analyse», Françoise Dunand, Jean-Michel Spieser, Jean Wirth (dir.), *L'Image et la production du sacré*, Paris, Méridiens-Klincksieck, 1991, pp.195–231.

(54) 次の書によってその概観が理解できる。Almerico Guerra, *Storia del Volto Santo di Lucca*, Lucca, 1881.

(55) ハンス・マルティン・シャラーは，ライナー・ハウスヘルによる年代特定を「実際よりも古いものとしている」として否定した。Hans-Martin Schaller, «Das geistige Leben am Hofe Kaiser Ottos IV. von Braunschweig», *Deutsches Archiv*, 45, 1989, pp.54–82. オットー4世時代の12世紀から13世紀までの作，ティルベリのゲルウァシウスが『皇帝の閑暇』を献呈した時期（この書でもルッカのヴォルト・サントのことが扱われている）の作としている。シャラーはまた，キリストが締めている帯の銘「イゲルヴァルト我を作れり（Igervard me fecit)」について，再検討する必要性を提示している。*Heinrich der Löwe und seine Zeit. Herrschaft und Repräsentation der Welfen 1125-1235*, München, 1995, Bd.1, pp.188–189. より後の，しかし同一の型に合致している作例であるミュンスター大聖堂の磔刑図と比較。G. Jaszai, *Dom und Domkammer in Münster*, Königstein-in-Taurus, 1981, p.35.

(56) 南フランスの作例については，Jean Cabanot, «Deux nouveaux crucifix de la famille du Volto Santo de Lucques, le "Saint Veu" de Charroux et le "Digne Votz" de Cénac en Périgord», *Cahiers de civilisation médiévale* 24, 1981, pp.55–58，1 fig. 14世

紀末より遡ることはないこれら２つの作例は，宗教戦争の際に消失してしまった。

(57) Anna Maria Maetzke (a cura di), *Il Volto Santo di Sansepolcro. Un grande capolavoro medievale rivelato dal restauro*, Silvana Editoriale, Arezzo, 1994, pp.27–28. ミケーレ・C.フェラーリはある程度支持されている仮説を私に示した。この仮説に基づくと，マインツ，ザンクト・ゴッタルト礼拝堂《ウーデンハイムの磔刑像》は610年から780年の作となる。

(58) F. Mazzini, «Affresche, sculture della metà del trecento all' inizio del conquecento», AA. VV. *Il Santuario di S. Maria dei Ghirli in Campione d'Italia*, Campione, 1988, pp.95–103. この文献を知らせてくれたヴェラ・セグレ・ルツに感謝する。ニコデモが彫師の守護聖人であることに関しては，次の文献を参照。Corine Schleif, «Nicodemus and Sculptors : Self-Reflexivity in Works by Adam Kraft and Tilman Riemenschneider», *The Art Bulletin*, LXXV, 4, Dec.1993, pp.599–626.

(59) Felix Mader et Karl Gröber, *Die Kunstdenkmäler von Mittelfranken. V : Stadt und Bezirksamt Weissenburg i. B.*, München, 1932 (Die Kunstdenkmäler von Bayern, V), pp.62–63. 銘文：「この像は，ルッカの聖十字架，神が背に載せている十字架なり (ditz. pild. bedut. dz. heilig. crucz. von lukg. dz. got. drug. auf. seim. rukg)」。14世紀末の作とされている。

(60) *Italian Panel Painting of the Early Renaissance*, Los Angeles Museum of Art (Exposition 1994–95).

(61) パリ，国立クリュニー中世美術館所蔵，スレート製記章型を参照。イタリアにおいて14世紀に制作されたと思われ，ルッカのヴォルト・サントを象っている (8.5×4.3cm，*Guide des collections*, n°46, cliché 21 590). 右足を聖杯の中に入れているヴォルト・サントが，サクレ・パレ評議官トマ・ド・アメリアの封印に表現されている（15世紀初め。赤蠟，8.2×5.3cm)。以下の２つの文献を参照。Pierre Marot, «Une représentation du Santo Volto de Lucques sur un sceau (1412)», *Bulletin monumental*, Paris, 1926, pp.353–360. Denis Bruna, *Enseignes de pèlerinage et enseignes profanes*, Paris, Musée national du Moyen Âge-Thermes de Cluny, 1996, pp.64–65.

(62) 例えば1430年から40年，フランドルにおいてギュイベール・ド・メッツ親方の追随者が制作した時禱書挿絵（ボルティモア，ウォルターズ・アート・ギャラリー所蔵写本，Walters 170, fol.174v ; cat.n° 84)。Roger S. Wieck, *Time Sanctified. The Book of Hours in Medieval Art and Life*, New York, George Braziller, Baltimore, The Walters Art Gallery, 1988, fig.108, p.123.

(63) その例として，南チロル地方，アルテンブルクのザンクト・ヴィギリウス聖堂に1400年から30年の間に描かれたフレスコ壁画が挙げられる。Institut für Realienkunde des Mittelalters und der früen Neuzeit, Krems, Autriche, cliché N$ 002870/7004411/3006438.

(64) Gustav Schnürer, Josef M. Ritz, *Sankt Kümmernis und Volto Santo*, Düsseldorf, 1934. 信仰の場に関する有用な調査報告は以下に収録。L. A. J. W. Baron Sloet, *De Heilige Ontkommer of Wilgefortis. Een Geschiedkundig Ondenzoek*, 's-Gravenhage,

1884.

(65)　前出，および注 (51) と (53) を参照。

(66)　Arnold Esch, «Vieile Loyalitäten, eine Identität. Italienische Kaufmannskolonien im spätmittelalterlichen Europa», *Historische Zeitschrift* 254, 1992, pp.581–608. 次の書に再録。*Zeitalter und Menschenalter. Der Historiker und die Erfahrung vergangener Gegenwart*, München, 1994, pp.115–133.

(67)　Luca Molà, *La communità dei Lucchesi a Venezia.Immigrazione e industria della seta nel tardo Medioevo*, Venezia, Istituto Veneto di Scienze, Lettere ed Arti, 1994.

(68)　Léon Mirot, *Études lucquoises*, Paris, 1930. 次の出版物に所収。«Inventaire du trésor de l'église du Saint-Sépulcre de Paris (1379)», *Mémoires de la Société d'histoire de Paris et de l'Île-de-France*, IX, 1882, pp.239–286. この論文を教示してくれた M. ピエール・ガスノーに感謝する。

(69)　大聖堂での典礼はヴォルト・サントを前にした司教座聖堂参事会員による行列（プロセッション）と関わるためよく知られていた。M. Giusti, «L'ordo officiorum della cattedrale di Lucca», *Miscellanea Giovanni Mercati*, vol. II, *Letteratura Medioevale. Studi e testi* 122, Citta del Vaticano, 1946, pp.523–566 (pp.545–546).

(70)　*Bibliotheca Palatina*, Katalog zur Austellung vom 8. Juli bis 2. Novenber 1986, Heiliggeistkirche Heidelberg, Heidelberg, 1986, t. II, E 17.4, p.213 *sq*. ラポンディー家とその文芸擁護については，以下の２つの文献を参照。Brigitte Buettner, *Boccaccio's Des cleres et nobles femmes. Systems of Signification in an Illuminated Manuscript*, Seattle-London, University of Washington Press, 1996. «Jacques Raponde "marchand de manuscrits enluminés"», *Médiévales*, 14, 1988, pp.23–32.

(71)　R. Hamer, «Jean Golein's Festes Nouvelles : A Caxton Source», *Medium Aevum*, LV, 1986, pp.254–260. ジャン・ド・ヴィネイによる翻訳については，次の書を参照。*Legenda Aura : sept siécles de diffusion*, Actes du colloque international sur «La Legenda aurea : texte latin et branches vernaculaires», Université de Québec à Montréal (11-12 mai 1983), Paris-Montréal, J. Vrin, 1986.

(72)　Mâcon, Bibliothèque municipale, 3. Analyse cordicologique : J. M. Caswell, «A Double Signing System in the Morgan-Mâcon Golden Legend», *Quaerendo ..., op. cit.*, X, 2, pp.97–112.

(73)　Bruxelles, Bibliothèque royale, ms 9228. 次の書の該当箇所を参照のこと。J. Van den Gheyn, *Catalogue des manuscrits de la Bibliothèque royale de Bruxelles*, t. V, Bruxelles, 1905, pp.396–397.

(74)　Paris, BNF, ms fr.242. この写本の図像は「聖母戴冠の画家」（この名は，fr.1402 の扉絵に基づく）によるとされている。Millard Meiss, *French Painting in the Time of Jean de Berry. Limbourgs and their Contemporaries*, New York, 1974, p.383 *sq*. Charles Sterling, *La Peinture médiévale à Paris, 1300–1500*, Paris, 1987, t.1, p.279 (fig.183).

(75)　München, Bayerische Staatsbibliothek, ms Gall.3. Millard Meiss, *French Painting ..., op. cit.*, p.387. この中で，ミースはこの写本画家と「エガートンの画家」（活動

時期1405-1408）との関連性を示唆している。

(76) Genève, Bibliothèque publique et universitaire, ms fr.57. この写本に関しては，次の書を参照。Hippolyte Petau, *Notices sur les manuscrits Petau conservés à la biblioth-èque de Genève*（*Fonds Ami Lullin*）, Paris, 1911, pp.65-69. 一連の写本の中で，翻訳者の名前が明記されているのはこれだけである（fol.396)。「ここに，新しき祝祭の名の下に続くは，いともすぐれし神学博士にてカルメル会ノートル・ダム修道院ジャン・ゴレイン師によりラテン語からフランス語に訳せしもの」(Cy après s'ensuivent les intitulations des Festes Nouvelles translatées de latin en françois par très excellent docteur en théologie maistres Jehan Golein de l'Ordre de Nostre Dame du Carme). この記載は，ヴォルト・サントに関連する写本２冊のことについては言及していない。

(77) Iéna, Universitäts Bibliothek, ms Gall.86. W. Dexel, *Untersuchungen über die französischen illuminierten Handschriften der Jenaer Universitätsbibliothek*, Strasbourg, 1917, pp.33-39.

(78) Paris, Bibliothèque nationale de France, ms fr.184.

(79) Bibl. vat., ms Pal. lat.1988.

(80) BNF ms fr.242, fol.328；BNF, ms fr.184, 415v；München, Bayerische Staatsbibliothek, ms Gall.3, fol.309.

(81) Mâcon, Bibliothèque municipale, 3, fol.246v；Paris, BNF, ms fr.242, fol.334；München, Bayerische Staatsbibliothek, ms Gall.3, fol.316.

(82) Iéna, Universitäts Bibliothek, ms Gall.86, fol.359；Genève, Bibliothèque publique et universitaire, ms fr.57, 474v.

(83) Bruxelles, Bibliothèque royale, ms 9228, fol.395；Paris, BNF, ms fr.242, fol.335v.

(84) «quod ipse predicator dicat unum miraculum de miraculis sancti vultus sancte crucis que hic in presenti libro scripta sunt», Lucca, Biblioteca Capitolare ms Tucci-Tognetti, fol.1v.

8　聖遺物と画像

★初出：«Les reliques et les images», Edina Bozoky, Anne-Marie Helvetius（éds.）, *Les Reliques. Objets, cultes, symboles*, actes du colloque de l'université du Littoral-côte d'Opale（Boulogne-sur-Mer）, 4-6 septembre 1977, pp.145-167.

(1) Hans Belting, *Bild und Kult. Eine Geschichte des Bildes vor dem Zeitalter der Kunst*, München, Beck Verlag, 1990.

(2) Anton Legner, *Reliquien in Kunst und Kult. Zwischen Antike und Aufklärung*, Darmstadt, Wissenschaftliche Buchgesellschaft, 1995.

(3) Erich Meyer, «Reliquie und Reliquiar im Mittelalter», Festschrift Georg Heise, Berlin, 1950, p.55 *sq*., 次の文献に引用，および反論が述べられている。Anton Legner, *op. cit*., p.185, 特に，p.277と fig.129を参照。中世最初期の事例として，ベルガモンの聖血の十字型聖遺物容器が挙げられる。

(4) David F. Appleby, «Holy Relic and Holy Image：Saints' Relics in the Western

Controversy over Images in the Eigth and Ninth Centuries», *Word and Image*, vol.8, n°4, oct.-dec. 1992, pp.333–343（p.340）.

（5） Anton Legner, *op. cit*., p.237.

（6） *Ibid*., p.253.

（7） *Ibid*., pp.258–260（ただし，レグナーは両方とも右腕であることに着目していない）.

（8） Denis Bruna, *Enseignes de pèlerinage et enseignes profanes*, Paris, Musée national du Moyen Âge-Thermes de Cluny, 1996.

（9） Georges Didi-Huberman, *Fra Angelico. Dissembrance et figuration*, Paris, Flammarion, 1990〔G・ディディ＝ユベルマン『フラ・アンジェリコ――神秘神学と絵画表現』寺田光徳・平岡洋子訳，平凡社，2001年〕.

（10） «per pulverem sanctificatum clarificata non tam ornant quam exornantur et propesione claritudine illustrantur», Michele C. Ferrari, *Thiodfrid d'Echternach. Sein Umfeld und seine Flores epitaphii sanctorum*, Diss. Heidelberg, 1992, p.97. フェラーリは，この金に値するのは王より聖人であるとしている（p.102）。

（11） Anton Legner, *op. cit*., p.257.

（12） William A. Christian, *Apparitions in Late Medieval and Renaissance Spain*, Princeton, Princeton University Press, 1981.

（13） David F. Appleby, art.cit. この議論については，次の書を参照。F. Boespflug, N. Lossky（éds.）, *Nicée II, 787–1987. Douze siècles d'images religieuses*, Paris, Le Cerf, 1987.

（14） André Vauchez, *La Sainteté en Occident aux derniers siècles du Moyen Âge d'après les procès de canonisation et les documents hagiographiques*, Roma, École française de Rome, 1981, p.522.

（15） C. H. Lawrence（éd.）, *The Life of St. Edmund by Matthew Paris*, Oxford, 1996, p.162.

（16） *Hedwig Codex*, The Paul J. Getty Museum, ms 83. MN 126, fol.46v, 87, 137v.

第Ⅲ部　夢，幻視，幻想

9　夢の図像学

★初出：«Bildhaftes Denken : die Darstellung biblisher Träume in mittelalterlichen Hand schriften», Agostino Paravicini Bagliani, Giorgio Stabile（éds.）, *Träume im Mittelalter. Ikonologische Studien*, Stuttgart-Zürich, Belser Verlag, 1989, pp.9–29.

（1） 中世の画像の特徴である。

（2） 特にフュースリ作《夢魔》（1790–91年，フランクフルト，ゲーテ美術館所蔵）を見ておきたい。cf. Carolyn Keay, *Henri fuseli*, London-New York, 1974.

（3） 2点共にニューヨーク近代美術館所蔵。

（4） A. F. -H. Barr, *Masters of Modern Art*, New York, The Museum of Modern Art,

1954, pp.11-15. ルソーはラヴァル市市長に《眠れるジプシー女》を寄贈したが，その際彼は手紙をしたため，「深い眠り（profond sommeil）」と書いている。また，1925年にまとめられたモダン・アートの収集家ジョン・クインの売却カタログの序章で，コクトーは夢に言及している。

(5) *Ibid.*, ルソーはこの絵の裏に添付した詩において，さらに同年，美術批評家アンドレ・デュポンになぜこの女性が描かれているのかを問われた彼は，デュポン宛の手紙の中でも自身の考えを述べている。

(6) その一例として，ドイツのルペルトゥスの註釈書が挙げられる。Rupert de Deutz, *De gloria et honore filii hominis Super Matthaeum*, H. Haake（éd.）, Corpus Christianorum. Continuatio Mediaevalis, XXIX, Turnholt, Brepols, 1979, pp.374-375. 超自然的な人物が夢を見ている者に自分はあと 8 年生き続けると語りかけた。

(7) *Psautier de Winchester*, London, British Museum, Nero C IV, fol.13. F. Wormald, *The Winchester Psalter with 134 Illustrations*, New York, 1973参照。

(8) 開いた目と閉じた目のコントラストは，オータンの有名な浅浮彫にも見られる。

(9) Oxford, Bodleian Library, Bodleian 270 b., fol.17. Pl. XXV 参照。

(10) *«Jacob qui obdormivit super petram significat Johannem Evangelistam qui super pectus domini in cena obdormivit et vidit secreta celestia que post ea in Apocalipsi manifestavit».*

(11) とはいえ，注解書（例えば，サン・ヴィクトールのフーゴーやドイツのルペルトゥス）にはその形跡が認められない。

(12) *Psautier de Winchester*, 前掲写本, fol.5.

(13) München, Clm 835, fol.13.

(14) この組み合わせを示す最古の例のひとつとして，8世紀のヘノルス・エルデレンの象牙浮彫が挙げられる。G. Schiller, *Ikonographie der Christlichen Kunst*, I, Gütersloh, Gütersloher Verlagshaus Gerd Mohn, 1966, p.66, ill.5.

(15) *Amesbury Psalter*, Oxford, All Souls College, Ms 6, fol.96r.

(16) *The Great Lambeth Bible*, Lambeth Palace, Ms 3, fol.6.

(17) 「私はベテルの神です。かつてあなたはあそこで柱（石）に油を注いで…」（「創世記」31章13節）。

(18) パレルモのパラティーナ礼拝堂にある同時代に制作されたモザイクと図像配置に関して比較されたい。F. Di Pietro, *La Capella Palatina di Palermo. I Mosaici*, Milano, 1954参照。

(19) Paris, BNF, Lat.10525. H. Omont, *Psautier de Saint Louis*, Paris, BNF, s. d. A. Haseloff, «Les Psautiers de Saint Louis», *Mémoires de la Société nationale des antiquaires de France*,59, 1898, pp.18-42, G. Haseloff, *Die Psalterillustration im* 13. *Jahrhundert. Studien zur Geschichte der Buchmalerei in England, Frankreich und den Niederlanden*, s.l., 1938, p.31.

(20) この点については，この写本のファクシミリを用意してくれたハーヴェイ・スタールの協力で確認することができた。

10　ビンゲンのヒルデガルト，あるいは夢の拒絶

★初出：«Hildegard von Bingen oder die Zurückweisung des Traums», Alfred Haverkamp, *Hildegard von Bingen in ihrem historischen Umfeld*, Internationaler wissenschaftlicher Kongress zum 900jährigen Jubiläum, 13.-19. September1998, Bingen am Rhein, Mainz, Verlag Philipp von Zabern, 2000, pp.351–373.

(1)　Liselotte E. Saurma-Jeltsch, *Die Miniaturen im «Liber Scivias» der Hildegard von Bingen. Die Wucht der Vision und dei Ordnung der Bilder*, Wiesbaden, Dr Ludwig Reichert Verlag, 1998, pp.25–31．次の書も参照。Madeline H. Caviness, «Hildegard as Designer of the Illustrations to her Works», *Hildegard of Bingen. The Context of her Thought and Art*, Charles Burnett, Peter Dronke（eds.), London（Warburg Institute Colloquia 4), 1998, pp.29–62, fig.19, 20.

(2)　Lucca, Biblioteca Statale, Cod. Lat.1942, XIIIe siècle．ここで言及している挿絵の複製図版は，以下の書に掲載されている。G. Epiney-Burgard et E. Zum Brunn, *Femmes troubadours de Dieu*, Turnhout, Brepols, 1988（Témoins de notre Histoire), hors texte 1.

(3)　夢の図像学に関しては，以下の文献を参照。Agostino Paravicini Bagliani, Giorgio Stabile（eds.), *Träume im Mittelalter. Ikonologische Studien*, Stuttgart-Zürich, Belser-Verlag, 1989.

(4)　例えば，Peter Dinzelbacher, *Vision und Visionsliteratur im Mittelalter*, Stuttgart, Anton Hiersemann Verlag, 1981（Monographien zur Geschichte des Mittelalters 23)。異なった見解は以下の書を参照。Sylvain Gougenheim, *La Sibylle du Rhin. Hildegarde de Bingen, abbesse et prophétesse rhénane*, Paris, Publication de la Sorbonne, 1996（série Histoire ancienne et médiévale 38).

(5)　Adelgundis Führkötter et Angela Carlevaris（éds.), *Hildegardis Scivias*, Turnhout, Brepols, 1978（CCCM, XLIII), p.4 : «*Visiones vero quas vidi, non eas in somnis, nec dormiens, nec a phrenesi, nec corporeis oculis aut auribus exterioris hominis, nec in abditis locis percepi, sed eas vigilans, circumcipiens in pura mente, oculis et auribus interioris hominis, in apertis locis, secundum voluntatem Dei accepi. Quod quomodo sit, carnali homini perquirere difficile est*». 仏語訳，*Hildegarde de Bingen, Scivias. «Sache les Voies» ou Livre des Visions*, présenté et traduit par Pierre Monat, Paris, Le Cerf, 1996, p.27.

(6)　Sanctae Hildegardis, Liber divinorum operum simplicis hominis, PL 197,742 : « *[…] nec per te inventa, nec per alium hominem praemeditata, sed per me ante principium mundi praeordinata […] quoniam omnia quae a principio visionum mearum scripseram, vel quae postmodum sciebam, in coelestibus mysteriis vigilans corpore et mente, interioribus oculis spiritus mei vidi, interioribus auribus audivi, et non in somniis, nec in extasi, quemadmodum in prioribus visionibus meis praefata sum, nec quidquam de humano sensu veritate teste protuli, sed ea tantum quae in coelestibus secretis percepi. Iterumque vocem de caelo sic me docentem audivi, et dixit : Scribe ergo secun-*

dum me in modum hunc». 仏語訳, *Hildegarde de Bingen, Le livre des œuvres divines* (*Visions*), présenté et traduit par Bernard Groceix, Paris, Albin Michel, 1982, p.4. ただし，«que je n'eusse»は«que j'eusse»に訂正すべきであろう。

(7) L. Van Acker (éd.), *Hildegardis Bingensis, Epistolarium*, Pars 1a, Turnhout, Brepols, 1991 (CCCM., XCI), p.3 : «*Hildegardis ad Bernardum abbatem Clarevallensem. [...] Pater, ergo sum valde sollicitata de hac visione, que apparuit mihi in spiritu mysterii, quam nunquam vidi cum exterioribus oculis carnis. Ego, misera et plus quam misera in nomine femineo, ab infantia mea vidi magna mirabilia, que lingua mea non potest proferre, nisi quod me docuit Spiritus Dei, ut credam*».仏語訳された書簡の内容は，以下の該当箇所を参照。G. Epinay-Burgard et E. Zum Brunn, *op.cit.*, pp.45-47.

(8) A. Derolez (éd.), *Guiberti Gemblicensis, Epistolae*, Pars 1a, Turnhout, Brepols, 1988 (CCCM., LXVI), p.223 : «*Videlicet utrum dormiens in sompnis an vigilans per excessum mentis visiones tuas contempleris*».

(9) *Ibid.*, p.241 : «XXX. *Numquid spiritualibus oculis corporalia videntur, et e diverso corporalibus oculis aliqua spiritalia cognoscuntur?*».

(10) この書簡については，以下を参照。Hildegard von Bingen, «*Nun höre und lerne, damit du errötest...*» *Briefwechsel-nach den ältesten Handschriften übersetzt und nach den Quellen*, Adelgundis Führkötter OSB (éd.), Freiburg-Basel-Wien, Herder, 1997 (第２版), p.227 :「私は外部の目でものを見ていませんし私は外部の耳でものを聞いていません。私は心の中の思考や，五感の瞑想によって認識していないのです。そうではなく，私はもっぱら魂において，大きく開かれた肉体の目でもって見ているのです。そのため，私は恍惚といった意識の喪失を経験することはありません。昼も夜も意識が覚醒したまま見ているのです」。

(11) Peter Dinselbacher, *op. cit.*, p.37 : «Mischformen» (特にシェーナウのエリーザベトに関して).

(12) Hildegardis, *Causae et curae*, Paulus Kaiser (éd), Leipzig, Teubner, 1903. 仏語訳, Hildegard de Bingen, *Les Causes et les remèdes*, traduction du latin et présentation par Pierre Monat, Paris, Jérôme Millon, 1997.

(13) *Ibid.*, p.73 : «*De melancolicis [...] facile insaniam capitis incurrunt ita quod frenetici erunt*».

(14) *Ibid.*, pp.194-95 : «*Contra fantasiam [...] Qui a diabolico fantasmate in die aut in nocte vigilando aut dormiendo fatigatur*».

(15) 以下の該当箇所も参照のこと。Hildegardis, XXXVIII Quaestionum solutiones, PL 197, 1037-1054, Quaestiones 3, 6.

(16) *Causae et curae, op.cit.*, p.137, «De concupiscentia», p.138, «De pollutione».

(17) *Vita sanctae Hildegardis*, Monica Klaes (éd.), Turnhout, Brepols, 1993 (C. C. C. M., CXXVI), p.22 : «*Sapientia quoque in lumine karitatis docet et jubet me dicere, quomodo in hanc visionem constituta sum. Et ego verba hec non dico de me, sed vera sapientia dicit ista de me et sic loquitur ad me : "Audi, o homo, verba hec et dic ea non secundum te, sed secundum me et docta per me hoc modo dic de te"*». 以下の文献も参

照。*Das Leben der heiligen Hildegard berichtet von den Mönchen Gottfried und Theoderich*. Adelgundis Führkötter によるラテン語からの翻訳および注釈, Salzburg, Otto Müller Verlag, 1980（第 5 版), p.71.

(18) Friedrich Wilhelm E. Roth（éd.), *Die Visionen der hl. Elisabeth und die Schriften der Äbte Eckbert und Emecho v. Schönau*, Brünn, 1884,(第 2 版, 1886). 本論では，PL 195, 119 *sq*. から引用。

(19) Peter Dinzelbacher, *op. cit.*, p.173.

(20) Peter Dinzelbacher, *op. cit.*, p.174.

(21) PL 195, 156 : «*Tunc ergo primum intellexi visionem spiritualem me vidisse*».

(22) PL 195, 134.

(23) PL 195, 129 A–C.

(24) PL 195, 127 D.

(25) PL 195, 129 C–130 A.

(26) PL 195, 146 : «*Circa tempus missae veni in mentis excessum : et visum est mihi quasi absraheretur spiritus meus a corpore ac sublevatur in altum*».

(27) PL 195, 132 B : «*Et id citra extasim, quamvis vicina fui ut fierem in extasi*».

(28) PL 195, 139 D : «*Tunc ergo ab extasi expergiscens*» ; 141 B : «*cum solito more essem in extasi [...] et ego cum laetitia expergiscens*».

(29) PL 195, 142 : «*Veni in quietem extasis. Tunc solito more visum est mihi quasi raperetur spiritus meus in sublime ; et vidi ostium apertum in coelo*».

(30) PL 195, 142 : «*Tandem in quietem extasis deveni. Sensi me quasi in sublime elevari, et ostium apertum in coelo [...]*».

(31) Peter Dinzelbacher, *op. cit.*, p.47. ディンゼルバッヒャーは，«excessus»という言葉は，元々死を意味していたとしている。すなわち，「元来，«excessus»や«extasis»，あるいは«raptus»は，恍惚状態の最初の段階のみを意味する言葉である。一方多くの場合，«visio»は意味の変化を被ることなく認められてきた。古典ラテン語«excessus»は，断絶，分離，そして死を意味している」。

(32) PL 195, 143 : «*Eram autem pernoctans in oratione, nec potui corpus meum dare sopori, prae nimia claritate lucis, quam tota nocte intuebar : ostium enim illud, quod antea sine mentis excessu intueri non poteram, continue apertum vidi in magna jocunditate*».

(33) PL 195, 168 : «*Eram post haec quiescens in lectulo meo, nec adhuc somnum coeperam, cum repente visitavit me Spiritus Domini et replevit os meum sermone hujusmodi [...]*».

(34) PL 195, 176 : «*Mense augusti, quinta die mensis, post vigilias matutinas, cum essem cubans in lectulo meo nec adhuc somnum coepissem, subito apparuit coram me angelus Domini*».

(35) Walter Berschin, *Os meum aperui. Die Autobiographie Ruperts von Deutz*, Köln, 1985（Koinonia Oriens, XVIII).

(36) *De gloria et honore Filii Hominis Super Mattheum*, Hrabanus Haacke（éd.), Turn-

holt, Brepols, 1979（CCCM, XXIX).

(37) フラバヌス・ハーケの計算による。Hrabanus Haacke, «Die mystischen Visionen Ruperts von Deutz», *Mélanges Bascour Hildebrand*, «Sapientiae Doctrinae», Leuven, 1980, pp.68–90, 特に6から14（ドイツのルペルトゥスの著作全体において著者が明らかにした15もの独自のヴィジョンに関して）．この数は実際もっと多いだろう。ルペルトゥスのヴィジョンという問題は，次の研究においては副次的にすぎない。John H.Van Engen, *Rupert of Deutz*, Berkeley-Los Angeles-London, University of California Press, 1983, p.50.

(38) *De gloria…, op.cit.*, p.377, ligne 560 : «*Sed iam redeamus ad rem, propter quam etiam hanc intuli narrationem*».

(39) *De gloria…, op. cit.*, p.377, ligne 562.

(40) *De gloria…, op. cit.*, p.376, ligne 504 : «*Non valde sopitus,immo semivigilans in lectulo*».

(41) *De gloria…, op.cit.*, p.378, ligne 597.

(42) *De gloria…, op.cit.*, p.369, ligne 245 : «*Non corporali visu vidi, sed ut viderem, repente evanuerunt corporis oculi et aperti sunt meliores, id est interiores oculi*».

(43) *De gloria…, op. cit.*, p.370, ligne 303 : «*Somno me dederam hora solitae orationis, cum ecce video semivigilans in ipso lectulo magnam lucem velut solem super me incumbentem*».

(44) *De gloria…, op. cit.*, p.372, ligne 367–377 : «*Visio haec tam manifesta fuit, ut veraciter dicere possim, quia sive in corpore, sive extra corpus nescio, Deus scit*».

(45) *De gloria…, op. cit.*, p.383, ligne 781 : «*Nam et cum adducerer d videndum, scio me de lectulo exsilisse et in ecclesiam cucurrisse recto et vigilantibus solito itinere ; et completa visione cum personas illas abeuntes prosequi vellem et non concederetur mihi, aspexi quod nudus et sine omni vestimento essem, et ab hoc festinus eo recurrens, unde veneram, ubi lectum attigi, confestim experrectus sum […] Protinus somno qui vix obrepserat excusus sum et vigilians sensi dulce pondus, vigilans delectatus sum et quid dicam?*».

(46) *De gloria…, op. cit.*, p.383, ligne 770 : «*Cum ad me reversus fuissem et intra vigilias nocturnas visum huiusmodi suavissime retractarem, sicque interpretarer*».

(47) Jean-Claude Schmitt, «Les rêves de Guibert de Nogent», *Le Corps, les reites, les rêves, le temps. Essais d'anthropologie médiévale*, Paris, Gallimard, 2001, pp.263–294に再録〔ジャン・クロード・シュミット『中世歴史人類学試論――身体・祭儀・夢幻・時間』渡邊昌美訳，刀水書房，2008年，200～226頁〕.

(48) Jean-Claude Schmitt, «La "découverte de l'individu" : une fiction historiographique?», *Le Corps, les rites…*, pp.241–262に再録〔シュミット，同書，182～199頁〕.

(49) F. Tschochner, Rupert von Deutz, *Lexikon der christlichen Ikonographie*, Roma-Freiburg-Basel-Wien, 1976, pp.8, 292–293.

(50) 本書第Ⅲ部9章「夢の図像学」を参照。

(51) Berlin, Staatliche Museen Preussischer Kulturbesitz, *Le Rêve de Jacob*, Maasland, 1160-1170頃, Pergament 25×15.5cm, KK Inv. Nr.78 A 6. Victor H. Elbern, *Wie im Himmel so auf Erden. Der christliche Bilderkreis in* 150 *Kunstwerken*, Berlin, 1990, p. 29, n°12. 中世の梯子の図像伝統とその展開に関しては，以下の書を参照。Christian Heck, *L'Échelle céleste dans l'art du Moyen Âge. Une image de la quête du ciel*, Paris, Flammarion, 1997.

(52) K. Kunze, *Elisabeth von Schönau, Lexikon der christlichen Ikonographie*, Roma-Freiburg-Basel-Wien, 1974, pp.6, 131-132. ここでは12世紀に制作された写本（Landesbibliothek Wiesbaden, Hs.3）の中の，ヴィジョンを見る修道女の姿を描いた挿絵について言及されている。

(53) Jeffrey Hamburger, *The Rotschild Canticles. Art and mysticism in Flanders and the Rheinland ca. 1300*, New Haven, Yale University Press, 1990.

(54) *Rotschild Canticles*, New Haven, Beinecke Rare Book and Manuscript Library, Yale University, ms 404, fol.66. 以下の書も参照のこと。Jeffrey Hamburger, «"On the Little Bed of Jesus" : Pictorial Piety and Monastic Reform», *Id. The Visual and the Visionary. Art and Female Spirituality in Late Medieval Germany*, New York, Zone Book, 1998, pp.383-426.

(55) Wien, Kunsthistorisches Museum. 以下の書を参照。A. Rosenthal, «Dürer's Dream of 1525», *The Burlington Magazine* 69, 1936, pp.82-85. J. Poeschke, «Dürers Traumgesicht», R.Hiestand（éd）, *Traum und Träume. Inhalt, Darstellung, Funktionen einer Lebenserfahrung in Mittelalter und Renaissance*, Düsseldorf, 1994, pp.187-206. Jean-Claude Schmitt, «La culture de l'imago», *Annales. Histoire, sciences sociales*, 1, 1996, p.36（pp.33-34）.

11　想像力の有効性

★初出：«L'imagination efficace», Klaus Krüger und Alessandro Nova（éds.）, *Imagination und Wirklichkeit. Zum Verhältnis von mentalen und realen Bildern in der Kunst der frühen Neuzeit*（Frankfurt am Main, juin 1997）, Mainz, Verlag Philipp von Zabern, 2000, pp.13-20.

(1) Marc Augé, *la Guerre des rêves. Exercise d'ethno-fiction*, Paris, Le Seuil（La Librairie du XXe siècle）, 1997.

(2) Jacques Le Goff, *L'imagination médiévale. Essais*, Paris, Gallimard, 1985〔ジャク・ル・ゴフ『中世の夢』池上俊一訳，名古屋大学出版会，1992年〕序文参照。

(3) P. Kaufmann, «Imaginaire et imagination», *Encrocyclopedia Universalis*, Paris, 1992, XI, pp.936-943.

(4) Marie-Dominique Chenu, «"Imaginatio". Note de lexicographie philosophique médiévale», *Miscelleanea Giovannni Mercati, II, Lettreatura Medioevale*, Città del Vaticano, Bibliotheca Apostolica Vaticana（Studi e Testi 122）, pp.593-602.

(5) この点に関しては以下の拙稿を再び挙げておく。Jean-Claude Schmitt, «Le corps en Chrétienté», Maurice Godelier, Michel Panoff（éds.）, *La Production du corps*, Am-

sterdam, Éditions des archives contemporaines, 1998, pp.15–335.

(6) Giorgio Agamben, *Stanze, Parole et fantasme dans la culture occidentale*（イタリア語初版，1997）,仏語訳，Yves Hesant, Paris, Christian Bourgois, 1981〔ジョルジョ・アガンベン『スタンツェ──西洋文化における言葉とイメージ』岡田温司訳，筑摩書房，1998年，（ちくま学芸文庫，2008年）〕.

(7) Danielle Régnier-Bohler «Le simulacra ambigu : miroirs, portraits et statues. Une mise en perspective dans l'imageinaire médiévale», *Nouvelle Revue de psychanalyse*, 35, 1987（Le Champ visuel）, pp.91–106.

(8) Oxford, Bodleian Library, Ms Douce 195, fol.151（*Roman de la Rose*, XVe siècle）. 次の文献も参照せよ。V. W. Egbert, «Pygmalion as Sculptor», *The Princeton Univercity Library Chronicle*, XXVIII, 1, 1966, pp.20–30.

(9) Hugues de Saint-Victor, *Allegoriae in Vetus Testamentum*, II, XIII, PL 175, col. 651. この議論はスコラ哲学における「自由討議」に乗じて13世紀にはさらに拡充した。例えば,「自由討議」に関する著作（Richardus de Medievilla, *Quaestiones quodibetales*, III, 10-13, Venezia, 1509, fol.33v–36v.）は，特に自己や他者の身体への「幻惑（*fascinatio*）」（「邪悪な目」）による想像力の影響を扱っている。この指摘は次のスコラ哲学の異常生成に関する論文（1998年提出）の著書による。Maaik Van Der Lugt, *Le ver, le démon et la vierge : Les théories médiévales de la génération extraordinaire,* Une étude sur les rapports entre théologie, philosophie naturelle et médecine（L'Âne d'Or）, Les Belles Lettres, 2004.

(10) Oxford, Bodleian Library, Ms Bodley 270 B, fol.18（パリ，13世紀半ば）.

(11) Augustinus, *De Civitate Dei*, XVIII, V〔アウグスティヌス『アウグスティヌス著作集第14巻　神の国(4)第15－18巻』大島春子・岡野昌雄訳，教文館，1980年，278～279頁〕.

(12) Jacobus de Voragine, *Sermo III de stigmatibus s. Francisci*, L. Lemmens, *Testimonia minora saeculi XIII de s. Francisco Assisiensi collecta*, Ad Claras Aquas, Collegium S. Bonaventurae, 1926（Coll. Philosophica theol.3）, p.113 *sq*.次の著作も参照。Chiara Frugoni, *Francesco e l'invenzione delle stimmate. Una storia per parole e immagini fino a Bonaventura e Giotto*, Turin, Einaudi, 1993, p.221, n.199.

(13) Hieromymus, *Liber hebraicorum quaestionum in Genesim,* PL 23, col.984–986.

(14) Aristote, *Histoire des animaux*, IX, 49, édition et traduction Pierre Louis, III, Paris, Les Belles Lettres, 1969, pp.138–139〔アリストテレス『動物誌』（下）島崎三郎訳，アリストテレス全集第８巻，岩波書店，1994年，114頁〕.

(15) Augustinus, *Contra Julianum Pelagianum*, PL 44, col.812–813〔『アウグスティヌス著作集第30巻　ユリアヌス駁論』金子晴勇訳，教文館，2002年〕. この議論に関しては以下の文献を参照。Peter Brown, *Le Renouncement à la chair. Virginité, célibat et continence dans le christianisme primitif*,（英語初版，1988）, Paris, Gallimard, 1995, p.493 *sq*.

(16) *«Quomodo autem de corpore ad spiritum, eo modo transeunt de spiritu ad corpus»*.

(17) Elaine Pagels, *Adam, Ève et le serpent*,（英語初版，1988），仏語訳，Paris, Flam-

marion, 1989.

(18) Thomas Celanesis, *Tractatus de miraculis, Analecta Franciscana X*, 1984, pp.272-273.

(19) *Ibid*., p.275. 以下の文献も参照。Klaus Krüger, *Der Frühe Bildkult des Franziskus in Italien. Gestalt- und Funktionswandel des Tafelbildes im* 13. *Und* 14. *Jahrhundert*, Berlin, Gebr. Mann Verlag, 1992, p.128 *sq*.「聖痕」に異を唱える人々に関しては，André Vauchez, «Les stigmates de saint François et leurs détracteurs dans les derniers siècles du Moyen Âge», *Méranges de l'École française de Rome*, 80, 1968, pp.595-625.

(20) Thomas Celanensis, *op. cit*., p.276.

(21) Hans Belting, Christiane Kruze, *Die Erfindung des Gemäldes. Das erste Jahrhundert der niederländischen Malerei*, München, Hirmer Verlag, 1994, p.55.「聖顔」に関しては以下の文献を参照。Herbert L. Kessler, Gerhard Wolf（eds.), *The Holy Face and the Paradox of Representation*, Bologna, Nuova, Alfa Editoriale, 1998（Villa Spelman Colloquia 6).

(22) *Lectionnaire de Heilig Kreuz*, Oxford, Kebel College, MS 49（Regensburg, 1267-1276）308 ff., 402×305mm. この写本は修道女たち自身によって書かれたと思われる。

(23) Amiens, Bibliothèque municipale, ms 223, fol.33v（9世紀半ば). この図像に関しては，Jean-Claud Bonne, «L'image de soi au Moyen Âge（IXe-XIIe siècle)：Raban Maur et Godefroy de Saint- Victor», *Il ritratto e la memoria. Materiali* 2. A cura di Augusto Gentili, Philippe Morel, Claudia Cieri Via, Roma, 1993（Europa delle corti. Centro di studi sulle società di antico regime. Bibliotheca del Cinquecento 55), pp.37-60. この作品に関しては最終的に以下の文献を参照。Michele C. Ferrari, *Il «Liber sanctae crucis» di Rabano Mauro. Testo-immagine-contesto,* Bern-Berlin-Frankfurt am Main-New York-Wien, Peter Lang（Lateinische Sprache und Literatur des Mittelater 30), 1999. ここで引用されている写本については次の書を参照。Michel Perrin, *Louanges de la Sainte Croix*, Paris, Berg International-Amiens, Trois Cailloux, 1988.

(24) Hans Belting, Christiane Kuze, *op.cit*., pp. 61-62.

(25) この最後の点に関しては，以下の文献を参照。Victor I. Stoichita, *L'Instauration du tableau, Métapeinture à l'aube des Temps modernes,* Paris, Méridiens-Klincksieck, 1993〔ヴィクトル・ストイキツァ『絵画の自意識──初期近代における，タブローの誕生』岡田温司・松原知生訳，ありな書房, 2001年〕.

(26) Wien, Östereichchische National Bibliothek, Cod.1857, fol.13v, 43v. 以下の文献を参照。Hans Belting, Christiane Kruse, *op.cit*., pp.56, 224-225.

〈歴史・民族・文明〉

刀水歴史全書　88

中世の聖なるイメージと身体

キリスト教における信仰と実践

2015年1月21日　初版1刷印刷
2015年1月31日　初版1刷発行

著　者　ジャン＝クロード・シュミット

訳　者　小池寿子

発行者　中村文江

発行所　株式会社　刀水書房

〒101-0065　東京都千代田区西神田2－4－1　東方学会本館
電話　03-3261-6190　FAX　3261-2234　振替00110-9-75805

印刷　亜細亜印刷株式会社
製本　株式会社ブロケード

 ISBN 978-4-88708-380-6 C1322

藤川隆男

82 **人種差別の世界史**

白人性とは何か？

2011 ＊398-1 四六上製 274頁 ￥2300

差別と平等が同居する近代世界の特徴を，身近な問題（ファッション他）を取り上げながら，前近代との比較を通じて検討。人種主義と啓蒙主義の問題，白人性とジェンダーや階級の問題などを，世界史的な枠組で解明かす

Ch. ビュヒ／片山淳子訳

83 **もう一つのスイス史**

独語圏・仏語圏の間の深い溝

2012 ＊395-0 四六上製 246頁 ￥2500

スイスは，なぜそしていかに，多民族国家・多言語国家・多文化国家になったのか，そのため生じた問題にいかに対処してきたか等々。独仏両言語圏の間の隔たりから語る，今までに無い「いわば言語から覗くスイスの歴史」

坂井榮八郎

84 **ドイツの歴史百話**

2012 ＊407-0 四六上製 330頁 ￥3000

「ドイツ史の語り部」を自任する著者が，半世紀を超える歴史家人生で出会った人，出会った事，出会った本，そして様ざまな歴史のエピソードなどを，百のエッセイに紡いで時代順に語ったユニークなドイツ史

田中圭一

85 **良寛の実像**

歴史家からのメッセージ

2013 ＊411-7 四六上製 239頁 ￥2400

捏造された「家譜」・「自筆過去帳」や無責任な小説や教訓の類いが，いかに良寛像を過らせたか！　良寛を愛し，良寛の眞実を求め，人間良寛の苦悩を追って，その実像に到達した，唯一，歴史としての良寛伝が本書である

A. ジョティシュキー／森田安一訳

86 **十字軍の歴史**

2013 ＊388-2 四六上製 480頁 ￥3800

カトリック対ギリシア東方正教対イスラームの抗争という，従来の東方十字軍の視点だけではなく，レコンキスタ・アルビショワ十字軍・ヴェンデ十字軍なども叙述，中世社会を壮大な絵巻として描いた十字軍の全体史

W. ベーリンガー／長谷川直子訳

87 **魔女と魔女狩り**

2014 ＊413-1 四六上製 480頁 ￥3500

ヨーロッパ魔女狩りの時代の総合的な概説から，現代の魔女狩りに関する最新の情報まで，初めての魔女の世界史。魔女狩りの歴史の考察から現代世界を照射する問題提起が鋭い。110頁を超える索引・文献・年表も好評

J.-C. シュミット／小池寿子訳

88 **中世の聖なるイメージと身体**

キリスト教における信仰と実践

2015 ＊380-6 四六上製 430頁 ￥3800

中世キリスト教文明の中心テーマ！　目に見えない「神性」にどのように「身体」が与えられたか，豊富な具体例で解き明かす。民衆の心性を見つめて歴史人類学という新しい地平を開拓したシュミットの，更なる到達点

藤川隆男編
73 **白人とは何か？**
ホワイトネス・スタディーズ入門
2005 ＊346-2 四六上製 257頁 ￥2200

近年欧米で急速に拡大している「白人性研究」を日本で初めて本格的に紹介。差別の根源「白人」を人類学者が未開の民族を見るように研究の俎上に載せ，社会的・歴史的な存在である事を解明する多分野17人が協力

W. フライシャー／内山秀夫訳
74 **太平洋戦争にいたる道**
あるアメリカ人記者の見た日本
2006 349-1 四六上製 273頁 ￥2800

昭和初・中期の日本が世界の動乱に巻込まれていくさまを，アメリカ人記者の眼で冷静に見つめる。世界の動きを背景に，日本政府の情勢分析の幼稚とテロリズムを描いて，小社既刊『敵国日本』と対をなす必読日本論

白井洋子
75 **ベトナム戦争のアメリカ**
もう一つのアメリカ史
2006 352-1 四六上製 258頁 ￥2500

「インディアン虐殺」の延長線上にベトナム戦争を位置づけ，さらに，ベトナム戦没者記念碑「黒い壁」とそれを訪れる人々の姿の中にアメリカの歴史の新しい可能性を見る。「植民地時代の先住民研究」専門の著者だからこその視点

L. カッソン／新海邦治訳
76 **図書館の誕生**
古代オリエントからローマへ
2007 ＊356-1 四六上製 222頁 ￥2300

古代の図書館についての最初の包括的研究。紀元前３千年紀の古代オリエントの図書館の誕生から，図書館史の流れを根本的に変えた初期ビザンツ時代まで。碑文，遺跡の中の図書館の遺構，墓碑銘など多様な資料は語る

英国王立国際問題研究所／坂井達朗訳
77 **敗北しつつある大日本帝国**
日本敗戦７ヵ月前の英国王立研究所報告
2007 ＊361-5 四六上製 253頁 ￥2700

対日戦略の一環として準備された日本分析。極東の後進国日本が世界経済・政治の中に進出，ファシズムの波にのって戦争を遂行する様を冷静に判断。日本文化社会の理解は，戦中にも拘わらず的確で大英帝国の底力を見る

史学会編
78 **歴史の風**
2007 ＊369-1 四六上製 295頁 ￥2800

『史学雑誌』連載の歴史研究者によるエッセー「コラム 歴史の風」を１巻に編集。1996年の第１回「歴史学雑誌に未来から風が吹く」（樺山紘一）から昨2006年末の「日本の歴史学はどこに向かうのか」（三谷 博）まで11年間55篇を収載

青木 健
79 **ゾロアスター教史**
古代アーリア・中世ペルシア・現代インド
2008 ＊374-5 四六上製 308頁 ￥2800

本邦初の書下ろし。謎の多い古代アーリア人の宗教，サーサーン朝国教としての全盛期，ムスリム支配後のインドで復活，現代まで。世界諸宗教への影響，ペルシア語文献の解読，ソグドや中国の最新研究成果が注目される

城戸 毅
80 **百 年 戦 争**
中世末期の英仏関係
2010 ＊379-0 四六上製 373頁 ￥3000

今まで我が国にまとまった研究もなく，欧米における理解からずれていたこのテーマ。英仏関係及びフランスの領邦君主諸侯間の関係を通して，戦争の前史から結末までを描いた，本邦初の本格的百年戦争の全体像

R. オズボン／佐藤 昇訳
81 **ギリシアの古代**
歴史はどのように創られるか？
2011 ＊396-7 四六上製 261頁 ￥2800

最新の研究成果から古代ギリシア史研究の重要トピックに新しい光を当て，歴史学的な思考の方法，「歴史の創り方」を入門的に，そして刺戟的に紹介する。まずは「おなじみ」のスポーツ競技，円盤投げの一場面への疑問から始める

大濱徹也
64 **庶民のみた日清・日露戦争**
帝国への歩み
2003　316-5　四六上製　265頁　￥2200

明治維新以後10年ごとの戦争に明けくれた日本人の戦争観・時代観を根底に，著者は日本の現代を描こうとする。庶民の皮膚感覚に支えられた生々しい日本の現代史像に注目が集まる。『明治の墓標』改題

喜安　朗
65 **天皇の影をめぐるある少年の物語**
戦中戦後私史
2003　312-2　四六上製　251頁　￥2200

第二次大戦の前後を少年から青年へ成長した多くの日本人の誰もが見た敗戦から復興の光景を，今あらためて注視する少年の感性と歴史家の視線。変転する社会状況をくぐりぬけて今現われた日本論

スーザン·W.ハル／佐藤清隆・滝口晴生・菅原秀二訳
66 **女は男に従うもの？**
近世イギリス女性の日常生活
2003　315-7　四六上製　285頁　￥2800

16～17世紀，女性向けに出版されていた多くの結婚生活の手引書や宗教書など（著者は男性）を材料に，あらゆる面で制約の下に生きていた女性達の日常を描く（図版多数集録）

G.スピーニ／森田義之・松本典昭訳
67 **ミケランジェロと政治**
メディチに抵抗した《市民＝芸術家》
2003　318-1　四六上製　190頁　￥2500

フィレンツェの政治的激動期，この天才芸術家が否応なく権力交替劇に巻き込まれながらも，いかに生き抜いたか？　ルネサンス美術史研究における社会史的分析の先駆的議論。ミケランジェロとその時代の理解のために

金七紀男
68 **エンリケ航海王子**
大航海時代の先駆者とその時代
2004　322-X　四六上製　232頁　￥2500

初期大航海時代を導いたポルトガルの王子エンリケは，死後理想化されて「エンリケ伝説」が生れる。本書は，生身で等身大の王子とその時代を描く。付録に「エンリケ伝説の創出」「エンリケの肖像画をめぐる謎」の２論文も

H.バイアス／内山秀夫・増田修代訳
69 **昭和帝国の暗殺政治**
テロとクーデタの時代
2004　314-9　四六上製　341頁　￥2500

戦前，『ニューヨーク・タイムズ』の日本特派員による，日本のテロリズムとクーデタ論。記者の遭遇した5.15事件や2.26事件を，日本人独特の前近代的心象と見て，独自の日本論を展開する。『敵国日本』の姉妹篇

E.L.ミューラー／飯野正子監訳
70 **祖国のために死ぬ自由**
徴兵拒否の日系アメリカ人たち
2004　331-9　四六上製　343頁　￥3000

第二次大戦中，強制収容所に囚われた日系２世は，市民権と自由を奪われながら徴兵された。その中に，法廷で闘って自由を回復しアメリカ人として戦う道を選んだ人々がいた。60年も知られなかった日系人の闘いの記録

松浦高嶺・速水敏彦・高橋　秀
71 **学　生　反　乱**
—1969—　立教大学文学部
2005　335-1　四六上製　281頁　￥2800

1960年代末，世界中を巻きこんだ大学紛争。学生たちの要求に真摯に向合い，かつ果敢に闘った立教大学文学部の教師たち。35年後の今，闘いの歴史はいかに継承されているか？

神川正彦　［比較文明学叢書 5］
72 **比較文明文化への道**
日本文明の多元性
2005　343-2　四六上製　311頁　￥2800

日本文明は中国のみならずアイヌや琉球を含め，多くの文化的要素を吸収して成立している。その文化的要素を重視して“文明文化”を一語として日本を考える新しい視角

M.シェーファー／大津留厚監訳・永島とも子訳

55 **エリザベート—栄光と悲劇**

2000　265-7　四六上製　183頁　¥2000

ハプスブルク朝の皇后“シシー”の生涯を内面から描く。美貌で頭が良く，自信にあふれ，決断力を持ちながらも孤独に苦しんでいた。従来の映画や小説では得られない“変革の時代”に生きた高貴な人間像

地中海学会編

56 **地中海の暦と祭り**

2002　230-4　四六上製　285頁　¥2500

季節の巡行や人生・社会の成長・転変に対応する祭は暦や時間と深く連関する。その暦と祭を地中海世界の歴史と地域の広がりの中でとらえ，かつ現在の祭慣行や暦制度をも描いた，歴史から現代までの「地中海世界案内」

堀　敏一

57 **曹　　操**

三国志の真の主人公

2001　＊283-0　四六上製　220頁　¥2800

諸葛孔明や劉備の活躍する『三国志演義』はおもしろいが，小説であって事実ではない。中国史の第一人者が慎重に選んだ“事実は小説よりも奇”で，人間曹操と三国時代が描かれる

P.ブラウン／宮島直機訳

58 **古代末期の世界**　［改訂新版］

ローマ帝国はなぜキリスト教化したか

2002　＊354-7　四六上製　233頁　¥2800

古代末期を中世への移行期とするのではなく独自の文化的世界と見なす画期的な書。鬼才P.ブラウンによる「この数十年の間で最も影響力をもつ歴史書！」（書評から）

宮脇淳子

59 **モンゴルの歴史**

遊牧民の誕生からモンゴル国まで

2002　＊244-1　四六上製　295頁　¥2800

紀元前1000年に，中央ユーラシア草原に遊牧騎馬民が誕生してから，20世紀末年のモンゴル系民族の現状までを１冊におさめた，本邦初の通史

永井三明

60 **ヴェネツィアの歴史**

共和国の残照

2004　285-1　四六上製　270頁　¥2800

1797年「唐突に」姿を消した共和国。ヴェネツィアの1000年を越える歴史を草創期より説き起こす。貴族から貧困層まで，人々の心の襞までわけ入り描き出される日々の生活，etc. ヴェネツィア史の第一人者による書き下ろし

H.バイアス／内山秀夫・増田修代訳

61 **敵　国　日　本**

太平洋戦争時，アメリカは日本をどう見たか？

2001　286-X　四六上製　215頁　¥2000

パールハーバーからたった70日で執筆・出版され，アメリカで大ベストセラーとなったニューヨークタイムズ記者の日本論。天皇制・政治経済・軍隊から日本人の心理まで，アメリカは日本人以上に日本を知っていた……

伊東俊太郎　　［比較文明学叢書 3］

62 **文明と自然**

対立から統合へ

2002　293-2　四六上製　256頁　¥2400

かつて西洋の近代科学は，文明が利用する対象として自然を破壊し，自然は利用すべき資源でしかなかった。いま「自から然る」自然が，生々発展して新しい地球文明が成る。自然と文明の統合の時代である

P.V.グロブ／荒川明久・牧野正憲訳

63 **甦る古代人**

デンマークの湿地埋葬

2002　298-3　四六上製　191頁　¥2500

デンマーク，北ドイツなど北欧の寒冷な湿地帯から出土した，生々しい古代人の遺体（約700例）をめぐる“謎”の解明。原著の写真全77点を収録した，北欧先史・古代史研究の基本図書

戸上　一

46 **千　利　休**

ヒト・モノ・カネ

1998　＊210-6　四六上製　212頁　¥2000

高価な茶道具にまつわる美と醜の世界を視野に入れぬ従来の利休論にあきたらぬ筆者が，書き下ろした利休の実像。モノの美とそれにまつわるカネの醜に対決する筆者の気迫に注目

大濱徹也

47 **日本人と戦争**

歴史としての戦争体験

2002　220-7　四六上製　280頁　¥2400

幕末，尊皇攘夷以来，日本は10年ごとの戦争で大国への道をひた走った。やがて敗戦。大東亜戦争は正義か不正義かは鏡の表と裏にすぎないかもしれない。日本人の“戦争体験”が民族共有の記憶に到達するのはいつか？

K. B. ウルフ／林　邦夫訳

48 **コルドバの殉教者たち**

イスラム・スペインのキリスト教徒

1998　226-6　四六上製　214頁　¥2800

9世紀，イスラム時代のコルドバで，49人のキリスト教徒がイスラム教を批難して首をはねられた。かれらは極刑となって殉教者となることを企図したのである。三つの宗教の混在するスペインの不思議な事件である

U．ブレーカー／阪口修平・鈴木直志訳

49 **スイス傭兵ブレーカーの自伝**

2000　240-1　四六上製　263頁　¥2800

18世紀スイス傭兵の自伝。貧農に生まれ，20歳で騙されてプロイセン軍に売られ，軍隊生活の後，七年戦争中に逃亡。彼の生涯で最も劇的なこの時期の記述は，近代以前の軍隊生活を知る類例のない史料として注目

田中圭一

50 **日本の江戸時代**

舞台に上がった百姓たち

1999　＊233-5　四六上製　259頁　¥2400

日本の古い体質のシンボルである江戸時代封建論に真向から挑戦する江戸近代論。「検地は百姓の土地私有の確認である」ことを実証し，一揆は幕府の約束違反に対するムラの抗議だとして，日本史全体像の変革を迫る

平松幸三編　2001年度 沖縄タイムス出版文化賞受賞

51 **沖縄の反戦ばあちゃん**

松田カメ口述生活史

2001　242-8　四六上製　199頁　¥2000

沖縄に生まれ，内地で女工，結婚後サイパンへ出稼いで，戦争に巻込まれる。帰郷して米軍から返却された土地は騒音下。嘉手納基地爆音訴訟など反戦平和運動の先頭に立ったカメさんの原動力は理屈ではなく，生活体験だ

---

52 **（缺番）**

原田勝正

53 **日 本 鉄 道 史**

技術と人間

2001　275-4　四六上製　488頁　¥3300

幕末維新から現代まで，日本の鉄道130年の発展を，技術の進歩がもつ意味を社会との関わりの中に確かめながら，改めて見直したユニークな技術文化史

J. キーガン／井上堯裕訳

54 **戦争と人間の歴史**

人間はなぜ戦争をするのか？

2000　264-9　四六上製　205頁　¥2000

人間はなぜ戦争をするのか？　人間本性にその起源を探り，国家や個人と戦争の関わりを考え，現実を見つめながら「戦争はなくなる」と結論づける。原本は豊かな内容で知られるＢＢＣ放送の連続講演（1998年）

今谷明・大濱徹也・尾形勇・樺山紘一・木畑洋一編

45 20世紀の歴史家たち

(1)日本編(上) (2)日本編(下) (5)日本編(続) (3)世界編(上) (4)世界編(下)

1997～2006　四六上製　平均300頁　各￥2800

歴史家は20世紀をどう生きたか，歴史学はいかに展開したか。科学としての歴史学と人間としての歴史家，その生と知とを生々しく見つめようとする。書かれる歴史家と書く歴史家，それを読む読者と三者の生きた時代

日本編(上)　1997 211-8

1 徳富蘇峰（大濱徹也）
2 白鳥庫吉（窪添慶文）
3 鳥居龍蔵（中薗英助）
4 原勝郎（樺山紘一）
5 喜田貞吉（今谷 明）
6 三浦周行（今谷 明）
7 幸田成友（西垣晴次）
8 柳田國男（西垣晴次）
9 伊波普猷（高良倉吉）
10 今井登志喜（樺山紘一）
11 本庄栄治郎（今谷 明）
12 高群逸枝（栗原 弘）
13 平泉澄（今谷 明）
14 上原専禄（三木 亘）
15 野呂栄太郎（神田文人）
16 宮崎市定（礪波 護）
17 仁井田陞（尾形 勇）
18 大塚久雄（近藤和彦）
19 高橋幸八郎（遅塚忠躬）
20 石母田正（今谷 明）

日本編(下)　1999 212-6

1 久米邦武（田中 彰）
2 内藤湖南（礪波 護）
3 山路愛山（大濱徹也）
4 津田左右吉（大室幹雄）
5 朝河貫一（甚野尚志）
6 黒板勝美（石井 進）
7 福田徳三（今谷 明）
8 辻善之助（圭室文雄）
9 池内宏（武田幸男）
10 羽田亨（羽田 正）
11 村岡典嗣（玉懸博之）
12 田村栄太郎（芳賀 登）
13 山田盛太郎（伊藤 晃）
14 大久保利謙（由井正臣）
15 濱口重國（菊池英夫）
16 村川堅太郎（長谷川博隆）
17 宮本常一（西垣晴次）
18 丸山眞男（坂本多加雄）
19 和歌森太郎（宮田 登）
20 井上光貞（笹山晴生）

日本編(続)　2006 232-0

1 狩野直喜（戸川芳郎）
2 桑原隲蔵（礪波 護）
3 矢野仁一（挾間直樹）
4 加藤繁（尾形 勇）
5 中村孝也（中田易直）
6 宮地直一（西垣晴次）
7 和辻哲郎（樺山紘一）
8 一志茂樹（古川貞雄）
9 田中惣五郎（本間恂一）
10 西岡虎之助（西垣晴次）
11 岡正雄（大林太良）
12 羽仁五郎（斉藤 孝）
13 服部之總（大濱徹也）
14 坂本太郎（笹山晴生）
15 前嶋信次（窪寺紘一）
16 中村吉治（岩本由輝）
17 竹内理三（樋口州男）
18 清水三男（網野善彦）
19 江口朴郎（木畑洋一）
20 林屋辰三郎（今谷 明）

世界編(上)　1999 213-4

1 ピレンヌ（河原 温）
2 マイネッケ（坂井榮八郎）
3 ゾンバルト（金森誠也）
4 メネンデス・ピダール（小林一宏）
5 梁啓超（佐藤慎一）
6 トーニー（越智武臣）
7 アレクセーエフ（加藤九祚）
8 マスペロ（池田 温）
9 トインビー（芝井敬司）
10 ウィーラー（小西正捷）
11 カー（木畑洋一）
12 ウィットフォーゲル（鶴間和幸）
13 エリアス（木村靖二）
14 侯外廬（多田狷介）
15 ブローデル（浜名優美）
16 エーバーハルト（大林太良）
17 ウィリアムズ（川北 稔）
18 アリエス（杉山光信）
19 楊寛（高木智見）
20 クラーク（ドン・ベイカー 藤川隆男訳）
21 ホブズボーム（水田 洋）
22 マクニール（高橋 均）
23 ジャンセン（三谷 博）
24 ダニーロフ（奥田 央）
25 フーコー（福井憲彦）
26 デイヴィス（近藤和彦）
27 サイード（杉田英明）
28 タカキ，R.（富田虎男）

世界編(下)　2001 214-2

1 スタイン（池田 温）
2 ヴェーバー（伊藤貞夫）
3 バルトリド（小松久男）
4 ホイジンガ（樺山紘一）
5 ルフェーヴル（松浦義弘）
6 フェーヴル（長谷川輝夫）
7 グラネ（桐本東太）
8 ブロック（二宮宏之）
9 陳寅恪（尾形 勇）
10 顧頡剛（小倉芳彦）
11 カントロヴィッチ（藤田朋久）
12 ギブ（湯川 武）
13 ゴイテイン（湯川 武）
14 ニーダム（草光俊雄）
15 コーサンビー（山崎利男）
16 フェアバンク（平野健一郎）
17 モミリアーノ（本村凌二）
18 ライシャワー（W.スティール）
19 陳夢家（松丸道雄）
20 フィンリー（桜井万里子）
21 イナルジク（永田雄三）
22 トムスン（近藤和彦）
23 グレーヴィチ（石井規衛）
24 ル・ロワ・ラデュリ（阿河雄二郎）
25 ヴェーラー（木村靖二）
26 イレート（池端雪浦）

36 **比較文明と歴史哲学**
神山四郎　［比較文明学叢書１］
1995　182-0　四六上製　257頁　￥2800
歴史哲学者による比較文明案内。歴史をタテに発展とみる旧来の見方に対し，ヨコに比較する多系文明の立場を推奨。ボシュエ，ヴィコ，イブン・ハルドゥーン，トインビーと文明学の流れを簡明に

37 **比較文明の方法**
新しい知のパラダイムを求めて
神川正彦　［比較文明学叢書２］
1995　184-7　四六上製　275頁　￥2800
地球規模の歴史的大変動の中で，トインビー以降ようやく高まる歴史と現代へのパースペクティヴ，新しい知の枠組み，学の体系化の試み。ニーチェ，ヴェーバー，シュペングラーを超えてトインビー，山本新にいたり，原理と方法を論じる

38 **オーロラの民**
ユカギール民族誌
B.A.トゥゴルコフ／斎藤晨二訳
1995　183-9　四六上製　220頁　￥2800
北東シベリアの少数民族人口1000人のユカギール人の歴史と文化。多数の資料と現地調査が明らかにするトナカイと犬ぞりの生活・信仰・言語。巻末に調査報告「ユカギール人の現在」

39 **レコンキスタ**
中世スペインの国土回復運動
D.W.ローマックス／林　邦夫訳
1996　180-4　四六上製　314頁　￥3300
克明に史実を追って，800年間にわたるイスラム教徒の支配からのイベリア半島奪還とばかりはいいきれない，レコンキスタの本格的通史。ユダヤ教徒をふくめ，三者の対立あるいは協力，複雑な800年の情勢に迫る

40 **中世ヨーロッパの身分制議会**
新しいヨーロッパ像の試み（２）
A.R.マイヤーズ／宮島直機訳
1996　186-3　四六上製　214頁　￥2800
各国の総合的・比較史的研究に基づき，身分制議会をカトリック圏固有のシステムととらえ，近代の人権思想もここから導かれるとする文化史的な画期的発見，その影響に注目が集まる。図写79点

41 **インディアンに囚われた白人女性の物語**
M.ローランソン，J.E.シーヴァー／白井洋子訳
1996　195-2　四六上製　274頁　￥2800
植民地時代アメリカの実話。捕虜となり生き残った２女性の見たインディアンの心と生活。牧師夫人の手記とインディアンの養女となった少女の生涯。しばしば不幸であった両者の関係を見なおすために

42 **仙台漂民とレザノフ**
幕末日露交渉史の一側面No.２
木崎良平
1997　198-7　四六上製　261頁　￥2800
日本人最初の世界一周と日露交渉。『環海異聞』などに現れる若宮丸の遭難と漂民16人の数奇な運命。彼らを伴って通商を迫ったロシア使節レザノフ。幕末日本の実相を歴史家が初めて追求した

43 **スイスの歴史**
U.イム·ホーフ／森田安一監訳，岩井隆夫·米原小百合·佐藤るみ子·黒澤隆文·踊共二共訳
1997　207-X　四六上製　308頁　￥2800
日本初の本格的スイス通史。ドイツ語圏でベストセラーを続ける好著の完訳。独・仏・伊のことばの壁をこえてバランスよくスイス社会と文化を追求，現在の政治情況に及ぶ

44 **ナチスの陰の子ども時代**
あるユダヤ系ドイツ詩人の回想
E.フリート／柴嵜雅子訳
1998　203-7　四六上製　215頁　￥2800
ナチスの迫害を逃れ，17歳の少年が単身ウィーンからロンドンに亡命する前後の数奇な体験を中心にした回想録。著者は戦後のドイツで著名なユダヤ系詩人で，本書が本邦初訳

ダヴ・ローネン／浦野起央・信夫隆司訳
27 **自決とは何か** ［品切］
ナショナリズムからエスニック紛争へ
1988 095-6 四六上製 318頁 ¥2800
自殺ではない。みずからを決定する自決。革命・反植民地・エスニック紛争など，近現代の激動を"自決 Self-determination への希求"で解く新たなる視角。人文・社会科学者の必読書

メアリ・プライア編著／三好洋子編訳
28 **結婚・受胎・労働** ［品切］
イギリス女性史1500～1800
1989 099-9 四六上製 270頁 ¥2500
イギリス女性史の画期的成果。結婚・再婚・出産・授乳，職業生活・日常生活，日記・著作。実証的な掘り起こし作業によって現れる普通の女性たちの生活の歴史

M.I.フィンレイ／柴田平三郎訳
29 **民主主義—古代と現代** ［品切］
1991 118-9 四六上製 199頁 ¥2816
古代ギリシア史の専門家が思想史として対比考察した古代・現代の民主主義。現代の形骸化した制度への正統なアカデミズムからの警鐘であり，民主主義の本質に迫る一書

木崎良平
30 **光太夫とラクスマン**
幕末日露交渉史の一側面
1992 134-0 四六上製 266頁 ¥2524
ひろく史料を探索して見出した光太夫とラクスマンの実像。「鎖国三百年史観」をうち破る新しい事実の発見が，日本の夜明けを告げる。実証史学によってはじめて可能な歴史の本当の姿の発見

青木　豊
31 **和鏡の文化史**
水鑑から魔鏡まで
1992 139-1 四六上製 図版300余点 305頁 ¥2500
水に顔を映す鏡の始まりから，その発達・変遷，鏡にまつわる信仰・民俗，十数年の蓄積による和鏡に関する知識体系化の試み。鏡に寄せた信仰と美の追求に人間の実像が現れる

Y.イチオカ／富田虎男・粂井輝子・篠田左多江訳
32 **一　世**
黎明期アメリカ移民の物語り
1992 141-3 四六上製 283頁 ¥3301
人種差別と排日運動の嵐の中で，日本人留学生，労働者，売春婦はいかに生きたか。日系アメリカ人一世に関する初の本格的研究の始まり，その差別と苦悩と忍耐を見よ（著者は日系二世）

鄧　搏鵬／後藤均平訳
33 **越 南 義 烈 史**
抗仏独立運動の死の記録
1993 143-X 四六上製 230頁 ¥3301
19世紀後半，抗仏独立闘争に殉じたベトナムの志士たちの略伝・追悼文集。反植民地・民族独立思想の原点（1918年上海で秘密出版）。東遊運動で日本に渡った留学生200人は，やがて日本を追われ，各地で母国の独立運動を展開して敗れ，つぎつぎと斃れるその記録

D.ジョルジェヴィチ，S.フィシャー・ガラティ／佐原徹哉訳
34 **バルカン近代史**
ナショナリズムと革命
1994 153-7 四六上製 262頁 ¥2800
かつて世界の火薬庫といわれ，現在もエスニック紛争に明け暮れるバルカンを，異民族支配への抵抗と失敗する農民蜂起の連続ととらえる。現代は，過去の紛争の延長としてあり，一朝にして解決するようなものではない

C.メクゼーパー，E.シュラウト共編／瀬原義生監訳，赤阪俊一・佐藤専次共訳
35 **ドイツ中世の日常生活**
騎士・農民・都市民
1995 ＊179-6 四六上製 205頁 ¥2800
ドイツ中世史家たちのたしかな目が多くの史料から読みとる新しい日常史。普通の"中世人"の日常と心性を描くが，おのずと重厚なドイツ史学の学風を見せて興味深い

A．ノーヴ／和田春樹・中井和夫訳　［品切］

18 **スターリンからブレジネフまで**

ソヴェト現代史

1983　043-3　四六上製　315頁　¥2427

スターリン主義はいかに出現し，いかなる性格のものだったか？　冷静で大胆な大局観をもつ第一人者による現代ソ連研究の基礎文献。ソ連崩壊よりはるか前に書かれていた先覚者の業績

19 （欠番）

増井經夫

20 **中国の歴史書**

中国史学史

1984　052-2　四六上製　298頁　¥2500

内藤湖南以後誰も書かなかった中国史学史。尚書・左伝から梁啓超，清朝野史大観まで，古典と現代史学の蘊蓄を傾けて，中国の歴史意識に迫る。自由で闊達な理解で中国学の世界に新風を吹きこむ。ようやく評価が高い

G．P．ローウィック／西川　進訳

21 **日没から夜明けまで**

アメリカ黒人奴隷制の社会史

1986　064-6　四六上製　299頁　¥2400

アメリカの黒人奴隷は，夜の秘密集会を持ち，祈り，歌い，逃亡を助け，人間の誇りを失わなかった。奴隷と奴隷制の常識をくつがえす新しい社会史。人間としての彼らを再評価するとともに，社会の構造自体を見なおすべき衝撃の書

山本　新著／神川正彦・吉澤五郎編

22 **周 辺 文 明 論**

欧化と土着

1985　066-2　四六上製　305頁　¥2200

文明の伝播における様式論・価値論を根底に，ロシア・日本・インド・トルコなど非西洋の近代化＝欧化と反西洋＝土着の相克から現代の文明情況まで。日本文明学の先駆者の業績として忘れ得ない名著

小林多加士

23 **中国の文明と革命**

現代化の構造

1985　067-0　四六上製　274頁　¥2200

万元戸，多国籍企業に象徴される中国現代の意味を文化大革命をへた中国の歴史意識の変革とマルキシズムの新展開に求める新中国史論

R．タカキ／富田虎男・白井洋子訳

24 **パ ウ ・ ハ ナ**

ハワイ移民の社会史

1986　071-9　四六上製　293頁　¥2400

ハワイ王朝末期に，全世界から集められたプランテーション労働者が，人種差別を克服して，ハワイ文化形成にいたる道程。著者は日系3世で，少数民族・多文化主義研究の歴史家として評価が高い

原田淑人

25 **古代人の化粧と装身具**

1987　076-X　四六上製　図版180余点　227頁　¥2200

東洋考古学の創始者，中国服飾史の開拓者による古代人の人間美の集成。エジプト・地中海，インド，中央アジアから中国・日本まで，正倉院御物に及ぶ美の伝播，唯一の概説書

E.ル･ロワ･ラデュリ／井上幸治･渡邊昌美･波木居純一訳

26 **モンタイユー**（上）（下）

ピレネーの村　1294〜1324

(上)1990 (下)1991　＊086-7 ＊125-3　四六上製　367頁 425頁　¥2800 ¥3301

中世南仏の一寒村の異端審問文書から，当時の農村生活を人類学的手法で描き，75年発刊以来，社会史ブームをまきおこしたアナール派第3世代の代表作。ピレネー山中寒村の，50戸，200人の村人の生活と心性の精細な描写

P.F.シュガー,I.J.レデラー 編/東欧史研究会訳

9 **東欧のナショナリズム**

歴史と現在

1981 025-5 四六上製 578頁 ¥4800

東欧諸民族と諸国家の成立と現在を，19世紀の反トルコ・反ドイツ・反ロシアの具体的な史実と意識のうえに捉え，東欧紛争の現在の根源と今後の世界のナショナリズム研究に指針を与える大著

R.H.C.デーヴィス/柴田忠作訳

10 **ノルマン人** [品切]

その文明学的考察

1981 027-1 四六上製 199頁 ¥2233

ヨーロッパ中世に大きな足跡をのこしたヴァイキングの実像を文明史的に再評価し，ヨーロッパの新しい中世史を構築する第一人者の論究。ノルマン人史の概説として最適。図版70余点

中村寅一

11 **村の生活の記録** (下) [品切]

(上)上伊那の江戸時代 (下)上伊那の明治・大正・昭和

1981 028-X 029-8 四六上製 195頁,310頁 ¥1845 ¥1800

村の中から村を描く。柳田・折口体験をへて有賀喜左衛門らとともに，民俗・歴史・社会学を総合した地域史をめざした信州伊那谷の先覚者の業績。中央に追従することなく，地域史として独立し得た数少ない例の一つ

岩本由輝

12 きき書き**六万石の職人衆**

相馬の社会史

1980 010-7 四六上製 252頁 ¥1800

相馬に生き残った100種の職人の聞き書き。歴史家と職人の心の交流から生れた明治・大正・昭和の社会史。旅職人から産婆，ほとんど他に見られない諸職が特に貴重

---

13 (缺番)

田中圭一

14 **天領佐渡** (1) [品切]

(1)(2)村の江戸時代史 上・下 (3)島の幕末

1985 061-1,062-X,063-8 四六上製 (1)275頁 (2) 277頁 (3) 280頁 (1)(2) ¥2000 (3)¥2330

戦国末〜維新のムラと村ビトを一次史料で具体的に追求し,天領の政治と村の構造に迫り,江戸〜明治の村社会と日本を発展的にとらえる。民衆の活躍する江戸時代史として評価され，新しい歴史学の方向を示す

岩本由輝

15 **もう一つの遠野物語** [追補版]

(付) 柳田國男南洋委任統治資料六点

1994 *130-7 四六上製 275頁 ¥2200

水野葉舟・佐々木喜善によって書かれたもう一つの「遠野物語」の発見。柳田をめぐる人間関係,「遠野物語」執筆前後の事情から山人〜常民の柳田学の変容を探る。その後の柳田学批判の先端として功績は大きい

森田安一

16 **スイス** [三補版]

歴史から現代へ

1995 159-6 四六上製 304頁 ¥2200

13世紀スイス盟約者団の成立から流血の歴史をたどり，理想の平和郷スイスの現実を分析して新しい歴史学の先駆と評価され，中世史家の現代史として，中世から現代スイスまでを一望のもとにとらえる

樺山紘一・賀集セリーナ・富永茂樹・鳴海邦碩

17 **アンデス高地都市** [品切]

ラ・パスの肖像

1981 020-4 四六上製 図版多数 257頁 ¥2800

ボリビアの首都ラ・パスに展開するスペイン，インディオ両文明の相克。歴史・建築・文化人類・社会学者の学際協力による報告。図版多数。若く多才な学者たちの協力の成功例の一つといわれる

刀水歴史全書 —歴史・民族・文明—

四六上製　平均300頁　随時刊　（価格は税別）

樺山紘一
1 **カタロニアへの眼**（新装版）
歴史・社会・文化
1979,2005(新装版)　000-X　四六上製　289頁＋口絵12頁　￥2300

西洋の辺境，文明の十字路カタロニアはいかに内戦を闘い，なぜピカソら美の巨人を輩出したか。カタロニア語を習い，バルセロナに住んで調査研究した歴史家によるカタロニア文明論

R.C.リチャードソン／今井　宏訳
2 **イギリス革命論争史**
1979　001-8　四六上製　353頁　￥2200

市民革命とは何であったか？　同時代人の主張から左翼の論客，現代の冷静な視線まで，革命研究はそれぞれの時代，立場を反映する。論者の心情をも汲んで著された類書のない学説史

山崎元一
3 **インド社会と新仏教**
アンベードカルの人と思想〔付〕カースト制度と不可触民制
1979　＊002-7　四六上製　275頁　￥2200

ガンディーに対立してヒンドゥーの差別と闘い，インドに仏教を復興した不可触民出身の政治家の生涯。日本のアンベードカル研究の原典であり，インドの差別研究のほとんど最初の一冊

G.バラクロウ編／木村尚三郎解説・宮島直機訳
4 **新しいヨーロッパ像の試み**
中世における東欧と西欧
1979　003-4　四六上製　258頁　￥2330

最新の中世史・東欧史の研究成果を背景に，ヨーロッパの直面する文明的危機に警鐘を鳴らした文明史家の広ヨーロッパ論。現代のヨーロッパの統一的傾向を最も早く洞察した名著。図版127点

W.ルイス，村上直次郎編／富田虎男訳訂
5 **マクドナルド「日本回想記」**
［再訂版］　インディアンの見た幕末の日本
1979　＊005-8　四六上製　310頁　￥2200

日本をインディアンの母国と信じて密航した青年の日本観察記。混血青年を優しくあたたかく遇した幕末の日本と日本人の美質を評価。また幕末最初の英語教師として評価されて，高校英語教科書にものっている

J.スペイン／勝藤　猛・中川　弘訳
6 **シルクロードの謎の民**
パターン民族誌
1980　006-9　四六上製　306頁　￥2200

文明を拒否して部族の掟に生き，中央アジア国境地帯を自由に往来するアフガン・ゲリラの主体パターン人，かつてはイギリスを，近くはロシアを退けた反文明の遊牧民。その唯一のドキュメンタルな記録

B.A.トゥゴルコフ／加藤九祚解説・斎藤晨二訳
7 **トナカイに乗った狩人たち**
北方ツングース民族誌
1981　024-7　四六上製　253頁　￥2233

広大なシベリアのタイガを漂泊するエベンキ族の生態。衣食住，狩猟・遊牧生活から家族，氏族，原始文字，暦，シャーマン，宇宙観まで。ロシア少数民族の運命

G.サルガードー／松村　赳訳
8 **エリザベス朝の裏社会**
1985　060-3　四六上製　338頁　￥2500

シェイクスピアの戯曲や当時のパンフレット"イカサマ読物""浮浪者文学"による華麗な宮廷文化の時代の裏面。スリ・盗賊・ペテン師などの活躍する新興の大都会の猥雑な現実